전통장류

전통장류

안용근 지음

교문사

머리말

필자는 고문헌의 전통김치를 풀이하여 책을 펴낸 바 있으며 그 이후 전통장류를 풀이하여 이 책을 출간하게 되었다.

콩의 원산지는 한반도와 만주지역이고, 고대 중국에는 육장밖에 없었으나 우리 선조가 콩장을 만들어서 중국과 일본에 전파하였다. 장은 모든 찬의 기본으로 장을 이용하면 어떤 재료로도 국이나 나물로 만들 수 있으므로 가뭄 등의 재해나 전쟁으로 백성들이 굶주리면 나라에서 장을 내려 구제하고 영양을 공급하였다. 그래서 조선시대에는 장을 담당한 관청과 벼슬아치들이 있었고, 해마다 장을 수만 섬을 만들어 왕실과 관청, 군영에 공급하였다.

전통장류는 고문헌에만 남아 맥이 끊긴 것도 있고 밝혀내지 못한 것도 있다. 그러나 뿌리를 모르면서 장을 논하고 장의 종주국이라고 행세하는 것은 부끄러운 일이다.

이 책은 고조리서와 고문집, 왕실 자료의 장류를 조사하여 장의 역사를 밝히고 만드는 방법을 모두 풀이하고 한문 원문도 수록하였다. 자료에 따라 만드는 방법이 서로 유사하거나 다른 것도 있고, 서로 다른 자료를 베낀 것들도 많은데 체계적으로 분류 · 정리하였다. 원문에 충실하면 읽기 어려워지므로 가급적 현대어로 고쳤고, 용어나 재료, 기구, 장 띄우는 방법은 어려운 것들이 많아서 사진으로 제시하였다.

한문은 풀이된 자료도 있고 풀이되지 않은 것도 있었으나 이규춘 박사가 모두 새로 풀이하여 오류를 잡아 주었고 한문풀이에 시간이 많이 소요되어 책을 마무리하는 데 5년이 걸렸다. 한글고어는 영인본의 상태도 나쁘고, 초서체로 갈겨 쓴 것들이 많아 고어를 연구하는 학자들도 어떤 자료에는 두 손 두 발을 다 들어서 도서관 원본을 찾아 직접 풀이해야 하는 경우가 많았다.

전통장을 다룬 책이 일부 있으나 고문헌 중 몇 가지 자료만 인용하거나 남이 풀이한 자료를 모아 놓은 것이다. 이 책은 고문헌 자료를 남김없이 발굴하여 풀이 · 정리한 것이다.

경제와 과학의 발달로 식생활이 풍요로워지자 영양의 과잉 섭취로 비만과 당뇨, 고혈압 등 성인병이 증가하여 방부제를 넣지 않은 옛 방법으로 만든 장을 찾는 사람들이 많아졌고 된장, 간장, 청국장 등은 연구를 할수록 이점이 밝혀지고 있어 전통장의 중요성은 날로 더해지고 있다.

이 책이 선조들의 지혜와 경험을 이어 받아 전통장을 복원하고 장을 연구 · 개량하여 우리 한국의 장을 더욱 발전시키는 바탕이 되기를 바란다.

2015년 1월

저자 안용근

차례

제4장

전통장 만드는 법

전 · 통 · 장 · 류

제1장

장의 역사

제1장
장의 역사

장의 역사

중국 고대의 장

《논어》에서 공자(孔子, BC 551~479)는 장맛이 없으면 음식을 들지 않았다고 하였으나 당시의 장은 콩으로 만든 것이 아니라 육장(肉醬)이었다.

주나라(BC 1122~256) 관직제도를 기록한 주례와 관혼상제 등의 예법을 기록한 《의례》(BC 206~AC 8), 《예기》(BC 551~479)에는 장(醬), 해(醢), 혜(醯), 제(齏), 저(菹)가 있다. 《주례》 천관편을 살펴보자.

누룩 밀기울에 곰팡이를 띄워서 주로 술을 만드는 데 쓴다.

해인(醢人)은 새벽 제사에는 그릇(豆, 목기) 4개에 부추김치(韭菹), 육장(醓醢: 고기를 포로 떠서 말려 수수**누룩**과 소금을 섞고 술에 담가 백일간 숙성시켜 즙이 생긴 것), 창포김치(昌本), 노루고기육장(麋臡), 순무김치(菁菹), 사슴고기육장(鹿臡), **순채**김치(茆菹), 순록고기육장(麇臡)을 올리고, 천자에게는 아욱김치(葵菹), 고동젓갈(蠃醢), 소천엽(脾析), 대합젓갈(蠯醢), **개미알**젓(蜃蚳醢), 돼지갈비(豚拍 또는 어깨고기), 생선젓(魚醢)을 그릇에 올리고, 시동(侍童)이 아헌(亞獻)할 때는 미나리김치(芹菹), 토끼젓(兎醢), 육장(醓醢), 김김치(菭菹), 기러기젓(雁醢), 죽순김치(筍菹), 생선젓(漁醢)을 올린다.

왕의 수라에 해(醢) 육십 동이를 올리는데, 오제[五齏: 창포김치, 소천엽, 대합젓, 돼지갈비(어깨살), **부들**순김치], 칠해(七醢: 육장, 고동젓, 대합젓, 개미알젓, 생선젓, 토끼젓, 기러기젓), 칠저(七菹: 일곱김치), 삼니(三臡: 노루고기육장, 사슴고기육장, 순록고기육장)로 채운다.

혜인(醯人)은 오제와 칠저를 장만한다. 제사에 제(齏)와 저(菹)를 혜물(醯物)로 올리고, 혜(醯)와 장(醬)으로 손님을 접대한다. 왕의 수라에 제(齏)와 저(菹), 혜(醯)를 육십 동이 올리고, 왕후나 세자에게 장(醬)과 제(齏), 저(菹)를 올린다.

《의례》와 《예기》에도 저혜(菹醯)와 저해(菹醢), 혜장(醯醬)이 있다. 해(醢)는 사전상으로 젓갈, 육젓, 육장이며, 혜(醯)는 식혜, 초, 육장이다. 제(齏)는 주례 해인(醢人)의 주(注)에서 혜(醯)와 장(醬)에 섞어서 가늘게 썬 것이라고 하였다. 《오주연문장전산고(五洲衍文長箋散稿)》(1850)에서 니(臡)나 해(醢)는 고기를 잘게 썰어서 담그는 육장으로 같은 종류이며, 제(齏)도 같은 것인데 채소와 고기를 잘게 썰어서 함께 담그기도 한다고 하였다.

사람을 저해(菹醢)로 만든다는 말은 사람을 젓갈로 담던

순채(蓴菜) 순나물이라고도 하며 연못이나 늪에 살고 식용한다.

개미알 고대 중국에서는 개미의 알로 젓을 담가 먹었다.

부들 늪, 연못, 개울가에 살며 2m 이상 자란다. 짚처럼 이엉이나 도롱이, 자리, 방석 등을 만든다. 새순의 속뿌리는 김치를 담가 먹었다.

데서 나온 것이다. 생선이나 육류를 소금에 절인 것을 젓갈(醢, 菹)이라고 하는데, 생선 젓은 '젓갈', 육류 젓은 '육젓'이라고 하며, 누룩을 넣어 분해를 촉진시킨 것은 육장(肉醬)이라고 한다. 장, 육장과 육젓, 젓갈은 단백질가수분해효소가 단백질을 아미노산으로 분해시킨 것이다.

시(豉)

중국에서는 춘추전국시대까지 콩장이 없었는데, 후에 시(豉)라는 콩장이 나타났다. 시(豉)는 '즐기다'는 의미로 중국어 '기(嗜)'와 의미와 발음이 같다. 《설문해자(說文解字)》(許愼 47)에서 시(豉)는 어두운(幽) 곳에서 콩(菽)을 발효한다고 하여 배염유숙(配鹽幽菽)이라고 하였다.

정약용(丁若鏞, 1762~1836)의 《여유당전서》에는 다음과 같은 언급이 있다.

해(醢: 식해)는 방언으로 젓인데, 장에는 여러 가지가 있으며 시장(豉醬)도 그중 하나로 《예기(禮記)》, 《한사(漢史)》, 《당외사(唐外史)》, 소식(蘇軾)의 시, 《유양잡조(酉陽雜俎)》, 《토사지(土司志)》와 다른 책에 장이 있지만 콩장은 없고 왕충(王充, AC 25~220)의 《논형(論衡)》에 처음으로 콩장[담자(譚子)는 숙장(菽醬)이라고 함]이 나오고 허신의 《설문해자》에 '배염유숙'이라는 해석이 있다. 《제민요술(齊民要術)》(500)의 시장(豉醬)을 우리나라 사람들이 해(醢, 젓)라고 훈을 하였는데, 잘못이라고 하였다.

《오주연문장전산고(五洲衍文長箋散稿)》에서 '시(豉)는 전국장(戰國醬: 청국장)이라고 하며, 옛날에는 시라는 글자가 없다가 사유(史游, BC 48~33)의 《급취편(急就篇)》(자서)과 사마천(司馬遷)의 《사기(史記)》 화식전(貨殖傳)에 보이기 시작하여 한나라 이후에 나타났고, 《예부운략(禮部韻略)》에서 시자를 배염유숙이라고 하였다.'고 언급되었다.

《춘추좌씨전소(春秋左氏傳疏)》(BC 4세기)에는 국을 끓일 때 소금과 매실만 쓴다고 하였고 예기 내칙이나 《초사(楚辭)》에는 시가 없었는데, 마왕퇴 한묘(馬王堆 漢墓, BC 186)에서 실물 시가 나왔다. 사유의 《급취편》 외에 한대(AD)의 《설문해자》에서 염시(鹽豉)가 나오고, 《제민요술》에 나오는 시를 만드는 방법은 세균뿐만 아니라 곰팡이도 피게 하는 것인데, 청국장을 만드는 방식과 메주를 만드는 방식 2가지가 섞여 있다. 진대(晋代) 장화(張華, 265~312)의 《박물지》와 《본초강목(本草綱目)》(1590)에서 시는 외국 것이라고 하였다. 송대(宋代, 960~1280)의 《학재점필(學齋佔畢)》에서는 구경(九經: 아홉 경서)에 시(豉) 자(字)가 없고 방언으로 이역(異域)의 것이라고 하였다. 여기에서 이역은 우리나라와 만주지방을 의미한다. 이같이 우리나라는 콩의 원산지이자 시의 발상지이다.

조조의 아들 조비(曺丕, 187~226)는 황제가 되자 사이가 좋지 않던 아우 조식(曹植)에게 일곱 걸음을 걸을 동안 시 한 수를 짓지 못하면 죽이겠다고 하였다. 그러자 조식은 골육상쟁을 의미하는 칠보시(七步詩)를 읊었다.

콩을 삶아 국을 끓이고	煮豆持作羹
장 걸러 국물 내네	漉豉以爲汁
콩을 삶을 때 콩대를 베어 때니	煮豆燃豆萁
솥 안에 있는 콩이 눈물을 흘리누나	豆在釜中泣
본래 같은 뿌리에서 태어났는데	本是同根生
어찌 그리도 세게 삶아 대는가	相煎何太急

정약용은 《여유당전서》에서 시에 대하여 다음과 같이 읊었다.

소금으로 절이지 않았으니	鹽所不醃

어찌 시가 짤까 두려우리오　　豈畏豉鹹
내 시는 물이 잘 줄었으니　　我豉適涸
이 시를 지켜보노라　　監此麴豉

삼한과 삼국시대의 장

삼한(BC~AD 4세기)과 가야, 부여(BC 2세기~494)에서는 각기 담당하여 기르던 육축으로 관직의 이름을 지어 마가(馬加), 우가(牛加), 저가(猪加), 구가(狗加), 견사(犬使)가 있었는데, 각기 다스리는 땅이 있다. 개를 기르던 곳은 가라(加羅), 가락국(駕洛國), 가야(伽倻)라고 하는데, 가야는 구야(狗耶)이다. 구(狗)가 개[加]로 전이되어 구야(狗耶)가 된 것이다. 그러므로 가라, 구야, 가락, 가야는 모두 같은 나라이다. 이같이 개를 기르던 나라가 구야(狗耶: 가야)가 된 것처럼 대가야(고령 지방)의 이진아시왕(伊珍阿豉王)은 이름에 장(豉)이 들어 있기 때문에 장을 만들던 사람일 가능성이 있다. 아시(阿豉)는 '아기, 아지'라는 의미도 있지만 장과 관련이 있을 수도 있다.

《삼국사기》의 신문왕(神文王) 3년(683) 2월에 왕이 김흠운(金欽運)의 딸을 왕비로 맞이하려고 납채(納采: 신랑 집에서 신부집에 혼인을 구하는 예)를 보냈는데, 폐백이 15수레, 쌀, 술, 기름, 꿀, 장(醬), 시(豉), 포, 식초가 135수레, 조가 150수레였다.

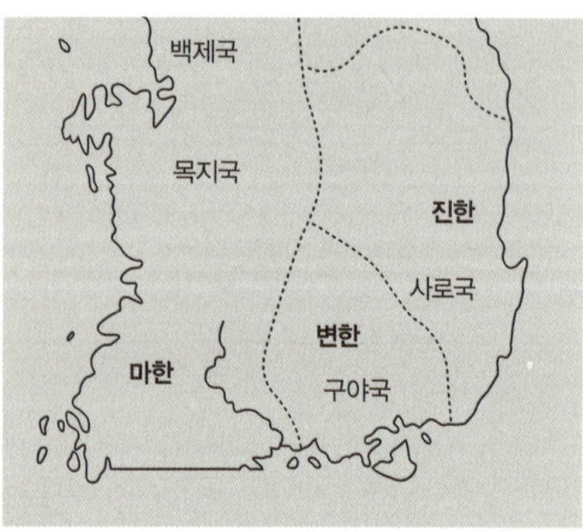

삼한과 삼국시대

《삼국유사》에는 신라 원성왕(元聖王, 786~ 795) 때 김현(金現)의 이야기가 나오는데, 호랑이 발톱에 입은 상처에 홍륜

사(興輪寺) 장을 바르면 낫는다고 하였다.

중국의 《삼국지 위지(魏志) 동이전(東夷傳)》 고구려에서는 고구려 사람들은 발효를 잘한다고[善藏釀] 하였고, 고구려 안악고분벽화에서는 우물가의 항아리를 발견할 수 있다. 고구려 미천왕(美川王)의 이름은 을불(乙弗)인데, 왕이 되기 전 피신시절에 소금장사를 하였다. 소금은 장을 만들 때 필요한 것이다.

안악고분벽화

신라가 삼국을 통일하고 당나라를 배척하자 당나라 장군 설인귀(薛仁貴, 613~683)가 서신으로 신라의 배신을 질책하였다. 신라 문무왕이 보낸 답서에는 백제 복신(福臣) 장군이 성을 포위하고 웅진으로 가서 장[鹽豉]의 수송을 끊었으나 사잇길로 소금을 운반하여 해결하였다는 내용이 있다.

《해동역사》에서는 《신당서(新唐書)》(618~907년의 역사)를 인용하여 발해 수도인 책성(柵城)의 메주(豉)가 유명하며 메주를 성(城)의 울타리같이 쌓았다고 하였다. 발해는 고구려 유민이 세운 나라이므로 고구려도 비슷했을 것이다.

《신증동국여지승람(新增東國輿地勝覽)》에서는 황해도 연안(延安: 강화도 북쪽 육지) 성은 고구려 시대부터 시염성(豉鹽城)이라고 하다가 고려시대부터 염주(鹽州)로 바뀌었다고 하였다. 그러므로 이곳은 발해의 책성보다 더 이전인 고구려

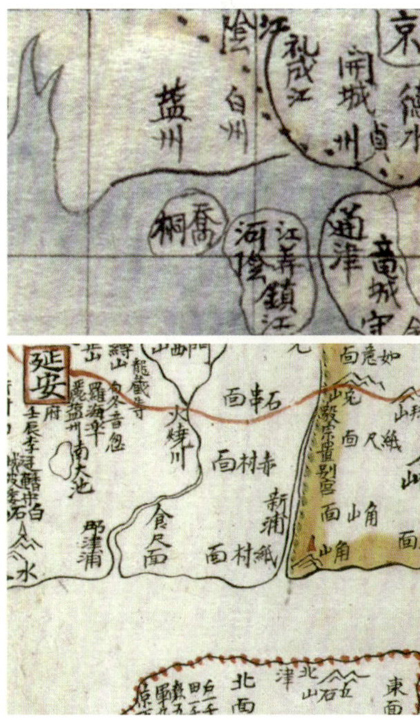

황해도 연안성(시염성 또는 염주)

시대부터 메주와 소금으로 장을 만들던 곳이다.

신라의 영객부(領客府)와 사빈부(司賓府)는 연회와 손님 접대를, 전사서(典祀署)는 제사음식을 담당하였고, 좌우사록관(左右司祿館)은 늠전(廩典)이라고 하다가 천록사(天祿司)로 고쳤는데 녹봉용으로 쌀과 콩을 거두었다.

약밥에 얽힌 간장 전설이 있다. 신라 21대 소지왕(炤知王, 479~500)이 정월 보름날 경주 남산의 천천정(天泉亭)에 갔는데, 까마귀가 은상자를 물어다 놓았다. 겉에는 상자를 열어보면 두 사람이 죽고, 열지 않으면 한 사람이 죽는다고 쓰여 있었다. 왕이, "두 사람이 죽는 것보다는 한 사람이 죽는 것이 낫다."라고 하며 열어보려고 하지 않자, 대신들이 "한 사람이란 임금을 말하는 것이고, 두 사람이란 신하를 말하는 것입니다. 열어보십시오."라고 하였다. 그래서 열어보니 거문고 상자를 쏘라고 쓰여 있었다. 왕이 궁으로 돌아가 거문고 상자에 활을 쏘니 속에 있던 사람이 죽었다. 내전 분수승(焚修僧: 향을 피워 불도를 닦는 승려)이 왕비와 간통하여 왕을 죽이려고 숨어 있었던 것이다. 왕비는 사형시키고 소지왕은 찹쌀밥에 곶감, 밤, 대추, 고사리, **세발버섯**, 호두, 잣, 꿀과 간장을 섞어서 약밥을 만들어 정월 보름날마다 까마귀에게 먹여 은혜를 갚았다.

세발버섯 바구니버섯과로 버섯의 발이 모두 연결되어 있다.

《제민요술》은 중국의 북위(北魏) 말엽(439~535)에 고양군(高陽郡) 산동성(山東省) 태수(太守) 가사협(賈思勰)이 530~550년 사이에 고양군을 중심으로 농업기술과 식생활기술을 정리하여 낸 책이다. 북위는 우리 선조 동이족(東夷族)인 선비계(鮮卑系)가 중국 북쪽에 세운 나라로 고구려 문화와 비슷하고, 가사협이 다스리던 고양군은 지금의 산동성 치박(淄博)으로 고구려와 가까워서 제민요술에는 당시 우리나라 음식과 같은 것이 많으며, 우리나라에도 영향을 많이 미쳤다.

백제는 근고초왕(近古肖王) 시대인 360~370년에 중국의 요서(遼西), 산동(山東), 북경(北京) 지역을 빼앗아 지배하였는데,《제민요술》이 쓰여진 500년경 요서 지방을 잃었으나 백제의 유민과 문화와 식생활은 남아 있었다. 이에 대한 증거로《제민요술》의 저자인 가사협의 가(賈)씨 성은 백제의 성씨라고 한다. 그래서《제민요술》의 음식은 백제의 것, 즉 우리의 것이라고 한다[김상보(1998), 한국식생활문화학회지 13; 심약(沈約, 487), 송서(宋書); 요찰(姚察)·요사렴(姚思廉, 629), 양서(梁書); 이연수(李延壽, 당나라시대), 남사(南史); 두우(杜佑), 통전(通典)의 백제 부분].

《제민요술》에서 시(豉)는 콩을 삶아서 어두운 방에서 누런곰팡이(黃衣)가 피게 하여 단백질을 분해시킨 후 씻어서 곰팡이실을 제거하며, 짚에 붙어 있는 세균으로 단백질을 분해시키고 점질물도 만들게 하여 말린 것으로, 즉 청국장을 말린 것이다.

《제민요술》의 콩장은 밀을 사용하여 단맛을 내고 일본에서도 같은 방법으로 만드는데, 소금을 섞어 숙성시켜서 된장 형태로 먹기도 하고, 소금물로 숙성시켜서 물을 거르든지 떠낸 두장청(豆醬淸: 간장)을 이용하고 있다. 재료로 보면 콩에다 밀을 섞은 것으로 우리나라 메주장과 비슷하지만 만드는 방법을 보면 중국에는 시(豉)와 장(醬)의 구분이 안 되는 것들이 많다.

장에 얽힌 이야기

《청장관전서(靑莊館全書)》에서는 함양(咸陽)의 한 선비가 항상 하루를 위한 계책은 아침에 술을 마시지 않는 것이 가장 좋고 1년을 위한 계책으로는 장을 많이 담그는 것이 제일이라고 했다는 내용이 있는데, 장 담그기의 중요성을 말하고 있다.

퇴계 이황(退溪 李滉)은 답김경부숙부(答金敬夫肅夫)라는 편지에서 장은 음식의 주인이라고 했다. 《부인필지(夫人必知)》에서는 '장은 100가지 맛의 으뜸이니 장이 그르면 비록 어육 미찬이라도 잘 고르지 못하니 어찌 중요하지 않으리오.'라고 하였다.

《고사십이집(攷事十二集)》 등에서는 "장은 거느리는 것이니 일체의 어육이나 채소, 버섯의 여러 독을 제압하고 또 모든 약과 끓는 물과 불의 독을 제압할 수 있으니 마치 장수가 포악한 자들을 평정하는 것과 같다."라고 하였고, 《오주연문장전산고》에서는 "무릇 장이라는 것은 한 집안의 큰일이니 담그는 법을 어찌 조금이라도 소홀히 할 수 있겠는가. 집안 일에 마음을 쓰는 자들은 마땅히 취하여 법으로 삼아야 할 것이다."라고 하였다.

삼(大麻) 대마라고 하며 껍질을 벗겨서 삼베를 짜고 밧줄을 만든다. 열매는 먹는다.

《임원십육지(林園十六志)》(1827)와 《옹희잡지(饔饎雜志)》에서는 "장은 거느리는 장군으로, 포악한 자들을 평정하는 장군과 같이 온갖 먹을거리의 독을 제압한다. 중국의 장은 콩, 팥, 밀, 보리, **삼**(대마), 녹말, **느릅나무열매** 등 여러 가지로 담그므로 맛과 질이 서로 다르다. 우리나라는 콩만 쓰는데, 3년이나 5년 된 장은 색깔이 제호(醍醐: 버터, 매우 훌륭한 음식을 비유)와 같고 맛은 소타(酥酡: 우유즙, 매우 훌륭한 음식을 비유)에 필적한다. 도은(陶隱, 李崇仁)이 장 중에서는 오래된 콩장이 가장 좋다고 하였는데, 이것이 곧 우리나라의 장이니 마땅히 천하 제일이다."라고 하여 우리나라 장에 대한 긍지가 대단했다.

느릅나무열매 느티나무같이 생겼으며 씨가 엽전같이 생겼다고 유전이라고 하는데, 장에 넣는다. 어린잎은 떡을 해 먹고 껍질은 치습, 이뇨, 완하에 쓴다.

장독덮개[醬瓿]는 쓸데없는 것을 말한다. 《한서(漢書)》 양웅전(揚雄傳)에 의하면 후파(侯芭)가 양웅에게 태을법언(太乙法言)을 늘 배웠는데, 유흠(劉歆)이 그것을 보고 양웅에게 '부질없이 괴로울 뿐이다. 후세 사람들이 장독 덮개로나 쓸 것이다.' 라고 한 말에서 비롯되었다.

진나라(晉) 육기(陸機)가 왕제(王濟)를 찾아갔을 때, 왕제가 양락(羊酪: 양젖버터)을 자랑하면서 동오(東吳) 땅에도 이와 비교할 것이 있느냐고 묻자, '천리 호수의 순채국은 (맛있어서) 소금이나 된장을 칠 필요도 없다(千里蓴羹未下鹽豉).'라고 읊었다. 이것을 천리순갱(千里蓴羹)이라고 한다. 반면 소동파는 된장을 넣은 순채국을 먹고 싶다고 읊었다(每憐蓴菜下鹽豉).

매성유(梅聖兪)의 시를 살펴보자.

넉넉한 장으로 붉은 순나물(순채)을 끓인다	剩將鹽豉煮紫蓴
붉은 장으로 순나물을 끓이니	紫豉煮蓴香味全
향기로운 맛이 그지없다	

산곡(山谷)의 시를 살펴보자.

장은 순나물을 빨리 익게 한다	鹽豉欲催蓴菜熟

《예기》 곡례에서 음식을 올리는 예로 왼쪽에는 반찬[殽]을 놓고 오른쪽에는 고기[胾]를 놓는다. 식초와 장은 음식의 맛을 내는 것이므로 반찬과 고기의 안쪽에 놓는다. 춘하추동의 제사에는 가장 앞줄에 밥, 술잔, 장, 식초, 두부탕 다섯 그릇을 놓는다. 주례에서 장은 육청(六清) 중의 하나이다.

《논어》 향당(鄉黨)에 공자는 고기를 반듯하게 자르지 않으면 먹지 않았고, 장이 제대로 되어 있지 않으면 들지 않았다고 하였다.

송시열(宋時烈, 1607~1689)은 옛 예(禮)에 따르면 음식은 반드시 장을 위주로 하였으므로 장이 음식의 주(主)라고 하고 음식마다 주로 하는 장이 있으며, 논어에서도 해당되는 장이 없으면 그 고기를 먹지 않았고, 의례의 혼례도에서 장을 한가운데에 놓았으니 제사도 마찬가지로 놓아도 된다고 하였다.

부모상을 당하면 슬퍼하며 3년 동안 장을 먹지 않는 것으로 효도를 다하고, 그것이 알려지면 정려(旌閭: 정려각을 세워서 표창)나 복호(復戶: 세금면제) 등의 은전을 받고 이 사실을 비문으로 남겼다. 왕도 장을 먹지 않는 것으로 효도를 다했다는 치적을 한 경우가 많았다.

정려각

여묘살이(충북 청원군 문의문화재단지)

조선 중종 38년(1543) 12월 22일 김포 사는 홍한인(洪漢仁)은 모친상을 당하여 3년 동안 여묘살이(묘 옆에 막을 짓고 섬기는 일)를 하며 염장을 먹지 않았다고 복호를 받았다. 소수서원을 세운 주세붕(周世鵬)은 아버지가 돌아가시자 몸소 흙을 져다가 봉분을 만들었으며 그동안 장을 먹지 않아서 진급하였다.

상을 당한 숙종은 수장(水醬)도 들지 않고 철종도 염장을 들지 않았으며, 인종 1년(1545) 2월 8일 임금이 제사 때 장을 먹지 않아 병이 나자 신하가 염장을 먹을 것을 권하였다.

이긍익(李肯翊, 1736~1806)의 《연려실기술(燃藜室記述)》과 허균(許筠, 1569~1618)의 《성소부부고(惺所覆瓿藁)》에 다음과 같은 이야기가 있다. 선조 30년

(1597) 정유재란 때 임금이 평안도 영변으로 피난하기로 해서 준비하러 갈 사람이 필요하였다. 남이공(南以恭)이 "신공[申磼]을 합장사(合醬使: 임금이 머물 곳에 가서 장을 준비하는 사람)로 보내야 할 것이오."라고 하자 한준겸(韓浚謙)이 "다른 사람은 몰라도 신공은 안 되오."라고 하였다. "무슨 까닭이오?"라고 하니, "신일(辛日)은 음양오행상 장을 담그지 말라는 날이기 때문이오(辛不合醬)."라고 하였다. 장 담그는 금기일 '신(辛)'의 음이 '신(申)'과 같다는 말인데, '신'은 장이 쉬게 된다는 의미가 있기 때문이기도 하다.

고추장이 나오기 전의 매운 장은 **산초**장과 겨자장이 있었는데, 이덕무(李德懋)는《청장관전서》에서 겨자장(芥醬)을 갤 때는 머리를 가까이 대서 재채기를 하면 안 되고, 남과 함께 회를 먹을 때도 겨자장을 많이 먹어서 재채기를 하면 안 된다고 하였다.

세종 26년(1444) 7월 22일에는 술, 장, 쌀을 **해당화** 아래에 놓아두면 장맛이 좋아지므로 널리 알리라고 하였다.

초장(椒漿)을 장으로 생각할 수도 있으나 산초[椒]로 담근 초주(椒酒)로 새해 아침에 조상에게 제사를 지내거나 가장(家長)에게 축수할 때 올리는 축하주이며 초상(椒觴)이라고도 한다.《지봉유설(芝峰類設)》(1614)에 나오는 술집에서 술에 고추(苦椒)를 넣어서 판다고 한 것은 고추로 만든 초주일 것이다.

청나라에서는 광록시(光祿寺)에서 선식(饍食)을 관장하여 사신 일행에게 장을 제공하였다. 구린내의 어원을 고려인 냄새(高麗人臭: 고려인 냄새 → 고린내 → 구린내)라고 하며 중국인이 조선사람을 멸시하기 위해 생긴 말이라고 주장하는 사람이 있으나, 우리나라 사람들이 청국장을 만들었기 때문에 생긴 말이다.

산초(山椒) 분지나무, 분디나무라고도 하는데 아카시아나무와 비슷하며 독특한 향이 난다. 열매는 기름을 내어 쓰거나 가루내어 추어탕 등에 향신료로 쓴다. 초피나무와는 다르다.

해당화 장미과 관목으로 바닷가 모래밭 등에 많으며 빨간 홑잎꽃을 피운다. 꽃은 약으로 쓴다.

《옥담시집(玉潭詩集)》(李應禧, 1579~1651)에서는 간장에 대해 다음과 같이 읊었다.

간장[醬]

콩을 삶아서 메주 만들고　　煮豆爲甘末
소금 넣어서 독에 채우면　　鹹藏滿甕中
유리 보석같이 붉고　　爛色琉璃赤
빨간 호박색같이 맑다　　澄光琥珀紅
바닥을 파서 금알 찾고　　掘底探金粟
속을 뚫어 옥봉함을 여니　　穿心發玉封
국과 회는 물론 불고기까지　　烹羹與膾炙
간장 필요하지 않은 곳 없네　　無處不宣功

간장독

조선시대 농가의 1년 행사 중에 장을 담그는 일은 매우 중요한 일이라서 《농가월령가(農家月令歌)》와 《월여농가(月餘農歌)》에서는 때를 잃지 않도록 가르치고 있다.

농가월령가(丁學游, 1786~1855)

3월　인간의 요긴한 일 장담는 정사로다
　　소금을 미리 받아 법대로 담그리라
　　고추장 두부장도 맛맛으로 갖추하소
5월　보리밥과 찬국에 고추장 상추쌈을
6월　장독을 살펴보아 제맛을 잃지 마소
　　맑은장 따로 모아 익는 쪽쪽 떠내어라
　　비오면 덮것인즉 독정을 정히 하소

맑은장 따로 모아 익는 대로 떠내어라
비 오면 꼭 덮고 아가리를 깨끗이 하고
11월 부녀야 네 할 일이 메주 쑬 일 남았구나
익게 삶고 매우 찧어 띄워서 재워 두소

월여농가(金逈洙, 1861)

3월 사람들에 요긴하기는 간장이 제일이라
소금 넣고 콩 섞을 때 신일을 피하고
속에 두부나 나물 넣어 먹는다
모두 자반이라 맛이 좋고
집된장 절된장 다름이 없지 않아
고린내 나더라도 입에 넣는다
5월 상추쌈과 고추장도
10월 젓국에 된장 풀어 담갔다가 또 무치고
11월 장을 담그려고 콩을 삶아 찧으며
메주덩이 띄우는 일 그만두지 못한다

장과 관련된 속담은 다음과 같다.

- 간장독을 깨뜨리면 집안이 망한다.
- 고추장 단지가 열 둘이라도 서방님 비위 못 맞춘다.
- **구더기** 무서워 장 못 담글까.
- 국이 끓는지 장이 끓는지.
- 김장은 겨울 농사, 장은 1년 농사.
- 꼭 찍어 먹어 봐야 똥인지 된장인지 아나.

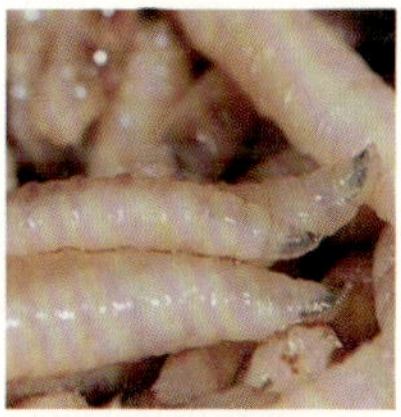

구더기 파리의 애벌레로 가시라고도 한다. 파리가 인분통, 장에 앉으면 알을 까서 구더기가 생기며 번데기를 거쳐 파리로 탈바꿈한다.

- 내 손을 장으로 지진다.
- 된장과 사람은 묵은 것이 좋다.
- 된장에 풋고추 박히듯.
- 딸집에서 가져온 고추장.
- 똥인지 된장인지 구분 못 한다.
- 뚝배기보다 장맛이 낫다.
- 마누라 나쁜 것은 100년 원수요, 된장 신 것은 1년 원수.
- 말 많은 집은 장맛도 쓰다.
- 며느리가 잘 들어오면 장맛도 좋아진다.
- 묵은장 쓰듯.
- 물방앗간에서 고추장 찾는다.
- 보리밥에는 고추장이 제격.
- 보자보자 하니까 얻어 온 장 한번 더 뜬다.
- 상추쌈에 고추장이 빠질까.
- 소경이 장 먹듯.
- 소금에 절지 않은 것이 장에 절까?
- 시어머니 죽고 나면 고추장은 내 차지.
- 아기 낳을 때 담은 간장으로 그 아기 혼례 때 국수 만다.
- 양반은 세 끼만 굶으면 된장 맛 보잔다.
- 어린애와 장독은 얼지 않는다.
- 얻어 먹어도 **더덕** 고추장.
- 장 단 집에는 가도 말 단 집에는 가지 마라.
- 장 없는 놈이 국 즐긴다.
- 장맛 보고 그 집의 길흉을 안다.
- 장맛 보고 딸 준다.

더덕 초롱꽃과 여러해살이 덩굴로, 뿌리는 식용한다.

- 장맛을 보면 그 집안을 알 수 있고, 술맛을 보면 고을의 정치를 알 수 있다.
- 장맛이 단 집에 복이 많다.
- 장맛이 좋아야 집안이 화목하다.
- 집안 식구가 죽는다든지 몹쓸 병에 걸리는 해에는 장에 벌레가 생기고 변한다.
- 집안이 망하려면 장맛부터 변한다.
- 집장 10년이면 호랑이도 안 먹는다.
- 청어 굽는데 된장 칠하듯.
- 콩 종아리 묻어 주면 된장 걱정 없다.
- 콩으로 메주를 쑤어도 믿지 않는다.
- 콩으로 메주를 쑨다고 해도 곧이 듣지 않는다.
- 토장에 간장 친다.
- 한 고을 정치는 술맛으로 알고, 한 집안의 일은 장맛으로 안다.

장(醬) 자가 들어갔으나 장이 아닌 말은 다음과 같다.

- 단로장(丹露漿)은 해돋이 때 붉은색(朱色)을 띤 이슬을 말한다.
- 유하장(流霞醬)은 신선의 술 이름이다.
- 금장옥액(金醬玉液)은 금과 옥을 주초(朱草)에 녹여서 만든 도가의 선약이다.
- 산장(酸醬)은 **꽈리**를 말한다.
- 구장(枸醬)은 촉(蜀) 지방 구목(枸木)의 열매를 담가서

꽈리 과리, 꼬아리라고도 한다. 빨간 주머니에 도토리 크기의 열매가 들어 있는데, 속을 파내서 입에 물고 바람을 불어 넣었다가 뺐다 하면서 아이들이 놀 때 썼다. 즉, 풍선껌 역할을 하였다.

구약(蒟蒻)나물 천남성과 여러해살이 풀로 알뿌리에서 어묵요리에 넣는 곤약을 만든다.

만드는 초장으로 진미이다.

- 구장(蒟醬)은 **구약나물**의 뿌리를 가루로 만들어 끓여서 만든 것이다.
- 지장수(地醬水)는 땅을 파고 냉수를 부어 휘저어서 흐리도록 만들었다가 떠먹는 것이다.

장의 원료

콩

콩의 원산지

콩의 원산지는 우리나라 한반도와 만주지역이다. 청동기시대 함경도 회령(會寧) 오동(五洞), 평양 남경(南京)에서 콩이 출토되고, 경기도 팔당지구에서 콩으로 누른 무늬의 청동기 토기가 나왔다. 단군조선 27세왕(豆密, BC 997~971)과 39세왕(豆忽, BC 545~509) 이름에도 콩(豆)이 들어가고 기자조선(箕子朝鮮) 17세 마휴(麻休) 10년(BC 933)에는 풍년이 들어 콩 한 줄기에 2되를 수확하여 한되콩(一升豆)이라고 하였다.

《삼국사기》에 따르면 백제 기루왕(己婁王) 23년(99) 8월과 신라 지증마립간(智證麻立干) 10년(509) 7월에 서리가 내려 콩이 죽었다고 하였다. 《제민요술》에서 황고려두(黃高麗豆)와 흑고려두(黑高麗豆) 등의 원산지는 고려라고 하였다.

이같이 콩은 우리나라와 만주지역이 원산지이므로 야생콩 종류도 많고 콩 자가 들어간 지명도 많다. 두만강(豆滿江)이라는 이름도 콩이 가득한 곳

콩밭

이라는 의미다.

신라의 콩 자가 들어간 지명으로는 남해왕(南解王)이 재위 15년(AD 18년)에 행차한 두곡(豆谷)이 있다. 고구려는 두곡(豆谷), 지두간(地豆干), 누두곡(婁豆谷), 대두산성[大豆山城, 압록강 이북 비달홀(非達忽)] 등이 있다. 백제는 문주왕(文周王) 2년(479) 대두성(大豆城: 예산군 두촌)을 쌓았고, 두량윤성(豆良尹城, 定山), 두힐현(豆肹縣: 나주의 회진), 두시이(豆尸伊: 금산 부리면), 두내산(豆乃山: 만경) 등이 있다. 신라 태종무열왕(太宗武烈王) 7년(660) 10월 신라는 백제의 대두시(大豆尸)를 공격하였고, 두량륜성과 두릉(豆陵)도 공격하였다. 신라에는 두량미지정(豆良彌知停)이라는 군호(軍號)가 있었다.

이 외에도 표 1과 같이 콩 자가 들어간 지명이 많이 있는데, 우리나라가 콩의 원산지이기 때문이다.

중국의 앙소(仰韶, BC 4500~2500)와 용산(龍山, BC 2800~2000) 농경 유적에는 콩이 없다. 콩은 중국 《시경》(BC 551~479)에 숙(菽)이라는 이름으로 처음 나타나는데, 관중(管仲, ?~BC 645)의 《관자(管子)》에 의하면 BC 7세기 제환공(齊桓公)이 만주지방인 산융(山戎)에서 콩을 들여와 융숙(戎菽)이라고

[표 1] 콩(豆) 자가 들어간 지명

지역	세부 지명
경기도	두두리천(豆豆里川), 두모곡(豆毛谷), 두모천(豆毛川), 삭녕(연천) 소읍두(小邑豆), 광주와 한성의 두모포(豆毛浦), 두뭇개[豆毛浦], 가평 두모곡, 강화 두모천과 오두두지(吾豆頭池), 이천 두니산(豆尼山), 양주 독두천(獨豆川)
충청도	충주 두의곡(豆衣谷), 제천 두모곡산(豆毛谷山), 공주 두곡(豆谷), 임천 두모곡, 정산 두릉윤성(豆陵尹城), 은진 두상(豆上)과 두하(豆下), 연산 두마촌(豆磨村), 연기 두잉지(豆仍只), 서산 두치(豆峙), 비인 도두음곶(都豆音串), 서천 두산동(豆山洞)과 이두주(伊豆州), 예산 두촌(豆村)
전라도	익산 두촌(豆村)과 두천(豆川), 전주 두모촌(豆毛村), 나주 두동(豆洞), 영암 말응두도(末應豆島), 함평 두지도(豆知島), 남원 두가소(豆加所)와 두동(豆洞), 순천 용두포(龍豆浦)와 두잉지소(豆仍只所), 두평소(豆坪所), 동복 두부지(豆夫只), 여수 남면 대두도(大豆島), 영암 말응두도(末應豆島)
경상도	하동 두치강(豆恥江: 섬진강), 두치진(豆治津), 삼가현 도두지(都豆池), 사천 두음벌산(豆音伐山), 남해 두음포(豆音浦), 합천 두무산(豆毛山)과 두상(頭上), 경주 두두리(豆豆里), 성주 두의(豆衣), 밀양 두야보(豆也保), 의성 두음산(豆音山), 영천 두전(豆田), 안동 두모현(豆毛峴), 부산 기장 두모포영(豆毛浦營), 동래 두모포(豆毛浦), 흥해 두모적포(豆毛赤浦), 고성 두도(豆島) 및 두현(豆峴), 안동 두모포, 합천과 거창 아두치(阿豆峙)
황해도	토산현 두모산(豆毛山), 도풍천 두요포(豆要浦), 함흥 송두등(松豆等)
함경도	안변 인두문참(引豆門站), 새별군 후라두도(厚羅豆島)
평안도	영유현 미두산(米豆山), 의주목 권두산(權豆山), 평양 두로도(豆老島)

하였다는 언급이 있다.

《이아(周公)》(BC 200)에서 융숙은 임숙(荏菽), 임숙은 대숙(大菽), 즉 대두(大豆)라고 하였고 《광아(張揖)》(220~265)에서는 콩(大豆)을 숙(菽)이라고 하다가 후에 콩깍지가 제사용 **목기 두**(豆: 굽이 있는 나무그릇)와 같이 허리가 잘룩하다고 하여 두(豆)라고 하게 되었다. 우리나라에서는 태(太)라고도 한다.

목기 두

숙맥(菽麥)은 '콩과 보리를 분간하지 못하는 어리석은 사람'이라는 말인데, 숭맥으로 발음하는 경우가 많다.

《옥담시집》에서 콩에 대해 다음과 같이 읊었다.

콩[大豆]

콩을 밭 사이에 심으니	大豆田間種
가지와 잎이 가득 피네	離披萬葉敷
이슬 맺은 꽃 붉은 옥 같고	露花明紫玉
서리 맞은 잎 노란 구슬 머금은 듯	霜莢抱黃珠
자미[1]는 밥상이 풍성하였고	子美豐盤膳
애공은 제수를 도왔지	哀公助鼎需
곡물 중에서 콩의 힘이 많아	穀中多有力
탁룡[2]의 말을 기를 수 있노라	能養濯龍駒

콩의 성분

익은 콩

콩식품에는 콩나물, 콩기름, 두부, 비지, 유부, 두유, 된장, 청국장, 간장, 미숫가루, 식용유, 마가린, 농축단백질, 인조육 등이 있다.

콩에는 수분 9.2%를 기준으로 100g 당 단백질 41.3g, 지방질 17.6g, 당질 22.6g, 섬유소 3.5g, 회분 5.8g, 칼슘 127mg, 인 490mg, 철 17.6mg, 칼륨 1,270mg, 비타민 B_1 0.6mg, B_2 0.17mg, 니아신 3.2mg, 리보플라빈 8.5mg이 들어 있다(표 2 참조).

콩뿌리에 사는 뿌리혹박테리아가 공기 중 질소를 단백질로 만들어주므로 척박한 곳에서도 잘 자라고 단백질 함량이 40%나 된다. 주성분은 글리시닌이고 글로불린과 알부민, 프로테우스 등도 들어 있다. 지방질은 20%나 되

1) 두보: 가을비에 콩알이 하마 익었네(楊柳晨在手 豆子雨已熟)

2) 탁룡: 고대의 마굿간 이름으로, 콩을 말먹이로 쓰기 때문에 이렇게 말한 것이다.

[표 2] 콩과 전통장의 주요 성분 (단위: g/100g)

종류	수분	단백질	지질	당질	섬유소	회분 (소금)	칼슘	인	철	고춧가루
콩	9.2	41.3	17.6	22.6	3.4	1.3	0.127	0.490	0.0176	-
간장	71.7	4.3	0.4	4.4	0.0	19.2	0.062	0.038	0.0052	-
된장	51.5	12.0	4.1	10.7	3.8	17.9	0.112	0.141	0.0051	-
청국장	59.5	16.5	10.0	9.8	2.3	1.9	0.090	0.190	0.0033	-
고추장	47.7	8.9	4.1	15.9	3.5	19.9	0.126	0.072	0.0136	5.0

며 우리나라 식용유의 30% 정도를 콩기름이 차지한다. 지방질은 포화지방산이 40%, 올레산, 리놀레산 등의 불포화지방산이 60%를 차지한다. 불포화지방산은 혈중 콜레스테롤을 감소시킨다. 함유된 레시틴은 신경전달물질과 뇌의 주성분으로 혈중 콜레스테롤이 축적되지 않도록 한다. 스티그마스테롤, 시토스테롤 등도 들어 있다. 비타민 E(토코페롤)는 항산화작용으로 지방질의 산화를 방지하고, 몸 안에 과산화지질의 생성을 예방하여 노화를 방지한다.

탄수화물 중 라피노스와 스타키오스는 난소화성 올리고당으로 대장에 유익한 비피더스균의 먹이가 되어 정장하여 준다. 식이섬유는 콜레스테롤 배설을 촉진하고 음식 노폐물의 발암성분이 대장을 빠르게 통과하게 한다.

생리활성물질인 이소플라본은 여성호르몬 유사작용으로 노화와 골다공증을 예방하고 항산화작용으로 유해산소를 없애며, 암을 일으키는 단백질 티로신키나아제를 억제한다. 그래서 콩을 주식으로 하는 나라의 유방암 발생률은 미국 여성보다 4~10배가 낮다.

사포닌은 콜레스테롤 저하, 면역증강, 항암작용을 하고 몸에 해로운 과산화지질이 만들어지는 것을 억제하여 노화를 예방한다. 피트산은 철과 결합하여 지질 산화를 억제한다. 피토스테롤도 항암작용을 한다.

트립신저해제는 단백질 소화를 방해하지만 가열하면 독성이 없어지며 보우만-버크형 저해제는 항암작용을 하고 당뇨병을 예방한다.

세계의 콩발효식품

우리나라에는 세균으로 발효시키는 청국장, 곰팡이로 발효시키는 된장, 즙액을 이용하는 간장, 고추를 넣은 고추장이 있다.

일본에는 콩 외에 보리나 쌀을 넣어 발효시키는 된장 미소(味噌)와 간장인 쇼유(醬油), 청국장 종류인 낫토(納豆)가 있다.

중국에는 간장, 청국장인 **담두시**(淡豆豉), 말린 **건두시**(干淡豆豉), 오래 숙성시키는 **습두시**(濕豆豉), 두부에 곰팡이를 번식시켜서 술이나 된장에 담가 숙성시킨 치즈형 쑤푸(乳豆腐), 발효시킨 메주콩에 고추 등으로 양념한 두반장(豆瓣醬)이 있다.

인도 아삼(Assam) 지방에는 바나나 잎으로 싸서 청국장처럼 발효시켜 말린 스자체(sujache)가 있다. 네팔 동부에는 청국장류인 **키네마**(kinema)가 있다. 인도네시아에는 곰팡이로 콩을 발효시켜서 간장을 발라 굽거나 튀겨 먹는 **템페**(Tempe)가 있다.

태국에는 청국장처럼 만들어서 소금과 향신료를 섞는 토-아나오(to anao)가 있다.

부탄에는 삶은 콩을 띄워서 소금을 넣지 않고 1~2년 숙성시키는 리비-잇빠(libi-iba)가 있다. 썩은 내가 심하다.

담두시

건두시

습두시

키네마

템페

소금

소금의 역사

고구려 광개토대왕은 북진하여 몽골의 염수(鹽水)를 정벌하였다. 고구려 미천왕(美川王)은 큰아버지가 아버지를 죽이고 왕의 자리를 빼앗자 숨어서 소금장수로 연명하다가 후에 왕이 되었다.

《삼국지 위지 동이전》에 고구려는 일반인들이 해안 지방의 소금을 운반했다고 나오는데, 소금을 확보하기 위하여 동해가 가까운 동옥저(東沃沮)를 복속시켜서 소금을 1,000리나 운반하였다. 백제와 신라는 바닷가이므로 소금을 얻는 데 지장이 없었을 것이다.

고려시대의 소금은 바닷물을 끓여서 만든 자염(煮鹽)으로 알려져 있다. 건국 초기에는 도염원(都鹽院)을 설치하고 개인이 소금을 만들거나 팔지 못하게 하여 소금을 국가 재정을 이루는 세입 수단으로 삼았다. 고려의 귀족들이 불법으로 소금을 만들어 팔아 국가 재정 상태가 좋지 않자 충선왕 1년(1309)에는 각염법(榷鹽法)을 만들어 사사로운 소금 제조와 매매를 금지하고 소금값을 포(布)로 내게 하였는데, 1필은 소금 2섬에 해당하므로 한 해 소금값이 4만 필이나 되었다. 이것을 쌀값으로 따지면 2만 섬 정도라고 한다.

자염 만들기(태안군 근흥면 마금리, 태안군 제공)

고려의 충숙왕(忠肅王, 1294~1339) 때도 권세가들이 소금에 손을 대어 이 법이 무너지는 바람에 백성이 베를 바쳐도 관에서 소금을 주지 않아 전매 제도가 아주 유명무실해졌다.

조선시대의 소금도 고려시대와 마찬가지로 바닷물을 끓여서 만든 자염이다. 동해에서는 바닷물을 직접 끓여 만들고 서해와 남해에서는 염전의 바닷물을 햇볕에 증발시켜 농축한 다음 끓여 만들었다. 동해식은 연료와 경비가 많이 들고 생산성이 떨어져서 서해식으로 바뀌었다. 소금 필요량은 관용이 가장 많고, 그 다음 일반용, 군사용 순이었다.

소금을 구워서 백성들이 곡물이나 포목과 교환하게 하였고, 민간의 염장 소유와 소금의 생산 · 매매를 허용하는 대신 소금세를 징수하여 나라 재정을 꾸렸다. 소금값은 쌀값의 반 정도였다.

일제시대에는 소금 부족 해소와 국고 수입 증대를 위해 1907년 경기도 주안(朱安) 염전에서 천일염을 만들기 시작하여 생산비가 더 많이 드는 자염법은 없어졌다. 일제는 개인이 소금을 만들거나 매매할 수 없도록 전매제도를 시행하고 세금을 내게 하여 국민을 착취하였다.

신안군 증도염전

천일염은 경기도 화성의 남양 소금이 유명하였다. 호염(胡鹽)은 중국에서 나는 굵은 덩어리 소금이고 본염(本鹽)은 바닷물을 끓여서 만든 소금이며, 재염(再鹽)은 호염을 끓여서 정제한 고운 소금이다. 1931년부터 소금관제를 만들어서 조선일등염, 조선이등염, 수입일등염, 수입이등염, 대만염 등으로 구분했는데, 수입일이등염은 호염이다.

증도 태평염전

소금은 민간이 만든 재염, 관제 진공식 재염, 민간 재래식 전오염(煎熬鹽, 煮鹽,

끓여서 만든 소금) 등이 있었다.

해방 후에도 정부가 소금을 전매하다가 1961년에 전매법을 폐지하고 1962년에 염전을 민영화하여 일반인들이 소금을 생산·판매할 수 있게 하였으나 1963년 염관리법에서 천일염을 광물로 분류하여 식품으로 사용할 수 없게 하였다가 2008년 8월에 식용으로 허용하였다.

소금은 대부분 공업용으로 2006년도 사용량 316만 톤 중에서 식용염은 57만 톤으로 18%이다. 2009년의 천일염 생산량은 37만 7,000톤이다. 천일염에 함유된 무기물은 영양소로 작용하지만 공업용으로는 불순물이기 때문에 공업용으로 사용하지는 못한다.

소금이 만병통치, 불로장생작용을 한다고 광고하는 것이 많은데, 어떤 소금이든지 많이 먹으면 해롭다. 죽염은 발암물질인 다이옥신이 검출된 적이 있고, 고혈압에 좋다는 저나트륨 소금은 염화칼륨(KCl) 함량이 많아서 고칼륨혈증으로 근육마비, 심장마비를 일으킬 수 있다. 황토소금, 알칼리소금, 함초소금, 녹차소금 등 많은 기능성 소금이 있으나 많이 먹으면 기능성보다는 몸에 해롭다. 장 담그는 데 좋은 것은 천일염이다. 장에 쓸 때는 소금 농도가 낮은 저염장이 바람직하다.

《옥담시집》에서는 자염에 대해 다음과 같이 읊었다.

소금[鹽]

바닷물 끓여 흰 소금 만드니	煮海爲鹽雪
사람들이 오래 잘 썼다	蒼生利用長
옥처럼 흰 소금 수 길 쌓이고	玉華堆數仞
은같이 흰 소금 수천 말	銀雪斗千箱
콩으로 장 담그면 달고 붉고	浸豆甘成赤
오이지 담그면 노랗고	沈瓜色有黃

사람들이 온갖 맛 낼 때	人家調百味
모든 음식에 소금 넣누나	無處不相當

소금의 질 증보산림경제(1767), 농정회요(1830), 군학회등(1800년 중반), 임원십육지(1827)

쇠솥에 구워 만든 소금은 맛이 쓰므로 사용하지 말고, 질그릇 동이에 구운 소금을 쓴다. 큰 바다에서 생산된 것은 소금기가 너무 강하여 맛이 좋지 않고, 바닷가 길게 들어간 포구의 바닷물로 구운 것만 소금 알갱이가 곱고 거칠지 않으며 맛이 짜면서도 달아 장 담그기에 좋다.

무릇 장을 담그는 소금은 밀폐된 창고에 깊이 두고 반드시 남풍을 피하여 소금이 녹아 없어지지 않게 하고 몇 달 동안 쌓아 두어야 간수가 모두 빠져서 맛이 좋다.

쇠솥에서 구운 소금이나 큰 바닷물로 만든 소금은 물에 조금 촉촉하게 적신 다음 네모난 나무 틀에 넣어 누룩처럼 밟아낸 덩이를 짚으로 두껍게 싸서 불로 익히면 돌처럼 단단해진다. 이것을 절구로 빻아 물에 타서 장을 담그면 간수가 빠져서 맛이 좀 더 좋아진다(부록 1).

소금 택하기 임원십육지(1827)

쇠솥에 구워 만든 소금은 쓸 수 없고, 큰 바닷물로 만든 것도 역시 좋지 않다. 반드시 서남해의 바닷가 길게 들어간 포구의 바닷물로 구운 소금만 쓰며 소금가마니를 어두운 창고에서 나무나 돌로 괴어서 간수가 빠지게 한다(부록 2).

소금의 두 가지 종류–좋은 진간장을 가리는 법 동아일보(1935. 5. 16)

시아버지를 소금같이 위한다는 옛말도 있거니와 소금같이 우리 일상생활에 있어서 중요한 것은 없다. 소금은 일종의 광물로서 그것이 천연에서 나오는 생태에는 두 가지가 있다.

하나는 암염이라고 하여 독일의 스밧스필드 층 아래의 워리커, 미국의 미시건, 불란서의 난시 등지에서 단단한 결정이 되어서 나는 것이고, 다른 하나는 바닷물에 포함된 염분을 걸러내는 것인데 비가 적게 오는 곳으로 바닷물을 끌어들여서 물을 말린 뒤 그 염분을 결정시켜서 정제한 것인데 암염에 좋지 못한 것도 섞여 있다.

구라파의 지중해라든지 우리 조선의 주안(朱安), 광양만은 유명한 소금의 산지다. 바다 소금을 만드는 데도 두 가지가 있는데, 하나는 바닷물을 끓여서 소금을 결정시키는 법과 햇볕을 빌어서 바닷물을 증발시켜 만드는 것으로 이것을 천일제염이라고 한다. 조선의 주안에서는 이 천일제염을 하고 있다.

소금은 그 성분에 의하여 여러 종류로 분류되는데 일등염은 95% 이상의 염화나트륨을 가진 것이다. 또, 소금이 좋을수록 물기가 적고 보송하며 희다. 그런데 우리가 왜간장이니 진간장이니 하는 것은 일본 내지인이 소금, 콩, 보리를 가지고 만든 것인데 우리 조선 사람의 간장보다 맛이 좋다.

이 진간장의 좋고 그른 것은 빛을 보고 아는 것이 제일인데 빛이 흑갈색이고 흰 접시에 떨어뜨려 보아서 검붉은 빛이 나면 가장 좋은 것이고 담갈색이거나 흑청색이 나면 하등품이다. 이것은 가장 쉬운 진간장의 좋고 그른 것을 알아내는 법이다. 진간장은 붉고도 검고 진한 것이 좋다.

소금의 약효

본초강목(本草綱目)의 소금

소금은 달고, 짜고, 차며 독이 없고, 위와 명치(가슴뼈 한가운데 밑의 오목한 곳) 아픈 것을 낫게 하면서 담과 위장의 열을 내리며, 체한 것을 토하게 한다. 복통을 그치게 하고, 독기를 죽이며, 뼛골을 튼튼하게 하고, 살균작용으로 피부를 튼튼하게 한다. 또한 위장을 튼튼하게 하고, 내려가지 않는 음식을 소화시킨다. 식욕을 촉진하고 답답한 속을 풀어 소화를 도우며, 부패를 방지하며 냄새를 없애고, 상처를 낫게 하고 피부를 보호한다. 대소변을 나오게 하고, 오미(五味)를 증진하고, 소금으로 이를 문지르고 눈을 씻으면 잔글씨를 보게 된다.

향약집성방(鄕藥集成方)의 소금

소금은 맛이 짜고 따뜻하며 독이 없다. 가슴 속의 담벽(痰癖: 몸의 분비액이 큰 열을 받아 생기는 병)을 토하게 하고, 가슴과 배의 급통을 그치게 하며, 뼈를 튼튼하게 한다. 악물을 토하거나 설사하게 하고, 살충하고, 눈을 밝게 하며, 오장육부를 조화롭게 하고 묵은 음식을 소화시켜 사람을 강건하게 한다.

오주연문장전산고의 소금

소금은 100가지 맛의 으뜸으로, 없으면 비위를 진정하기 어렵고, 기혈을 도울 수 없다.

동의보감의 소금

식염의 성질은 따뜻하고, 맛이 짜며 독이 없다. 헛것(鬼邪)과 고사증(蠱邪症)을 다스리고, 중오(中惡: 갑작스런 졸도)로 가슴이 아픈데 곽란(霍亂: 급체로 토하고 설사)으로 명치가 급히 아픈 것, 하부 익창(䘌瘡: 음부의 염증)을 고치고, 가슴 속의 담벽과 소화되지 않고 남은 음식을 토하게 한다. 양념의 간을 맞추고, 많이 먹으면 폐를 상하고, 해소가 나며 끓여서 모든 헌 데를 씻으면 종기 독이 삭는다.

메주

송나라 손목(孫穆)이 《계림유사(鷄林類事)》(1103)에서 장을 메주(密祖)라고 하였고 우리나라에서는 말장(末醬)이라고 하였다. 말장(末醬)은 메주의 의미도 있으나 막장으로 쓰이는 경우도 많다고 알려져 있다. 《해동역사(海東繹史)》(1765~1814)의 계림유사에서 나온 고려 방언인 장(醬)에 대한 설명은 다음과 같다.

[표 3] 고려 방언에 나온 장

대상어	한자 표기	민국본	영문 표기	한글 표기	비고
醬	密祖	祕祖	mjə–cu	며·주	蜜祖(원본 표기)

일본의 헤이안(平安)시대 《화명류취초(和名類聚鈔)》(931~938)에는 양씨한어초(楊氏漢語秒)를 인용하여, 말장을 고려장이라 한다고 하였다. 특히 된장을 의미하는 일본어 미소(味噌)는 말장, 미장(味醬)에서 유래된 것을 알 수 있다. 청나라에서는 장을 미슴(misum)이라고 하고 우리나라에서는 메주라고 한다.

《설문해자》에서 시(豉)는 소금과 섞어서 따뜻한 곳에서 띄운다고 하였다.

메주는 훈조 외에 말장(末醬), 황자(黃子), 황증(黃蒸), 말도(襪醏), 장황(醬黃), 유숙(幽菽), 며조라고도 한다.

《조선왕조실록(朝鮮王朝實錄)》의 정조 8년(1784) 3월 15일에 훈조계에 좋은 콩 3천 석을 내주라고 하였는데, 3월 18일에는 경창(京倉: 한강가의 나라 창고)의 비축콩[儲置太]을 내주고 가을에 받아들이라 하였다.

메주는 누에 치는 방에서 띄우는 경우가 많았다. 정약용은 《다산시집》에서 보리를 찌고 기장을 삶느라 방바닥이 푹푹 찌고 메주와 누룩이 뜨는 기운이 가득 찬 방에 누에를 길러서 누에가 죽는다고 하였다.

《하재일기(荷齋日記)》에는 메주콩 1말 2되를 22냥 8전에 샀다고 하였다. 《만기요람》에 말장은 1섬 당 12냥이라고 하였다.

메주 매단 방과 누에 치기

박제가의 《북학의(北學議)》(1880)에서는 메주 만들기에 대하여 "장메주는 여러 지방의 콩을 모아 삶는데, 양이 너무 많아서 주는 사람이나 받는 사람이나 깨끗하게 하지 못하여 모래나 벌레가 섞여 있는데도 아랑곳하지 않는다. 콩을 삶아서 사람이 밟고 다녀서 더러워진 파선(破船) 바닥에 쏟고 발로 밟는데, 몸에서 흐르는 땀이 메주콩에 떨어지니 된장에 발톱이나 머리카락이 나올 수밖에 없다. 그러나 강계 사람은 콩을 반드시 물에 일어 씻어서 삶고 틀에 넣고 망치로 쳐서 한 장씩 반듯하게 만든다. 장메주는 이같이 만들어야 한다."라고 설명하였다.

물

물의 종류 임원십육지(1827)

조물주가 사람을 물과 곡식을 먹고 살아가도록 만들었으므로 물과 곡식이 없으면 몸의 기와 혈액 순환이 원활하지 못하다. 장중경(張仲景)은 물이 경락(經絡: 몸 안에서 기혈이 순환하는 통로)에 들어가야 피가 생기고 곡식이 위에 들어가야 체내의 흐름이 시작된다고 하였으므로 매우 중요하다. 뚱뚱하고 마르거나, 수명이 길거나 짧은 것은 자라난 풍토의 물과 흙으로 인한 요인이 많다.

새로 길어온 우물물을 바로 쓰면 이롭고 병을 낫게 하며 새벽에 처음 길어 온 물인 정화수(井華水)는 다른 물과 다르다. 우물물은 지맥이 먼 곳에서 온 것이 가장 좋고 근처 강이나 하천에서 스며든 것은 좋지 않다. 인가가 많은 도시는 더러운 물이 도랑을 통해 섞여 들어가서 신맛이 나는데, 우물 윗면에 불을 대어 신맛을 가라앉히고 맨 위의 맑은 물을 떠서 쓴다. 그렇지 않으면 냄새와 맛이 모두 나빠져서 마시는 물로는 좋지 않다. 비온 뒤 우물물이 탁해지면 복숭아나 살구씨 즙을 넣고 저어주면 가라앉아 맑아진다(식물본초).

냇물이나 강물은 흐르므로 유동적으로 보이지만 속은 잔잔하고 성질은 부드럽고 기운이 강하여 호수와 연못의 고인 물과 다르다. 하천 물은 탁하고 시내나 산골짜기 물은 맑아서 맛있다.

산의 바위틈에서 나는 물은 달고 성질은 순하며 독이 없다. 산 바위틈 흙과 돌 사이에서 나는 물은 시냇물과 산골짜기 물의 근원으로 차고 맑다. 산에 옥석과 아름다운 풀과 나무가 있으면 물이 좋지만 산에 독 있는 돌이나 독초가 있으면 먹지 못한다.

바위구멍에서 나는 물은 성질은 따뜻하고 달며 독이 없다. 다른 물보다 무겁고 끓으면 위에 꽃이 핀다. 몸을 살찌게 하고 건강하고 밥맛을 좋게 하여 몸에 윤기가 나고 늙지 않게 하므로 효능이 젖과 같다. 이 물로 밥을 짓고

충북 청원군 현도면 시목리 오박사 마을 우물. 지면에서 1m 이상 솟아 흘러 넘친다.

술을 빚으면 매우 좋다.

물 택하기 증보산림경제(1767), 농정회요(1830), 군학회등(1800년 중반)

맛있는 샘물을 길어 큰 솥에서 오래 끓이고 방법대로 소금을 녹여 식혀서 찌꺼기를 걸러내고 장을 담근다.

섣달(12월)에 내린 눈을 녹여 장을 담그면 벌레(구더기)가 생기지 않고 맛이 아주 좋다(섣달에 눈을 모아 **섬**에 담아 50~60섬까지 그늘에 쌓아 놓았다가 초봄에 눈이 녹으려고 하면 방 안에 큰항아리를 놓고 항아리에 넣고 녹는 대로 눈을 더 넣는다. 그러나 봄에는 갑작스럽게 추워져서 항아리가 깨질 수도 있으므로, 항아리를 반드시 **짚**으로 싸서 보호해야 하고 방안도 항상 따뜻하게 하는 것이 좋다).

소금물을 끓여 장을 담그면 벌레가 생기는 것을 막을 수 있다(부록 3).

물 가려 택하기 증보산림경제(1767), 임원십육지(1827)

장맛이 좋고 나쁜 것은 오로지 물의 질에 달려 있으므로 반드시 감천(甘泉)이나 강 한가운데의 물을 길어서 큰 솥에서 펄펄 끓여서 정해진 방법으로 소금을 녹여 식으면 찌꺼기를 걸러내 사용한다. 만약 납설수를 쓰면 벌레가 생기지 않고 맛도 좋다. 납설수는 납일(臘日)에 내린 눈을 녹인 물로 해독작용을 한다. 납일은 동지 뒤의 세 번째 무일(戊日)을 말한다. 만드는 방법은 제대지(劑待志)에 있다(부록 4).

섬(石) 짚으로 엮어서 곡식을 넣는 대두 10말(180L) 사이즈로 가마니의 두 배 정도이다. 곡식 넣은 섬(위), 빈 섬(가운데), 섬지게(아래)

짚(볏짚) 벼의 줄기로, 새끼, 거적, 가마니, 섬, 자리, 멍석, 둥구미, 멱서리, 삼태기, 망태, 바구니, 짚신, 또아리, 지붕이엉 등을 만들고, 밥을 짓는 연료로 사용하였다. 조선시대의 실생활을 지탱하는 대표적 재료였다.

시루 솥에 올려 수증기로 떡 등을 찌는 옹기

장 담그는 물 규합총서(1815)

장 담그는 물은 특별히 좋은 물을 택해야 장이 맛있다. 여름에 비가 갓 개인 우물물은 쓰지 말고, 큰 독에 **시루**를 올리고 간수가 다 빠진 좋은 소금 한 말을 시루에 붓고 좋은 물을 길어 큰 동이로 가득히 되어서 붓는다. 그러면 티와 검불이 시루에 다 걸릴 것이니 차차 소금과 물을 그대로 되어서, 메주 양과 독 크기를 어림하여 소금을 푼다. 큰 막대로 여러 번 저어 며칠 덮어 두면 소금이 맑게 가라앉아 냉수같아진다.

장독은 볕이 바르고 그윽한 곳에 놓되, 여름에는 땅에 고인 빗물에 넘어질 염려가 있으므로 터를 가려 놓는다. 독이 기울면 물이 빈 쪽으로 흰 곰팡이가 끼므로 반듯하게 놓는다.

메주가 누렇고 단단하지 않은 것은 늦게 쑨 것이므로 좋지 못하다. 푸르고 단단한 것이 일찍 쑨 것으로 좋은 것이다. 볕에 쬐어 돌같이 단단하게 마르면 솔이나 비로 깨끗이 빗겨 물에 두 번만 씻어 독에 넣는다.

메주가 너무 많으면 청장(淸醬)이 적게 생기고, 적으면 묽고 맛이 좋지 못하므로 양을 짐작하여 메주를 위에서 팔 한 마디 정도까지만 넣는다.

메주 넣기 전에 독 밑에 숯불 두세 덩이를 세게 피워 넣고 꿀 한 탕기를 위에 부어서 꿀 냄새가 나기 시작하면 메주를 넣고 소금물을 체로 걸러 독에 자란자란(넘칠 듯 말 듯) 붓는다. 소금물이 싱거우면 메주가 떴다가 도로 가라앉으므로 소금물을 떠내고 양을 대중하여 소금을 더 타면 바로 뜬다.

장독이 더러우면 맛이 나빠지므로 하루 2번씩 냉수로 깨끗하게 씻고, 독

전에 물기가 들면 벌레가 생기기 쉬우므로 조심한다.

장 담근 후 21일 동안 초상난 집을 다니지 말고, 아기 낳은 곳과 생리하는 여인, 낯선 잡인을 가까이 들이지 말고, 자주 살펴 장이 넘치지 않게 한다. 장독 곁에 작은 독을 마련하여 메주 오십 장을 넣어 저김물(제깃물: 간장을 담근 뒤 뜨기 전에 장물이 줄어드는 대로 채우는 소금물)을 하였다가 익어 넘칠 때, 아침저녁으로 바꿔 쳐서 100일 만에 뜨면 독에서 익어 간장 빛이 검고 좋지만 양이 적다. 그러므로 60일 정도에 뜨면 냉수 열다섯 동이 들이 독에서도 청장 일곱 동이가 난다.

장 뜰 때 **용수**를 박으면 스며 나오지 못하므로 가운데 구멍을 뚫고 먼저 떠서 탁한 것을 가장자리로 부어내며 뜬다.

장맛이 글러지면 **우박** 두 되를 받아 넣으면 제맛이 되살아난다고 본초강목에 적혀 있다.

우물(서일농원)

용수 대나무나 버들가지로 만든 것으로 간장이나 술에 넣으면 용액만 안으로 스며들어 건더기가 들어가지 않게 떠내는 기구

우박 여름에 하늘에서 떨어지는 얼음덩어리

장의 효능 및 원리

장의 약효

향약구급방(1213~1259)

임질(임균에 의한 성병)에는 소의 음두털 재를 장즙에 타서 한 모금을 마신다. 아이가 임질에 걸렸을 때는 간장을 쓰고, 눈에 풀줄기나 모래가 들어갔을 때는 된장과 소금을 물에 타서 빼내고, 회로 생긴 고기독으로 체한 데에

는 파 · 마늘 · 생강 · 갓을 넣고 만든 장김칫물을 마신다. 입술 종기에는 염시탕(塩豉湯)을 하룻밤 재웠다가 갈아서 바른다.

동의보감(1610)

- 장: 성질이 차고 맛이 짜며 시고 독이 없다. 열을 내리고 답답하며 그득한 것을 멈추게 한다. 장은 모든 어육 · 채소 · 버섯의 독을 지우고, 열상과 화독을 다스린다. 백약을 죽이며 열에 상하거나 화상을 없앤다. 장은 한자 장(將) 자와 의미가 통하는데 오미가 있어서 오장을 편하게 하므로 꼭 먹어야 한다. 콩장은 오래 묵은 것이 좋으며 장은 흔히 콩과 밀로도 만들지만 밀로 만든 것은 약효가 콩장에 미치지 못한다. 육류, 어류로 만든 육장이나 어장은 해(醢: 젓)라고 하고 육류나 어류로 만든 것은 젓(醢)이라고 하며 약으로는 쓰지 않는다.
- 시: 성질이 차고 맛이 쓰며 독이 없다. 추위로 인한 상한(傷寒)의 두통, 한열(寒熱: 한기와 열증)과 장기(瘴氣: 축축하고 더운 땀에서 생기는 독기)를 다스리고 땀을 내며 관절을 조절한다. 약 중독을 풀고 기생충과 학질(말라리아)을 다스린다. 임신한 육축(六畜: 소, 말, 양, 돼지, 개, 닭) 새끼의 모든 독을 다스린다. 가슴 속의 심하게 곪은 것을 다스리는 데 생으로 쓴다. 파뿌리와 함께 먹으면 가장 빨리 발한(땀을 내서 열을 내림)할 수 있다. 《청장관전서》에서 근봉문략(近峯聞略)에 강서 사람은 상한병(傷寒病)을 앓으면 두시탕(豆豉湯)을 많이 마시는데, 땀이 나면 곧 나았다고 하였다.
- 중풍으로 목이 쉬어 말을 못하는 증세: 죽력(竹瀝: 대나무 줄기를 불에 구워 얻은 즙), 음자(飮子: 식힌 탕약)는 중풍으로 목이 쉬어 말을 못하고 정신을 잃어 사람을 알아보지 못하는 병을 치료한다. 죽력 2홉, 형력(荊瀝: 형개를 불에 구워 얻은 즙) 2홉, 배즙 2홉, 묵은 간장 반홉을 함께 섞어서

약간 데워서 조금씩 입에 떠 넣어주면 바로 낫는다(향약집성방).

- 졸심통: 번조(煩燥: 몸과 마음이 답답하고 열이 남)할 때 메주 5홉을 물 3잔에 먼저 1잔 반이 되도록 달여 찌꺼기를 버린 다음 **치자** 14개를 넣고 다시 달여 1잔이 되면 찌꺼기를 버리고 먹이면 졸심통(猝心痛)이 낫는다(산림경제).
- 음식창: 메주 1푼을 지렁이의 젖은 똥 2푼과 갈아 붙이면 음식창(陰蝕瘡, 하강)에 효과가 좋다(산림경제).
- 생선독: 메주 1홉을 새로 길어온 물 반 사발에 넣었다가 진한 즙을 1번에 먹이면 **드렁허리**나 **자라**고기 등의 생선독(諸魚毒)이 즉시 낫는다(동의보감, 산림경제).
- 약독과 게중독: 시즙(豉汁: 메주즙)을 약독(藥毒)이나 게중독(蟹毒)에 먹이면 해독한다(산림경제).
- 고독: 패시피(敗豉皮)를 태워서 만든 가루 1전을 물에 타 먹이고 고주(蠱主)의 이름을 불러서 고를 거두어 가라고 명하게 하면 고독(蠱毒: 곤충과 양서류 등의 독)이 즉시 낫는다(산림경제, 동의보감).
- 난산: 녹각가루를 사방 1치의 약숟가락으로 두세 숟가락 총시(蔥豉: 파뿌리와 메주)를 달인 탕에 타서 먹이면 즉시 아기를 낳아 난산(難産)에 매우 좋다(산림경제).
- 소아의 객오가 심할 때: 어린 아이가 놀라서 생긴 복통[客忤]에는 시 3홉을 물에 적신 다음 짓찧어 달걀 크기의 환을 만들어 아이의 정수리 위와 발바닥이 들어간 곳에 각각 5~6차례 문질러 주고

치자나무 열매는 월도(越桃)라 하며 해열작용을 하고 출혈, 황달, 소변이 잘 안 나오는 데 쓴다. 열매로 황색, 청색, 적색 색소를 만들어 식품에 사용한다.

드렁허리 논두렁에 구멍을 뚫고 살거나 늪이나 웅덩이에 산다. 미꾸라지같지만 40cm 정도로 크다.

자라 민물 거북의 일종으로 강가 모래사장에 알을 낳는다. 물고기와 다른 수서동물을 잡아먹고 겨울에는 진흙에 들어가 월동한다. 용봉탕으로 식용하고, 불교에서는 방생에 쓴다.

천웅(天雄, 바꽃, 투구꽃) 덩이뿌리는 까마귀머리를 닮아서 초오(草烏), 오두(烏頭), 천오(川烏)라고 하며, 일년생 곁뿌리는 부자((附子)라고 한다. 독성이 강하여 사약(死藥)으로 썼고 살충작용을 하므로 구더기를 없애는데 썼다.

배꼽과 배꼽 위아래를 얼마간 문질러 주면 시의 환 속에 자연히 털(곰팡이)이 생기게 되는데 길 위에 버린다(산림경제).

- 전염병: 칡뿌리 4냥, 시 1되를 함께 달여 먹으면 전염병[辟瘟]이 낫는다(산림경제).
- 파리 방지: 정월 초하루 평조(平朝)에 염시(鹽豉) 7알을 먹으면 일년 내내 식사 도중에 파리를 먹지 않게 된다[辟蟲].
- 약 금기: 오두(烏豆)와 **천웅**(天雄)은 시즙(豉汁: 메주즙)을 금기한다[治藥](산림경제).
- 육축의 고기 중독: 육축 중독으로 피를 토하거나 하혈할 때 두시(豆豉)를 물에 담갔다가 즙을 짜서 2되를 먹인다(산림경제, 동의보감).
- 전염병과 열독: 두시 1되, 복룡간(伏龍肝: 불기운을 오래 받은 아궁이 바닥 흙) 3냥을 가늘게 빻는다. 사내아이 소변(중간 크기 3잔)을 서로 섞어서 달이고, 중간 크기 1잔 반을 취하여 찌꺼기를 버리고 3번 나누어서 먹되, 아침마다 한 번씩 복용하여 열병에 걸리지 않게 한다. 초시(炒豉: 볶은 두시) 1되, 화출[和朮, 이긴 백출(삽주뿌리)] 1근을 술에 담가두고 항상 마셔도 좋다[조선왕조실록 세종 16년(1434. 6. 5)].
- 열: 소시호탕(小柴胡湯)에다 청심원을 섞어 먹고, 흑두와 대나무 잎 달인 물로 양치질하고 총시탕(葱豉湯)도 처방한다[조선왕조실록 중종 39년(1544. 11. 9)].
- 배 아픔: 두시탕(豆豉湯)과 곽향정기탕(藿香正氣湯)을 먹는다[조선왕조실록 경종(수정실록) 4년(1724. 8. 20)].
- 상한병: 두시탕을 많이 마시면 땀이 나며 상한병(傷寒病)이 곧 낫는다(청장관전서).

• 병든 혀: 포장(泡醬: 더덕과 도라지장)이 시원하게 해준다(阮堂集).

• 메주: 두통, 한열을 다스리고 땀을 내게 한다. 따라서 감기에 걸렸을 때 메주와 파를 섞어 먹거나 메주, **형개**, **방풍**(防風), **뽕잎**(桑葉)을 함께 달여서 한 사발 마시고 이불을 덮고 있으면, 온몸에서 땀이 흐르고 이열치열(以熱治熱) 원리에 의하여 열이 내리게 된다.

• 청장: 여름에 길에서 중서(中暑: 더위로 까무러치는 병)로 죽을 지경인 사람, 정신이 혼미하며, 담이 끓고 토사를 일으키며, 숨이 차 답답해 하고 목말라 하며, 땀이 흐르고 머리가 아프며, 답답해서 죽을 지경인 사람은 아기 똥이나 청장을 물에 타서 먹인다(동의보감, 산림경제). 약을 지나치게 먹었거나 중독되어 번민하여 죽을 지경일 때 쓴다(산림경제).

• 장즙: 천초독은 천초를 잘못 먹어 그 기운이 사람의 인후(목구멍 깊은 곳)를 찔러 기가 폐쇄되어 죽게 되는 것인데, 장즙(간장)을 먹인다(본초강목, 산림경제). 끓는 물이나 불에 데었을 때도 쓴다(산림경제). 난창(爛瘡: 손발가락 생인손)이 되어 아플 때는 장즙을 바르고 벌에 쏘였을 때는 장을 바른다(산림경제).

형개(荊芥) 꿀풀과 일년생초로 향기가 강하고 말려서 감기, 인후통, 마진(麻疹), 산후의 중풍, 육혈, 대하증 등에 사용한다.

방풍(防風) 미나리과 여러해살이 풀로 해열진통작용을 한다.

뽕잎 누에를 칠 때 먹이로 뽕나무 잎을 쓴다. 어린순은 사람이 먹고 껍질은 종이를 만드는 데 쓴다.

장의 효능

콩은 단백질과 지방질 함량이 높지만 소화율은 좋지 않다. 콩을 먹으면 위와 장에서 분비되는 단백질가수분해효소에 의하여 단백질이 아미노산으로 토막난 것들만 흡수되며 힘든 소화과정을 거친다. 된장에는 필수아미노산인 리신이 많아서 쌀 등의 곡류에 부족한 리신을 보충하여 준다.

장류는 곰팡이와 세균이 사람의 소화과정을 대신하여 단백질을 아미노산으로 분해시켜 주므로 흡수율이 100%에 가깝다. 그래서 사람은 아미노산에 의해 맛있는 맛으로 느끼게 된다. 마찬가지로 전분을 포도당으로 소화시킨 엿도 단맛으로 느끼고, 핵산을 소화시킨 것도 감칠맛으로 느낀다. 즉, 맛있게 느끼는 음식일수록 흡수율이 높고 영양소가 많은 것이다.

장이 익는 과정은 단백질의 소화와 같아서 먼저 아미노산이 여러 개 연결된 펩티드 토막으로 분해된 다음 아미노산이 된다. 펩티드는 아미노산의 종류와 배열 순서에 따라 수많은 중간물질로 생기며 생리활성을 가진 것들이 많다. 풀독에 쏘이거나 벌에 쏘였을 때 어른들이 장을 발라 주면 부은 것이 가라앉던 것은 이런 이유 때문이다. 장에 존재하는 펩티드와 아미노산, 아미노산 유도물질, 이소플라본, 레시틴, 사포닌 등은 암을 억제하고 간 보호, 고혈압 예방, 항산화, 치매와 골다공증 예방, 면역증강작용 등을 한다. 묵히면 항변이원성 작용을 하는 리놀렌산과 에스테르가 생겨서 발암물질인 벤조피렌도 없애준다. 메주에 발암물질인 아플라톡신이 생겨도 한달간 띄우면 아플라톡신을 84%, 두 달 띄우면 100% 분해하여 없앤다. 매일 된장국을 먹는 사람은 먹지 않는 사람에 비하여 발병률이 30% 정도 낮아진다.

된장이나 간장은 곰팡이를 이용하지만 청국장은 세균을 이용한다. 콩을 삶아서 볏짚 위에서 띄우면 볏짚의 바실루스 서브틸리스(*Bacillus subtilis*), 바실루스 나토(*B. natto*) 등 세균이 분비한 단백질가수분해효소가 콩단백질을 아미노산으로 가수분해하여 맛있는 맛을 만든다. 그러나 시간이 지나면 세균이 분비하는 시스테인 분해효소가 황화수소를 발생시키고, 탈아미노화효소가 아미노산의 아미노기를 암모니아로 분해하고, 탈카르복시화효소

(decarboxylase)가 카르복시기와 탄소사슬을 이산화탄소로 분해시켜서 썩으며 악취가 나므로 보존하기 힘들다. 그래서 식품위생법에서는 보존료(방부제)를 쓰도록 하였고, 가정에서는 가장 잘 떴을 때 얼려서 두어야 한다. 청국장은 항산화, 혈전용해, 항생물질 분비, 혈당 및 혈청 지질 감소, 암세포 억제, DNA 손상회복 등의 작용으로 비만, 암, 혈전, 당뇨, 고혈압 등에 효능을 나타내며 가루, 환, 캡슐 등 건강식품으로 사용되고 있다.

끈적거리는 성분은 글루탐산 중합체인 γ-폴리글루탐산(γ-polyglutamiate, γ-PGA)과 프룩토오스 중합체인 레반(levan)이다. γ-PGA는 흡수성이 3,000배나 되어서 식품, 화장품, 의약 등에 사용되고, 레반은 프룩토오스가 사슬형으로 결합한 것으로 다이어트, 장내 유용 유산균의 생성 촉진, 철분 및 칼슘 흡수력 증가작용으로 빈혈을 개선시킨다.

고추장은 쌀 등의 전분이 맥아당이나 포도당으로 분해되어 단맛을 내고 고춧가루가 매운맛을 내며, 메주가 아미노산을 만들어 감칠맛을 낸다. 매운맛을 내는 고추의 캡사이신은 입맛을 돋우고 위액분비를 촉진시키며, 세균을 억제하고 위의 염증을 가라앉혀 주며, 체지방을 감소시켜 주고 위와 장에 안정감을 주며, 땀을 내어 노폐물을 배설시키고, 세균을 억제한다. 항암작용을 한다는 연구도 있다. 고추에는 비타민 C와 β-카로틴이 많아 항암작용과 돌연변이 방지작용을 한다.

장의 원리

된장의 원리

- 감칠맛: 콩단백질이 메주곰팡이가 만든 단백질가수분해효소에 의하여 아미노산으로 분해되어 나는 맛으로 세균도 일부 작용한다.

- 소금: 된장이 썩지 않게 하는 역할을 한다.
- 전통된장: 콩만으로 만들고, 소금 농도가 높으며, 간장을 떠내고 남은 찌꺼기를 된장으로 사용하는 방식은 찌꺼기에 장아찌까지 박아서 맛이 빠져 나간다.

메주곰팡이의 단백질가수분해효소

콩단백질 ⟶ 아미노산 + 소금

- 간장: 된장의 용액이다.
- 일본된장: 보리나 밀을 섞어서 단맛이 나게 하여 깊은 맛이 없다.
- 개량식 된장: 필요한 곰팡이만 번식시켜서 효소의 힘을 강하게 하여 깊은 맛이 없다.
- 전통된장 및 고추장: 문헌에만 기록이 있고 지금은 대부분 사라져서 알 수 없다.
- 시판된장: 방부제(보존료)를 0.1% 사용하여 곰팡이도 슬지 않고, 구더기도 생기지 않는다.

청국장의 원리

- 띄우기: 짚 위에 헝겊을 깔고 삶은 콩이 뜨거울 때 깔아 두꺼운 이불로 덮어서 40~45℃ 정도로 48시간 띄운다.
- 끈적거리는 성분: 레반과 폴리감마글루탐산이다.
- 보존: 가장 맛있게 띄워졌을 때 작게 뭉쳐 냉동하지 않으면 썩기 시작하여 못 먹게 된다.
- 필자가 개발한 방법: 소금을 가하여 숙성 보존하는 방법으로 몇 년씩 보존할 수 있다.

벗짚 세균의 단백질가수분해효소

콩단백질 ⟶ 아미노산 + 소금

고추장의 원리

- 엿기름고추장: 엿기름의 β-아밀라아제가 고두밥의 전분을 맥아당으로 당화시켜서 단맛을 내고 메주는 아미노산의 맛있는 맛, 고춧가루는 매운맛, 소금은 짠맛을 낸다. 당농도가 30% 이상 되어야 고추장의 맛이 시지 않는다.

엿기름의 β-아밀라아제

쌀·보리 등의 전분 ⟶ 맥아당(단맛)

곰팡이의 단백질가수분해효소

콩단백질 ⟶ 아미노산(맛있는 맛)

- 메주고추장: 엿기름 대신 콩과 쌀을 함께 띄운 메주를 쓴다.
- 시판고추장: 보리나 쌀, 밀가루코오지[곰팡이 효소인 글루코아밀라아제(글루칸1,4 α-glucosidase)를 발생시킨 것]로 만들어서 단맛이 강하다.

코오지의 글루코아밀라아제

보리, 쌀, 밀가루의 전분 ⟶ 포도당(단맛)

장 담그기와 풍습

장 담그기는 집안의 가장 큰 행사로 장이 잘못되면 불길한 일이 일어난다고 하여 길일을 골라 담갔다. 담근 후에는 부정타지 않도록 밖에 나가지도 않고, 장독대에 문을 만들어 자물쇠를 채워서 다른 사람의 출입도 금하였다. 부부관계도 하지 않으며, 상갓집에 다녀온 사람이나 월경하는 여자도 들어오지 못하게 하였다. 장을 만들 때 여자 음기로 장이 잘못되지 않도록 여자의 입을 봉하기도 하였다.

장 담그는 날에는 목욕재계하고 메주, 소금, 붉은 고추 등을 소반에 차리고 고사를 지내며 장이 잘 되도록 기원하였다.

장독에는 장맛이 불같이 일어나고 잡귀를 막아달라는 의미로 붉은 고추를 넣고 벌겋게 달군 숯을 띄웠다. 장독 둘레에 붉은 맨드라미를 심는 것도 붉은색이 귀신을 쫓는다고 믿었기 때문이다. 장독에는 왼새끼로 금줄을 두르고 붉은 고추, 숯, 청솔가지, 흰 버선을 매달아 잡귀를 막았다. 고추의 붉은색과 솔잎의 청색, 버선의 흰색의 양기가 잡귀를 막아 장맛이 변하지 않게 한다고 믿었다. 숯으로 잡귀를 잡아들인다고 믿었고 해로운 균이나 성분도 흡착시킨다.

장독에 거꾸로 매다는 버선본은 장맛이 변해도 제맛으로 돌아오게 하고, 잡귀를 발로 차서 쫓아내며, 버선으로 들어온 잡귀는 빠져 나가지 못하게 한

장 담그기

맨드라미와 장독대

고추와 숯 띄우기

다고 믿었다. 또 상갓집을 갔다 온 사람에게 접근하지 말라는 경고이기도 했다. 벌레가 접근하면 밟아 죽인다는 의미도 있는데 **노래기**, **지네**같이 다리가 여럿인 벌레는 흰 버선본에서 반사되는 빛을 싫어하여 장독대에 꼬이지 않는다고 한다.

금줄과 버선본

노래기

지네

한 집안의 집터를 관장하는 지신은 터주, 터줏대감이라고 하며 주로 장독대에 모시는데, 명절이나 고사나 굿을 할 때는 상을 차려 위한다. 충청도에서는 시루에 쌀을 담은 사발을 넣고 비를 맞지 않게 지붕을 씌워서 위한다.

집터가 세다는 것은 터줏대감이 강하고 잘 노한다는 말이다. 터주신은 집터의 신이므로 흙일을 할 때에는 터주신에게 고해야 한다. 미리 고하지 않고 흙을 함부로 파면 터주가 노하여 재앙을 받는데, 이것을 동토(動土)났다고 한다. 지신(地神)인 터주신은 땅속에서 올라오는 사악한 기운을 누르고 악한 귀신들을 다스려 그 집에 사는 사람들을 보호하고 논밭을 비옥하게 하여 농사가 잘 되도록 한다.

장독은 집안에서 가장 중요한 곳으로 터를 관장하는 터줏대감이 장독대와 장맛을 지켜준다고 하여 터줏대감이 살고 있는 뒤꼍에 장독대를 놓았다.

터주신은 큰방의 문과 마주하는 앞마당의 한가운데에 깃들어 있고 터주신의 신체는 오쟁이를 만든 다음 안에 베 석 자와 짚신 한 켤레를 넣어 나무 등에 걸어 두거나, 음력 10월 중순쯤 마당의 가운데를 파서 쌀 1홉을 백지나 베에 싸서 묻고 불룩하게 한다. 터주신 제의는 마을 풍물굿패들이 섣달 그믐날 밤 사악한 기운과 악귀를 땅속 깊이 묻고 밟아서 다시 나오지 못하게 하는 매귀굿, 즉 지신밟기를 하는데, 뒤꼍 장독대가 있는 천룡에서 시작하며 마당에 제상을 차리고 음식과 돈을 놓고 굿판을 벌인다.

장독대와 터주

장독대 고사(국립민속박물관)

천룡신은 산자락이 끝나는 기슭에 집을 짓는 경우가 많아서 뒤꼍이 산의 기운과 이어져서 천룡의 형상, 즉 집에서 시작하는 산의 형세가 마치 꿈틀거리는 용과 같다는 말이다. 천룡이 산줄기를 타고 뒷곁으로 오면 장독대에서 천룡신을 모시는데, 당산신처럼 집안 전체를 수호하므로 신성시하였고, 뒤꼍을 수호하는 터주신의 역할도 하여 (집의 앞부분은 터주신이 관할함) 뒤꼍의 흙일이나 나무 베는 일을 관장하였으며 장독을 관장하는 역할을 하였다. 천룡신은 뒤꼍 장독대를 관장하므로 장독대 뒤나 옆에 단을 만들고 천룡 단지를 올려놓는데, 안에 벼를 2/3쯤 넣고 백지로 봉하고 덮어 짚으로 씌워 놓는다. 천룡신은 가택의 총체적인 수호신이자 뒤꼍의 지신이므로 장독대 조미료의 맛을 담당한 신으로 받들어지고 집안에서 정성으로 섬기면서 집안의 평안을 빌었다.

전라도에서는 터줏대감을 철륭신(천룡신)이라고도 하며 장독에 철륭단지를 모시며 정월 초하루, 한식, 단오, 유두, 칠석, 백중 등의 명절과 차례 때 제수를 차리고 장이 잘 만들어지기를 빈다. 장이 잘 되라고 하는 철륭굿에서는 "철륭철륭 우철륭 좌철륭 장맛나라. 철륭아. 어허여루 지신아, 장독지신 올리자. 꿀치자. 꿀치자. 이 장독에 꿀치자."라는 말을 하였다.

정초에 지신을 위하고 한 해 동안 평안하게 지내기 위해서 장독대에서 마

정월대보름 지신밟기(한국민속촌)

지신밟기(서일농원)

을행사로 지신밟기를 하는데, 풍물패가 앞장 서고 동네사람들이 뒤따르며 집집마다 돌아다닌다. 주인은 정화수를 떠 놓고 음식을 베풀며, 풍물패는 풍물을 치면서 소리하고 마당밟기를 하며 장독대에서 장독풀이를 해준다. 영남지방에서 하는 장독풀이는 다음과 같다.

동래 지신밟기 장독풀이
에헤루 지신아 장독지신 울리자.
중국에는 농사법을 신농씨가 법을 내고
우리나라 농사법은 고씨양반이 법을 낼 때
앞뜰에 논을 갈고 뒤뜰에 밭을 갈아
농부들이 씨를 뿌려 가지마다 꽃이 피네.
낙화 끝에 열매 열 때 열매 이름 없을소냐.
콩개차 사경 쓰니 그 열매가 콩이로다.
콩팔아서 장 담글 제 소금 풀어 장을 담고
구룡수 좋은 물에 장을 한 독 담아 볼까.
칠성강수 좋은 물에 장을 한 독 담아 볼까.
압록강수 좋은 물에 장을 한 독 담아 볼까.

두만강수 좋은 물에 장을 한 독 담아 볼까.
낙동강수 좋은 물에 장을 한 독 담아 볼까.
이신주령 아는 물에 장을 한 독 담아 볼까.
황토 타서 금토 놓고 삼일기도 바란 후에
이장 저장 다 담그니 간장 빛은 짙어지고
된장 빛은 우려주소.
이장 저장 다 먹어도 꿀맛같이 달아주소.
일 년하고 열두 달에 독사배가 막아주고
영양 부정도 막아주소.
찔레꽃은 만발해도 꽃가지 꽃은 피지 마소.
어히여루 지신아 장독지신 울리자.
꿀치자 꿀치자. 이 장독에 꿀치자.
강원도 벌이 날아와 이 장독에 꿀치네.
꼬장은 매워야 지렁장은 짜야
막장은 달아야 된장은 누래야
잡귀귀신은 물알로 만복은 이리로

수영 지신밟기 장독풀이

여루여루 장독아 꿀치자 꿀치자.
이 장독에 꿀치자.
오분장에 꿀치고 된장 막장 꿀치고
모두 모두 꿀치자.
여루여루 장독아 천년 만년 울리소.
잡귀귀신은 소멸하고
만복은 이리로

밀양 지신밟기 장독풀이

어여루 지신아 장독가세로 울리세.
이 장독이 생길 적에 명당 잡아 생겼구나.
앞밭에 콩 심어 부지런히 가꾸어서
가을이라 추수하여 여기저기 재어 놓고
바닷물을 길어다가 염밭을 다룬 후에
염밭 따라 소금내어 여기저기 재어 놓고
향하수를 길어다가 이것저것 품어 놓고
콩을 씻어 메주 쑤어 뜨신 방에다 달아놓고
거미줄 닦은 후에 깨끗이 씻어 놓고
좋은 날 같이 받아 오색토로 금토 놓고
이 집이라 대부분인 이 장을 담을라고
중탕에 목욕하고 하탕에 손발 씻고
상탕에 물을 떠서 조왕축제 푸념이라.

다른 지역에서는 장독에 주로 칠성신을 모시며 장이 잘 되기를 기원하였다. 칠성신은 북두칠성을 말하며 길흉화복과 수명을 관장하므로 집안에 일이 있으면 부인들은 장독대에다 정화수를 떠놓고 칠성님께 빌었다.

뒤웅박고을에서 칠성신에게 장이 잘 되기를 빌기 (김정미 요리연구가)

한 집안의 음식 맛은 장맛에 좌우되므로 장독대에 정성을 들였다. 장독을 소홀하게 관리하여 장맛이 변하면 집안에 변고가 난다고 하여 소홀히 할 수 없었다.

장독대는 바람과 볕이 잘 드는 양지 쪽 부엌에 가까운 동편에 만들고, 벌레가 생기지 않게 마당보다 높게 하였다. 장맛을 잃지 않도록 장독 주변을 깨끗하게 하며, 장독을 매일 닦아 윤기가 나게 하고, 이사할 때는 장독대부터 옮겼다. 시집갈 규수를 보러온 사람은 장독대를 보고 그 집 딸의 됨됨이를 짐작하였다.

장독대는 자리도 좋아야 하지만 장독이 가지런해야 집안이 크게 일어난다고 하여 질서 있게 놓았는데 뒤쪽 줄은 간장이 든 큰 독을 놓고 가운데 줄은 된장과 막장을 넣은 중두리, 앞줄은 고추장 항아리를 놓았다. 앞쪽에 큰 독을 놓지 않는 이유는 큰 독에 가려 뒤의 항아리에 그림자가 지지 않도록 하기 위해서이다. 그림자가 지면 발효 숙성이 잘 안되기 때문이다.

중부지방 장독은 남부지방보다 배의 지름은 좁지만 키가 크고 입이 넓다. 남부지방보다 온도가 낮아서 입이 넓어야 볕을 더 많이 받을 수 있기 때문이다.

장 담그는 길일

장 담그는 좋은 날 규합총서(1815)

병인, 정묘일, 제길신일(諸吉神日), 정월 우수일, 입동날, 황도일(黃道日: 적도에 23.5℃ 기울며 적도와 마주치는 춘분, 추분), 삼복날에 장을 담그거나, 해 돋기 전에 담그거나, 그믐날 얼굴을 북으로 두고 장을 담그면 벌레(구더기)가 꼬이지 않고 장독 앞을 태세(太歲: 그 해의 간지) 방향으로 두면 가시(구더기)가 생기지 않는다.

장 담그는 날 조선무쌍신식요리제법(1924)

병인, 정묘, 무자, 을미, 병신일이 좋고 신일(辛日)은 반드시 피해야 한다. 입동날과 정월 우수일이 좋다. 수(水)일에 담그면 가시가 난다.

제신길일과 삼복 안에 황도일에 콩을 불려서 찌되 황도일이 아무 때 들던지 그 날 콩을 찌고 삼복날 장을 담그면 가시가 나지 않는다. 해뜨기 전이나 해진 뒤에 장을 담그면 파리가 오지 않고 그믐날 담 아래서 북향하고 입을 다물어 말하지 말고 장을 담가도 구더기가 생기지 않는다.

수흔일(水痕日: 장 담그기 꺼리는 날)은 큰달에는 초하루, 초이레, 열하루, 열이레, 스무하루, 스무사흘, 설흔날이다. 작은달에는 초사흘, 초이레, 열이틀, 스무하루, 스무엿새 날이다.

황도일에 장을 담그되 부인을 피하면 가시가 없고 태세(太歲: 목성)를 향하여 담가도 가시가 없다.

섣달 안에 아주 추운 날을 가려 물을 끓여 함께 놓아 얼려 두었다가 여름에 장을 담그면 가시가 나지 않는다.

장을 담근 후에 **시라**(蒔蘿: 소회향)를 위에 뿌리고 **발갯깃**에 참기름을 묻혀 독 앞에 바르면 파리들이 오지 않는다.

시라(蒔蘿) 소회향을 말하며 향신료, 산증, 요통 등에 쓴다.

발갯깃 죽은 꿩에서 떼어낸 날갯깃으로 손으로 만지면 안 되는 누에나 콩 고르기 등을 할 때에 솔로 썼다.

기타 자료(부록 5)

- 누룩을 만드는 길일은 신미, 을미, 경자일이 좋다(거가필용).
- 모든 길신일이 좋다(고사촬요, 산림경제, 해동농서).
- 세속에서는 오일과 해일도 좋다고 한다(방서).
- 정월 우수일과 10월 입동일이 길하다(사시찬요, 산림경제, 해동농서, 고사십이집, 학음잡록, 주찬).
- 정월 정묘, 갑진, 병진, 정미, 기미, 을유, 정유일 등이 길하다(거가필용).
- 2월은 기사, 정나흘이 길하다(거가필용).

- 3월에는 병자, 기사, 경자, 을사일이 좋고 월염(月厭: 매달 기피해야 할 좋지 않은 날)을 범하지 않으면 크게 길하다(거가필용).
- 4월에는 을축, 정축, 정묘, 신묘, 을묘일이 좋고 허모(虛耗: 악귀 중의 하나)와 월염을 범하지 않으면 크게 길하다(거가필용).
- 5월은 병인, 갑신, 경신일이 크게 길하다(거가필용).
- 6월에는 임신, 무인, 기유, 정유, 기묘일이 좋고 허모와 월염을 범하지 않으면 크게 길하다(거가필용).
- 7월은 경오, 경술, 무자, 무술일이 길하고 경진, 임진일이나 월염을 범하는 날은 피한다(거가필용).
- 삼복의 황도일에 콩을 물에 담그고 황도일에 찐다. 부인들(다른 사람)이 보면 벌레가 생기므로 조심해야 한다(신은지, 산림경제, 해동농서, 고사십이집, 학음잡록, 농정찬요).
- 8월의 정해, 계사, 기해, 기사일이 길하고 계미, 기미일이나 수나흘은 피한다(거가필용).
- 10월은 기묘, 정묘, 갑술, 계미, 갑오, 경자, 기미일이 길하다(거가필용).
- 11월은 기축, 무인, 기미, 임인, 무신, 갑인, 갑신일이 길하다(거가필용).
- 12월은 경자, 정묘, 임신, 임인, 을묘, 갑신, 무신, 무인, 경신, 을묘일이 길하다(거가필용).

장 담그는 데 피할 일과 날

장 담그기 꺼리는 날 규합총서(1815)

수흔일(水痕日 유월: 큰달 1, 7, 10, 17, 23, 30일, 작은달 3, 7, 12, 26일)에 담그면 가시(구더기)가 꼬이고, 육신일(六辛日)에 담그면 맛이 나쁘다.

벌레가 생기면 위에 바꽃[草烏]이나 **백부근**(百節根)을 네 조각 얹으면 다 죽고 청명날에 꺾은 버들가지를 꽂으라 하였으나 나무가 쓴맛을 내므로 깊이 넣기 어렵다.

장화(裝華, 진나라)의 박물지에 상현(上弦: 음력 7, 8)·하현(下弦: 음력 22, 23)과 대소(大小: 매월 8, 23) 조금(가장 낮은 썰물) 때 담그면 곰팡이가 핀다고 하였다.

백부근(百節根) 파부초(婆婦草)의 뿌리로 부자(附子)와 비슷하게 생겼다. 기침, 천식, 기생충이나 파리, 하루살이 구제에 쓰인다.

장 담그는 데 피할 일 조선무쌍신식요리제법(1924)

메주를 찔 때 냄새나고 더러운 것은 피하고 더욱이 시체는 절대 안 된다. 메주는 무슨 냄새든지 잘 빨아들이므로 메주를 버린다.

장 담글 때 바깥사람을 금하고, 시체 곁을 왕래하는 사람도 금한다. 그러므로 장독대는 집 뒤 편벽진 곳에 만들고 목책(나무울타리)을 하여 잠그고 사람을 엄하게 통제한다.

장독 근처에 과실나무가 있으면 아이들이 돌을 던져서 독이 상하기 쉽고 담을 가까이 하였다가 담이 무너지면 독과 질그릇이 깨어져서 장을 잃는다.

또 장독 근처에 나무가 있으면 그늘이 져서 못 쓰고, 나무의 온갖 벌레가 떨어지므로 가지를 쳐 버린다. 장독대에 잡풀이 있으면 뱀과 벌레가 숨어 있어서 못 쓰므로 풀을 없애고 장독대는 반드시 남향으로 만들어 항상 볕이 쪼이도록 한다.

장 뜨는 법은 중두리를 장독 가에 두었다가 장이 익으면 손으로 장독 한가운데를 헤쳐서 우물같이 파고 날마다 국자로 퍼내어 중두리에 걸러 넣고 장을 다 쓰면 백비탕(맹물 끓인 것)에 따로 소금을 타서 장독에 부어두면 얼마 안되어 다시 장을 뜨게 되는 데 맛도 좋다. 주머니에 넣어 장에 넣는 것은 큰독의 장에 넣으면 장맛이 변하기 쉬우므로 작은 그릇에 넣는 것이 좋다.

기타 자료(부록 6)

- 20일 전에는 상을 당한 사람과 월경 중인 여인을 피한다(부인필지).
- 신일(辛日)에 장을 담그는 것은 피한다(거가필용, 고사촬요, 산림경제, 해동농서, 고사십이집, 방서, 주찬, 농정찬요).
- 9월에는 신사, 무자, 병신, 무신, 신해, 경신일이 월염과 흉살(凶殺: 불안한 운수나 흉한 귀신)을 범하지 않는다(거가필용).
- 수침일을 피한다. 큰달은 초하루, 초이레, 11일, 17일, 23일, 30일이고, 작은달은 초사흘, 초이레, 12일, 26일이다(산림경제, 해동농서, 농정찬요).
- 11월에 병술일과 무술일은 천모(天耗: 좋지 않은 사주의 하나)를 범하고 열나흘과 무술일은 십악(十惡: 택일에서 매우 나쁘게 여기는 10가지의 악한 기운)을 범하므로 좋지 않다(거가필용).
- 병오일이 수사(受死: 일진 좋지 않은 날의 하나)에 통하도록 매어 있으면 좋지 않다(거가필용).
- 장을 합하거나 장을 거둘 때는 수일과 만일을 피한다(방서).
- 육신일(六辛日)에 담그면 맛이 사납다(부인필지).
- 장을 담글 때는 더러운 것을 절대 금하고, 특히 시체의 기운을 금한다(증보산림경제, 군학회등, 농정회요).

벌레(구더기) 나지 않게 하는 법

간장과 된장을 맛나게 하는 비결 – 밤에 별을 보이면 가시도 나지 않는다

조선중앙일보(1935. 4. 12)

벌써 장 담글 때가 되었다. 요즘 신식 살림들은 흔히 간장과 된장을 담가 먹지 않고 사다 먹기를 주장하고 실행하지만 아직 조선 시장에는 사서 안심

하고 먹을 수 있는 조선간장이나 조선된장이 별로 없다. 그러니까 우선은 장을 담가야 하는데, 간장이나 된장이 맛이 있고 없는 것은 제이 문제요 첫째로 가시(구더기)가 나는 것을 그리 대단치 않게 아는 분들이 있다.

좌우간 먹는 음식에 눈에 징그럽도록 크게 보이는 버러지가 꾸물거리는 것은 결코 그냥 견딜 수 없는 일이다. 가시가 난 다음에 얼굴을 찡그리고 그것을 골라내면서 먹기보다는 애초부터 가시가 안 나도록 주의를 해야 한다. 그런데 가시가 안 나게 하는 방법은 앞으로 완전한 연구도 필요하겠지만 우리 경험으로 한 가지 비방이 있는데, 그것은 다름 아니라 하늘이 맑게 갠 밤에 된장독을 열어놓으라는 것이다.

기타 자료(부록 7)

- 가운데에 물을 끓여 넣고 담그면 벌레가 없다(치생요람).
- 그믐날 담장 아래에서 북쪽을 보고 입을 다물고 말을 하지 않으면서 장을 담그면 구더기가 생기지 않는다(사시찬요초, 산림경제, 고사십이집, 해동농서, 사시찬요초).
- 동이 중앙이 태세(太歲: 목성)를 향하게 놓으면 구더기가 없다(제민요술).
- 소동파는 삼복중에 장을 합치면 벌레가 생기지 않는다고 하였다(고사십이집, 치생요람, 사시찬요보, 산림경제, 해동농서, 산림경제).
- 해가 뜨기 전이나 해가 지고 난 뒤에 장을 담그면 파리가 달려들지 않는다(사시찬요보, 산림경제, 해동농서, 치생요람, 고사십이집, 부인필지).
- 삼복중에 장을 합하면 벌레가 생기지 않는다. 또 해가 뜨기 전이나 진 뒤에 담그면 파리가 꼬이지 않는다(학음잡록).
- 수일에 장을 담그면 벌레가 생긴다(박물지, 산림경제, 해동농서, 고사십이집, 학음잡록, 주찬).
- 장의 구더기는 부자 뿌리를 잘라 너덧 개를 흔들어 항아리 안에 넣으면

다스려진다. 겨자가루로 죽을 쑤어 넣어도 좋다(치생요람).

- 구더기가 나거든 초오(草烏)나 백부근(百部根: 파부초 뿌리) 네 조각을 위에 얹으면 벌레가 다 죽는다(부인필지).
- 벌레가 생기거든 초오나 백부근 네 조각만 위에 얹어 두면 (벌레가) 다 죽고 맑은 날 꺾은 버들가지를 꽂아라(보감록).
- 장독마다 초오 5~7개를 각각 네 쪽을 내어 장독 밑의 사방 둘레와 가운데에 놓아두면 벌레는 저절로 죽고 영구히 재발하지 않는다. 백부근을 쓰면 더욱 좋다(주찬, 사시찬요).

웅황(雄黃) 비소가 들어 있는 붉은빛이 도는 주황색이나 황색 광물로 염료나 화약을 만든다.

- 단옷날에 복숭아나뭇가지를 **웅황**(雄黃)과 함께 독 안에 넣어 두면 벌레도 생기지 않고 해독도 된다(주찬).
- 병인일, 정묘일, 길신일, 우수일, 입동일, 삼복일에 합장하면 벌레가 나지 않는다(부인필지).
- 정월 우수일, 입동일, 삼복일에 장을 담그면 벌레가 생기지 않고 해 돋기 전에 담가도 구더기가 없다(보감록).
- 유혼일(遊魂日)에 장을 담그면 가시가 난다(부인필지).
- 청명날 버드나무를 꺾어 꽂으면 가시가 나지 않지만 맛이 쓰므로 많이 넣지 않는다(부인필지).
- 소금물을 끓여 장을 담그면 벌레가 생기는 것을 막을 수 있다(증보산림경제, 군학회등, 농정회요).
- 섣달에 내린 눈이 녹은 물로 장을 담그면 벌레가 생기지 않고 맛이 아주 좋다(증보산림경제, 군학회등, 농정회요).
- 장이 메주가 너무 많으면 청장이 적게 나고 메주가 적으면 빛이 묽고 감미가 적으니 짐작하여 메주를 넣은 위로 파리가 못 들어가게 넣어라(보감록).

술(術)의 방법 제민요술(530~550)

임신한 부인 때문에 장맛이 상하면 **백극**(白棘: 멧대추나무나 그 열매)을 항아리 안에 넣으면 다시 좋아진다. 민간에서는 지팡이로 장을 섞거나 항아리를 불로 지지기도 하는데, 그러면 장맛은 돌아오더라도 본래의 맛을 잃는다. 다른 사람에게 장을 주려면 새로 길은 물 한 잔을 타서 주면 장이 상하지 않는다(부록 8).

백극(白棘) 멧대추나무 열매

변한 장 고치는 법 – 평안도 오주연문장전산고(1850)

냄새나는 장을 다 걸어 물기를 꼭 짜서 볕에 말린다. 다시 콩으로 메주를 만들어 냄새나는 장의 찌꺼기가 닷 말이면 새로 만든 메주도 닷 말을 가늠하여 냄새나는 메주와 합해서 함께 찧어 메주를 만든다. 이것을 쪄서 보통 하는 대로 말려 장을 담그면 냄새가 나지 않고 맛이 달다고 한다.

이상의 두 가지는 조금만 시험해 보면 좋은 방법이 될 수 있고 널리 전할 수 있다(부록 9).

냄새나는 장 되돌리는 법 오주연문장전산고(1850)

평안도 사람들이 전하기를 냄새나는 장이라도 버릴 수가 없으니 다시 콩을 취하여 냄새나는 장의 양을 가늠하여 쪄서 메주를 만들 때 냄새나는 장을 꺼내어 꼭 눌러서 청장은 버리고 다시 만든 메주와 섞어서 덮어두었다가 꺼내 바싹 말려 다시 장을 담근다.

냄새나는 장의 청장을 다시 진하게 달여서 서너 번 끓인 뒤에 뜨거울 때 빽빽한 장항아리에 부어 익히면 다시 맛있는 장이 되어 조금도 썩은 냄새가 나지 않는다. 이것은 집안마다 알지 않을 수 없는(아는) 신기한 방법이다. 무릇 장이란 한 집안의 큰살림이니 담그는 방법을 어찌 조금이라도 소홀할 수 있겠는가. 집안일에 마음이 있는 사람은 반드시 법으로 삼아야 한다(부록 10).

변한 장맛 고치는 법(醫醬失味) 조선무쌍신식요리제법(1924)

장 관리(서일농원)

장맛이 변하면 우박 한두 되를 넣거나 뚜껑을 열고 볕을 여러 번 쪼이고 밤마다 서리를 오래 맞히면 맛있어진다. 빗물이 들어가지 않도록 주의한다.

토장 맛이 변하면 생소나무 껍질을 벗겨서 넣으면 7~8일 후 맛이 좋아진다. 장이 쓰면 큰 그릇에 베(삼베) 보자기를 깔고 장을 두 치 정도로 붓고 체로 밀가루를 쳐서 거기에 부어두면 맛이 바로 선다. 널빤지에 장을 펴고 해도 좋다.

또 다시마 한 올(줄기)에 엿 한 조각을 싸서 두면 하얘지는데, 엿은 꺼내 버리고 다시마만 익은 꿀 반 잔과 생강즙을 약간 치고 두드려서 진흙같이 되면 익은 물 서너 사발을 타고 휘저어 찌꺼기는 버리고 장에 타면 맛이 좋아진다.

물론 장독 밖을 자주 씻으면 맛이 달라진다. 또 장독에 맹물을 가득 붓고 사흘 후 웟물을 모두 따라 버리고 다시 물 붓기를 3번 반복하면 쓴맛이 모두 없어진다. 그 후 끓는 물에 소금을 타서 식혀 부어서 익힌다. 다른 장보다 맛이 없을 것 같지만 써서 아주 버리는 것보다 낫다.

기타 자료(부록 11)

- 장맛이 나쁘면 우박이 내릴 때 두어 되 받아 넣으면 본맛이 돌아온다(부인필지).
- 맛을 잃은 장은 우박 한두 되를 항아리에 넣으면 즉시 본래의 맛으로 돌아온다(고사십이집, 학음잡록, 산림경제, 증보산림경제, 해동농서, 치생요람, 주찬, 군학회등, 농정회요, 임원십육지).
- 밤에 항아리 뚜껑을 열고 서리나 눈이 들어가게 하면 좋다(산림경제, 산림경제보, 임원십육지, 증보산림경제, 해동농서, 고사십이집, 학음잡록, 주찬, 군학회등, 농정회요).
- 매운 장은 물로 항아리 바깥을 닦으면 맛이 달아진다. 또 토장을 꺼내어 밀가루를 체로 쳐서 뿌린다(치생요람).
- 물로 항아리 밖을 2~3번 씻으면 달게 된다(산림경제보).
- 매운 장이 생기면 널빤지 위에 두어 치 두께로 펴 놓고 체로 밀가루를 쳐서 뿌리고 다시 항아리에 넣으면 달게 된다(동의보감, 임원십육지).
- 항아리에 물을 부었다가 3일 만에 떠내기를 3번 하면 매운맛이 다 가신다. 그 뒤에 끓는 물에 소금을 타서 식혀 붓는다(산림경제보, 임원십육지).
- 세속의 방법으로 쌀겨를 약간 넣기도 한다(학음잡록).
- 장독 아래 잡초를 없애서 뱀이 숨어드는 것을 방지한다(산림경제, 사시찬요, 산림경제, 해동농서).
- 녹슨 쇠못 한 개를 세 살방(煞方: 점술의 삼살방의 하나로 독한 기운이 있는 곳인데, 해마다 살방의 방위가 다르다)을 등지고 독을 올려놓은 돌 밑에 박아두면 나중에 만약 임신한 부인이 와서 먹어도 장이 상하지 않는다(제민요술).
- 납수(臘水: 납일(臘日)에 내린 눈을 녹인 물) 3~7되를 납일[동지 뒤의 세 번째 무일(戊日)]에 섞어서 항아리에 붓고 입춘 지난 후 쓰면 저절로 맛

이 좋아진다(산가요록).

- 항아리 가득 물을 붓고 사흘 후 물을 따라 버리기를 3번 하면 매운맛이 다 없어진다. 나중에 소금물을 부어 주면 맛이 좋아진다(산가요록).
- 7월 비가 올 때 낙수물이 떨어지는 집안 구석에 항아리를 놓고 물을 받아 씻어낸 다음 간장을 다 따라낸 후 메주 삶은 물을 부어주면 맛이 좋아진다(산가요록).
- 낮에는 꺼내 말렸다가 다시 담으면 맛이 매우 좋다(산가요록).
- 다시마 한 줄기로 엿 한 덩어리를 싸서 항아리에 넣으면 좋아진다(산림경제보, 임원십육지).
- 장맛이 떫거나 쓰면 버드나무로 막대기처럼 길게 깎되 독 밑에 다 닿도록 하여 장에 빈 곳 없이 구멍을 뚫어야 좋다(주방문, 보감록).

현대의 장

장의 종류 및 규격(식품위생법)

장의 종류

장류는 동 · 식물성 원료에 누룩균 등을 배양하거나 메주 등을 주원료로 하여 소금 등을 섞어 발효 · 숙성시킨 후 제조 · 가공한 것이다.

- 메주: 한식메주는 콩을 주원료로 찌거나 삶아 형을 만들어 자연발효시킨 것이고, 개량메주는 종균을 가해 발효시킨 것이다.
- 한식간장: 재래 한식간장은 한식메주를 주원료로, 개량 한식간장은 개량메주를 주원료로 소금물 등을 섞어 발효 · 숙성시킨 후 여과액을 가공한 것이다.

- 양조간장: 콩, 탈지콩 또는 곡류 등에 누룩균 등을 배양하여 소금물 등을 섞어 발효 · 숙성시킨 후 여과액을 가공한 것이다.
- 산분해간장: 단백질 원료를 산으로 가수분해하여 여과액을 가공한 간장이다.
- 효소분해간장: 단백질 원료를 효소로 가수분해하여 여과액을 가공한 것이다.
- 혼합간장: 한식간장 또는 양조간장에 산분해간장 또는 효소분해간장을 섞어서 가공한 것이다.
- 한식된장: 한식메주에 소금물을 가하여 발효한 후 여과액을 분리한 것이다.
- 된장: 콩, 쌀, 보리, 밀 또는 탈지콩 등을 주원료로 누룩균 등을 배양한 후 소금을 섞어 발효 · 숙성시킨 것이다. 또는 메주를 소금물에 담가 발효하고 여과액을 분리하여 가공한 것이다.
- 조미된장: 된장(90% 이상)을 주원료로 식품 또는 식품첨가물을 가한 된장이다.
- 고추장: 콩이나 곡류 등을 주원료로 누룩균 등을 배양한 후 고춧가루(6% 이상), 소금 등을 가하여 발효 · 숙성하거나 숙성 후 고춧가루(6% 이상), 식염 등을 가한 것이다.
- 조미고추장: 고추장(90% 이상)을 주원료로 식품 또는 식품첨가물을 가한 것이다.
- 춘장: 콩, 쌀, 보리, 밀 또는 탈지콩 등을 주원료로 누룩균 등을 배양한 후 소금, 캐러멜색소 등을 가하여 발효 · 숙성한 것이다.
- 청국장: 콩을 주원료로 바실러스(*Bacillus*)속 균으로 발효시켜 제조한 것, 또는 고춧가루, 마늘 등으로 조미한 페이스트, 환, 분말 등 여러 가지가 있다.

- 혼합장: 간장, 된장, 고추장, 춘장 또는 청국장 등을 주원료로 하거나 이에 식품 또는 식품첨가물을 혼합하여 제조 · 가공한 것(장류 50% 이상이어야 한다)이다.
- 기타 장류: 상기 유형에 해당하지 않는 간장, 된장, 고추장 등을 말한다.

장의 성분 규격

장의 성분 규격 중 총 질소는 0.8w/v% 이상이며 간장에 한하고, 한식간장은 0.7 w/v% 이상이어야 한다. 타르색소는 검출되면 안 된다. 아플라톡신은 10 μg/kg 이하이어야 하며, B_1으로 메주에 한한다. 대장균군은 음성으로 혼합장(살균제품)에 한한다. 식중독균으로는 바실러스 세레우스(*Bacillus cereus*)가 g 당 1만 이하이어야 한다. 단, 멸균제품은 음성이어야 하고 메주는 해당되지 않는다.

보존료로 소르빈산류는 g/kg 이하(간장 제외, 청국장은 말리지 않은 것만 해당), 안식향산류는 0.6g/kg 이하, 파라옥시안식향산류는 0.25g/kg 이하 사용하여야 한다(g/kg, 다만, 간장은 g/L). 다른 보존료는 사용할 수 없으며 된장에는 사용하면 안 된다.

시판 장류의 문제점

유전자 재조합콩의 사용

유전자변형 작물(genetically modified organism, GMO)은 한 종류의 유전자에 다른 유전자를 삽입 · 치환하여 병충해에 강하거나, 수확량이 많도록 개량한 것이다. 즉, 해충이나 미생물에 대한 독성을 강화시킨 것으로 바람직한 면만 나타나는 것이 아니다. GMO는 인류가 한번도 먹어보지 않은 것이므로 예상하지 못하는 위험성(유전자)이 잠재되어 있다가 발현될 가능성이 있으나 미리 알아내는 것은 불가능하다.

우리나라는 콩의 원산지이지만 생산량이 부족하여 대부분 GMO 콩을 수입하고 있다. 콩을 수입하여 수송해 오다가 배에서 썩을까봐 농약을 잔뜩 뿌렸기 때문에 주부들은 수입콩으로 만든 메주가 잘 안 뜬다고 한다. 그러나 농약 때문이 아니다. GMO 콩은 병충해에 강하도록 미생물에 대한 내성(독성)을 강화시켰는데, 콩에 병을 일으키는 미생물에만 독성이 나타나는 것이 아니고 메주를 띄워주는 곰팡이에도 독성이 나타나기 때문이다.

그렇다면 인체에 대해서는 독성을 나타내지 않을까? 이런 우려 때문에 세계 굴지의 식품회사와 유통업체들은 GMO를 사용하지 않겠다고 선언하고 각국 정부도 GMO 의무표시제를 포함한 강한 규제제도를 수립하고 있으나 우리나라는 GMO 수출국인 미국의 영향에 의해 제대로 된 정책을 수립하지 않고 있다. 미국 콩의 90%가 GMO 콩이기 때문이다.

2003년부터 2007년까지 5년 동안 우리나라에 수입된 미국 GMO 콩은 약 300만 톤, 전체 양은 약 500만 톤이다(식약처). 밀가루도 마찬가지로 90%가 GMO라고 한다. 2010년까지 수입된 콩의 70~75%가 GMO라고 한다.

시판 장류에 넣는 첨가물

시판 장류는 주원료로 콩 외에 콩깻묵(대두박), 유전자 재조합한 밀가루나 옥수수전분 등을 수입하여 첨가하는 것이 많다.

산분해간장(아미노산간장, 염산간장)은 기름을 짜고 난 콩깻묵이나 어분(생선가루), 젤라틴(가죽, 아교)을 염산으로 가수분해한 다음 수산화나트륨(양잿물)으로 중화시켜서 색소, 조미료, 향료 등의 첨가물을 넣어 만든다. 첨가물은 인공합성제품이 많다.

산분해간장에는 불임을 유발하는 MCPD(monochloropropandiol)와 암을 일으키는 DCP(dichloropropanol)가 있는 것으로 알려져 타격을 입자 제조사들은 산분해간장에 양조간장을 섞은 혼합간장을 만들어 팔고 있다. 산분해간장은 재료비도 싸고 이삼일이면 만들 수 있어서 그보다 더 남는 장사가 없다. 그래서 양조간장을 눈꼽만큼 섞고 순수 양조간장인 것처럼 '진간장' 등의 이름을 붙여서 팔고 있다. 양조간장이라는 것도 콩깻묵에 밀가루(종국)를 40% 정도 섞는다. 그러나 다른 나라에서 콩깻묵은 사람이 먹지 않는 폐기물로 사료에나 쓰인다.

된장도 수입콩 및 콩깻묵과 40% 정도의 수입밀가루(종국)를 써서 만든다. 이렇게 밀이나 쌀을 섞은 된장은 일본식 된장인데도 '재래식 된장', '집된장', '시골된장'이라는 이름을 붙여서 콩으로만 만든 전통된장인 것처럼 위장하고 있다. 된장에 밀가루를 섞어 놓은 것은 맛이 좋을리 없다. 그래서 업체들은 미원(MSG)을 넣어서 맛을 좋게 한다. 그러나 상표에 미원을 넣었다는 말 대신에 '향미증진제'라고 표기하여 미원 넣은 것을 알 수 없게 하고 있다. 전통된장은 보통 6개월 이상 걸리는데, 시판된장은 보름이면 만들기 때문에 깊은 맛도 없고 업체마다 맛이 비슷하다.

'한식된장'이라는 허가 형식만 전통방법으로 만든 것으로, 정상적인 된장은 메주와 소금과 물만으로도 영양가가 높고 맛있게 되지만 시판된장은 싸구려 재료를 써서 맛이 나지 않아 수많은 첨가물을 넣는다. 첨가물은 가짜 맛, 가짜 냄새, 가짜 향기, 가짜 색 등을 가하여 가짜 된장을 진짜 된장처럼 보이게 하려고 감각을 속이는 물질로 첨가물이 많이 들어간 된장일수록 나쁜 된장이다.

일본식 된장에는 콩 외에 쌀 등의 전분질이 많이 들어가서 깊은 맛이 없고 단맛이 강하다. 시판장류는 방부제(합성보존료)를 0.1%나 첨가할 수 있도록 허용하고 있다. 그래서 뚜껑을 열어놓아도 곰팡이가 생기지 않고 파리가 알을 까도 구더기가 생기지 않는다. 이것을 이용하여 집에서 담근 된장

표면에 시판된장을 발라서 곰팡이와 구더기를 방지하는 주부도 있다. 정부에서는 간장과 된장에 방부제가 들어간 것을 일반 소비자가 판별하지 못하게 '보존료'라고 표기하게 하고 있다.

싸구려 고추장이나 불량 고추장은 쌀이나 메주를 사용하지 않고 밀가루(중국), 미원, 혼합 고춧가루, 싸구려 고춧가루, 파프리카 색소, 물엿 등을 넣어 만든다.

제2장

시대별 전통장의 특성

제2장

시대별 전통장의 특성[1)]

고려시대의 장

시문 속의 장

《임원십육지》에 따르면 도은(陶隱, 李崇仁)은 "장의 종류 중 오래된 콩장이 가장 좋다고 하였는데, 이것이 곧 우리나라의 장이니 마땅히 천하 제일이다."라고 하였다.

고려시대의 문인 이규보(李奎報)는 표 1과 같이 무장아찌, 된장국, 장, 장국을 시로 읊었다. 이색(李穡)은 장에 담근 오이장아찌, 장독, 간장, 장국, 얼음장(氷醬) 등을 읊었는데, 얼음장 외에는 현재와 차이가 없다. 시에는 고려시대에 떡을 간장에 찍어 먹던 풍습이 있는데, 우리나라에는 남아 있지 않다. 일본에는 떡을 간장에 찍어 먹는 풍습이 남아 있다.

1) 여기에 실린 내용은 필자가 쓴 '조선조의 공문서 및 왕실자료에 나타난 장류, 한국식품영양학회지, 25(2), 368-382, 2012' 및 '고려시대 및 조선시대 장류, 한국식품영양학회지 25(3)권, 460-482, 2012' 논문에서 발췌한 것이다. 근거 문헌 등 자세한 것은 논문을 참고하기 바란다.

[표 1] 고려시대 시문 속의 장

이규보(1168~1241) 동국이상국집(東國李相國集)	
제목	본문
가포육영 家圃六詠	장으로 하면 한여름에 먹기 좋고 김장으로 담그면 한겨울을 날 수 있네 得醬尤宜三夏食漬鹽堪備九冬支
다리 부러진 솥을 조롱하다 嘲折足鐺	받치고 고이고하여 음식 익히는데 쓰지만 가끔 된장국을 엎어버리는구나 支持備炮烹往往覆鹽豉
이시랑이 다시 화답해 온 일곱 수에 차운하다 次韻李侍郎復見和	보내온 토란을 장에 섞어 끓이는데 옛날에도 이같이 국 만들기를 좋아했다 貺可直宜知以豉古猶相尙饋之羹
복고가로 친구가 혼자 술 마시는 것을 조롱하다 腹皷歌戲友人獨飮	잠시 장국으로 채우지만 이내 배고파져 바람 빠져 쭈그러진 공과 같다 暫盛水醬俄復空有如蹶鞠氣出還自縮

이색(1328~1396) 목은집(牧隱集)	
제목	본문
즉사 卽事	병중에 오이장아찌가 꿀처럼 귀했는데 후일이 오기 전에 장 덮개가 되겠다 病裏醬瓜如蜜稀不待他年漫醬瓿
유개성이 우엉과 파와 무를 섞어서 담근 김치와 장을 보내오다 柳開城珣送牛蒡蔥蘿葍并沈菜醬	
차타행 蹉跎行	공연히 장독 운운한게 참으로 우습구나 漫却醬瓿眞一噱
가동을 보내서 나잔자에게 차를 얻어 오게 하고, 가동이 떠난 뒤에 한 수를 읊어 이루다 遣家童索茶於懶殘子去後吟成	대로 깎은 꼬챙이에 메밀떡을 꿰어 간장을 발라서 불에 구워 먹다가 削竹串穿蕎麥餻仍塗醬汁火邊燒
배고파 우는 아이를 보고서 兒啼飢	장국과 부침개를 먹음직스럽게 데워 오자 醬湯油餅烹來軟
칠석날 주인인 대선사가 음식상을 차려 주기에 노부가 취해 누워서 절구를 읊조리고는 다음날에 기록하여 올렸다 七夕主人大禪師設食老夫酣臥吟得小絕明日錄呈	얼음장국까지 들이켜니 얼마나 즐거운지 樂哉倒此氷醬

고려시대 문헌에는 장(醬: 장, 된장)이 6번으로 가장 많이 나오고 그 다음 장고(醬庫: 장창고)가 3번, 염시(鹽豉: 청국장), 염장(鹽醬: 된장), 시(豉: 청국장, 메주)가 각각 2번씩 나온다. 개장(芥醬: 겨자장), 만장(漫醬: 묽은 장, 막장), 번장(飜醬: 뒤집은 장), 빙장(氷醬: 묽은 장, 장국물), 시갱(豉羹: 청국장), 장과(醬瓜: 오이지), 장즙(醬汁: 장국물, 집장, 간장), 장탕(醬湯: 장국), 장부(醬

甁: 장독덮개), 해장(醢醬: 젓갈장) 등은 1번씩 나온다. 청국장류로는 시와 소금을 넣은 염시가 있다. 조리서는 전해지지 않아서 조리법은 알 수 없다.

장독덮개

무장아찌와 오이장아찌는 장을 이용한 채소의 저장기술이 발달했다는 것을 의미한다. 장아찌는 장과지(醬瓜漬)가 어원인데, 가운데의 오이 '과(瓜)'는 연화되어 '아'로 발음되고, '지'는 된소리 '찌'로 변하여 장과지(醬瓜漬)가 장아찌로 변한 것이다. '동과(冬瓜)'를 '동아'로 발음하는 것도 마찬가지 현상이다(김민수 등, 1991). 즉, 장아찌의 어원은 오이장아찌 자체를 의미한다.

장창고는 장의 생산량과 저장 규모가 컸기 때문에 필요했던 것으로, 과거에는 식생활에서 장이 차지하는 비중이 컸다.

고려시대에는 고추가 도입되지 않아서 겨자로 매운장을 담갔다고 알려져 있는데, 초장(椒醬)은 기록이 없으므로 산초장은 없었던 것으로 보인다.

고려의 장 관련 제도

고려 우왕(禑王) 2년(1376)에는 납속보관(納粟補官: 곡식을 바친 자에게 벼슬로 보상하는 제도) 제도가 있어서 쌀과 콩을 받았고 받은 콩은 장을 담는 데 썼다.

장 담당 관청은 비용사(備用司)로 충선왕 3년(1311)에 요물고(料物庫)로 바뀌었는데, 미곡과 겨자장(芥醬)을 궁중에 공급하였다. 우왕(禑王) 14년(1388) 절에 납부한 요물고의 360장(莊)과 처(處)의 밭을 모두 되돌리라고 하였다.

임금의 음식을 맡은 상식국(尙食局)은 사선서(司膳署)로 고쳤다. 대관서(大官署)는 제사와 잔치음식을 담당하였는데, 충렬왕 34년(1308) 선관서(膳官署)로 바뀌면서 사선서에 소속시켰다. 쌀 · 국수 · 술 · 장 · 기름 · 꿀 · 채소 등을 장만하였다. 예빈성(禮賓省)은 예빈시(禮賓寺)로 고쳤는데, 손님의 잔치와 임금 종친과 재상을 접대하였다. 봉상시(奉常寺)는 태상부(太常府)로 고쳤는데, 제사를 맡았다.

왕실 어장고(御醬庫) 관리 관원은 남반원(南班員), 장 담당자는 판전장(判典醬)인데, 잡별사(雜別賜: 보수)로 남반원은 쌀 6섬을 지급하였다. 고종 32년(1245) 3월 29일 불이 나서 어장고가 탔다.

《해동역사》에는 후당(後唐, 923~936) 장종(莊宗)이 고려 사신 한신일(韓申一)에게 조공한 임려장(林慮醬)을 하사였는데, 이것은 장이 아니라 술이라고 한다.

문종(文宗) 7년(1053)에 메주 양을 재는 1말장곡(末醬斛)을 사방 각 1자 3치 9푼(43cm)으로 정하였는데, 이것은 약 80L 부피로 4.4말, 즉 반 가마 정도라고 알려져 있다.

이색(李穡, 1404)은 《천보산회암사수조기(天寶山檜巖寺修造記)》에서 장창고(醬庫) 14칸이 있다고 하였다.

창왕(昌王) 원년(1389) 우왕(禑王)이 죽자 길재(吉再)는 염장을 먹지 않고 3년 동안 방상(方喪: 임금의 상을 부모 상과 같이 치름)을 하였는데, 상을 당하여 염장을 먹지 않는 것은 효행과 충성이라 여겨 포상을 내렸다. 이색도 상을 당하자 염장(鹽醬)을 먹지 않고 3년상을 치렀다.

최승로(崔承老)는 《상시무서(上時務書)》에서 왕이 장과 술, 장국(豉羹)을 길을 가는 사람에게 베풀었다고 하였다. 거란이 침입한 현종 9년(1018) 정월에 굶주린 백성을 위하여 염장을 내렸고, 문종인효대왕(文宗仁孝大王) 6년(1052)에 굶주리는 개경 사람 3만여 명에게 소금 · 장(豉)을 내려 구제하였다. 충렬왕 18년(1292) 4월 28일에 세자는 장(醬)을 베풀고 굶주린 사람에게 음식을 먹였다.

이같이 고려시대에 장은 조정에서 굶주린 백성의 영양을 보충하는 중요한 지원 수단으로 국가적인 사업이었다.

조선시대의 장

콩 소요량

《조선왕조실록》의 세조 11년(1465) 4월 19일 평안도 군사와 만호(萬戶: 무관 관직)에게 바치는 장 담금용 황두(黃豆)는 해마다 의주 지역이 40섬, 강계 지역이 30섬이라고 하였다. 예종 1년(1469) 6월 29일 남원에서 1인당 장 담금용 콩 1말을 세로 바쳤다. 성종 15년(1484) 1월 7일에는 황두로 장을 담는다고 하였다.

《조선왕조실록》의 현종 5년(1664) 10월 5일 호조에 저축된 대두는 9만 여 섬이라고 하였다. 《연려실기술》에 호조(戶曹), 각창(各倉), 각사(各司)의 1년용 대두는 4만 2,746섬이라고 하였다.

《조선왕조실록》의 숙종 13년(1687) 2월 29일 강도(江都)의 대두 9,000섬을 진휼(賑恤: 흉년에 백성을 구제함)에 쓰고, 영남의 세두(稅豆) 1,300섬을 씨로 썼다.

《조선왕조실록》의 영조 14년(1738)에는 관서지방의 한발로 인해 대두를 절반 이상 감면해 주고, 영조 32년(1756)에는 호서지방의 재해를 입은 토지에 1만 섬 가까이 나누어 주고, 영조 36년(1760)에는 전국의 대두 8만 5,700섬 이상을 세두에서 감면하였다.

양현고(養賢庫)는 성균관 유생에게 주는 쌀과 콩을 관장하였다. 조선시대 뱃사공의 급료는 배 1척당 사공 · 격군(보조 사공) 16명에 콩 2섬, 장 담금용 콩 3섬, 배 1척당 장 담금용 콩 1섬, 소금값으로 쓸 콩 1섬이다.

장관리청

조선시대에는 장의 원료 확보와 장의 생산은 국가적 사업이므로 왕실과 관청, 군영에서 연간 수만 섬의 장을 만들어 공급하였고 조정에는 장 관련 관청과 장을 담당하는 벼슬이 있었다.

조선 태조 1년(1392)에 설치된 내부시(內府寺)는 태종 1년(1401) 내자시(內資寺)로 개칭되었는데, 궁에 쌀 · 국수 · 술 · 장 · 기름 · 꿀 · 채소 · 과일 등을 공급하고 잔치를 담당하였다. 태종 3년(1403)에는 의성고(義成庫)를 합하고 후에 사온서(司醞署)도 합하였다. 사선서(司膳署)는 사옹원(司饔院)으로 고쳤는데, 임금의 찬과 궐내의 음식을 맡았다.

장은 태조 1년(1392) 7월까지 고려와 같이 요물고(料物庫)에서 담당하다가 태종 1년(1401) 7월 공정고(供正庫)로 고쳤다가 사도시(司䆃寺)로 바꾸었는데, 어름(御廩: 임금의 곡식 창고)의 미곡과 궐내에 바치는 장을 담당하였다. 봉상시(奉常寺)는 나라의 제사와 시호(諡號)를 담당하였다.

예빈시(禮賓寺)는 손님접대와 잔치를 맡았다. 《조선왕조실록》의 세종 28년(1446) 8월 23일 사선식장(司膳食醬)을 녹사(錄事)로 고쳤다. 《조선왕조실록》의 문종 1년(1451) 9월 17일 예빈시의 장 100섬이 부족한 책임을 물어 예빈시 직장(直長) 이영선(李永宣)을 파직시켰으나 착오라고 하였다.

조선시대 고지기 · 청지기라는 명색(名色: 지위)과 같이 내자시에는 장색(醬色)이 있었고, 사도시에는 황대두(黃大豆) · 황두(黃豆), 봉상시(奉常寺)에는 장두(醬豆)가 있었다.

《조선왕조실록》의 중종 25년(1530) 6월 12일 봉상시 봉사 이수함(李秀咸)이 제사용 장을 집에 가져다 쓰고 사중(司中)의 여자종에게 자기 집 길쌈을 시키고 품삯으로 주었다고 하여 파면시켰다.

《태상지(太常誌)》(1766)에서는 장 담그기(沈醬)를 기록하였는데, 매년 5월에 해당 공인(貢人)에게 메주를 걷어 소금과 함께 장을 담가 항아리에 넣어 창고에 보관하고, 담당 관리와 해당 노비가 관리하게 하였으며 색랑(色郞)이 때때로 검사한다고 하였다.

《조선왕조실록》의 고종 16년(1879) 4월 11일에 내자시 주부(主簿) 서미순(徐眉淳)의 직위는 장색이고 남아 있는 내자시의 메주는 210섬 9말이라고 하였다. 내자시 봉사(奉事) 이봉녕은 쌀, 밀가루, 술, 장, 기름, 꿀, 채소, 과일 공급을 담당하였다.

봉원부원군(蓬原府院君) 정창손(鄭昌孫)은 시전장부정(試典醬副正: 장을 다루는 종 3품 벼슬)이었다.

장의 사용과 지급

《조선왕조실록》의 문종 1년(1451) 9월 17일에 예빈시의 장은 1,100여 섬이라고 하였다. 성종 12년(1481) 7월 13일 여러 사(司)에서 바치는 장의 반을 줄이고 오이장아찌는 삭감하라고 하였다. 현종(顯宗) 2년(1661) 4월 3일 임금에게 올리는 장은 하루 1되 5홉이라고 하였다.

《조선왕조실록》 정조 10년(1786) 5월 19일 국기일(國忌日)에 내자시가 혼궁(魂宮: 죽은 태자나 세자 신위를 3년간 모시는 궁)에 장(全豉) 5작(勺)을 9월 1일부터 다음해 4월 그믐까지 하루 3번 바쳤다. 메주는 20섬인데, 10섬은 사도시, 10섬은 내자시가 바쳤다.

《만기요람(萬機要覽)》(정부 재정과 군정 기록)에서 나오는 각 궁에 바치는 소선(素膳) 장[全豉]의 양은 왕대비전[王大妃殿, 정성황후(貞聖王后), 영조의 정비 김씨] 1말 2되, 혜경궁(惠慶宮, 사도세자의 빈 홍씨, 정조의 어머니) 1말 1되 4홉, 가순궁[嘉順宮, 수빈 박씨(綏嬪朴氏), 순조의 어머니] 1말 8홉이고, 1말의 가격은 1냥 3전 3푼이다.

왕대비전의 장 담금용 메주는 20섬, 소금 20섬, 아지(阿只)·상궁 이하 선반(宣飯)·의전(衣纏) 감장(甘醬)에는 94섬 9말 5되 4홉, 간장(艮醬) 7섬 11말, 중궁전[中宮殿, 정조의 비, 효의왕후(孝懿王后) 김씨]의 장 담금용 메주는 20섬, 소금 20섬, 아지·상궁 이하 선반·의전(衣纏) 감장에는 84섬 11말 3되 4홉, 간장 6섬 11말 8되 5홉 6작, 대전(大殿: 정조의 거처)에는 메주 20섬, 소금 32섬이다. 가순궁의 장 담금용 메주(末醬)는 20섬, 아지·상궁 이하 선반·의전에는 감장 74섬 5말 1되, 간장은 6섬 6되 2홉 4작, 혜경궁의 장 담금용 메주는 20섬, 아지·상궁 이하 선반·의전 감장에는 95섬 7말 2되 6홉, 간장 8섬 7홉 2작을 바쳤다. 메주는 섬 당 12냥, 감장은 섬 당 소금값과 함께 15냥 2전이고 간장은 섬 당 30냥 4전, 소금은 섬 당 8냥이다(만기요람, 1808, 표 3).

호조에서 출급하는 각도 복정(卜定: 비정기 공물)용 감장은 8섬, 간장은 1섬이다. 총융청(摠戎廳: 경기군영)의 장은 973섬이고 훈련도감창의 군기고에 봉해 둔다. 호조(戶曹) 각사(各司)에 세로 바치는 공물 중 부족한 물품 구입비는 정조 무술년(1778) 사도시 메주·소금 등의 값이 1만 4,707냥, 정조(正祖) 을사년(1785) 사도시 메주·소금 등의 값이 3,684냥, 정묘년(1747) 사도시 메주 등의 값이 1,709냥이다.

각사 세로 바치는 공물에 없는 물품 구입비는 정조 무술년(1778) 내자시 간장·곤장(卵醬) 등의 값 842냥, 정조 무오년(1798) 봉상시 간장 등의 값

방국

297냥, 봉상시 간장 · 간수 · **방국**(方麯: 네모진 누룩) 등의 값이 473냥이다.

《조선왕조실록》의 정조 2년(1778) 2월 22일 납세자가 어고(御庫) 장을 꺼내 손보아 넣었으나 폐해가 있어서 관청에서 하기로 하였는데, 지켜지지 않아 오래되어 장이 상하였다. 상한 이유는 항아리가 112개로 너무 많고 해마다 열 항아리씩 손본다고 해도 10년씩이나 묵는 것이 생기고, 본부의 관청에서 쓰는 장은 30~40개 항아리이기 때문에 항아리를 60개로 줄여 달라고 하였다. 남한산성 각 창고의 장항아리는 690개인데, 오래되어 썩고 깨져서 새어 버린 것도 있으므로 썩은 것은 덜어서 버렸다. 나머지를 다른 항아리와 합치며 남는 항아리에는 해마다 소금을 얹으면 썩지 않을 것이고 해마다 장은 15섬씩 담근다고 하였다.

《조선왕조실록》 고종 14년(1877) 7월 16일 예빈시에 남아 있는 메주(末醬)는 205섬 5말, 감장(甘醬)은 28섬 11말이라고 하였다.

메주

메주는 훈조(燻造)라고 하며, 관아에 메주를 공물로 바치던 계를 훈조계(燻造契)라고 한다. 영조 때 총융청 군영 밑으로 옮겨서 백성들이 의지하여 살게 하였다. 훈조가(燻造價)는 메주를 공물(貢物)로 바치고 받는 대가이다. 메주를 만드는 곳 또는 띄우는 곳은 훈조막(燻造幕)이라고 하고, 메주콩은 훈조태(燻造太)라고 하였다(신증동국여지승람, 1530).

《증정교린지(增正交隣志)》(외교록, 1802)에서 수문 담당 군관에게 매년 메주(燻造) 7말, 소금 5말을 지급하라고 하였다.

《조선왕조실록》 연산군 12년(1506) 5월 29일과 중종 10년(1515) 11월 2일에 제향에 쓰는 봉상시의 메주는 관원이 감독하여 쪄서 만들다가 외부에서 만들어 바치라고 하였다.

《조선왕조실록》 선조 38년(1605) 4월 22일 궐내 각 처에서 쓰는 메주는 모두 옹진의 내수사(內需司: 쌀과 곡식 · 포목 · 잡화 · 노비 담당 왕실 기관) 노비가 일을 하여 바치는 콩으로 만든다고 하였다.

《승정원일기》 고종 1년(1864) 5월 1일에는 의정부에서 '호조와 선혜청(宣惠廳: 세금으로 쌀, 포, 돈을 받는 관청), 양의사(兩醫司: 활인서, 혜민서), 예빈시, 사도시, 봉상시와 세 영문(營門: 훈련도감, 금위영, 대영청)의 메주와 각궁방에 필요한 메주(燻造)만 외훈조계(外燻造契) 공인들에게 맡기고 사사로운 부탁은 금하게 해 달라.'고 하였다.

선혜청에 대한 57가지 공물로 봉상시, 사도시, 내자시, 예빈시, 양현고(養賢庫: 성균관 유생의 물품담당 기관)에서 메주를 바쳤다(만기요람, 1808). 《만기요람》(1808)에 본청 원역(員役)의 메주콩은 459섬, 1년 응봉전(應捧錢 수입)의 메주콩 값은 245냥이라고 하였다.

《세종지리지》의 경기도 부세에는 콩[豆, 콩 · 팥 · 녹두], 메주[末醬], 겨자 등이 있다.

구황용 장

장은 모든 찬의 기본으로 장만 있으면 어떤 재료도 국이나 나물로 만들어 먹을 수 있다. 그래서 가뭄이나 수해, 전쟁 등으로 백성들이 굶주리면 나라에서 장을 내려 백성들의 굶주림을 구제하고 영양을 공급하였다.

구제[賑恤, 救恤]를 담당하던 관청은 진휼청(賑恤廳)으로 각 도에 진제소(賑濟所)를 두었다. 구황용(救荒用) 장은 진제장(賑濟場), 변고에 대비하는 장은 대변장(待變醬)이라고 한다. 《조선왕조실록》에 기록된 대량의 진제용 장은 표 2와 같다.

장의 섭취가 부족하면 부기가 생긴다. 《조선왕조실록》의 세종 5년(1423)

[표 2] 조선왕조실록에 실린 구휼용 장, 콩, 소금 지급 현황

연도	대상	종류 및 수량
태종 11년(1411. 11. 25)	풍해도	묵은 콩 500섬으로 장 담그기
태종 17년(1417. 9. 25)	함길도	메주콩 100섬과 염세로 장 담그기
태종 18년(1418. 1. 13)	황해도	8참(八站) 황두 각 3섬씩, 경천참 황두 4섬으로 장 담그기
세종 1년(1419. 5. 10)	충청도, 함길도 120,249명	진제장 949섬
세종 1(1419. 5. 28)	경기도 114,024명	진제장 215섬
세종 5년(1423. 2. 7)	평안도	대두(大豆) 2,000섬으로 구휼용 장 만들기
세종 6년(1424. 3. 4)	서울 이외	구제용 쌀·콩·장 47,294섬
세종 6년(1424. 4. 23)	강원도 2,426명	쌀과 콩 203.5섬, 장 30섬 2말
	경상도 937명	쌀과 콩 44섬 2말, 장 6섬 8말
	경기도 4,230명	쌀, 콩, 잡곡 458섬 12말, 장 53섬 6말
	평안도 1,672명	쌀, 콩, 잡곡 150섬 6말, 장 24섬
세종 8년(1426. 2. 20)	화재를 입은 자	묵은장 300섬
세종 24년(1442. 1. 9)	황해도	구황용 장 1,500섬
세종 28년(1446. 8. 9)	황해도	장 담금용 콩 46,236섬
세종 28년(1446. 10. 2)	경기도 강원도	경기도 황두(黃豆) 1,000섬, 강원도 황두 640섬, 소금 480섬으로 구황용 장 담그기
세조 1년(1455. 8. 6)	충청도	묵은 황두[陳黃豆] 700~800섬과 구운 소금으로 구황용 장 담그기
성종 2년(1471. 1. 10)	황해도	황두 1,000섬, 묵은장 390섬
성종 13년(1482. 2. 26)	경기·황해도	예빈시, 내자시, 봉상시의 묵은장
숙종 13년(1687. 2) (국조보감)	호남	강도(江都)의 대두(大豆) 9,000섬
숙종 29년(1703. 5. 9)	진청(賑廳)	어장(御醬) 6항아리
영조 8년(1732. 5. 17)	진휼청	장 10항아리
영조 9년(1733. 2. 16)	진휼소(賑恤所)	장 20통
정조 10년(1786. 12. 30)	충청도	6,884 가구에 기민용 장 2섬 2말 5되 5사(夕), 소금 2말 8되 8홉
정조 11년(1787. 1. 29)	경기도	기민용 장 48섬 12말 8되
정조 11년(1787. 2. 30)	서울 이외	기민용 콩(太) 799섬 10말 7되, 소금 71섬 2말 1되 7홉 1사(夕), 장 59섬 3말 4되 7홉

1월 28일 호조는 굶주린 사람 중 젊은 남녀는 1인당 하루 장 1홉, 5~15세는 장 반홉을 주어 구제해 달라고 하였다. 세종 5년(1423) 7월 20일 장을 덜 베풀어서 백성이 붓고 굶어 죽게 한 임강현감 이명의(李明義)를 처벌하라고 하였다. 세종 17년(1435) 1월 26일 평안도 기근에 소금과 장이 없으면 부기가 나므로 곡식을 빌려주어 구제하라고 하였다. 《조선왕조실록》의 세조 1년(1455) 7월 24일 무청의 뿌리를 푹 쪄서 장 속에 담아 구황에 대비하라고 하였다. 《조선왕조실록》의 성종 1년(1470) 6월 8일 구황용 묵은 콩을 사용하여 장을 미리 담가야 한다고 하였다.

《조선왕조실록》의 성종 4년(1473) 12월 28일 호조에서 경기도 각 호의 사람 1명마다 하루에 장 2홉을 주니 계속하기 어렵고, 하루 1홉이라 하더라도 7,300섬, 사람의 식량과 소의 사료까지 합하면 2만 섬이나 되므로 군자감(軍資監: 군수품 출납관아)의 묵은 콩으로 구제해 달라고 하였다. 명종 21년(1566) 10월 24일 함경도 납의경차관인 송강 정철은 백성들 살림이 어려워서 풀을 고아 장을 만든다고 고하였다. 선조 26년(1593) 2월 8일 병사들 음식에 염장이 없어 인마(人馬)가 모두 피로하다고 하였다. 정조 7년(1783) 11월 5일에는 7~10세는 1인당 하루 장 2홉을 주어 구제하라고 하였다.

진휼청의 흉년용 장은 오래되면 말라서 매번 버리기 때문에, 유기아(遺棄兒)용 장으로 쓰며 수십 독을 두고 수시로 더 담가 계속 사용한다. 환자는 진휼을 먹지 못하므로 장을 마련하여 준다.

장만 있으면 어떤 재료든지 맛있게 조리할 수 있고 부족한 단백질과 염분 등의 영양성분을 공급할 수 있기 때문에 이같이 나라에서는 굶주리는 백성을 위하여 장을 담당하는 관청을 두고 장에 대한 정책을 세워서 시행하였다.

장 지급

《조선왕조실록》의 세종 8년(1426) 2월 29일 불탄 집을 고치는 기와장이와 보좌인의 급료 장을 각 관청의 묵은장으로 지급하라고 하였다. 같은 해 7월 18일 노인과 폐병자를 위하여 장을 반년 동안 지급하라고 하였다. 세종 14년(1432) 4월 3일 과거에 응시하는 생도들의 장옥(場屋: 비와 햇빛을 막을 수 있는 과거장)마다 간장[醬水] 8단지를 주었다.

《조선왕조실록》의 문종 2년(1452) 3월 8일 변경에 머무는 야인에게 장을 지급하여 돌려보내게 하였으며 단종 원년(1452) 9월 14일 김남로 등 야인이 국경 내의 땅에 살게 해달라고 청하였으나 잘 타일러 양식과 염장을 주어 돌려보냈다. 《조선왕조실록》의 세조 5년(1459) 4월 16일 야인(野人) 중 귀순한 자는 염장을 주었다.

《조선왕조실록》의 세조 6년(1460) 윤 11월 13일 임금이 이융생(李隆生)의 누이인 조효산(趙孝山)의 아내가 가난하게 사는 것을 알고 장을 내리라고 하였다. 세조 14년(1468) 4월 10일 금강산에 가는 사신을 접대하는 데 필요한 황두 30섬과 염장은 군자용을 쓰라고 하였다.

《조선왕조실록》의 성종 3년(1472) 4월 15일 귀화한 낭삼파(浪三波)가 본가로 가므로 쌀 · 콩 10섬과 소금 10섬, 장 1섬씩을 주라고 하였다. 성종 15년(1484) 1월 7일 여러 고을의 숙고(稤庫=國庫) · 의창(義倉: 비상식량 창고)의 묵은 황두로 장을 만들어 백성 수로 나누어 주고, 5년이 지난 뒤에 원곡을 회수하라고 하였다. 성종 18년(1487) 1월 23일 나라에서 내불당(內佛堂: 경복궁에 있던 불당)에 연간 소금 5섬, 메주[末醬] 5섬 5말 등을 준다고 하였다.

《조선왕조실록》의 인종 1년(1545) 윤 1월 16일 산릉(山陵)의 일꾼에게 19일에 콩 30섬, 장 50섬, 소금 30섬을 주라고 하였다. 인조 26년(1648) 8월 9일 후춘(厚春: 吉林省 琿春)의 오랑캐 7명이 염장을 청원하였다. 효종 대왕은 자식을 낳아도 가난 때문에 기르지 않는 북쪽 변방 사람들에게 장을 지급하도록 하였다.

《조선왕조실록》의 영조 7년(1731) 11월 30일 대변장은 둔전(屯田: 지방에 주둔한 군대의 군량이나 관청의 경비에 쓰도록 지급된 토지)에서 세(稅)로 받은 콩으로 160곡(斛)의 한도 내에서 돌아가면서 바꾸어 담근다고 하였다.

《조선왕조실록》의 순조 12년(1812) 4월 21일 군사의 대진(大陣) 및 각 읍의 군량 중 쌀을 제외한 곡식은 5,974섬, 장은 338섬, 소금 248섬이었다.

왕실 문헌에 실린 장류

조선왕조실록에 실린 장류

구기자 가짓과 관목으로 열매는 붉고 타원형이다. 단맛을 내며 약이나 식품에 쓴다.

《조선왕조실록》에 실린 장은 19가지 종류로, 콩으로 만드는 장은 장(醬)이 108번, 염장(鹽醬: 소금장)이 90번, 말장(末醬: 말장, 메주)이 11번 나오고 이어서 어을어밀장(於乙於蜜醬: 어을어꿀장)이 6번, 육장(肉醬)이 5번, 감장(甘醬)이 4번 나온다. 구장(枸醬: **구기장**), 미장(米醬: 쌀장), 수장(水醬: 물장, 장국물), 어장(御醬, 임금장)은 2번씩, 고초장(苦椒醬: 고추장), 대변장(待變醬: 대비장), 어장(魚醬: 생선장), 저장(菹醬: 젓갈, 장), 장과아(醬瓜兒: 오이장아찌), 유장(油醬), 장수(醬水: 간장, 장국), 자게장(紫蟹醬: 대게장)은 1번씩 나온다.

승정원일기에 실린 장류

《승정원일기에》는 11가지 장이 있는데, 그중 장(醬)이 6번, 청장(淸醬: 간장, 햇간장)이 5번, 말장(末醬: 말장, 메주)이 4번, 토장(土醬)이 3번 나와서 콩으로 만드는 장이 가장 많다. 간장(艮醬), 진장(眞醬: 묵은장), 개장(芥醬: 겨자장), 장물(醬物: 장), 장육(醬肉), 장저(醬菹: 장젓), 해장(蟹醬: 게장) 등은 1번씩 나온다.

일성록에 실린 장류

《일성록》에는 5가지 장이 있으며 그 중 장(醬)이 15번, 감장(甘醬)과 말장이 2번씩 나와 콩으로 만드는 장이 가장 많다. 계장(鷄醬: 닭고기장)과 해장(蟹醬: 게장)은 1번씩 나온다.

의궤 및 공문서에 실린 장류

의궤 및 공문서류에는 13가지 장이 있으며 그중 감장(甘醬)이 59번, 간장(艮醬)이 37번, 장(醬)이 28번, 염장(鹽醬)이 7번, 말장(末醬: 말장, 메주)이 6번, 청장(淸醬)이 5번 나오는데, 모두 콩으로 만드는 장이다. 고장(膏醬: 기름장), 난장(卵醬: 곤장, 알장), 사간장(四艮醬), 색장(色醬), 육장(肉醬: 고기장), 태장(太醬), 토장(土醬) 등은 1번씩 나온다. 의궤 및 공문서의 장류는 왕실이나 관청에서 잔치에 쓰거나 공납하거나, 거두어들이거나, 베풀었던 장류인데 간장류(감장, 간장, 청장)가 많다.

왕실 문헌에 실린 시

청국장류인 시는 왕실문헌에서 전시(全豉)가 7번으로 많고 그 다음에는 두시(豆豉)가 4번, 두시탕(豆豉湯)이 2번 나온다. 두시탕은 게장과 땡감을 함께 먹어서 탈이 난데 쓰고, 파뿌리를 넣고 삶은 총시탕(葱豉湯)은 열을 가라앉히는 약으로 썼다.

장 관련 용어

《조선왕조실록》, 《일성록》, 《승정원일기》 등의 왕실자료와 의궤, 공문서의 장과 관련된 용어는 침장(沈醬: 장 담그기)이 10번, 장고(醬庫: 장창고)가 7번, 조장(造醬: 장 만들기)이 4번, 장색(醬色: 내자시직책)이 5번, 장옹(醬甕: 장독)이 2번 나온다. 나머지 용어는 1번씩 나온다.

장 만드는 용어로는 조장, 침장이 있고, 재료명으로는 조두장(造醬豆: 장 담금용 콩), 말장태(末醬太: 메주콩), 장두(醬豆: 장콩), 장태(醬太: 장 담금용 콩) 등이 있다.

장소로는 장 만드는 침장고(沈醬庫), 임금의 장창고인 어장고(御庫醬), 장창고인 장고, 장사(醬肆: 장마굿간) 등이 있다. 용기로는 자장토기(煮醬土器: 장투가리), 장독이 있다. 장 담그기와 저장은 나라의 중요한 일이므로 봉상시에는 장두(醬豆), 사도시에는 황두(黃豆)와 황대두(黃大豆), 내자시에는 장색, 사선서에는 사선식장(司膳食醬), 시전장부장(試典醬副正)이라는 장 관련 직책이 있었다. 염장(醬鹽: 장소금), 장대염(醬代鹽: 장값 소금), 장포(醬泡: 장국), 장탕(醬湯: 장국), 진장(陳醬: 구제용 장), 구장(求醬: 장 구하기), 장포(醬布), 장류(醬類), 장찬(醬饌: 장반찬), 장부(醬付: 장교부), 감장(監醬) 등의 용어도 있다.

일반 문집과 조리서에 실린 장류

시문에 실린 장류

일반인들의 생활은 시에 가장 잘 나타난다. 조선시대 시문 속의 장류는 표 3과 같다.

서거정(1420~1488)은 장양념, 장조리, 매실장, 순채된장국, 연산군(1506. 3. 23)은 어을어밀장, 이산해(1539~1609)는 **꿩**고기장, 최립(1539~1612)은 장, 허균(1569~1618)은 새우장, 황기천(1752~1800)은 된장의 향기, 이행(1752~1800)은 간장과 된장독에 관해 읊었다. 정약용(1762~1836)은 고추장, 김정희(1786~1865)는 장국,

꿩 조선시대에는 많은 음식에 꿩고기를 넣어 먹었다. 설날 떡국(병탕)에도 원래는 꿩고기를 넣었다.

장독대, 장독, 이유원(1814~1888)은 간장, 이남규(1855~1907)는 간장장아찌, 동월은 장맛과 장조리, 김형수(1861)는 집에서 만든 장과 절에서 만든 장, 메주 띄우기에 대해 읊었다. 어을어밀장은 어을어를 꿀에 재어 놓은 것으로 보이지만 자세한 것은 알 수 없다. 그러나 육류장인 새우장과 꿩고기장 외에는 현재까지 이어진 일반 백성들이 널리 쓰고 먹는 장류이다.

[표 3] 조선시대 시에 실린 장

저자 및 연대	문집	제목	본문
황기천 (黃基天, 1752~1800)	홍재전서 (弘齋全書)	편전에서 반제에 뽑힌 제생을 소견하여 상물을 차등 있게 내리고 술을 먹였다 이때 곡우가 부슬부슬 내려 봄의 정취가 물씬 풍기므로, '봄비 내리는 경림에서 유생에게 잔치 베풀다'라는 것을 제로 삼고, 인하여 춘자를 뽑아서 제생 및 자리에 있는 신하들과 함께 운을 연하여 짓다 便殿召見泮製被抄諸生賜賞物有差饋之酒時穀雨霏微春意藹然以春雨瓊林讌綠袍爲題仍拈春字與諸生及在筵者聯韻	인절미라 좋은 음식은 누런 보에 받들어 오고 된장의 맑은 향기는 순채를 압도하네 粉餈美饌擎黃帕 鹽豉淸香壓綠蓴
연산군 (燕山君 丙寅, 1506. 3.23)	조선왕조실록 (朝鮮王朝實錄)	어을어 밀장을 승정원에 내리고, 어제시를 내려 차운하여 바치게 하다 賜於乙於蜜漿于承政院, 下御製詩曰	빛은 단사보다 붉고 목마른 폐를 적셔주고 맛은 앵두 열매 같아 늙어가는 얼굴을 새롭게 하네 누가 알았으리, 산중의 가장 천한 과일이 천금 가치를 지녀 대궐까지 바쳐질 줄을 色勝丹砂霑渴肺 味堪櫻實改衰容 誰知最賤山中菓 價直千金獻九重
이유원 (李裕元, 1814~1888)	임하일기 (林下筆記)	조계에서 폭포를 보다 蓬萊秘書 楡岾寺西來閣	바가지로 간장을 쏟아 붓는 듯 용수로 술을 밭쳐 걸러 내는 듯 或如瓢注醬 或如篩漉酭

(계속)

저자 및 연대	문집	제목	본문
이남규 (李南珪, 1855~1907)	수당집 (修堂集)	영흥에서 여러 가지 사물을 읊다 永興雜詠	촌사람들 매운 나물 씹으며 후후 식식거리고 밥상에는 고작 소금절임에 장아찌네 원산에 한 번 시장을 연 뒤로는 누렁콩 반 되가 닷돈이 넘는구나 野人嚼菜動宮商 只得醃塩末漬醬 一自圓山開市後 半升黃豆五錢强
이행 (李荇, 1478~1534)	용재집 (容齋集)	천리마 꼬리의 파리 驥尾蠅	간장, 된장 독에 들어가 알을 슬어놓고 깨끗한 백옥에 똥을 누어 흠을 만드는구나 鑽醬醯以遺醜 點白玉而生疵
서거정 (徐居正, 1420~1488)	사가집 (四佳集)	제학 조승춘이 부들순을 부쳐준 데 대하여 사례하다 謝趙承春提學寄蒲筍	기름에 볶고 장 치고 생강, 계피 양념하니 소동파의 옥삼갱(토란국)보다도 훨씬 낫구나 煎油合醬加薑桂 絕勝東坡玉糝羹
		푸른 미나리와 흰 파를 보내준 안동린에게 사례하다 謝安同隣送靑芹白葱	가늘게 썰어 달콤한 장에 조리하고 살짝 데쳐서 기름에 무치기도 하네 細切調甛醬 閑烹揉滑油
		김자고가 만두를 보내준 데에 사례하다 謝金子固送饅頭	항아리에는 매실 간장을 담았고 쟁반에는 계피, 생강도 찧어 넣었네 甕裏挑梅醬 盤中搗桂薑
		순채가 蓴菜歌	혹은 날로 먹고 혹은 국을 끓여서 된장과 어울리니 산초, 계피가 향기롭네 或以爲膾或爲羹 鹽豉始和椒桂馨
김정희 (金正喜, 1786~1856)	완당전집 (阮堂全集)	기이십구 其二十九	장국도 매우 좋아서 병든 혀를 시원하게 해주니 감명이 깊다 泡醬儘佳亦病舌之爽利者到底銘篆
		시골집 村舍	장독대 저 동쪽에 맨드라미 두어 송이 새파란 호박 넝쿨이 소 외양간 타고 올랐네 數朶鷄冠醬瓿東 南瓜蔓碧上牛宮
		맨드라미 鷄冠花	장항아리 동쪽 서쪽 한 격을 더했으니 붉고 하얀 봉선화꽃같이 번화하네 醬甕東西增一格 鳳仙紅白共繁華

(계속)

저자 및 연대	문집	제목	본문
동월(董越)	해동역사 (海東繹史, 1488)	조선부 朝鮮賦	5가지 맛은 곧 초와 장맛이 많고 반찬에 섞어서 쌀죽을 만들고 젓갈에 섞어서 장조림을 만드네 五味則醯醬爲多 間肴羞以糝食 雜醓醢以醬虀
허균 (許筠, 1569~1618)	성소부부고 (惺所覆瓿藁)	궁사 宮詞	대관에게 특별 분부로 수라차림 제한하니 황돔이랑 새우, 장이랑 짠 것 줄었구나 特敎大官裁御膳 赤魚蝦醬減時新
이산해 (李山海 1539~1609)	아계유고 (鵝溪遺稿)	장공이 꿩고기장과 종이를 보내준 데 사례하다 謝張公寄雉醬楮生	꿩고기장 항아리 절로 깊고 오묘하여 삶고 볶아 요리하니 그 맛이 일품일세 林鷄醬瓿自玄眞 烹飪調來味正珍
최립 (崔岦, 1539~1612)	간이집 (簡易集)	난후록 혜징의 시권에 제하다 亂後錄題慧澄卷	섬에서 구차하게 목숨을 이어 가며 아직 분유로 부임하지 않았을 때 음식에 장을 얻어 도움 받고 지내다가 작별하며 시 없는 종이를 주었었지 島嶼偸生日 枌榆未赴時 資之食有醬 贈以紙無詩
정약용 (丁若鏞, 1762~1836)	다산시문집 (茶山詩文集)	여름날에 소회를 적어 족부 이조 참판에게 올리다 夏日述懷奉簡族父吏曹參判	깨끗한 물로 장 담그고 운자에 제호를 곁들이기도 水精調豉醬 雲子備餬
	여유당전서 (與猶堂全書)	형을 모시고 작은 고기잡이 배를 타고 충주로 가면서 짓다 四月十五日陪伯氏乘漁家小艓向忠州 效錢起江行絶句	작은 상자에는 고추장이 있고 여행길 주방에는 장작불 연기로다 小盒茄椒醬 行廚榾柮煙
		장기로 귀양가서 읊은 농촌 풍경 長鬐農歌	상추쌈에 보리밥을 둘둘 싸서 삼키고 고추장에 파뿌리를 곁들여서 먹는다 萵葉團包麥飯呑 合同椒醬與葱根

일반 문집에 실린 장류

일반 문집의 장류는 53가지이다. 가장 많은 것은 장(醬)으로 204번 나오고, 그 다음 염장(塩醬, 鹽醬, 𪉥醬: 소금장)이 75번, 초장(醋醬: 신장)과 구장(枸醬: 구기자장)이 각각 7번, 개장(芥醬: 겨자장)이 6번, 이장(泥醬: 된장)과 두장(豆

醬, 豈醬: 콩장), 경장(瓊醬: 구슬장)이 각각 4번, 숙장(宿醬: 묵은장), 증장(蒸醬: 찐 장), 호장(壺醬: 단지장)이 각각 3번이 나온다. 미장(糜醬: 싸라기장), 신장(薪醬: 잡초장), 소장(蔬醬: 채소장), 함장(鹹醬: 짠장), 담장(甔醬: 항아리장)은 2번씩 나온다. 나머지는 1번씩 나온다.

말장(末醬: 메주), 면장(麪醬: 밀가루장, 보릿가루장), 엄장(淹醬), 국장(麴醬: 누룩장) 등은 보통 장이다. 가공한 장으로는 숙장, 증장, 건장(乾醬: 마른 장), 장말(醬末: 장가루), 자장(煑醬: 익힌 장), 소장(燒醬: 볶은 장), 초장(炒醬: 볶은 장) 등이 있다.

재료로는 겨자, 콩, 싸라기, 잡초, 채소, 곡식(穀醬, 곡장), 현미(麤醬, 추장), 기장(黍醬, 서장), 팥(小豆醬, 소두장), 감자(藷醬, 서장), 구기자(杞醬, 구장), **계피**(桂醬, 계장), 채소(菜醬, 채장), 배추(菘醬, 숭장), 산나물(山蔬醬, 산소장), **붕어마름풀**(薀醬, 온장) 등을 사용하였다.

계피(桂皮) 계수나무의 껍질을 말린 한약재로 매콤달콤한 맛을 내며 향신료로도 사용한다.

붕어마름풀 민물 속에 사는 여러해살이풀로 20~40cm 정도 크고 줄기에 솔잎같이 가는 잎이 나 있다.

고장(膏醬: 기름장), 난장(難醬: 우거진 장), 낙장(酪醬: 초장), 양장(粮醬: 양식장), 박장(博醬: 넓은 장), 반장(盤醬: 쟁반장, 큰장=메주), 반장(飯醬: 밥장), 백장(白醬: 흰 장), 빙장(氷醬: 얼음장), 신장(神醬), 장낙(醬酪: 초장), 초장(酢醬: 신장), 효장(殽醬: 안주장, 반찬장), 변장(汴醬: 중국 변지방장) 등도 있다.

조선시대 조리서에 실린 장은 55가지로, 숙황장(熟黃醬 黃熟醬)이 9번, 대맥장(大麥醬: 보리장), 면장(麪醬, 麵醬: 밀가루장), 생황장(生黃醬), 유인장(楡仁醬: 느릅나무열매장)이 각각 8번, 소두장(小豆醬: 팥장)과 장(醬)이 각각 6번, 청두장(靑豆醬: 청태콩장)과 청태장(靑太醬: 청태공장)이 각각 4번, 급조장(急造醬: 빨리 만드는 장), 담수장(淡水醬: 싱거운 장), 동국장(東國醬: 조선장), 조림장(고기조리장), 조장(造醬: 삶은 콩+

간장), 초장(炒醬: 볶은 장)이 각각 3번, 감저장(甘藷醬: 고구마장), 동인장(東人醬: 조선장), 소맥부장(小麥麩醬: 밀기울비지장), 완두장(豌豆醬), 청근장(靑根醬: 무장), 칠일장(七日醬: 속성장), 침장법(沉醬法: 장 담그는 법), 토장(土醬)이 각각 2번 나온다.

건장(乾醬: 된장), 된장, 단건장(단된장), 급장(急醬: 빨리 만드는 장), 급히 쑤는 장(청국장), 급히 장 만드는 법(된장+밀가루), 누룩장, 두부장(豆腐醬), 두장(豆醬: 콩장), 마재장(麻滓醬: 삼 찌꺼기장), 무이장(蕪荑醬: 느릅나무열매장), 묵은장, 묽은 장, 부맥장(麩麥醬: **밀기울**보리장), 북관명부침장(北關明府沈藏: 함경도 장 담그기), 북인침장(北人沈藏: 경기북부 장 담그기), 선용장(旋用醬: 속성장), 소맥면장(小麥麵醬: 밀가루장), 소맥장(小麥醬: 밀장), 순일장(旬日醬: 10일 벼락장), 역숙장(易熟湯: 급히 쑤는 장), 완장(浣醬: 속성누룩콩장), 전장(煎醬: 볶음장), 장병(醬餠: 장떡), 장 담그는 법, 중국장(中國醬), 지마장(芝麻醬: 참깨장), 집메조장(집메주장), 집메주장, 콩자반(삶은 콩+간장), 하일장저(夏日醬菹: 여름장), 해장, 흑장 등은 각각 1번씩 나온다.

밀기울 밀을 방아찧을 때 나오는 밀껍질로 누룩을 만든다.

삼 찌꺼기(麻滓) 대마씨(사진)에서 기름을 짜고 난 찌꺼기를 말한다.

문집과 조리서에 공통으로 나오는 장은 장(문집 215, 조리서 6), 건장(문집 1, 조리서 1), 두장(문집 1, 조리서 1), 말장(문집 3, 조리서 3), 소두장(문집 1, 조리서 6)으로 일치도가 낮은데 명칭은 같지만 같은 것인지는 불확실하다.

재료별로는 고구마, 두부, 보리, 콩, **삼 찌꺼기**, 느릅나무열매, 밀, 밀기울, 밀가루, 생황, 숙황, 팥, 비지, 완두, 참깨, 무, 청태콩, 더덕을 사용한 것이 있고, 만드는 방법에 따라서는 속성장, 싱거운 장, 함경도장, 경기도장, 볶은 장, 장떡, 여름장, 햇장, 흑장 등이 있다.

조리서 중 대맥장, 동국장, 마재장, 면장, 무이장, 생황장, 소두장, 소맥면장, 숙황장, 완두장, 유인장, 중국장, 지마장 등 13가지 종류는 거가필용 등의 중국 문헌을 인용한 것이다. 문집에도 소두장(팥장)이 있으나 명칭만 같을 뿐 내용은 다를 수도 있다.

간장류

조선시대 문집의 간장류는 9가지로 수장(水醬)이 30번 나와서 가장 많고, 이어서 청장(淸醬)이 23번, 감장(甘醬)이 8번, 간장(艮醬)이 3번, 장수(醬水: 장국)가 2번 나온다. 첨장(甜醬: 단장), 예장(醴醬: 맛 좋은 간장), 갱장(羹醬: 장국), 장읍(醬湆: 장국물)은 1번씩 나온다.

조선시대 조리서 중의 간장은 12가지로 청장(淸醬: 햇간장)이 10번으로 가장 많고 그 다음에는 천리장(千里醬: 쇠고기간장조림)이 4번, 간장(艮醬)이 3번 나온다. 기화청장(其火淸醬: 밀기울장), 건대소하장(乾大小蝦醬: 마른 새우장), 단지령(단간장), 석화혜장(石花醯醬: 굴간장), 수장(水醬: 간장), 적장(炙醬: 달인 간장), 전지령(진간장), 준순장(浚巡醬: 속성간장), 지령(간장), 진장(眞醬: 달인 간장), 침장법(沉醬法: 콩잎간장), 진장(陳醬: 묵은 간장)은 각각 1번씩 나온다.

간장류는 문집과 조리서 모두 청장이 가장 많다. 청장은 햇간장, 감장은 묵은 진간장이고, 간장과 청장, 첨장은 같은 것으로 볼 수 있다. 간장은 중국 조리서에서 인용한 것이 없다.

고추장류

고추장이 나오기 전의 매운 장은 산초장과 겨자장(芥醬)이 있는데, 산초장에 대한 기록은 찾기 힘들고, 겨자장은 생선회를 먹는 데 썼다.

《규합총서》(1809)에서는 8도의 유명한 것으로 경남 함양고추장과 전남 순창고추장이 있다고 하였다. 《성소부부고》, 《도문대작(屠門大嚼)》(1611)에서는

황해도 황주 초시(椒豉)가 좋다고 하였다.

《오주연문장전산고》에서는 고춧가루로 담근 장을 초장(椒醬)이라고 하며 순창과 천안에서 만든 것이 유명하다고 하였다. 초장(椒漿)을 장으로 생각할 수도 있으나, 산초[椒]로 담근 초주(椒酒)로 새해 아침에 조상에게 제사를 지내거나 가장(家長)에게 축수(祝壽)할 때 올리는 축하주인데, 초상(椒觴), 초백주(椒柏酒)라고도 한다. 《지봉유설》에 술집에서 술에 고추를 넣어서 판다고 한 것은 고추(苦椒)로 만든 초주로 보인다.

고추는 임진왜란 때 일본을 통하여 들어왔다는 것이 정설이다. 《지봉유설(芝峰類說)》(1563~1628)에서는 고추가 일본에서 와서 왜개자(倭芥子)라고 하였고, 《성호사설(星湖僿說)》(1681~1763)에서는 일본(倭)에서 들어 와서 왜초(倭椒)라고 한다고 하였고, 《오주연문장전산고》(1788~1876)에서는 남만초(南蠻椒)가 선조(1552~1608) 때 임진왜란 후 담배와 함께 들어왔다고 하였으며, 《청장관전서》(1741~1793)에서는 고추[番椒] 씨는 천정(天正, 1573~1591) 때 남만(南蠻)의 상선이 담배와 함께 공납하여 처음 들어왔다고 하였다. 《담정유고》(1766~1821)에서는 고초(苦椒)는 왜(倭)의 채소라고 하였다.

고추는 1543년 남중국해에서 표류하던 포르투갈 상선이 일본 나가사키(長崎)에 임시로 정박하면서 고추를 일본에 전파하고 이것이 대마도의 쓰시마번(對馬島藩)을 통하여 우리나라에 도입되었다. 〈경향신문〉 1983년 5월 18자에서 이진희는 고추가 담배와 함께 쓰시마번을 통하여 들어왔기 때문에 번초(藩椒)니, 왜초(倭椒)니, 남번초(南藩椒)라고 한다고 하였다. 그래서 1950년까지 번초라는 말이 신문지상에서 고추라는 말보다 더 많이 쓰였다.

고추를 만초(蠻椒), 남만초(南蠻椒)라고도 하는 것은 남쪽오랑캐(南蠻) 대마도 사람들에 의해 들어왔기 때문이다. 이를 뒷받침하는 증거로 표 4~6과 같이 고려시대와 조선시대의 문헌 중 고추를 의미하는 말은 임진왜란 이후에 등장하고, 고추장도 1700년대 이후에나 등장하였다. 그러나 정경란 등(한맛한얼 1, 2008, pp.5-11; 한맛한얼 2, 2009, pp.5-58)은 상기 문헌증거들을 무시하고 1000년 전에 고추가 들어왔다고 주장하였다. 그러나 고추가 1000년 전부터 존재하던 것이라면 명칭이 이같이 여러 가지로 혼란스러운

[표 4] 고추 명칭이 수록된 자료

고추명	자료 및 연대	자료 수
간초(揀椒)	顯穆綏嬪葬禮都監儀軌(1822)	1
고초(苦椒)	燕巖集(1737~1805), 茶山詩文集(1762~1836), 華城城役儀軌(1801), 藫庭遺藁(1766~1822), 徽慶園遷奉都監儀軌(1853), 内外進饌謄錄(1892), 内外進宴謄錄(1901~1902)	7
고초(苦草)	五洲衍文長箋散稿(1878~)	1
남만초(南蠻椒)	芝峰類說(1563~1628), 山林經濟(1643~1715), 五洲衍文長箋散稿(1788~1876)	3
남초(南椒)	山林經濟(1643~1715)	1
단초(丹椒)	藫庭遺藁(1766~1822), 弘齋全書(1799), 日省錄正祖 20年(1796. 4. 26), 純祖 3年(1803. 4. 27), 純祖 10年(1810. 1. 24), 哲宗 7年(1856. 9. 3), 國葬都監儀軌(1800), 孝明世子禮葬都監儀軌(1830), 健陵輓詞 1800以後	9
당고초(唐苦椒)	五洲衍文長箋散稿(1878~)	1
당초(唐椒)	貞蕤閣集(1750~1805)	1
날가(辣茄)	茶山詩文集(1762~1836), 月餘農歌(1861)	2
만초(蠻椒)	藫庭遺藁(1766~1822)	1
번초(番椒)	星湖僿說(1681~1763), 青莊館全書(1741~1793), 貞蕤閣集(1750~1805), 華西文集(1792~1868), 五洲衍文長箋散稿(1788~1876)	5
왜개자(倭芥子)	芝峰類說(1563~1628), 五洲衍文長箋散稿(1878~)	2
왜초(倭椒)	山林經濟(1643~1715), 星湖僿說(1681~1763)	2
진초(秦椒)	星湖僿說(1681~1763), 弘齋全書(1799)	2
천초(天椒)	星湖僿說(1681~1763), 五洲衍文長箋散稿(1878~)	2
초초(草椒)	藫庭遺藁(1766~1822)	1
해풍등(海瘋藤)	月餘農歌(1861)	1

[표 5] 조선시대 조리서에 실린 고추장

고추장명	조리서 및 연대	조리서 수
담북장(淡北醬)	是議全書(1800年代末)	1
만초장(蠻椒醬)	林園十六志(1827), 增補山林經濟(1767), 群學會騰(1800), 農政會要(1830年傾)	4
급조만초장(急造蠻椒醬)	增補山林經濟(1767), 林園十六志(1827), 農政會要(1830年傾), 群學會騰(1800)	4
남초장(南椒醬)	林園十六志(1827)	1
순창고초장(淳昌苦艸醬)	謏聞事說(1657~1724)	1
약고초장	是議全書(1800年代末)	1
고초장	酒饌(1800年代), 夫人必知(1915), 閨壼要覽(1896)	3
고초장(苦草醬)	是議全書(1800年代末), 閨閤叢書(1815), 酒饌(1800年代), 方書(1876)	4
고쵸장	閨閤叢書(1815)	1

[표 6] 조선시대 문집에 실린 고추장

고추장명	문집 및 연대	문집 수
가초장(茄椒醬)	茶山詩文集(1762~1836)	1
초장(椒醬)	梅溪集(1454~1503), 松菴遺稿(1541~1594), 虛白集(1593~1661), 北軒集(1670~1717), 息山集(1664~1782), 白水文集(1700~1767), 震溟集(1713~1770) 薻庭遺藁(1766~1821), 存齋集(1771~1849), 内閣日曆正祖 5年(1781. 9. 19), 日省錄正祖 20年(1796. 2. 11), 茶山詩文集(1762~1836), 與猶堂全書(1762~1836), 澹人集(1799~1877), 五洲衍文長箋散稿(1788~1856)	15
초시(椒豉)	惺所覆瓿藁(1569~1618)	1
고초장(姑椒醬)	五洲衍文長箋散稿(1878~)	1
연청장(煉淸醬)	五洲衍文長箋散稿(1878~)	1
번초장(番椒醬)	月餘農歌(1861) 五月	1
날장(辣醬)	夢梧集(1728~1799)	1
고치장	農家月令歌(1786~1855)	1
고초장(苦草醬)	朝鮮王朝實錄英祖 44年(1768. 7. 28)	1

것이 아니라 임진왜란 당시 고초로 통일되어 있어야 하고, 재배법도 1000년 전부터 기록이 있어야 하는데, 없다.

초(椒) 자는 맵다는 의미로 《훈몽자회》에서는 고추, 분디(산초)라고 하여 고추, 산초, 후추를 모두 의미하는데도(崔世珍, 1517) 1000년 전의 초(椒)자를 고추로만 해석하고, 고초(枯草, 苦椒)가 임진왜란 이후에 도입되었다는 기록이 많자 매운 것은 맵다(辣, 辛)라는 한자가 있으므로 고초(枯草, 苦椒)라는 말을 따로 쓸리 없다고 주장하며 '임진왜란 후 고추 도입설'을 부정하였다. 그러나 식초는 고주(苦酒)라고도 하므로 그들 주장으로는 이것을 설명하기 힘들다(徐命膺 保晩齋集, 1787).

상기 정경란 등은 왕비의 방 초방(椒房)의 초(椒)자는 고추가 열매를 많이 맺으므로 다산을 기원하는 고추의 의미라고 하였다. 그러나 산초는 고추보다 열매를 100배 이상 많이 맺고, 따스한 기운을 내고, 악취를 제거하므로 자손의 번성을 기원하기 위하여 왕후의 방벽은 산초기름으로 발라왔다. 그래서 왕비의 방을 초방 또는 초위(椒闈)라고 하고, 왕비가 사는 궁을 초정(椒庭) 또는 초궁(椒宮)이라고 하며, 고려 이전부터 초방에 산초가 쓰였다. 따라서 임진왜란 이전의 초(椒)는 산초, 초장(椒醬)은 산초장이며 그나마 임진왜란 이전의 초장에 대한 기록은 거의 없다.

김성윤은 〈조선일보〉(2012. 1. 26)에서 고추 1000년 전 도입설은 이성계가 순창에서 고추장을 먹었다는 전설을 뒷받침하기 위해 만든 이야기라고 하였다.

《오주연문장전산고》에서는 고추 및 호박변증설에서 "호박은 17년에 걸쳐 중들이 먹고 평민들에게도 퍼졌는데, 사대부에는 어찌 유행하지 않는가? 이후 점점 유행하여 지금은 일용 찬이 되어 섞였다. 고추도 마찬가지이다."라고 하여 호박과 같이 도입되었다고 하였고, 《성호사설》(이익, 1681~1763)에서는 "남과(南瓜)라는 호박이 난 지도 또한 거의 100년이 가까이 되었다."라고 하였으므로 임진왜란(1592~1598) 때 도입된 것이다. 그래서 국민들은 교과서를 통하여 호박과 고추가 임진왜란 때 도입되었다고 배웠다. 그것이 올바르기 때문이다.

순창고추장은 초기부터 유명하여 《소문사설(謏聞事說)》(1740년대)에 '콩과 백설기떡, 찹쌀, 고춧가루, 엿기름, 전복, 새우, 홍합, 생강으로 담그는 방법'이 있고, 《규합총서》(1809)에는 순창고추장이 유명하다고 하였고, 《오주연문장전산고》(1850)에는 고춧가루로 담근 장은 초장이라고 하며 순창과 천안의 것이 유명하다고 하였다.

《해동죽지(海東竹枝)》(1925)에서는 "고추장은 순창군에서 만든 것이 명품이다. 빛깔은 연하고 붉으며 맛은 달고 향기롭다. 기운은 맑고 강렬하여 반찬 중의 으뜸이다. 순창 사람이 서울에 와서 직접 이 장을 담가 봐도 맛이나 빛깔이 순창에서 담근 것만 못하다."라고 하였고, 《조선무쌍신식요리제법》(1924)과 〈동아일보〉 1931년 4월 26일자에도 순창고추장 만드는 법이 있다. 그러므로 이성계와 관련된 전설을 만들지 않아도 된다.

문집의 고추장은 9가지이다. 그중 초장이 15가지로 가장 많은데, 《매계집》의 경우, 고추가 도입되기 전이므로 산초장으로 보이며, 그 이전의 초장에 대한 기록은 없다. 이어서 고초장(고치장 포함, 3), 가초장 · 날초장 · 날장 · 번초장(1)이 있다. 조리서에는 9가지로, 고초장(7)이 가장 많고, 이어서 만초장(4), 급조만초장, 남초장, 순창고초장, 약고초장이 하나씩이다. 문집과 조리서에 공통인 것은 고초장(문집 3, 조리서 7)이다.

육류장류

조선시대 문집의 육류장은 16가지로 그중 해장(醢醬: 젓갈장)이 15번으로 가장 많고, 혜장(醯醬: 젓갈장)과 육장(肉醬: 고기장)이 각각 11번, 포장(脯醬: 육포장), 해장(蟹醬: 게장), 회장(膾醬), 효장(肴醬: 고기안주장)이 각각 3번, 난장

(卵醬: 곤장, 알장), 하장(霞醬: 새우장)이 2번, 장해(醬醢: 젓갈장), 장니(醬臡: 뼈 있는 육장), 저장(菹醬: 젓갈장), 석장(腊醬: 육포장), 하장(蝦醬)이 각각 1번씩 나온다.

조선시대 조리서의 육류장은 22가지로 계란장(鷄卵醬)과 난장(卵醬: 곤장, 알장)이 9번으로 가장 많고 그 다음에는 해장(蟹醬)이 6번, 육장(肉醬)과 우육장(牛肉醬: 쇠고기장)이 각각 4번, 수육장(獸肉醬: 짐승고기장)과 적장(炙醬: 구운 고기장)이 각각 3번, 대하장(大蝦醬: 대하 새우장), 하장(蝦醬)이 각각 2번 나온다.

급히 쑤는 장, 초장(炒醬: 쇠고기장조림), 생치장(生雉醬: 꿩장), 석화해장(石花醢醬: 굴젓장), 석화해청장(石花醢淸醬: 굴젓간장), 압란장(鴨卵醬: 오리알장), 어육장(魚肉醬: 생선장), 어장(魚醬: 생선장), 전국장(쇠고기장), 청탕장(淸湯醬: 볶은 콩고기 청국장), 청육장(淸肉醬: 고기간장), 치장(雉醬: 꿩고기장), 건대소하장(乾大小蝦醬: 말린 새우장)은 1번씩 나오는데 육류장은 대부분 맥이 끊겼다.

이들 중 문집과 조리서 공통인 것은 육장(문집 11, 조리서 5)이다. 육류장은 메주의 효소가 어육류의 단백질을 아미노산으로 분해하는 것만 말하지만 장으로 조리하거나 장에 담갔다가 먹는 것들도 포함되어 있다. 중국 유래 장에도 육장이 있으나 방법이 같은지는 알 수 없다.

집장류

조선시대 문집의 집장류는 6가지로, 그 중 집장(執醬)이 7번으로 가장 많고 그 다음에는 읍장(湆醬: 장국)이 4번, 포장(泡醬)과 장즙(醬汁)이 각각 2번, 담장(淡醬: 싱건장)과 여장(茹醬: 연한 장)이 각각 1번 나온다. 집장으로 분류한 것들 중에도 명칭만으로는 장국인지 집장인지 구분하기 어려운 것이 있다.

조리서의 집장은 15가지로 즙장(汁醬)이 9번, 즙저(汁菹)가 8번, 하절즙장

(夏節汁醬: 간장밀기울 오이집장)이 5번, 칠월망후즙장(七月望後汁醬: 칠월집장)이 3번, 말장즙장(末醬汁醬), 전주즙장(全州汁醬: 콩보리집장), 집장이 각각 2번 나온다. 기화장(其火醬: 콩밀기울집장), 왜장(浣醬), 즙장, 즙디히, 즙장국(汁醬麯), 하일가즙저(夏日假汁菹: 오이속성장담금), 하일즙저(夏日汁菹: 오이장담금)는 1번씩 나온다.

문집과 조리서의 공통 명칭은 한자는 다르나 집장(문집 7, 조리서 12)이 있다. 집장에는 중국에서 유래한 것이 없다.

구황장류

문집에는 구황장의 명칭이 없으나 조선왕조실록 등의 왕실 기록에 구황용장(醬)을 지급한 기록이 많다. 구황용 장을 별도로 만든 것이 아니라 일반 장을 구황용으로 사용하였기 때문이다.

조리서에는 포장(泡醬: 더덕 · 도라지장)이 7번으로 제일 많고 그 다음에는 급조청장(急造淸醬: 속성간장)이 6번, 사삼길경장(沙參桔梗醬: 더덕 · 도라지장)이 4번 나온다. 급조장(急造醬: 속성장), 대두각장(大豆殼醬: 콩깍지장), 대두엽장(大豆葉醬: 콩잎장), 상실장(橡實醬: 도토리장), 말장청장(末醬淸醬: 막간장), 진맥장(眞麥醬: 참밀장), 청장(淸醬: 간장), 태각장(太穀醬: 콩깍지장), 태국장(太麴醬: 콩누룩장), 태맥장(太麥醬: 콩밀장), 태엽장(太葉醬: 콩잎간장)은 각각 2번씩 나온다. 급장(急醬: 속성장), 급히 쓰는 장(易熟醬), 다취청장(多取淸醬: 많이 얻는 간장), 대두국장(大豆麴醬: 콩누룩장), 도실장(棣實醬: 쥐엄나무열매장), 선용장(旋用醬: 속성장), 7일장(七日醬: 7일에 만드는 장)은 각각 1번씩 나온다.

구황용 장이지만 일반 장으로 정착된 것들도 있어서 명칭만으로 정확하게 분류하기는 힘들다.

시류

시(豉)는 문집에 18가지가 있으며 그중 염시(鹽豉, 塩豉)가 40번, 시(豉)가 35번, 시장(豉醬)이 6번으로 제일 많고 그 다음에는 시염(豉鹽)이 4번, 두시(豆豉: 콩시)가 3번, 황시(黃豉: 누런 시, 메주)가 2번 나온다. 곡시기율(斛豉起率: 단위), 두시탕(豆豉湯: 콩시탕), 시부(豉府), 시장(豉漿), 시즙장(豉汁醬), 시벽(豉甓), 위혜시(謂醯豉), 작시(作豉: 시 만들기), 장시(醬豉), 초시(椒豉: 고추장), 얼시(糵豉: 누룩시)는 1번씩 나온다.

조선시대 조리서에는 19가지 시가 있는데, 전시장(煎豉醬 戰國醬: 청국장)이 6번, 시(豉: 청국장, 전국장)와 수시장(水豉醬: 볶은 콩청국장)이 각각 4번, 청태전시장(靑太煎豉醬: 청태콩청국장)이 3번, 과시(瓜豉: 오이초청국장), 금산사시(金山寺豉: 콩밀오이향신료청국장), 담두시(淡豉, 淡豆豉: 무염장), 부시(麩豉: 밀메주장), 전시(全豉: 청국장)가 각각 2번씩 나온다.

간편청국장(簡便戰國醬), 담시, 봉리군전시(奉利君全豉: 2주 익힌 장), 성도부시즙(成都府豉汁: 메주+참기름장), 수두시(水豆豉: 보리누룩술향신료장), 십향두시(十香豆豉: 오이가지향료장), 주두시(酒豆豉: 보리누룩술오이향신료장), 직석전국장(直席戰國醬: 말린 즉석청국장), 함시장(鹹豆豉: 짠청국장), 함시(鹹豉: 짠장)는 1번씩 나온다.

이들 중 문집과 조리서에 공통인 것은 없다. 조리서의 과시, 금산사시, 담시(담두시), 부시, 성도부시즙, 수두시, 시, 십향두시, 주두시, 함두시, 함시 등 11가지는 중국 조리서를 인용하였다.

문집에는 중국에서 유래한 이런 시가 없다. 시는 고초균, 낫토균 등의 세균으로 발효시키는 것으로 청국장이 대표이지만 《제민요술》 등 중국에서 유래한 방법은 청국장 만드는 방법과 메주 띄우는 방법이 혼재되어 있다.

종합

문집과 조리서, 왕실문헌을 분석한 결과 가장 많이 나타나는 장류는 표 7과 같이 장(372), 염장(194), 감장(73), 청장(46), 간장(46), 수장(33), 말장(26) 등의 순으로 콩으로 만든 장이다. 장, 염장, 말장은 6가지 종류 문헌자료 중 5종류에 포함되고, 간장, 청장 감장은 4가지 종류에 포함되었다.

장은 된장과 간장을 포함하는 의미이지만 주로 된장을 의미하고 염장은 조선시대에는 소금이 귀하였기 때문에 소금을 강조한 것인데, 다른 장보다 짜다는 것을 의미할 수도 있다. 감장, 청장, 수장은 간장인데, 감장은 묵은 간장, 청장은 햇간장, 수장은 묽은 간장을 의미한다. 말장은 메주 또는 막장을 의미한다.

[표 7] 조선시대 조리서와 문서, 문집에 실린 장류

장류명	뜻	文集類	調理書	朝鮮王朝實錄	承政院日記	日省錄	儀軌類	합계
간장(艮醬)	간장	3	5		1		37	46
청장(淸醬)	청장	26	10		5		5	46
감장(甘醬)	감장	8		4		2	59	73
개장(芥醬)	겨자장	6			1			7
고장(藁醬)	기름장	1					1	2
고초장(古草醬)	고추장	1	3	1				4
구장(拘醬)	구기자장	7		2				8
난장(卵醬)	곤장	2	5				1	8
말장(末醬)	말장	3		11	4	2	6	26
면장(麵醬)	밀가루장	1	7					8
수장(水醬)	수장	30	1	2				33
어장(魚醬)	어장		1	1				2
염장(鹽醬)	염장	76		90	6	15	7	194
육장(肉醬)	육장	11	5	5			1	22
장(醬)	장	215		108	6	15	28	372
토장(土醬)	토장		1		3		1	5
해장(蟹醬)	게장	2		1	1	1		5

조리서에 포함된 중국에서 유래한 장은 일반 문집과 공문서 및 왕실자료에는 없다. 따라서 조선시대 백성들과 궁중의 식생활에는 이들 콩으로 만든 전통장류가 사용된 것으로 나타난다.

조선시대 장류는 표 8과 같이 문집에 111가지 종류, 조리서에 153가지 종

[표 8] 조선시대 문집과 조리서에 실린 장류의 빈도

종류	자료	장의 종류	1순위	2순위	3순위	4순위	5순위
일반 장류	문집	53	醬(204)	鹽醬(63)	醋醬·枸醬(7)	芥醬(6)	
	조리서	55	熟荒醬(9)	大麥醬·麵醬·笙黃醬·榆仁醬(8)	醬·小豆醬(6)	淡水醬·東國醬·靑豆醬·靑太醬(4)	
간장	문집	9	水醬(30)	淸醬(23)	甘醬(8)	羹醬(4)	艮醬(3)
	조리서	12	淸醬(10)	千里醬(4)	艮醬(3)		
고추장	문집	9	椒醬(12)	苦椒醬(2)	茄椒醬·蕃椒醬·椒豉(1)		
	조리서	9	苦草醬(7)	蠻椒醬(4)	急造蠻椒醬(4)	南椒醬·淡北醬·淳昌苦艸醬·藥苦草醬(1)	
육류장	문집	16	醢醬(15)	肉醬·醢醬(11)	脯醬·膾醬·肴醬(3)	蟹醬·卵醬·霞醬(2)	
	조리서	22	鷄卵·卵醬(9)	蟹醬(6)	肉醬(5)	獸肉醬·魚肉醬·炙醬(3)	
집장	문집	6	執醬(7)	湇醬(4)	泡醬·醬汁(2)	淡醬·茹醬(1)	
	조리서	15	汁醬(9)	汁菹(7)	夏節汁醬(5)	七月望後汁醬(3)	末醬汁醬·全州汁醬(2)
구황장	조리서	21	泡醬(7)	急造淸醬(6)	沙參桔梗醬(4)		
시류	문집	18	鹽豉(40)	豉(35)	豉醬(6)	豉鹽(4)	豆豉(3)
	조리서	19	煎豉戰國醬(6)	豉·水豉醬(4)	靑太煎豉醬(3)	瓜豉·金山寺豉·淡豉·麩豉·全豉(2)	
합계	문집	111					
	조리서	153					

류가 있다. 간장의 경우 문집은 수장 · 청장 · 감장, 조리서는 청장 · 천리장 · 간장, 고추장의 경우 문집은 초장 · 고초장, 조리서는 고초장 · 만초장, 육류장의 경우 문집은 해장 · 육장 · 혜장, 집장류의 경우 문집은 집장 · 읍장, 조리서는 집장 · 즙저, 구황장은 조리서에 포장 · 급조청장 · 사삼길경장, 시류의 경우 문집은 염시 · 시 · 시장, 조리서는 전시전국장 · 시 · 수시장 · 청태전시장 등이 있다.

문집과 조리서 공통인 장류는 건장, 난장, 두장, 말장, 면장, 소두장, 육장, 장, 청장 등에 지나지 않았다. 문집의 일반 장류는 장 · 염장이 가장 많고, 조리서의 일반 장류는 숙황장 · 대맥장 · 면장 · 생황장 · 유인장 등의 중국장이 많고, 시류도 중국장을 많이 인용하였다. 조선시대 후대에 나온 조리서는 선대 책자를 인용한 것도 많다.

문집에 가장 많은 장, 염장 등은 다른 것을 첨가하거나 만드는 방법이 복잡하지 않고 콩과 소금으로 만드는 일반 장이므로 백성들은 조리서의 장류를 잘 알지 못하는 것으로 나타났다. 중국 장류가 백성들에게 전파되었어도 조리서상의 고유 명칭이 아니라 단순히 장(醬)으로 칭하였을 가능성은 있으나, 만드는 방법을 언급한 문헌이 없으므로 현대에는 확인할 방법이 없다. 콩과 소금만으로 담그는 일반 장도 잘 담기 어려운 터에 만드는 방법이 복잡하고 생소한 중국에서 유래한 장은 보급되지 않은 것으로 추정하고 있다.

이들 장류 중 특수한 것 외에는 현재의 식생활에도 이어지고 있으며 콩으로만 만드는 장류가 가장 많이 남아 있다. 그래서 《아언각비》에서 우리나라 사람들은 시장(豉醬), 두장(豆醬)만을 장(醬)이라고 한다고 하였고, 서유구는 《임원십육지》에서 '장(醬)은 장수와 같아서 장수가 포악한 자들을 평정하는 것과 같이 음식의 독을 제압한다. 중국의 장류는 콩, 팥, 밀, 보리, 삼, 녹말, 느릅나무열매 등 여러 가지로 담가서 질과 맛이 모두 다르다. 그러나 우리나라는 콩으로만 담그는데 3년이나 5년 된 것은 색깔이 제호(醍醐: 버터로 매우 훌륭한 음식을 말함)와 같고 맛은 소타(酥酡: 우유즙으로 매우 훌륭한 음식을 말함)에 필적한다. 도은(陶隱 李崇仁)이 장은 오래된 콩장이 가장 질이 좋다고 하였는데, 이것이 곧 우리나라의 장으로 마땅히 천하 제일이다.'라고 하였다.

제3장

전통장 준비와 담기 및 관리

제3장

전통장 준비와 담기 및 관리

장독 준비

전통장에는 독과 항아리, 식기, 보시기 등 많은 그릇을 사용하는데 크기는 다음과 같다.

[표 1] 독과 식기의 크기

구분		크기
독	큰 독	높이 100cm 이상
	독	높이 50~100cm
	큰 항아리	높이 50cm
	항아리	높이 30~50cm
	단지	높이 30cm
단지	바리	지름 20cm 이상
	사발	지름 10~20cm
	보시기	지름 5~10cm
	종지(종자)	지름 5cm 이하
	쟁반	지름 20cm 이상
	접시	지름 20cm 이하
	잔	높이 20cm 이하, 지름보다 높이가 낮음

크기별 독과 항아리

동이(1말 크기)

보시기

종지

해로운 장독

복대토기(충북 청원군 현도면 중삼리)

장독 중에는 철구조물의 녹 방지용 칠인 광명단을 유약으로 써서 만든 것이 있다. 표면에 윤기를 주기 위해서지만 장독을 밀폐시켜서 공기가 통하지 못하게 하고 납성분이 장이나 김치에 녹아 나와 해롭다. 그러므로 전통 유약(약토, 솔잎, 솔가지, 콩깍지, 풀 등의 잿물로 만든 것)을 발라 1,300℃ 이상 고온에서 구워 유해성분이 없는 재래식 장독이 좋다.

장독 중에는 짙은 색을 내는 것도 있는데 색을 진하게 하기 위하여 망간을 쓰기 때문이므로 이것도 해롭다. 색이 검고 반짝거리는 항아리는 광명단과 망간이 들어간 것이므로 피한다.

장독 준비 증보산림경제(1767), 농정회요(1830), 군학회등(1800년 중반)

무릇 장독은 7월에 빚은 질그릇이 가장 좋고 8월이 그 다음이고, 나머지 달에 만든 것은 좋지 않은데 중요한 것은 두꺼워야지 얇아서는 안 된다. 일반적으로 자기항아리는 좋지 않다.

크건 작건 시장에서 산 것은 먼저 땅 위에 엎어 놓고 짚에 불을 붙여 연기가 피어오르기를 기다렸다가 곧바로 항아리 주둥이에 넣고 바로 땅에 엎어 놓고 항아리 겉을 1바퀴 둘러보며 자세히 살핀다. 만약 모래구멍이 있으면 연기가 금방 새어나올 것이니 반드시 바람이 없는 곳에서 시험하는 것이 좋다. 항아리에 물을 부어 모래구멍을 찾는 방법은 어렵다.

항아리에 틈이나 구멍이 없다고 판단되면 먼저 기름을 칠해야지 물을 담아서는 안 된다. 기름을 칠하지 않으면 비가 내릴 때에 나쁘다(부록 12).

독 준비 임원십육지(1827)

7월에 색이 온전하고 두껍고 주둥이가 큰 독을 골라 모래구멍이 있는지 살핀다. 독을 땅 위에 엎어 놓고 짚에 불을 지펴서 독을 살짝 들어 올리고 불을 넣고 다시 독을 엎어 놓고 항아리 겉을 살핀다. 만약 모래구멍이 있으면 연기가 금방 새어나올 것이니 이런 독은 사용할 수 없다. 반드시 바람이 없는 곳에서 시험하는 것이 좋다.

독은 올 바른 방법으로 칠을 해야 하는데(섬용지에 바르는 방법이 있다), 집 뒤 깨끗하고 볕이 잘 드는 곳에 둔다. 장독대 근처의 과일나무는 베어내는데 아이들이 기와 조각을 던져 깰까 염려되어서이다. 또 잡목을 잘라내어 그늘이 지지 않도록 한다. 또, 독 아래의 잡초를 제거하여 뱀과 벌레가 숨는 것을 방지한다. 독은 벽돌 위에 올려놓는다(부록 13).

독 칠하기

독 칠하기 증보산림경제(1767), 농정회요(1830), 군학회등(1800년 중반)

땅을 파서 구덩이를 작고 둥글게 만들고 양쪽으로 두 개의 통로를 만들어 바람을 끌어들여 불이 통하게 한다. 구덩이에 숯불을 피우고 항아리 주둥이를 구덩이 위에 꼭 맞추어서 불에 그슬린다. 불이 너무 세면 항아리가 깨지기 쉽고, 약하면 달궈지기 어려우므로 온도를 맞춘다.

여러 번 손으로 만져 보아 사람 손을 데게 할 정도로 뜨거우면 항아리 안에 뜨거운 기름을 쏟아 붓고, 항아리를 빙빙 돌려 기름이 고루 퍼져서 더 이상 스며들지 않으면 그친다.

소나 양의 기름이 가장 좋고 돼지기름은 그 다음 좋다. **밀랍**은 가장 좋지만 비싸고 송진(소나무진)을 써도 괜찮다. 뜨거운 물 몇 말을 항아리 안에 부어 씻고 쏟아낸 다음에 찬물을 가득 담아 며칠 두면 쓰기에 알맞다. 쓸 때는 다시 깨끗하게 씻어서 볕에 말린다.

밀랍 벌집으로 주성분은 왁스이다. 인형이나 초를 만든다.

여러 해 묵은 장독을 사용해도 좋다(부록 14).

장독 놓기 증보산림경제(1767), 농정회요(1830), 군학회등(1800년 중반)

장독대 근처의 과일나무를 반드시 베어내야 한다. 어린아이들이 기와를

던져 항아리를 깨뜨릴 수 있기 때문이다.

또 담 가까이에 항아리를 놓아서도 안 되는데 담이 무너질 수 있기 때문이다.

반드시 잡목들도 잘라내서 짙은 그늘이 지지 않도록 해야 한다. 항아리 밑에는 매번 잡초를 없애주어 뱀이 숨지 못하도록 한다. 그리고 반드시 남향의 양지 바른 곳이 좋다(부록 15).

장독 준비 보감록(1900년 초)

장독을 여름 더위 때에 냉수에 하루 한두 번씩 씻으면 장독도 깨끗하고 장맛도 좋다. 독 앞에 물기가 없게 (물기가 닿지 않게) 하라.

메주 만드는 법

콩을 물에 일어 씻어서 검불과 흙, 모래를 없애고 하룻저녁 정도 담근다. 겨울이나 묵은 콩의 경우에는 여름보다 더 담가 놓는다. 여름에는 중간에 물을 갈아준다. 물을 갈아주지 않으면 온도가 높아 콩이 상한다.

불린 콩을 가마솥에 넣고 4시간 정도 삶는데 묵은 콩은 더 오래 삶는다. 삶을 때 솥에 콩을 반 정도만 넣고 삶는다. 더 넣으면 사포닌(saponin) 때문에 거품이 끓어 넘친다. 일정 시간 끓고 나면 거품이 일지 않는다.

콩을 소쿠리에 건져 물기를 뺀 다음 식기 전에 절구에 찧거나 자루에 넣고 밟아 으깨서 식기 전에 메주틀로 찍거나 손으로 뭉쳐서 빚는다. 식으면 뭉쳐지지 않고 부스러진다.

뭉친 메주가 식어서 단단하게 될 때까지 기다렸다가 짚으로 엮어서 따뜻한 방에 매달거나 거적이나 짚 위에 올려 띄운다. 거적과 짚 두께는 두껍게 하고 메주 간격을 넓게 하고 하루 한 번씩 뒤집어준다. 뒤집어주지 않으면 바닥과

메주 제조과정(뒤웅박고을)

닿는 자리에 습기가 차서 썩기 때문이다. 수분이 많은 방에서 띄워도 썩는다.

따뜻한 방이나 하우스에서 띄우면 1주일이나 10일 정도 지나 흰곰팡이가 가득 핀다. 그러나 낮은 온도에서 여러 달 띄워 여러 곰팡이가 피는 것이 더 좋다. 1~2가지 곰팡이만 피면 맛이 단조롭고, 흰 곰팡이, 검은 곰팡이, 노랑 곰팡이, 파란 곰팡이 등 많은 곰팡이가 피면 맛에 깊이가 있어지기 때문이다. 그러나 수분 관리가 잘못되어 세균이 번식하여 썩으면 안 된다.

《증보산림경제》의 메주 내용은 2개 문헌, 《신영양요리법》의 메주 만드는 법은 1개 문헌이 인용하였다. 콩의 익히기는 삶기가 5가지, 찌기가 4가지이다. 재료는 《제민요술》만 밀을 쓰고 나머지는 콩이다. 메주는 《제민요술》의 황증만 알갱이이고 다른 방법은 덩어리로 빚으며 《신영양요리법》의 메주는 가운데에 구멍을 뚫는다. 《증보산림경제》와 《조선무쌍신식요리제법》은 서울메주법, 《신영양요리법》은 집메주법이다.

여러 가지 메주

물억새 꽃술이 희다. 갈대와 혼동하기 쉬우나 갈대는 꽃술이 갈색이다.

도꼬마리 국화과 일년생으로 열매는 창이자(蒼耳子)라고 하며 가시가 있어서 옷에 붙고, 두통, 해열, 발한에 쓴다.

누에섶 누에를 올려 고치를 만들게 한다.

용기는 멱서리, 둥구미, 섬, 독을 쓰고 **물억새** 잎, **도꼬마리** 잎, 볏짚, 거적, 띠거적, 삿자리 등을 깔개나 덮개로 사용하여 띄운다. 《조선요리법》의 간장메주는 사각으로 만들어 매달아 띄운다(표 2 참조).

황의(黃衣=麥䴷, 통밀 낱알 누룩) 제민요술(530~550)

6월에 밀을 깨끗하게 씻어서 항아리 물에 담가 시어지면 걸러 쪄서 누에시렁에 **누에섶**을 깔고 두 치 두께로 펼쳐 놓고 전날 벤 물억새 잎을 얇게 덮는다. 물억새 잎이 없으면 도꼬마리를 베어 잡초를 골라내고 물기와 이슬을 없애고 밀이 식은 후 덮는다.

이레 후 누런 곰팡이가 잘 피면 꺼내 말린다. 볕에 도꼬마리 잎 섞인 것을 없앨 수 있을 정도만 말린다. 키로 까부르면 안 된다.

제나라 사람은 황의를 바람에 날리기도 하는데 큰 잘못이다. 맥혼(통밀 누룩)을 만드는 것은 곰팡이 균사를 이용하기 위함인데 바람에 날려 버리면 좋을 리 없다(부록 16).

황증(밀가루로 띄운 누룩) 제민요술(530~550)

6~7월에 생밀을 곱게 갈아 물로 반죽하여 쪄서 김이 올라 잘 익으면 펴서 식힌다. 펴서 덮는 것은 맥혼 방법과 같다. 이것도 까불러서 곰팡이를 바람에 날려 없애면 안 된다. 곰팡이 힘이 약해지기 때문이다(부록 17).

콩알 메주를 물억새 잎으로 띄우기

얼(엿기름) 제민요술(530~550)

얼(엿기름)은 8월에 만든다. **자바기** 물에 밀을 담갔다가 기울여 물을 따라 버리고 볕에 쪼이는데 하루 한 번 물을 부었다가 바로 버린다. 이것을 반복하여 싹이 나려고 하면 밀을 **자리** 위에 두 치로 펴고 하루 한 번 물을 주고 말아 그만 두고 흐트러뜨려서 말린다. 덩어리지면 쓸 수 없으므로 덩어리지지 않게 한다.

이것은 흰 엿을 만들기 위한 **엿기름**이다. 검은 엿을 만들려면 싹이 파란 색이 될 때까지 틔워서 덩어리로 만들어 칼로 풀어서 말린다. 호박색을 내고 싶으면 보리로 엿기름을 만든다.

맹자는 '천하에 싹나기 쉬운 것은 많지만 하루 이것을 말리고 10일을 차게 하여 싹이 돋는 것은 아직 없다.'고 하였다(부록 18).

자바기 둥글넓적하고 아가리가 벌어진 옹기로 소래기보다 깊이가 깊다. 양재기는 '서양'과 '자배기'가 합쳐진 말이다.

자리 짚을 왕골로 싸서 짠다. 왕골면을 위로 하여 방에 깔고 생활한다.

엿기름

메주 산가요록(1450)

1~2월에 콩을 깨끗하게 씻어서 모래를 일고 삶아 끓으

면 물을 따라내어 불지 않게 한다. 물을 조금만 남기고 불을 끄고 콩을 손으로 주물러 껍질을 벗긴다. 익지 않은 것은 다시 더 삶아서 절구에 넣고 찧어서 단단한 덩어리로 만들어서 종일 볕에 말린다.

오전에 한쪽, 오후에 다른 쪽을 말려 거죽을 말린 후 섬에 담아 위를 덮고 짚으로 묶는데 볏짚을 반자 가량 깔고 메주를 놓되 메주끼리 겹치지 않도록 한다.

다시 볏짚을 두껍게 덮어서 1주일이나 15일 간 훈증하면 하얗게 된다. 오래 지나 냄새가 나는 것을 기준으로 하여 꺼내 반으로 갈라서 갈라진 곳이 볕을 받도록 종일 말린다.

앞서와 같이 섬에 담아 다시 하얗게 변하기를 기다려 단단하지 않으면 다시 서너 조각으로 갈라서 볕에 쪼여 다시 종일 섬에 담아 묻어 둔다. 시간이 지나 띄워지면 저절로 마르므로 꺼내서 볕에 말린다(부록 19).

메주 증보산림경제(1767), 임원십육지(1827), 농정회요(1830), 군학회등(1800년 중반)

구유 소나 말의 여물통이다.

띠풀(삘기) 화본과로 80cm 정도 크며 봄에 나오는 익지 않은 이삭 '삘기'를 뽑아 먹는다. 잎으로 지붕이나 도롱이를 엮는다.

민간에서는 말장(末醬)이라고 하고 훈조(熏造)라고도 하는데 지금의 메주를 말한다.

먼저 높고 마른 땅에 **말구유**(말 먹이통) 모양 긴 도랑을 한 자 깊이로 파는데 도랑 사방에 물길을 내서 비워 놓고 빈 섬이나 띠거적(**띠풀**로 엮은 거적)을 도랑에 깐다.

콩은 (양에 관계없이) 물에 일어 모래와 돌을 가려내고 하룻밤 물에 담가 걸러내서 큰 솥에 넣고 물을 붓고 푹 삶아서 하룻밤 지나 꺼낸다. **절구**에 진흙처럼 곱게 찧어서 손으로 중간 수박 크기로 둥글게 빚은 다음 큰 칼로 두 조각으로 낸다.

절구 곡식이나 떡 등을 찧는 기구이다. 나무절구와 돌절구가 있다.

그것을 다시 가로로 한 치 남짓 반달같이 잘라서 도랑 안의 거적 위에 고기비늘처럼 가지런히 펴고, 거적이나 띠풀 등으로 두껍게 덮어서 바람이 통하지 않고 비가 새지 않게 하면 메주 조각이 저절로 뜬다.

곰팡이가 피면 덮개를 걷어 한 번 뒤집어 주고 다시 덮개를 덮는다. 이같이 8~9번 하여 몇 십일 걸려 거의 다 마르면 꺼내서 볕에 말려 장을 담근다. 이 방법으로 장을 담그면 여러 해 동안 오래 묵혀 둘 수 있고 맛도 더욱 좋아진다.

요즘 시골에서는 매번 덩어리를 둥글게 만들어서 방에서 띄우고 말리기 때문에 덩어리 안이 끝내 잘 마르지 않아 장을 만들어도 대부분 맛이 없고 오래 가지도 않는다. 가을에 시골에서 하는 법대로 새 콩으로 메주를 만들어 이듬해 봄에 싱거운 물에 담그면 장이 매우 좋다(부록 20).

위 내용은 서울에서 메주 만드는 방법으로 매년 3월에 만들기 시작하여 5월 단오(음력 5월 5일)에 공물을 바친다. 그러므로 서울 근교의 장 담그기는 매년 5월 30일 이전에 한다.

메주 만드는 법(末醬·燻造) 조선무쌍신식요리제법(1924)

삿자리 갈대로 만든 자리

메주를 만들 때 높고 마른 땅에 긴 도랑을 파는데 말구유같이 한 자 길이(布帛尺)로 판다. 도랑 사면을 나누어 물길을 내고 그 위에 빈 섬(空石, 벼를 담지 않은 빈 섬)이나 **삿자리**를 펴고 콩을 잔뜩(키로) 까불러 물에 담가 일어서 모래를 없앤다.

하루 담근 다음 건져서 큰 가마솥에 붓고 무르게 삶아 하룻밤 두었다가

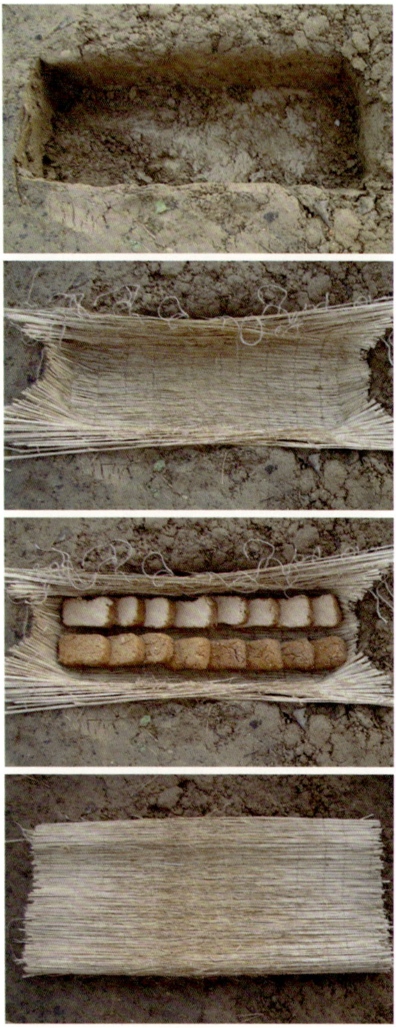

도랑(구유)에서 메주 띄우기

건져서 물이 빠지면 절구에 붓고 껍데기가 없어질 정도로 찧는다. 이것을 주물러 중간 크기 수박(中西果) 정도로 뭉쳐서 큰 칼로 둘로 가른다.

가로로 갈라 반달같이 만들기도 하고, 네모지고 납작하게 하여 귀 핀같이 둘로 가르되 한 치 두께로 하여 파 놓은 도랑에 고기비늘과 같이 늘어놓고 빈 섬이나 삿자리로 두껍게 덮고 **용마루**(삼각형 지붕)를 얹어서 비가 오면 빗물이 물길로 흘러 나가게 하고 바람이 들어오지 않게 하면 메주 조각이 저절로 떠서 흰옷을 입는다.

뚜껑을 열고 뒤집었다가 덮기를 여덟 아홉 번 하여 수십일 지나면 저절로 마르는데 꺼내 바싹 말려서 장을 담가 오래 묵히면 맛이 좋다. 이것이 서울의 메주 만드는 법이다.

매년 3월에 시작하여 5월에 나라에 진상(進上)하므로 서울 장은 매년 5월 그믐 전에 담그는데 이것을 절메주라고 한다. 옛날에 절에서 많이 만들고 잘 하여서 절메주라고 하는 것 같다.

요즘 절메주는 무계동(武溪洞: 종로구 부암동)이나 작작골(장작골) 등에서 많이 만드는데 워낙 많이 만들기 때문에 삶은 콩을 절구에 찧을 틈이 없어서 베버선(삼베버선)을 신고 발로 밟는데, 사람 몸에서 땀이 비 오듯 떨어져서 장색이 진해진다.

산 사람은 이 메주로 담근 장을 어쩔 수 없이 먹지만 조상이나 신령에게 바치는 장은 집에서 만들어 쓴다.

시골(에)서 만드는 메주는 콩 한 말로 메주 한 덩이를 크게 **인경**(人定)같이 만든다. 짚으로 열십자로 매달아 겨울을 나는데 메주 속이 곯고 온갖 냄새가 방에 배고 띄울 때 가시(구더기)가 방에 떨어지다가 나중에는 가시가 변하여 좀의 씨가 되어 사람이 게으르면 가렵고 괴로워진다.

도랑메주 이엉 덮개(용마루)

그런 메주로 담근 고추장은 커녕 장맛이 어찌 좋기를 바라겠는가. 이렇게 변통 없는 것을 애달파하노라. 요즈음 시장에서 작은 벽돌같이 네모지고 납작하게 만들어 파는 메주는 콩이 그대로 많이 있다.

검은 진이 솟아나는 메주는 뜬 것이 아니라 썩은 것이다. 메주 만들 때를 잃고 어쩔 수 없이 이런 것을 사서 담그는 장은 맛이 좋을 리 없다.

인경 보신각 종

메주 만드는 법 1(첫째) 신영양요리법(1935), 조선요리제법(1939)

메주는 10월이나 동짓달에 쑤어서 정월에 담는데, 절메주와 집메주 두 가지가 있다. 절메주는 집에서 담기 어려우므로 제외한다. 집메주를 만드는 법은 다음과 같다.

흰콩을 6시간 정도 퉁퉁 불려서 조리로 일어 건져 시루에 안쳐서 6시간 떡 찌듯 찐다. 뜨거운 채로 콩을 절구에 넣고 콩알 모양이 없어지도록 곱게

구멍 메주

찧어서 보시기 크기로 둥글납작하게 뭉친다.

손가락으로 가운데에 구멍을 내고 볕에 꾸들꾸들 말려서 섬 속이나 독에 담는다. 바닥에 짚을 한 켜 깔고 메주 놓고, 짚을 한 켜 깔고 다시 메주 놓기를 번갈아 한다.

담기가 끝나면 잘 덮어서 더운 방에 1주일 정도 두었다가 꺼내 하루 정도 바람을 쏘이고 다시 같은 방법으로 메주가 서로 닿지 않도록 담아서 더운 방에 둔다. 1주일 후 꺼내 하루 말려서 같은 방법으로 다시 담아서 1주일 두면 메주가 하얗게 뜬다. 이것을 꺼내 새끼로 엮어서 볕 잘 드는 높은 곳에 매달아서 속까지 말려서 둔다.

정월 장 담을 때는 솔로 메주의 곰팡이와 먼지를 깨끗이 털어내어 닦아 쓴다.

콩짜개 반으로 갈라진 콩알

멍석 짚으로 엮은 두껍고 넓은 깔개로 행사 때 마당에 깔고 사람이 앉거나 곡식을 너는데 이용한다.

간장메주 쑤는 법 조선음식 만드는 법(1946)

메주는 음력으로 10월이나 동짓달에 쑤어서 정월에 장을 담근다. 흰콩을 흠씬 불려서 일어 건져서 시루에 안쳐서 오래 쪄서 뜸을 푹 들여서 뜨거운 김에 절구에 찧는다. 충분히 찧어(**콩짜개**가 조금도 없도록 곱게 찧어서) 덩어리를 만드는데 모양은 마음대로 한다.

볕에 잘 마를 수 있도록 만들어서 **멍석**을 펴고 메주 덩어리를 벌려 놓아 말려서 꾸덕꾸덕 하면 섬 속이나 혹은 독 속에 넣어 띄운다. 맨 밑에 짚을 한 켜 깔고 메주를 한 켜 놓고 또 짚을 펴고 메주를 한 켜 놓고 이렇게 해서 다 넣어가지고 짚으로 덮고 잘 봉하고 잘 덮어서 훈훈한 방에 둔다.

이렇게 해서 10일 동안쯤 만에 꺼내어 하루쯤 볕과 바람을 쏘여서 다시 전과 같이 넣어서 또 더운 곳에서 띄운다. 이렇게 서너 번 하면 메주가 하얗게 될 것이니 꺼내어 새끼로 매어서 높은 곳 볕에 잘드는 곳에 매달아서 속까지 전부 잘 말려 둔다.

음력 1~2월 장을 담글 때는 솔로 곰팡이와 먼지를 쓸어 깨끗하게 하여 쓴다. 콩을 불려서 시루에 찌지 않고 솥에 밥 짓듯이 지어서 뜸을 잘 들게 하여 찧어가지고 해도 좋으나 질게 되면 좋지 못하다.

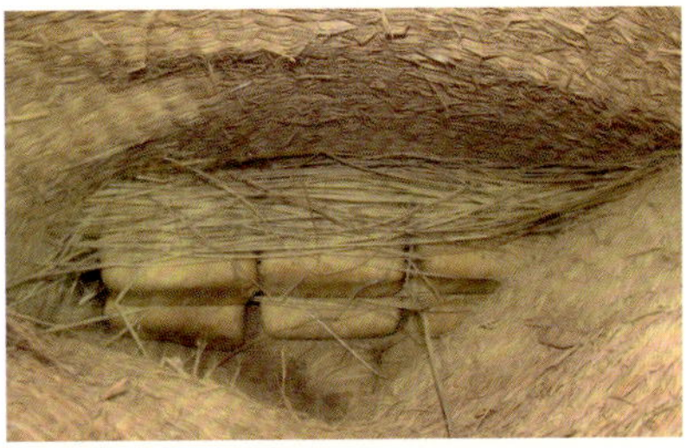

섬이나 가마니에 메주 띄우기

메주 말리기

간장메주 조선요리법(1939)

흰콩을 일어 씻어서 솥에 붓고 콩보다 훨씬 위까지 물을 부었다가 뺀다. 불을 한 소큼(한 차례) 때서 불을 뭉근히(은근히) 땐다. 한나절만 되면 밑의 콩은 물러지므로 주걱으로 한 번 저어 놓고 물이 적으면 더 붓고 불을 뺀다.

모두 삶아져서 물러지면 소쿠리에 건져서 물을 대강 빼고 절구에 붓고 세게 찧어서 메주를 만드는 데 한 말에 두 장씩 사방 같은 치수로 말메주(콩 한 말로 한 덩이나 두 덩이로 만든 메주)를 만들기도 하고 목침(베개로 쓰는 나무 토막) 덩이 크기로 네 덩이로 만들기도 한다.

가마니 짚으로 엮은 곡식을 넣는 자루이다. 소두 열 말을 넣는다.

간장메주는 고추장메주처럼 둥글게 만들면 못 쓴다. 만들어서 짚을 깔고 늘어놓아 물기가 마르고 꾸득꾸득하면 짚으로 푹 싸서 방구석에 매달아 띄운다. 방의 온도에 따라 띄우는 시일이 다르지만 보통 10월에 쑤면 정월에는 떼게 된다. 떼면 볕에 바싹 말린다.

메주는 10월이나 동짓달(11월)에 쑤어야지 섣달(12월)에는 잘 안 뜬다. 메주를 독에 띄우는 사람이 있을지도 모르나 실패하기 쉽다. 물이 고여서 뜨기 전에 썩기 쉽고 구더기 나기 쉽다. 그리고 장메주는 고추장메주와 달리 바람에 쏘이지 않아도 된다.

메주 만드는 법 우리음식(1948)

재료: 콩 100L, 물 14L, 10개 분량, 발효 기간 약 80일, 제조 시기 11월

콩을 잘 씻어서 솥에 푹 삶아서 두어 시간 뜸을 잘 들인 후, 잠깐 물을 넣어 잦혀서 물기가 뽀독뽀독하고 더울 때 절구에 찧어서, 말(斗: 한 말 재는 통)이나 궤짝에 삼베 보를 깔고 잘 다져 눌러 꺼낸다. 큼직한 덩어리로 만들어도 좋으며(다져 누르는 것이나 덩어리로 만드는 것이나 한 말) 콩을 둘로 하는 것이 보통이다.

격지 놓기 사이에 다른 것을 끼워 층층이 담기

격자 놓기 가로세로 담기

이것을 이틀 말려서 섬에 짚을 **격지격지** 놓고 쌓아 담가서, 온도가 고른 곳에 두었다가 4~5일에 한 번씩 꺼내 바람과 볕을 쏘이게 하였다가 다시 섬에 담기를 두 달간 하면 잘 뜬다. 메주가 잘 뜨면 겉이 깨끗하면서도 곰팡이가 다소(多少) 있으며 속은 까맣게 뜬다.

메주 뜨는 동안은 더워야 좋지만 0℃ 이하가 되어 얼면 못 쓰게 되므로 주의한다. 이런 점으로 보아, 메주는 반드시 11월이 아니라도 온도가 적합하고 파리 같은 것에 주의만 하면 아무 시기라도 좋다.

메주틀

[표 2] 메주 만들기 요약

명칭	문헌	재료	가열	띄우기	기간	비고
황의(黃衣) ①	제민요술 (530~550)	밀	찌기	누에섶에 깔고 물억새 잎, 도꼬마리 잎을 덮어 누런 곰팡이 피우기	7일	곰팡이 없애지 말 것
황증(黃蒸) ②		생밀 반죽	찌기, 알갱이	누에섶에 깔고 물억새 잎, 도꼬마리 잎 덮어 누런 곰팡이 피우기	7일	곰팡이 없애지 말 것
얼(엿기름, 糵) ③		밀	살짝 틔우기			흰 엿용
얼(엿기름, 糵) ④		밀	많이 틔우기			검은 엿용
메주 말장훈조 (末醬薰造)	산가요록 (1450)	콩	삶아 찧어 덩이를 가열하기	섬에 볏짚을 깔고 띄워 쪼개서 섬에 다시 띄우기	7~15일, 다시 띄우기	
메주 [造末醬, 造豉法]	증보산림경제 (1767), 임원십육지 (1827), 농정회요 (1830), 군학회등 (1800년 중반)	콩	삶아 중간 크기 수박 덩이를 가열하기	도랑을 파고 거적 깔고 띄워 띠거적 덮고 멍석, 띠풀 덮어서 곰팡이 피우기	8~9차례 뒤집어주기 몇 십일 동안 하기	서울메주법
메주 만드는 법	조선무쌍신식요리제법 (1924)	콩	삶아 중간 크기 수박 덩이를 가열하기	도랑을 파고 섬이나 삿자리 깔고 섬이나 삿자리 덮어 흰 곰팡이 피우기	8~9차례 뒤집어주기 몇 십일 동안 하기	서울메주법

(계속)

명칭	문헌	재료	가열	띄우기	기간	비고
메주 만드는 법	신영양요리법(1935), 조선요리제법(1917)	콩	6시간 쪄서 찧어 구멍 낸 보시기 크기 덩이를 가열	섬이나 독에 짚을 격지 깔아 흰 곰팡이 피우기	7일 후 하루 말려 다시 7일	집메주법. 곰팡이 없애 담글 것
간장메주 쑤는 법	조선음식 만드는 법(1946)	콩	쪄서 찧어 덩이를 가열	섬이나 독에 짚과 여러 겹 깔아 흰곰팡이 피우기	10일 후 하루 말리기 3~4번 반복	10월~동짓달에 만듦, 곰팡이 없애 담글 것
간장메주	조선요리법(1939)	콩	삶아 찧어 1말 당 2~4 덩이를 가열	짚으로 싸서 방에 매달아 띄우기	방 온도에 따라 다르나 10월~1월	사각메주 10월에 쑤어 1월에 떼기
메주 만드는 법	우리음식(1948)	콩	삶아 틀로 찍은 덩이를 가열	섬에 짚과 여러 겹 깔아 속이 검게 띄우기	4~5일 띄워 말리기 2달 반복	0℃ 이하는 안됨

장 담그는 법

《제민요술》의 장 담그기는 1개, 《거가필용》의 장 담그기는 6개, 《증보산림경제》의 장 담그는 법은 2개 문헌이 인용하였다. 콩을 익히는 방법으로 《수운잡방》과 《조선무쌍신식요리제법》은 삶는다. 《제민요술》의 장 담그기는 복잡하여 네 번이나 찌고 누룩을 섞어 담아 항아리에서 띄워 담는다. 《수운잡방》의 장 담그기는 간장에 졸이는 방법이고, 《김승지댁주방문》은 국물은

장 담기

떠내 간장으로 쓰고 건더기는 된장으로 쓴다. 《방서》, 《산가요록》, 《수운잡방》, 《증보산림경제》, 《임원십육지》, 《부인필지》의 제조방법은 메주를 소금물로 담근다. 《조선무쌍신식요리법》은 주먹메주를 솔잎으로 띄워서 육류를 넣어 담근다. 《수운잡방》 ②는

왕겨불에 3일 넣어 익힌다. 《부인필지》는 100일동안 익히고, 《방서》의 ②는 1년 익힌다(표 3 참조).

장 담기 제민요술(530~550)

최식이 말하기를 정월에는 육장, 청장 등 여러 가지 장을 담근다. 4월 입하 후에는 **가물치**로 장을 담근다. 5월에도 장을 담그는데 상순에 콩을 볶아 중간의 경일(庚日)에 삶아서 콩을 찧어 가루(末都)로 하여 6월에서 7월까지 오이를 박아 담근다. 이것으로 어장도 담글 수 있다(부록 21).

가물치 민물에 사는 물고기로 육식성이다. 머리가 뱀과 같이 생겨서 스네이크 헤드(snakehead)라고 하며 1m 가까이 큰다.

장 담기 제민요술(530~550), 임원십육지(1827)

장을 담그는 시기는 12월과 정월이 가장 좋고, 2월이 그 다음이며 3월이 가장 좋지 않다.

새지 않는 독을 사용하여(독이 새면 장을 망치는데 일찍이 김치나 식초를 담은 독도 사용하면 안 된다) 독은 볕이 잘 쪼이는 높은 곳의 돌 위에 놓는다(여름에 비가 와도 독 바닥이 물에 잠기지 않도록 한다). 솥을 독바닥 돌 밑에 넣고 녹슨 쇠못 한 개를 삼살방(煞方: 점술의 삼살방의 하나로 독한 기운이 있는 곳을 말하며 해마다 살방의 방위가 다르다)을 등지고 독을 올려놓은 돌 밑에 박아두면 나중에 임신한 부인이 와서 먹어도 장이 상하지 않는다.

봄에 심은 검은콩(봄콩은 알이 작고 고르며, 늦콩은 알이 크지만 고르지 않다)을 큰 시루에 넣고 마른 채로 김이 나게 반나절 푹 쪄서 꺼내 아래와 위에 있던 것을 바꾸어 담아 다시 찐다(그렇게 하지 않으면 고르게 익지 않는다).

잘 쪄지기 시작하면 불을 재로 덮어 밤새 불이 꺼지지 않게 한다(마른 쇠똥을 둥글게 포개 놓고 가운데를 비워 놓으면 불이 타면서도 연기가 나지 않고 화력이 숯불과 같이 좋다. **쇠똥**을 많이 모아 항상 밥 지을 때 쓰면 재나 먼지가 없고 불이 다른 곳에 붙지도 않으므로 풀보다도 훨씬 좋다).

깨물어 속을 보아 색이 모두 검어졌으면 잘 익은 것이므로 꺼내어 볕에 쪼여 말려둔다(밤에는 모아 덮어서 이슬 맞지 않도록 한다). 물에 불려 껍질을 벗겨 다시 시루에 쪄서 김이 다 올라오면 꺼내서 하루 볕에 말린다.

다음날 아침에 깨끗이 까불려서 절구에 가득 넣어 찧는다. 콩알이 부서진 것이 있으면 까불려서 없앤다. 큰 동이에 뜨거운 물을 붓고 콩알(豆黃)을 오래 담갔다가 비벼 씻어서 검은 껍질을 없애고(뜨거운 물이 적으면 더 부으며 결코 물을 갈면 안 된다. 갈면 콩 맛을 잃게 되어 장맛이 없어진다) 건져서 찐(콩 씻은 물로 부서진 콩을 삶아 장을 만들면 바로 먹을 수 있으며 원래의 장에는 이 물을 쓰지 않는다). 밥할 정도 시간 두었다가 꺼내 자리 위에 펴서 식힌다.

쇠똥 유목민들은 쇠똥을 말려서 연료로 사용한다.

차조기 소엽(蘇葉), 자소(紫蘇)라고도 하며 들깨와 같은 모습이다. 씨의 기름은 항산화작용과 단맛을 내는 성분이 있다. 향신료로 쓰고, 혈액순환, 발한, 염증, 기침, 소화, 해독 등에 쓴다.

말총체 말갈기털과 꼬리털로 만든 체이다.

미리 볕에 말린 흰 소금과 황증(黃蒸: 밀가루 메주), **차조기**, 보리누룩(麥麴)을 바싹 말려 놓는다(누런 소금으로 장을 담그면 쓰고, 축축한 흰소금으로 담그면 장을 버린다. 황증은 장을 붉고 곱게 하며 차조기는 장을 향긋하게 하는데 차조기를 손으로 비벼 까불려서 풀이나 흙을 없앤다. 누룩(麴)과 황증은 각기 가루로 빻아서 체로 치는데 **말총체**로 치면 더 좋다).

두황(豆黃) 세 말, 누룩가루(麴末) 한 말, 황증가루 한 말, 흰소금 닷 되, 차조기씨 한 웅큼의 비율로 한다[소금이 적으면 장맛이 시게 되어 소금을 다시 넣어도 맛이 회복되지 못한다. 신국(神麴)을 쓸 때는 한 되 당 분국누룩(笨麴: 기울이 포함된 밀누룩) 네 되를 써야 되는데 줄어들기 때문이다]. 두황은 말을 고봉으로 하여 재고 소금과 누룩은 깎아서 평두로 재서 중앙이 태세(太歲: 목성. 그 운행으로 한 해의 기준을 삼음)를 향하도록 놓는다(태세를 향하게 하면 구더기가 생기지 않는다).

고르게 잘 섞어서 손이 아플 정도로 두드려 표면이 윤기가 나게 하여 손으로 단단히 누르면서 항아리에 가득 채운다. 반만 채우면 익기 어렵다.

항아리 뚜껑을 진흙으로 단단히 막아 기가 빠지지 않게 하여 익으면 연다[섣달(12월)에 담근 장은 35일, 정월과 2월에 담근 장은 28일, 3월에 담근 장은 21일 숙성시킨다]. 안에 가로세로로 금이 가고 장 가장자리가 항아리에서 떨어지고 밑바닥까지 곰팡이가 피면 모두 꺼내 덩어리를 깨뜨려 두 항아리분을 세 항아리로 만든다.

해가 뜨기 전 정화수(이른 새벽에 길은 우물물)에 볶은 소금을 타서 항아리에 붓는데 물 한 섬에 소금 세 말의 비율로 하고 맑은 물을 떠낸다. 또 황증을 작은 항아리에 넣고 소금물을 부어 이겨서 걸러 덩어리 찌꺼기는 버리고 소금물과 섞어서 항아리에 붓는다(비율은 장 열 섬에 황증 세 말로 소금물은 적당히 넣는데 정한 양은 없고 장이 묽은 죽처럼 되면 그만 넣는다. 콩이 마르면 물을 흡수하기 때문이다).

항아리 주둥이를 볕에 쪼이는데(속담에 '아욱은 시들고 볕은 장을 말리네.'라는 것은 맛있다는 말로 아욱을 장에 버무려 먹으면 맛있다는 뜻) 10일 동안 매일 두어 차례 **고무래(갈퀴)**로 항아리 밑까지 저어 주며 10일까지는 하루 한 번씩 젓다가 30일 후 마친다. 비가 오면 바로 항아리 뚜껑을 덮어서 물이 들어가지 않게 한다. 물이 들어가면 벌레가 생긴다. 비가 오고 나면 한 번

고무래 곡식을 널 때 사용하는 농기구이다.

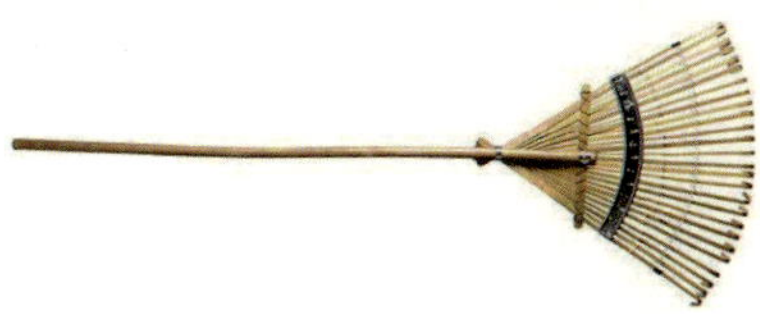

갈퀴 검불 등을 긁어 모으는 농기구이다.

씩 젓는다. 다 젓고 나서 20일이면 먹을 수 있으나 100일은 되어야 비로소 익는다.

《임원십육지》에서 서현호는 "《제민요술》의 요리법은 옛날과 지금 풍습이 달라서 사용하기 어렵다."라고 하였다. 하물며 지금은 서현호보다 100여 년 뒤이고, 우리나라의 풍습은 중국과 매우 다르다. 다만 이런 방법을 기록해 놓은 이유는 진실로 새지 않는 독을 택하여 태세를 향하게 하고, 재료를 채워서 장독 주둥이를 볕에 쪼이고 비가 오면 장독을 덮어 물이 들어가지 않게 하여 100일이 지나야 비로소 익는 등의 방법으로 담근다면 세 가지 맛(짠맛, 신맛, 단맛)이 고금이나 동서가 다르지 않기 때문이다(부록 22).

장 담기 거가필용(1200년 말), 구선신은서(1400년경), 고사신서(1771), 고사십이집(1787), 해동농서(1799), 임원십육지(1827), 오주연문장전산고(1850)

소쿠리 대나무나 버들 등으로 만든 반원형 그릇이다.

향유(香薷) 노야기라고도 하며 꿀풀과 일년생초로 발한제·해열제·이뇨제·소염제·지혈제로 쓰고 목욕하는 데도 사용한다.

무릇 장을 담글 때 소금을 깨끗하게 물에 일어서 찌꺼기나 더러운 것을 없애고 써야 장이 저절로 좋아진다.

먼저 항아리에 물을 채운 다음 **소쿠리**에 소금을 담아 물속에서 흔들어 주면 좋은 소금은 아래로 녹아 내려가고 먼지나 흙, 지푸라기 등은 소쿠리 안에 남는다.

항아리 안에 반드시 검은 진흙가루가 있는데 이것을 탑라로 없애면 항아리 안에 모두 깨끗한 소금물과 소금이 눈처럼 바닥에 쌓일 것이다. 이것을 다른 그릇에 담아놓고 난 다음 장을 담는다. 먼저 물을 쓰고 이어서 흰 소금을 넣는데 많이 넣어 장의 표면을 덮는다.

이것이 끝나면 시라를 장의 표면에 뿌리고 다시 영초와 좋은 **향유**로 장의 표면과 항아리를 바른다(부록 23).

장 담기 구선신은서(1400년경)

이초(耳草) 꼭두서니과로 이질, 설사, 고혈압에 쓰며 해독 작용을 하고 종기를 가라앉힌다.

무릇 장을 담글 때는 먼저 물을 돌려 붓고 흰 소금을 많이 넣어 뚜껑의 표면까지 차면 그친다. 시라, 회향, **이초**(耳草), 파, 고추 등의 재료를 그 위에 뿌리고 맛을 보아 소금을 조금 넣는데 항아리 안에 있는 것이 끓어오르면 진흙으로 뚜껑을 막고 절대로 물이 나거나 습기 있는 곳을 피해 보관한다(부록 24).

합장 산가요록(1450)

메주 세 말과 소금 한 말을 기준으로 한다. 메주는 먼저 항아리에 한 말이 차지 않도록 담고 소금물을 항아리에 가득 부어야 하며 소금과 물을 따로 넣으면 안 된다. 소금물이 가득 차지 않으면 매일 더 부어준다. 메주가 떠서 일어나면 눌러주고 항아리에 소금을 많이 넣어주며 밤에는 덮고 낮에는 덮지 않는다. 간수(艮水: 소금에서 빠져나오는 용액으로 염화마그네슘, 황산마그네슘이 주성분인데 콩단백질을 침전 응고시켜서 두부가 되게 한다)가 넘치면 떠내어 그릇에 담았다가 저녁에 다시 붓는다. 간수가 적으면 정화수를 붓는다.

물 두 동이에 소금 한 동이를 넣는데 물이 다 하면 소금을 넣어 주어야 한다. 메주가 한 섬이면 항아리 바닥에 참기름 한 종지와 백탄(화력이 가장 강한 참나무 숯) 삼사 근을 놓아둔다. 물의 양은 나무를 항아리 속에 수직으로 꽂아 보아 쉽게 들어갔다가 도로 떠오르면 된다(부록 25).

장 담기 수운잡방(1500년초)

누런 콩 세 말을 깨끗이 씻어 물 세 동이와 함께 끓여 콩을 건져내고 물이 한 동이 정도 되도록 졸인다. 좋은 간장 세 사발을 솥 안에 붓고 다시 서너

왕겨 벼의 껍질이다. 벼에서 왕겨를 벗기면 쌀이 된다.

차례 끓을 때까지 졸인다. 맛이 싱거우면 소금 한 되를 넣어 적당하게 간을 맞추고 물을 부어 새지 않는 항아리에 붓는다.

콩은 기름과 소금물을 넣어 졸여서 밥 먹을 때 먹는다.

또 누런 콩 다섯 되를 깨끗이 씻어 물 3동이와 함께 끓여 한 동이쯤 빽빽하게 졸이고 간장 한 사발을 넣어 앞의 방법과 같이 하는데 맛이 매우 달다.

메주 두 말과 물 한 동이 반, 소금 두 되를 항아리에 넣고 3일 동안 고르게 불려서 독 주둥이를 꼭 봉하고 다시 진흙을 바른 다음 **왕겨**로 항아리를 두껍게 싸고 3일 동안 불을 지펴 달이며 색과 맛이 싱거우면 하루 정도 볕을 더 쪼인다(부록 26).

너무 물러지면 간장이 탁해진다. 이 법은 여름에는 벌레와 구더기가 생기기 쉬우므로 반드시 단단히 감싸서 쓴다. 앞의 방법들도 이와 같이 한다.

장 담그는 법 증보산림경제(1767), 농정회요(1830), 군학회등(1800년 중반)

물로 메주를 깨끗이 씻어 장독에 넣은 다음 소금물을 붓는 데 메주 한 말에 소금 예닐곱 되와 물 한 통 비율로 한다. 가을과 겨울에는 소금을 적게 넣어도 되지만 봄과 여름에는 많이 넣어야 한다. 소금물은 메주보다 조금 높게 붓고 볕에 쪼이며 물이 줄어드는 것을 보아 더 붓는다.

잘 마른 메주를 장독의 주둥이까지 채우면 메주가 부풀어질 때 장독이 깨질 염려가 있으므로 장독 위아래에 대나무테(너스레)를 걸쳐 두어야 한다. 장을 담글 때에도 장독의 주둥이까지 가득 채우면 안 된다(부록 27).

장 담기 임원십육지(1827)

물로 메주를 깨끗이 씻어서 장독에 넣고 소금물을 붓는다. 메주 한 말에

진흙을 바른 장독 왕겨불로 가열하기

메주가 뜨지 않게 너스레로 누르기

소금 육칠 되, 물은 한 동이 비율로 담는다. 가을과 겨울에는 소금을 적게 넣어도 되지만 봄과 여름에는 많이 넣어야 한다.

소금물은 메주보다 약간 높게 부어 뚜껑을 덮지 말고 볕에 쪼이는데(흐리거나 비가 오면 급히 덮어 빗물이 스며들지 않게 한다) 물이 줄어들면 소금물을 더 붓는다(미리 작은 항아리에 소금물을 담아 장독 옆에 두었다가 쓴다고 한다). 잘 마른 메주를 장독의 주둥이까지 채우면 메주가 부풀어질 때 장독이 깨질 염려가 있으므로 먼저 대나무 그릇(너스레 역할)을 독 안에 걸쳐 넣어 메주를 눌러 두어야 한다. 장을 담글 때도 독 주둥이까지 채우면 안 된다(부록 28).

장 담그는 법 부인필지(1855)

장 담그는 법은 물과 소금, 메주와 그릇이 다 좋아야 맛있게 된다. 물은 비 그친 후에 바로 쓰지 않는다. 소금은 간수를 다 뺀다. 메주는 일찍 쑤어 검푸르게 띄워 돌덩이같이 말리고, 그릇은 깨끗이 우려 날을 잡아 물 한 동이에 소금 한 말씩 타서 수일 후 독이 기울지 않게 단단히 놓는다.

메주를 솔로 다시 씻고 다른 물에 말갛게 되도록 씻는다. 독에 넣는데 메주가 많으면 장(간장)이 적고, 메주가 적으면 장빛이 맑아 맛이 좋지 못하다. 메주 위로 사람의 팔 한 마디 들어갈 만큼 물을 더 한다.

메주 넣기 전 숯불을 독 밑에 피우고 꿀 한 종자를 불에 부어 놓고 담그면 좋다.

소금물이 싱거우면 메주가 떴다가 가라앉는데 소금을 좀 더 타면 곧 도로 뜬다. 담근 후 날마다 독을 씻되 날물(밖에서 들어가는 물)이 들어가지 않도록 한다. 20일 전에는 상을 당한 사람과 월경 중인 여인을 피한다.

100일 만에 뜨면 장은 좋은데 양이 너무 적다. 60일에 뜨면 물 한 동이에 장이 반 동이 나온다. 장맛이 나쁘면 우박 올 때 두어 되 받아 넣으면 본맛이 돌아온다.

장 담글 때 소 볼깃살 한 보시기를 사서 기름 걷어 잠깐 삶고, 전복 40~50개를 고아 밑에 넣고 위에 대추를 띄우면 장맛이 좋다.

장 담그는 방법 김승지댁주방문(1860)

장을 5월달을 넘기지 말고 담되 메주를 나누어 말려 두 번 씻어 독 속에 넣을 때 독 가는 둥글게 넣고 가운데는 도드라지게 넣어 독 위에서 한 뼘까지만 넣되 소금은 메주 한 말에 여섯 되씩 정하여 치지 말고 거의 한 달이나 되면 메주덩이를 부수어 독의 주둥이 위에 소복하게 올리고 한쪽은 간장이 오르내릴만큼 낮추어 떠먹게 하고 아침에 도로 부어 익혀 8월 그믐이 되어 볕을 더 쬘 것이 없거든 간장 구멍을 막고 위에 소금만 둘러쳐 두었다가 겨울묵혀 내여 3월 초 쯤에 간장을 쓰되 된장(위에 체를 받쳐 소금을 거르되) 물은 메주 세 말에 한 통씩 하여 다른 독에 풀었다가 가라앉으면 퍼붓되 독의 위에만 부어 볕에 영글은 족족 하루 볕만 쪼여 졸이되 메주덩이는 날마다 뒤집어 놓고 보일까 싶으면 다른 항아리의 소금물을 조금 부어 메주덩이를 반 넣었다가 익은 후 마저 채워야 한다.

장은 어린 아이를 기르는 것 같으니 아침에 열고 밤사이에 자잣하면(잦아들면) 덮어 붓고 저녁에 닫고 일절 비 맞추면 안 되며, 졸이면 달인 간장은 단내가 나거니와 된장은 더 나을 것이다.

된장의 소금물은 한 동이에 여덟 되만 풀어 부어서 여름내 익혀 9월 쯤 간장을 쓰고 소금을 이전대로 하여 부어 익혀 그 뒤로는 간장을 쓰지 말고 된장·간장을 같이 써라. 대강 소금물을 빽빽하게 담가서 두 번 간장으로 쓰고 세 번째 물을 부어 익혀도 해롭지 아니 하고 미리 물 많이 잡은 장은 쓰고 물을 부어라. 하면 메주덩이가 풀어져 못쓰고 장맛도 좋지 않고 간장이 물러서 좋지 않으므로 한 번 빽빽하게 담가 세 번 간장을 빼되 처음에 물을 많이 담은 것은 남기지 않는다.

장 담기 방서(1867)

소금을 넣은 메주를 볕에 바싹 말린 후에 맑은 날을 골라 물로 씻어 항아리에 담는다. 메주가 한 말이면 물을 닷 말을 넣는다. 그 나머지는 ㅇ소금을 넣고 기포가 생기는지 보아 조금 더 넣는다. 또 3~4일이나 4~5일 지나 기포가 생기면 조금 더 넣는다.

간혹 ㅇ소금(ㅇ鹽)이나 마른 소금을 넣기도 하는데 물이 생긴 소금은 좋지 않고 희고 연한 것이 좋다고 한다.

또 메주 한 말과 소금 한 말을 항아리에 넣고 황토로 항아리를 발라 땅을 파고 묻었다가 한 해가 지난 뒤에 꺼내 먹으면 가장 달다고 한다(부록 29).

장 담기 보감록(1900년대)

메주 넣기 전에 숯불 두어 덩이를 피워 넣고 좋은 꿀 한 탕기를 그 위에 부어 꿀내가 막 날 때에 메주를 넣고 소금물을 부어라.

장 담그기 조선무쌍신식요리제법(1924)

장의 본색(간장·醬汁·醬油·淸醬·甘醬·法醬)

장은 여러 음식에 넣어 간을 치고 맛을 내는 것이므로 음식 중에 제일이요. 정성을 들여 만들기 때문에 집안 살림에도 제일이고 때를 잃지 말고 담가야 하므로 매우 소중하고 큰일이다. 아래를 보라.

장이라는 것은 장수(將帥) 장(醬) 자이니 백 가지 맛의 장수(으뜸)라 하는 것이다. 장맛이 좋지 못하면 아무리 좋은 고기와 아름다운 채소가 있어도 찬이 되지 못한다. 또 시골사람이 고기는 얻기 쉽지 않고 아름다운 장으로 채소 등을 만들면 걱정이 없다. 집안 어른이 되면 먼저 장을 잘 담가서 저축하였다가 묵혀서 쓰도록 하는 것이 좋다.

말 많은 집 장맛이 쓰다는 것은 이치가 있다.

경성(서울) 장은 땅에서 띄우므로 장맛이 좋고 된장은 못 먹는다. 메주 속이 썩지 않게 띄우는 것이 가장 중요한 것을 누구나 알아야 한다. 시골의 말메주라는 것은 덩어리를 크게 하여 더운 방에 달아 매기 때문에 속이 검고 썩으며 겨울 내내 가시(구더기)가 떨어진다. 그렇게 띄워서 소금을 많이 쳐서 담그니 장맛이 짜고, 구리고, 쓰고, 갖은 냄새가 나고, 볕에 내 놓으면 장이 준다고 그늘에 놓는데 줄지는 않지만 음식에 그 장을 치면 음식까지 못 먹게 된다. 그래서 서울의 입이 고급인 사람이 시골 갈 때는 장을 가지고 가게 되는데 어찌 그런 일이 있고, 무슨 음식이든 썩고 맛있는 것이 어디 있겠는가?

무슨 음식이라도 맛부터 좋아야 색이라든지 모양이라든지 보게 되는데 맛은 어찌 되었던 색이 검어야 좋다 하니 무슨 엉터리인지 모르겠다.

비파 열매 장미과 비파나무 열매이다. 당뇨와 갈증, 술독에 쓴다.

요사이 일본장은 나무통에 넣어 두므로 소나무 냄새가 나기는 하지만 우리나라에서 만드는 장보다 맛이 매우 좋다. 이유는 첫째로 메주를 썩히지 않기 때문에 맛이 달고 소금을 많이 넣지 않기 때문에 싱거워서 온갖 음식에 넣으면 모두 맛이 좋다. 일본장 중에서도 가장 좋은 것은 **비파 열매**와 같이 누르고 붉은빛이 나며, 하급 장이나 되어야 색이 검다.

여기서 만드는 검은 장은 20~30년 묵혀야 검고 맛이 좋다 하는데 그런 장을 많이 쓸 수도 없고 오래되어 오히려 댓진(담뱃대의 진) 냄새가 나는 것도 있으니 그런 장을 이롭게 사서 쓸 수도 없으므로 개량해야 한다. 처음에 콩을 삶을 때에 물을 넉넉히 부어 솥 바닥에 눌러 붙지 않게 한다.

먼저 콩을 불리는 데 작은 그릇에 불리면 그릇이 터진다. 콩을 **조리**로 일어서 가마나 솥에 붓고 삶아서 물이 넘치면 뚜껑을 열지 말고 물만 넘치게 하며 삶는다. 뚜껑을 열면 콩도 넘쳐 나오고 뚜껑을 자주 열면 콩이 덜 무른다.

뜸 들여 잘 무르게 한 후 퍼서 물이 빠지면 껍질이 없도록 잘 씻어서 보사기(주먹 크기 사기 그릇) 정도로 약간 납작하게 메주를 만든다. 메주를 하나씩 펴 놓고 안팎을 하루 말린 후 겉이 구들거리면 **멱서리**(짚으로 엮어서 곡식을 담는 것으로 섬보다 작고 촘촘. 가방 모양, **삼태기** 모양이 있다), 섬(짚으로 엮은 것으로 두 가마니 용량), **둥구미**(짚으로 둥그렇고 깊고 튼튼하게 엮은 그릇) 등에 띄운다.

솔잎(을) 깔고 메주(를) 한 켜 놓고 주둥이를 봉하여 불 때는 방 윗목에 겹치지 않게 넣고 한 섬씩 늘어놓아(속이 빈 가마니나 섬은 사각형 두 겹 형태) 동지(11월) 섣달(12월) · 정월 · 2월에 띄운다. 10일 후 열어서 메주 냄새가 나고 모두 흰옷을 입었으면 얼리지 말고 볕을 쪼인다.

흰옷을 덜 입었으면 다시 봉하고 수일 후 또 열어본다. 이때 김이 나고 모두 흰옷이 입어야 좋기는 하되 흰옷이

조리 쌀이나 보리를 씻을 때 돌을 일어 없애는 기구이다. 복이 들어오라고 문 위에 거는 것은 복조리라고 한다.

멱서리(위)와 멱둥구미(아래) 짚으로 촘촘히 엮은 그릇으로 둥구먹(둥근 멱서리, 멱둥구미)보다 크다. 멱서리는 가마니와 비슷하게 만들고 멱둥구미는 그릇 형태로 둥글게 만든다.

삼태기 짚으로 만든 것으로, 재를 치우거나 곡식 등을 쓸어 담는 데 쓴다.

너무 지나쳐서 검은 진이 나면 썩은 것이므로 잘 살펴 띄운다.

가마니에 솔잎으로 메주 띄우기

여러 날 정성들여 안팎을 바싹 말린 후 방에 매달든지 **치룽**(싸리나무 등으로 둥그렇고 평평하게 엮은 그릇)에 넣어 자주 뒤집어 주면 속이 저절로 뜬다. 쥐가 먹기 쉬우므로 잘 간수한다.

치룽=광주리 대나무 싸리, 댕댕이, 바들가지로 엮은 밑턱이 없는 넓은 그릇이다.

장은 먼저 메주를 솔로 씻어서 물에 넣고 솔로 깨끗하게 씻어서(온갖 독한 먼지를 모두 씻어라) 하루 볕을 쐬어 뒤집으며 말려 담는다.

소금물은 쓰기 여러 달 전에 소금(간 뺀 우리나라 소금이 일본 소금보다 낫다)을 많이 풀어서 여러 날 저어서 소금이 풀리고 억센 간이 삭은 후 고운체로 걸러서 쓴다.

도토리 참나무의 열매로, 전분과 탄닌이 많이 함유되어 있다. 전분을 추출하여 묵을 만든다.

집에 불났을 때 소금물 한 바가지는 맹물 열 바가지 이상 불을 잘 끄므로 성세 있는 사람은 소금물을 1년 두었다가 장 담글 때 쓰고 다시 바로 소금물을 짜게 많이 만들어둔다.

장(을) 담글 때 간을 알려면 짜게 풀었던 소금물은 짜므로 맹물을 섞는다. **도토리** 크기 쌀밥 덩이를 하나 소금물에 넣었을 때 수면에서 한 뼘쯤 들어가서 멈추면 간이 맞는 것이다. 한 뼘이 안되면 너무 짠 것이고 한 뼘이 넘으면 너무 싱거운 것이다. 좋은 물에 소금을 타야 장맛이 좋다.

장 담글 때 먼저 어쩔 수 없이 옛 풍속을 따라 장 담그는 날을 택한다. 아래를 보라.

독을 물로 깨끗하게 우려내고 씻은 후 메주를 수십 개 넣고 생양지머리

(소 가슴살과 뼈)나 우둔(소 볼깃살)을 행주로 닦아 물기 없이 넣되 양지머리는 한 허리를 뼈째 드러내고 우둔도 반을 베어 넣고 그 위에 메주를 많이 넣는다.

소금물을 부어 얇은 모시나 베(삼베)로 독 주둥이를 덮어서 동여매고 자주 열어보아 곰팡이가 피지 않도록 하고 파리나 각쌕벌레(사전에 각쌕벌레라는 말은 없으나 파리 외에 많이 꼬이는 것이 주로 초파리이므로 초파리를 의미하는 것으로 보임. 그러나 각다귀를 말하는 것일 수도 있음)가 끼지 않도록 하여 낮에는 뚜껑을 열고 정남향으로 놓는다. 음지에 놓으면 장맛이 글러지므로 가급적 볕을 잘 쏘인다.

저녁에 뚜껑 덮는 것을 잊었는데 비가 오면 물이 들어가서 가시(구더기)가 나므로 두어 달 정성을 들인다. 숯이나 대추는 넣어도 소용없다. 버선 번(장독에 매단 버선)을 부끄럽게 왜 붙이는지 모르겠다.

뜰 때 용수를 박고 장을 떠내서 가마솥에 붓고 오래 끓인다. 검은콩이나 대추, 찹쌀, 다시마 등을 넣어 달이면 좋다. 너무 끓어서 넘치면 옆에 차가운 장을 놓았다가 조금씩 치면 넘치지 않는다. 끓인 후 좀 식으면 퍼내어 독이나 **중두리**에 담고 식으면 맛을 본다. 장 달일 때 넣었던 것들은 체로 건져서 먹든지 버린다.

고기 넣은 장은 맛있고, 국을 끓이거나 찌개를 하거나 다른 된장보다 맛있고 고기를 꺼내 썰어 먹으면 장조림 고기보다 낫고 뼈까지 먹을 만하다. 담글 때 고기의 겉만 살짝 삶아 넣어도 좋다. 기름 붙은 고기를 넣어도 장에 기름이 뜨지 않고 장이 오래 가도 맛이 변하지 않는다.

중두리 독보다 작고 배가 부른 독으로 한 말 두세 되 들이 크기이다.

장을 검게 하고 맛있게 하려면 경제적이지는 않지만 어쩔 수 없이 3년은 두어야 한다. 처음 장이 한 독이면 그 장물에 메주를 다시 분량대로 넣어 장이 다 되면 떴다가

(떠냈다가) 이듬해에 다시 메주를 넣어 3년에 세 번만 띄우면 처음 한 독이던 장이 세 번 띄우는 동안 한 동이쯤 되나 장맛은 천하에 가장 좋고 검어진다.

일본장의 맛이 매우 좋지만 삼등품도 보리나 밀을 넣는 것은 콩보다 경제적이기 때문이며, 맛과 조금도 상관이 없다. 하등품일수록 보리와 밀을 많이 넣으므로 순전히 콩으로만 메주를 만들어서 장 담그는 것이 가장 좋다.

메주콩은 알이 가는 것이 싸므로 경제적이라고 하나 잘은 콩은 좋지 않고 굵은 콩 맛이 더 좋은 것은 깨끗한 이치이다.

검은 장은 구이, 죽, 나물에는 쓰지 않으나 그 외에는 모두 검은 장을 쓰고 흰죽은 검은 장이 아니면 안 된다. 검은 장이 없으면 생선국이나 족(다리)조림 같은 것은 오히려 하지 않는 것이 낫다. 흰 장으로 만들면 생선은 부스러지고 족은 흰빛이 좋지 못하여 맛까지 없는 것 같다.

콩장(大豆醬) 조선무쌍신식요리제법(1924)

콩장을 볶아 가루를 만들어 한 말에 밀가루 세 말을 합하여 버무려 메주를 띄워 볕에 말린 후 메주 열 근에 소금 닷 근을 넣고 물을 치면하게(가장자리까지 차게) 부어 익힌다.

[표 3] 문헌별 장 담그는 법 요약

명칭	문헌	가열	배합	띄우기	담기	처리 및 숙성
장 담기(作醬法)	제민요술(530~550) 임원십육지(1827)	찌고 아래 위 바꾸어 다시 쪄서 쇠똥에 묻어 찌고 물에 불려 껍질 벗겨 쪄서 찧기	두황 3말, 누룩가루 1말, 흰 소금 5되, 차조기 씨앗 1웅큼	항아리에 눌러 담아 진흙으로 봉하여 21~35일 띄워 쪼개서 다시 띄우기	항아리에 볶은 소금 3말, 정화수, 황증 3되	10일간 하루 2회 저어주다가 20일간 1회 저어 주기

(계속)

명칭	문헌	콩처리 및 띄우기	소금처리	재료 및 담기	숙성
장 담기 (造醬法)	거가필용 (1200년 말) 구선신은서 (1400년경) 고사신서(1771) 고사십이집(1787) 해동농서(1799) 임원십육지(1827) 오주연문장전산고 (1850)		거르기, 항아리의 바닥에 생긴 검은 것을 탑라로 없애기		흰 소금을 채우고 시라와 영초 뿌리기
장 담기 (下醬法)	구선신은서 (1400년경)				흰 소금을 채우고 시라와 영초 뿌리기
장 담기 (合醬法)	산가요록(1450)		물 2동이에 소금 1동이 섞기	메주 3말에 소금 1말 섞기	메주가 뜨지 않게 하고 소금물 줄면 다시 붓기
장 담그기 (造醬法)	수운잡방 (1500년 초)	노란 콩 3말에 물 3동이 넣어 삶기 ① 국물은 간장 넣고 졸이기 ② 콩 건더기는 기름과 소금 넣어 밥반찬으로 먹기			
		③		메주 2말, 물 1동이 반, 소금 2되를 3일 동안 불려 항아리에 담기	진흙, 왕겨로 싸서 3일 동안 불 때기
장 담그는 법 (沈醬法)	증보산림경제(1767) 농정회요(1830) 군학회등 (1800년 중반)			메주 1말, 소금 6~7되, 물 1동이로 담가 소금물 줄면 더 붓기, 너스레로 메주 눌러 담기	가득 채우면 독이 깨짐
장 담기	임원십육지(1827)			메주1말, 소금 6~7되, 물 1동이 담가 너스레로 메주 눌러 담기	가득 채우면 독이 깨짐

(계속)

명칭	문헌	콩처리 및 띄우기	소금처리	재료 및 담기	숙성
장 담그는 법	부인필지(1895)		물 1동이, 간수를 뺀 소금 1말	메주 씻어서 담고 소 볼깃살이나 전복 넣기도 함	100일
장 담그는 법	김승지댁주방문(1860)	윗물은 간장, 건더기는 된장으로 사용	메주 1말, 소금 6되	① 간장: 한 달 동안 담근 후 메주덩이를 부수어 다시 담기 ② 된장: 메주 3말에 소금물 1동이	
장 담기(造醬)	방서(1867)	메주에 소금 넣어 만들기		① 메주 1말에 물 5말	
				② 메주 1말에 소금 1말	1년
장 담그기	조선무쌍 신식요리제법(1924)	① 삶아 주먹 크기로 뭉쳐 멱서리, 둥구미, 섬에 솔잎을 깔아 띄우기	도토리 크기 밥알뭉치가 수면에서 한 뼘 들어갈 정도 소금물 넣기	씻은 메주, 양지머리, 소 볼깃살	모시, 베로 싸서 매어둠
콩장		② 콩장 볶은 가루 1말, 밀가루 3말		메주 10근, 소금 5근	물을 가득 채움

전통장 담그는 과정

메주 만들기

일반 메주 만드는 방법 267가지 중에서 주재료인 콩이나 전분질 재료를 가열하는 방법은 찌기(57), 삶기(58)로 비율이 거의 같다. 그러나 현재에는 콩은 찌지 않고 전분질 재료만 시루에 찌고 있다. 콩을 볶아 삶는 방법도 21가지나 되고, 드문 방법으로 팥장은 가열하지 않고, 밀보리장은 밥을 지어 쓴다. 메주는 콩알 형태가 41개, 구형은 21개, 덩어리형은 22개인데 사각형은 하나 밖에 없다. 덩어리는 형태가 언급되어 있지 않으므로 사각일수도 있고 구형일 수도 있다. 나머지는 칼자루형 8개, 납작형 6개, 조각 4개이다. 시는 콩알 형태가 많고 집장과 고추장은 둥근형이 많다.

고추장은 72가지 중에서 콩 가열 방법은 찌기(6), 삶기(9)가 있고, 쌀 등의 전분질은 떡찌기(19), 죽쑤기(18), 밥짓기(11), 익반죽하기(5)의 순이다.

고추장 메주는 구형(6), 덩어리형(5), 콩알형(3), 납작(3), 구멍 뚫린 원형(2)인데 덩어리는 구형이 많으므로 구형이 가장 많다고 할 수 있다. 고추장 메주는 콩메주와 전분질을 섞어서 함께 띄우는 것이 많고 장메주보다 작으므로 표면적이 넓어서 뜨는 시간이 짧다.

[표 4] 메주 만들기

구분		주재료 익히기					메주 형태							
		찌기	삶기	볶아 삶기	무가열	밥짓기	콩알형	덩어리형	사각형	구형	구멍형	칼자루형	납작	조각
메주	10	4	5				2	3	1	2			1	
장 담기	14	1	3				1						1	
숙황장·생황장	2		1	찌기 1			1						1	
팥장	3	1		1	2			2		1				3
밀가루장·메밀가루장	3	3												
느릅나무열매장	4													
밀·보리장	3		2	2		1	1	1						1
어육장	9		1	1										
육장	16		1	1										
알장	4													
새우장	3													
생선장	5													

(계속)

구분		주재료 익히기					메주 형태							
		찌기	삶기	볶아 삶기	무가열	밥짓기	콩알형	덩어리형	사각형	구형	구멍형	칼자루형	납작	조각
더덕·도라지장	9													
집장-오이 넣기	32	13	12	5				4		14		2		
집장-오이 안 넣기	8	3	3	1				1		4				
순무장	2	2												
무장	6							4						
기울장	4	4					1			2			1	
콩시	20	12	3				17							
여러시	5	2					2							
청국장	9	1	6	2			6	1						
담북장	6		3	2			3	2						
급장된장	8		3	2			5							
급장청장	6													
간장	28	1	4	1			1	2		1			1	
청태장	8	7								1	1	6	1	
구황장	8		8											
두부장	4													
여러 장	13	3	3	2			1	2		2				
겨자장	3													
합계	128	30	30	9	0	0	36	11	0	6	1	6	3	0

[표 5] 고추장메주 만들기

구분		콩 익히기		전분질 익히기				메주 형태				
		찌기	삶기	떡찌기	익반죽하기	밥짓기	죽쑤기	콩알형	덩어리형	구형	구멍 뚫린 원형	납작
고추장메주	3	2	1	2					2		1	
육류고추장	7		2						1	3		

(계속)

구분		콩 익히기		전분질 익히기				메주 형태				
		찌기	삶기	떡찌기	익반죽하기	밥짓기	죽쑤기	콩알형	덩어리형	구형	구멍 뚫린 원형	납작
찹쌀고추장	7				1	3	3					
멥쌀고추장	3	1					2			1		
보리고추장	4			1		2	3					
수수고추장	2						2					
마늘고추장	3			1	1	1	2					
콩고추장	5		볶아 삶기 2	1				2				
팥고추장	4		4	3		1	1		2			2
장을 쓰는 고추장	1											
엿기름고추장	8			1	3	2	2					
순창고추장	7			2			2	가루 1		1	1	
초장	7											
합계	72	6	9	19	5	11	18	3	5	6	2	3

메주 띄우기

메주를 띄우는 용기는 섬과 가마니가 28개로 가장 많고 둥구미 · 멱서리 13개, 온돌 11개, 소쿠리 · 채반 · 광주리 7개, 독 6개이다. 그리고 땅에 구유처럼 도랑 파서 거적 깔기 4개, 시루 · 오쟁이 3개, 바가지 2개, 용수 1개이다.

메주의 깔개나 덮개는 짚이 36개로 가장 많고 이어서 닥나무 잎 17개, 멍석 · 거적 · 자리 15개, 쑥 14개, 솔잎 11개, 콩잎 10개, 뽕잎 · 보릿짚 · 북나무 잎 · 도꼬마리 잎 각각 6개, 가랑잎 · 띠풀 각각 5개, 삿자리 4개, 헝겊 3

거적

개, 개오동나무 잎 2개, 갈잎 1개의 순이다.

짚으로 만드는 깔개는 멍석, 거적, 자리가 있다. 한자로는 고(藁), 고석(藁席), 석(席), 포석(鋪席) 등을 쓰는데 어떤 것을 의미하는지 알기 어렵다. 자리는 사람이 방안 바닥에 깔고 생활하던 것으로 짚을 왕골로 싸감아 노끈으로 엮어 짜므로 겉은 왕골면이 보이고 속은 짚이다.

메주를 자리에 띄우면 메주의 수분이 자리에 스며 들어 곰팡이가 피고 썩어 들어가고, 냄새가 나서 못 쓰게 된다. 마당에 까는 멍석도 마찬가지이다. 자리나 멍석을 짜려면 몇 달씩 시간과 공을 들여야 하는데 마른 메주를 말리는 것은 상관없지만 물기 있는 메주를 띄우느라 썩게 하여 버린다는 것은 이치에 맞지 않는다.

반면, 거적은 짚으로 엉성하게 짜서 한두 번 쓰고 버리던 것으로 메주 띄우는 데 주로 사용하였다. 멍석이나 자리를 쓰더라도 거적을 덧깔아서 멍석이나 자리가 상하지 않도록 하였을 것이다.

[표 6] 메주 띄우는 용기

구분		띄우는 용기									
		가마니·섬	독	동구미·멱서리	바가지	소쿠리·채반·광주리	시루	오쟁이	온돌	용수	흙도랑
메주	10	5	2								2
장 담기	14	3		2		1					
된장	4			1							

(계속)

구분		띄우는 용기									
		가마니·섬	독	동구미·멱서리	바가지	소쿠리·채반·광주리	시루	오쟁이	온돌	용수	흙도랑
팥장	3					2					
밀가루장	3										
밀·보리장	3	1		1		1					
어육장						1					
육장					1			1			
집장-오이 넣기	32	4	1	3		1					
집장-오이 안 넣기	8	2		1							
기울장	4										
콩시	20	2									
여러 시	5										
청국장	9			1	1		1	1	2		
담북장	6					1					
급장된장	8								3		
간장	28	1	1						2		
청태장	8	4		3					2		
두부장	4										
여러 장	13	1									
고추장메주	3	1					1				
육류고추장	8							1			
찹쌀고추장	7										
멥쌀고추장	3										
멥찹쌀 고추장	7	1	1								
콩고추장	3								1		
팥고추장	4	1	1	1							
장을 쓰는 고추장							1				
순창고추장	7	2							1		
합계	226	28	6	13	2	7	3	3	11	1	4

(계속)

[표 7] 메주 띄우기용 깔개 및 덮개

구분	메주 깔개 및 덮개																	매달기
	가랑잎	갈잎	개오동나무 잎	닥나무 잎	도꼬마리 잎	띠풀	멍석·거적·자리	북나무 잎	보릿짚	뽕잎	삿자리	섬·가마니·섬	솔잎	쑥	짚	콩잎	헝겊	
메주					1	2	1				1				7			
장 담기													1					1
된장															1			
숙황장·생황장					1				2		2				1			
팥장																		2
밀가루장				3	3				3						1			
밀·보리장				2											1	2		
어육장							1								1			
육장																	1	
집장-오이 넣기	1			6				4		2			5	2	7	3		
집장-오이 안 넣기				2				1								1		
기울장				1			1							1				
콩시				2	1	2	7	1	1	4	1			10	2			
여러 시																	1	
청국장	1	1					2								1		1	
담북장	2														2			
급장된장															1			
간장				1		1	1							1	2			1
청태장	1		2												2	4		
두부장																		
여러 장													1		1			
고추장메주															2			
육류고추장													2					
찹쌀고추장																		
멥쌀고추장													1					
멥찹쌀 고추장													1		1			
콩고추장							2								1			

(계속)

구분	메주 깔개 및 덮개																	매달기
	가랑잎	갈잎	개오동나무 잎	닥나무 잎	도꼬마리 잎	띠풀	멍석·거적·자리	북나무 잎	보릿짚	뽕잎	삿자리	섬·가마니·섶	솔잎	쑥	짚	콩잎	헝겊	
순창고추장																		1
합계	5	1	2	17	6	5	15	6	6	6	4	0	11	14	36	10	3	5

장독의 마무리 및 숙성

뚜껑으로 쓰는 것은 장독뚜껑이 21개이다. 솥뚜껑도 8개인데 집장이 많다. 장을 담고 위를 봉하는 것은 채소·풀잎·나뭇잎 등이 21개, 우거지 8개로 합계 29개이다. 다음 유지(기름종이) 19개, 소금 5개, 뽕잎 4개, 대껍질 3개, 헝겊 3개, 너스레 2개의 순이다.

장이 빨리 익으려면 열을 가해야 하는데 장독을 양지에 두는 방법이 39개, 말똥의 썩는 열을 이용하는 것이 25개, 땅을 불로 덥혀서 장독을 넣는 것이 22개, 풀과 볏짚의 썩는 열을 이용하는 것이 12개, 두엄의 썩는 열을 이용하는 것이 11개, 왕겨불로 가열하는 것과 땅속에 묻는 것이 각각 8개이다. 집장은 10일 이내에 장을 익히기 위해 열을 가하는데 양지쪽에서 따뜻하게 하는 것을 빼고 인공가열 방법 94개 중 45개(48%)를 차지했다. 집장은 말똥이나 두엄에 묻어서 썩는 열(65℃ 정도)로 가열하므로 유지로 말똥이나 쇠똥이 장으로 스며들지 않도록 싸는 경우가 많다. 뚜껑을 덮은 다음 왕겨불로 덥힐 경우 장독에 불기운이 직접 들어 가면 장독이 깨지거나 온도가 너무 올라가므로 서서히 가열되도록 진흙을 발라 싸는 것이 10개이다. 유지로 감는 것은 3개, 새끼와 진흙을 함께 감는 것은 1개이다. 거적으로 싸는 것도 있다.

[표 8] 장독 뚜껑의 마무리 및 숙성

구분		뚜껑			위 봉하기								뚜껑 봉하기	
		항아리·사발	솥뚜껑	나무판	소금	우거지	너스레	헝겊	대껍질	잎	뽕잎	유지	밀가루	진흙
장 담기	14	3			2		2	1						
된장	4	1			2			1						
숙황장·생황장	2													
팥장	3													
밀·보리장	3													
어육장	9	1										2		
육장	16											1		2
생선장	5													2
게장	8													3
집장-오이 넣기	32	7	7	1		7						13	1	4
집장-오이 안 넣기	8					1								
기울장	5											1		
콩시	20	4	1						1	21	4	1		
여러 시	5	1								2			12	
청국장	9	1												
급장된장	8													
간장	28	3			1			1						
청태장	8													
구황장	8													
두부장	4													
여러 장	13													
합계	212	21	8	1	5	8	2	3	3	21	4	19	3	17

[표 9] 장독 겉면의 마무리 및 숙성

구분	장독 겉면					장독 숙성										
	유지	흙 바르기	새끼 감아 흙 바르기	거적싸기	기장겨	양지	따뜻한 곳	풀·볏짚 속	두엄 속	말똥 속	말똥 속 풀불	잿불	쇠똥불 속	왕겨불 속	땅속	불로 덥힌 땅속
장 담기		1				2								1	1	
된장						1										
숙황장·생황장						2										
팥장						1										
밀·보리장						3	2									
어육장				1				2							4	
육장		1			1	3		1					1	1		
생선장						1										
게장																
집장–오이 넣기	3	6	1			2		6	11	20	2	1		1		
집장–오이 안 넣기						1					1					11
기울장		1				1				2						
콩시						1		3		3					3	
여러 시						1										
청국장		1				1								1		
급장된장						7								3		11
간장						9								1		
청태장						1										
구황장						1										
두부장																
여러 장						1										
합계	3	10	1	1	1	39	2	12	11	25	3	1	1	8	8	22

장 보관하기

도라지 초롱꽃과 여러해살이로 뿌리는 식용하며 사포닌이 많다. 자주빛과 흰색 꽃이 핀다. 길경(桔梗)이라고도 한다.

전대 돈을 넣는 주머니

장 담글 때 조심할 일 조선무쌍신식요리제법(1924)

장 담글 때 메주를 물에 깨끗하게 씻어서 독에 넣고 소금물을 붓는 데 메주 한 말에 소금 육칠 되와 물 한 동이를 붓는다. 가을과 겨울에는 소금을 적게 넣어도 되고 봄과 여름에는 많이 넣어야 하며 메주 높이보다 소금물을 약간 높이 붓고 볕을 쪼이다가 물이 줄면 소금물을 더 붓는다.

뚜껑을 항상 열고 볕을 쪼이되 비가 올 것 같으면 뚜껑을 속히 닫는다. 바싹 마른 메주를 독에 가득 채우고 소금물을 부으면 불어서 독이 터지기 쉽다. 그러므로 독 바닥에 먼저 대나무 가지로 너스레(걸쳐 놓는 막대)를 걸쳐 놓고 메주를 독에 골고루 넣은 후 독 위에도 너스레를 놓으면 터질 염려가 없다. 작은 독에 소금물을 부어 놓고 장독 옆에 놓았다가 장이 줄면 붓는다.

장 담글 때 넣는 물건 조선무쌍신식요리제법(1924)

장 담글 때, 더덕과 **도라지** 껍질을 벗기고 바싹 말려 가루로 만들어 체로 쳐서 **전대**(돈주머니)나 주머니에 넣고 물에 담가 쓴맛을 빼서 물기를 꼭 짜 없애고 주머니 채 장 속에 넣으면 두부장보다 맛이 좋다. 이 두 가지를 생으로 두드려 물에 담가 쓴맛이 빠지면 꼭 짜서 대충 말려 넣어도 좋다.

또 생게딱지를 떼고 누른 것은 따로 빼 놓고 나머지를

모두 절구에 찧어서 체로 거른 것과 미리 빼 놓은 누른 것을 합하여 쪄서 주머니에 넣어 장에 담가 두면 맛이 매우 좋다. 새우나, 큰 게나 작은 게를 짓찧어 가루를 만들어 주머니에 넣어서 장에 넣으면 맛이 절품이다.

쇠고기 한 덩어리를 독 밑에 넣어두면 장맛도 좋고 고기 맛도 좋다. 두부를 주머니에 넣고 단단히 눌러 물기를 뺀 후 장에 넣으면 좋다. 무와 더덕, 도라지 등을 잠깐 데쳐 말렸다가 넣어도 좋다.

생굴을 물기 없애고 넣어도 좋고 달걀이나 오리 · 거위 알을 까서 놋그릇에 담아 넣어도 좋다. 생선이나 고기를 장에 넣으면 장맛을 돕고 여러 가지로 좋으나 장을 먹기 전에 어육이 상하면 장맛이 변하기 쉽다. 여름에 담그는 장에 어육 등을 넣으면 어육이 상하기 쉬우므로 조심하여 담가야 한다.

가장 먼저 붉은 고추를 따서 한쪽을 갈라 제키고(제치고) 씨를 뺀 후 기름없는 고기를 난도질하여 표고와 함께 익혀서 고추의 가른 자리에 넣고 합하여 실로 동여매고 진장 속에 넣었다가 먹는다.

일본된장은 여름에 금할 것 동아일보(1929. 6. 18)

맛이 다르다 하여, 혹은 일본에 오래 가 있었던 사람들은 습관적으로 조선에 돌아와서도 일본된장을 먹는 사람이 있다. 그러나 여름 동안은 될수록 일본된장을 먹지 않는 것이 좋다. 의학자의 입장에서 까닭을 말할 것 같으면 여름만 되면 방부제를 넣는 된장이 많다는 것이다. 자기 집에서 만들었거나 절대 신용할 수 있는 상점의 것 외에는 먹지 말아야 한다.

경찰에서는 술이나 간장의 방부제는 엄밀히 조사하지만 된장까지는 못미치는 모양으로 사실 방부제를 많이 넣어서 위험한 것이 많다.

주요 식료품의 식료와 영양의 위생 동아일보(1932. 2. 25)

장의 곰팡이는 공기에 접촉하는 표면에 번식하므로 접촉면을 적게 하는 의미로 부리(주둥이) 좁은 그릇에 잔뜩 채워 두면 곰팡이가 비교적 적다. 왜간장에 곰팡이가 피었을 때는 헝겊에 밭치고(걸러서) 소금을 조금 쳐서 끓여내면 좋다. 또 곰팡이가 두껍게 더 핀 것은 거른 후 달걀 흰자를 타고 휘저어 가면서 끓여서 거품은 걷어버리고 겨울 동안에 다른 그릇에 탈지면에 밭쳐 넣어두고 먹으면 상당히 맛있는 장맛으로 돌아온다.

여름철에 성가신 간장의 곰팡이 예방책을 알아둡시다 조선중앙일보(1936. 7. 14)

골마지 김치나 장, 식초 등의 표면에 생기는 유산균 막이다.

여름철에는 모든 음식이 상하기 쉬운 데 간장과 된장도 역시 이것을 피할 수 없어서 여름철에 더구나 비가 오락가락하고 보면 **골마지**(표면에 낀 흰 막)가 끼고 곰팡이가 생기게 된다.

물론 간장이나 된장의 곰팡이는 먹어도 독이 되거나 그런 일은 없다고 하지만 역시 곰팡이가 생긴 것을 먹는다는 것은 기분 상으로도 재미가 적다(좋지 않다). 그러므로 여름의 간장은 조금씩 당일당일 사 먹는 것이 좋다(더욱이 왜간장은 말할 것도 없다).

만일 한꺼번에 많이 사 놓은 경우는 작은 그릇에 넣어서 표면을 평평하게 하고 위에 종이를 발라두고 속을 휘젓지 말고 위에서부터 떠먹는다.

그리고 간장 속에 고추(한 되 들이에 세 개쯤)를 넣어 두면 곰팡이가 생기지 않는다. 곰팡이가 이미 난 것은 어디다가 밭쳐서(걸러서) 써도 좋고, 밭친 다음 다시 냄비에 한 번 끓이면 안전하지만 이렇게 하면 왜간장 냄새가 나고, 냄새가 없어지므로 생각해야 한다.

합장 조선요리법(1939)

합장은 한 해 전에 담은 장을 다시 담그는 것으로 메주를 깨끗하게 손질하여 독에다 담는 것인데 메주 양은 진하게 만들면 한이 없으므로 마음대로 몇 개고 담고 물을 끓여서 민큰하게(뭉근하게) 식혀서 메주가 간신히 잠길 만큼 붓고 꼭 덮어 두었다가 3일 후 간장을 부어 독에 채운다. 이같이 해서 보통장 뜨듯 뜬다. 이 장은 한 3년만 묵히면 보통 진장보다 감칠맛이 더 있다.

왜된장 맛을 변치 않게 보존하는 법 경향신문(1948. 4. 18)

통이나 독에 빈틈없이 꼭꼭 담아서 위를 평평하게 만들어 다시마편으로 잘 덮고 가장자리 다시마는 그릇 모양으로 잘라 틈이 없게 한다.

그리고 위에 셀로판지(솜을 산으로 녹여서 만든 투명막으로 반투막 작용을 한다)를 꼭 덮고 숯을 죽 깔아 놓으면 곰팡이도 슬지 않고 맛도 변하지 않는다.

다시마는 된장을 다 먹을 때 꺼내 도시락 반찬도 한다. 된장을 꺼낸 뒤에는 반드시 주걱으로 평평하게 다듬어서 처음 같이 다시마와 셀로판지로 꼭 봉하여 두어야 한다.

간장을 두는 법 류일선의 가정잡지(1906)

우리나라는 간장을 장독대에 두고 매일 볕에 쏘이는 풍속이 참 좋은 일이다. 그러나 매일 쓰는 간장은 따로 작은 항아리에 담아 두고 쓰는데 흔히 그늘에 두는 고로 곰팡이가 스는 일이 많다. 이것은 위생에 좋지 못하므로 병에 넣고 맥주병 막는 콜크(참나무껍질로 만든 병마개)라는 나무로 꼭 막고 공기가 통하지 못하게 하면 좋다.

간장의 곰팡이를 없애는 법 가정잡지(1906)

간장에 곰팡이가 슬면 겨자를 베주머니에 넣어서 간장 항아리나 병 속에 넣어 두거나 소금을 검은 빛이 나도록 볶아 넣어 두면 곰팡이가 없어진다.

제4장

전통장 만드는 법

제4장

전통장 만드는 법

된장

《산림경제》의 동인장은 5개 문헌이 인용하였다. 콩은 삶아서 익히고, 《산림경제》의 동인장과 《조선요리제법》 ②는 콩으로 담고, 《조선요리제법》과 《조선음식 만드는 법》의 ①은 간장 뜨고 남은 건더기로 된장을 삼는다. 《산림경제》의 동인장은 주먹메주를 짚둥구미에서 띄워 메주에 소금을 가하여 담근다(표 1 참조).

동인장 산림경제(1715), 산림경제보(1700년 중반), 고사신서(1771), 고사십이집(1787), 해동농서(1799), 임원십육지(1827)

콩을 깨끗이 골라 물에 하루 담갔다가 건져서 가마솥에서 푹 삶아 건져 손으로 주먹 크기 덩어리로 이겨 뭉쳐서(살펴보건대 익은 것을 건져 절구에 찧은 다음에야 손으로 덩어리를 만들 수 있을 것이다) 짚둥구미에 담는다.

층층마다 짚을 깔아 사이를 띄우고 따뜻한 곳에 두어 누런 곰팡이가 피면 강한 볕에 쪼이고 다시 따뜻한 곳에 두어 마르게 한다. 이것을 메주(末醬)라고 한다[살펴보건대 이것은 시골 장 담는 법이다. 서울 법은 다른데 아래에 있다.

또 살펴보건대 말장은 민간에서 메주라 하고 중국인은 장황(醬黃)이라고 한다]

끓는 물에 소금 닷 되를 녹여 찌꺼기를 체로 걸러 식혀 놓는다. 먼저 메주 한 말을 항아리에 넣고 소금물을 말장과 수평이 되도록 붓는다. 볕에 며칠 쪼여 말리며 물이 줄어들면 다시 소금물을 붓고 익으면 쓴다(부록 30).

주먹 메주

된장 1 조선요리제법(1939)

간장을 뜨고 남은 찌꺼기로 된장을 만든다. 간장을 거르고 난 건더기를 독이나 항아리에 즉시 담고 주걱으로 꼭꼭 누르고 그릇 가장자리와 겉을 깨끗하게 씻는다. 망사나 얇은 가운으로 꼭 봉하고 덮개를 매일 열어서 햇볕을 쏘인다. 항상 깨끗하게 하면 결코 벌레(구더기)가 생기지 않는다.

된장이나 고추장에 벌레가 생기는 것은 주부의 수치이다. 된장은 물기 없는 깨끗한 주걱으로 떠낸 다음 즉시 꼭꼭 누르고 그릇 가장자리를 깨끗하게 씻어서 꼭 봉해 두고 위에서부터 차례로 떠서 쓴다. 독의 된장 한가운데를 우물같이 파내어 쓰면 물이 고이고 깨끗하지 못하게 되어 벌레가 생긴다.

된장 2 조선요리제법(1939)

간장 떠낸 찌꺼기로 만드는 된장이 아니고 된장만 만드는 방법이다. 정해진 방법대로 메주를 쑤어서 썩지 않게 잘 띄워서 간장 담는 법과 같이 담근다.

독에 메주를 넣고 소금물을 메주가 잠길 정도로 붓고 꼭 봉해 두었다가 익으면 잘 섞어서 꼭꼭 눌러 두고 먹는다. 이것은 간장을 뜨고 남은 것으로 만드는 된장보다 훨씬 맛있다. 수득수득(열매나 뿌리가 시든 모양) 마른 무를 이 된장에 박았다가 6개월 후 꺼내 반찬을 하면 좋다. 또 오이, 참외, 더덕, 송이, 가지, 풋고추, 마늘종, 마늘줄기(풋마늘 때)도 된장에 박았다가 4~5삭(달)이 지난 후 고추장에 박아 몇 달 지나면 좋은 반찬이 된다. 마른 대구를 같은 방법으로 박아서 먹어도 좋다.

된장 담그는 법 1(3~4월) 조선음식 만드는 법(1946)

대개는 간장을 뜨고 남은 것을 된장이라고 하며, 독을 준비하고 간장을 말갛게 뜨고서 남은 건더기를 독에 꼭꼭 눌러가며 담고 맨 위에 소금을 뿌리고 독 가장자리를 깨끗하게 씻고 독 거죽도 물로 깨끗이 씻어놓고, 망사나 얇은 것으로 봉해서 파리가 앉지 못하게 하고 낮에는 뚜껑을 열어서 볕을 쏘인다.

된장 담그는 법 2(겨울철) 조선음식 만드는 법(1946)

간장을 떠내고 남은 건더기로 된장을 만드는 것은 위에서 설명하였고 그 외에 된장을 아주 주로 만들려면 메주를 만들어서 너무 띄우지 말고 약간만 적당히 띄워 말려서 독에 메주를 담고 메주가 겨우 잠길 만큼 물을 붓고 잘 덮어서 40일쯤 두었다가 모두 다른 독으로 옮겨 꼭꼭 눌러서 담고 위에 소금을 뿌려서 꼭 봉하여 낮에는 볕을 쪼이고 밤에는 잘 덮어서 비 맞을 염려가 없도록 보관해 두고 쓴다.

생무나 짠지무를 수득수득하게 말려서 항아리에 담고 간장을 뜨고 남은 장 찌끼를 붓고, 무거운 돌로 5~6개월쯤 눌러 두었다가 막고추장 독 맨 밑에 넣어서 몇 달 동안 두고 반찬으로 쓴다.

또 연한 풋마늘 줄기를 따서 간장 찌끼에 넣었던 것을 고추장으로 옮겨 담았다가 반찬해도 좋다. 오이, 참외, 가지, 더덕, 도라지, 풋고추 이런 것들도 위와 같은 방법으로 하여 두었다가 몇 달 지낸 후에 반찬할 수 있다.

마른 북어나 다른 종류의 마른 생선도 고추장에 깊이 넣어 두었다가 반찬이 마땅하지 못할 때 조금씩 꺼내어서 반찬할 수 있으므로 찬 때에 큰 도움이 되고 매우 편하다.

반찬할 때는 적당히 썰어서 그냥 먹을 수도 있고 물에 한 번 깨끗이 씻어서 기름과 깨소금과 고춧가루를 쳐서 놓아도 좋다.

[표 1] 된장 요약

명칭	문헌	재료	띄우기	장 담기	비고
동인장 [東人(東國)] (造醬法)	산림경제(1715) 산림경제보 (1700년 중반) 고사신서(1771) 고사십이집(1787) 해동농서(1799) 임원십육지(1827)	콩	물에 하루 담가 삶아 주먹 크기로 뭉쳐서 짚둥구미에 짚을 깔고 층층이 담아 띄워 곰팡이 나면 말리기	끓는 물에 소금 5되를 녹여 찌꺼기를 체로 걸러 식혀 놓고, 항아리에 메주 1말에 소금 5되를 녹인 소금물을 붓고 말리며 소금물 붓기	
된장	조선요리제법 (1917)	① 간장을 떠내고 남은 것		항아리에 꼭꼭 눌러 담기	
		② 콩 삶기	보통 방법으로 하기		오이, 가지, 대구 등 박기
된장 담그는 법	조선음식 만드는 법(1946)	① 간장을 떠내고 남은 것		항아리에 꼭꼭 눌러 담고 소금 뿌리기	3~4월 담그기
		② 콩 삶기	보통 방법으로 하기	담기, 40일 후 다른 독으로 옮겨 소금을 뿌리고 숙성	겨울에 담그기

숙황장 및 생황장

《거가필용》의 숙황장은 10개 문헌, 생황장은 12개 문헌이 인용하였다. 숙황장은 볶은 콩과 밀가루로 메주를 만들어서 멍석에 깔고 보릿짚, 볏짚, 도꼬마리 잎 등으로 덮고, 생황장은 콩을 삶아 삿자리에 깔고 잎으로 덮어 띄운다.

숙황장 거가필용(1200년 말), 구선신은서(1400년경), 본초강목(1552~1578), 산림경제(1715), 증보산림경제(1767), 고사신서(1771), 고사십이집(1787), 해동농서(1799), 민천집설(1751~1823), 임원십육지(1827), 오주연문장전산고(1850)

양과 관계없이 누런 콩이나 검은콩을 깨끗하게 가려서 볶아 가루낸 것 한 말에 밀가루 한두 말의 비율로(《본초강목》, 《임원십육지》에서는 밀가루 세 말) 뜨거운 물을 부어 고루 반죽한 다음 납작한 조각으로 만들어 쪄서 익히고 삿자리(갈대자리)에 얇게 편다. 보릿짚이나 볏짚, 도꼬마리 잎으로 덮어두고 누런 곰팡이가 피면 강한 볕에 쪼여 바싹 말린다.

볏짚에 메주를 띄우기

메주 한 덩이에 소금 네 냥을 쓰는데(《본초강목》, 《임원십육지》에서는 메주 열 근에 소금 네 냥) 정화수를 메주보다 주먹 하나쯤 높이 붓고 볕을 쪼인다(부록 31).

도꼬마리 잎에 메주를 띄우기

생황장 거가필용(1200년 말), 구선신은서(1400년경), 산림경제(1715), 증보산림경제(1767), 고사신서(1771), 고사십이집(1787), 해동농서(1799), 민천집설(1751~1823), 임원십육지(1827), 농정회요(1830), 오주연문장전산고(1850), 군학회등(1800년 중반), 학음잡록(1800년 말)

도꼬마리 잎에 콩알 메주를 띄우기

삼복중에 누런 콩이나 검은콩을 관계없이 깨끗하게 골라 하루 동안 물에 담갔다가 건져서 솥에 푹 삶아 꺼내 펼쳐 널어 완전히 식은 뒤에 밀가루를 고루 많이 섞어 삿자리 위에 펴고 보릿짚이나 도꼬마리 잎을 덮어둔다. 하루 지나면 열이 나고 2

일째 누런 곰팡이가 핀다. 3일째부터 번갈아 뒤집어 주며 강한 볕에 말린다.

메주 한 근에 소금 네 냥을 섞어 정화수를 길어다 메주 위에 주먹 하나 남을 정도로 붓고 볕에 쪼이는데 생수가 들어가지 못하게 한다. 메주가 많을수록 장이 누렇고 좋으며, 볕에 많이 쪼일수록 장맛이 좋다(부록 32).

[표 2] 숙황장 및 생황장 요약

명칭	문헌	재료	띄우기	담기
숙황장 [熟黃醬方]	거가필용(1200년 말) 구선신은서(1400년경) 본초강목(1552~1578) 산림경제(1715) 증보산림경제(1767) 고사신서(1771) 고사십이집(1787) 해동농서(1799) 민천집설(1751~1823) 임원십육지(1827) 오주연문장전산고(1850)	볶은 노란 콩이나 검은콩가루 1말, 밀가루 1~2말을 반죽하여 납작 메주 만들기	멍석에 깔고 보릿짚, 볏짚, 도꼬마리 잎을 덮어 누런 곰팡이 피우기	물에 소금 4냥 풀어 메주 1덩이 담기
생황장 (生黃醬)	거가필용(1200년 말) 구선신은서(1400년경) 산림경제(1715) 증보산림경제(1767) 고사신서(1771) 고사십이집(1787) 해동농서(1799) 민천집설(1751~1823) 임원십육지(1827) 농정회요(1830) 오주연문장전산고(1850) 군학회등(1800년 중반) 학음잡록(1800년 말)	삶은 누런 콩이나 검은콩에 밀가루 섞기	삿자리에 펴서 보릿짚, 도꼬마리 잎을 덮어 이틀 후 곰팡이가 피면 사흘째 뒤집어 말리기	물에 소금 4냥 풀어 메주 1근 담기

팥장

《거가필용》의 팥장은 4개 문헌, 《증보산림경제》의 팥장은 2개 문헌이 인용하였다.

《거가필용》의 팥장은 팥과 밀가루를 삶거나 찌지 않고 반죽하여 매달아 띄워 2달간 숙성시키는 점이 특이하다. 《증보산림경제》의 팥장은 팥을 찌고 콩은 볶아 뭉쳐 띄워 담가 7일만에 먹는다(표 3 참조).

팥장 거가필용(1200년 말), 구선신은서(1400년경), 임원십육지(1827), 오주연문장전산고(1850)

양에 관계없이 깨끗이 골라 잘게 부어 **키**로 까불러 껍질을 버리고 곱게 간다. 반나절 물에 담갔다가 건져서 말려 다시 비벼서 남은 껍질을 없애고 이튿날 일찍 물에 깨끗하게 일어서 건져 말린 후 밀가루와 합하여 주물러 덩어리를 만들어 놓는다.

덮개를 덮어 한 달 두면 곰팡이가 피기 시작한다. 이것을 성긴 광주리에 넣고 바람 통하는 곳에 매달아 둔다. 이듬해 2월 중순에 꺼내어 헝겊으로 흰 곰마지를 문질러 버리고 부스러뜨려 다시 곱게 간다.

가는 메주 이십 근마다 소금 여섯 근 네 냥을 쓰는데(임원십육지에서는 본초강목을 이용하여 가루 열 근마다 소금 다섯 근과 물 이십 근) 납설수[납일(臘日)에 내린 눈을 녹인 물로 해독작용을 함. 납일은 동지(11월) 뒤의 세 번째 무일(戊日)]를 타서 화일(火日) 새벽에 담가 두면 두 달이면 먹을 수 있다(부록 33).

키 곡식의 검불이나 돌 등을 까불러서 골라내는 기구이다.

맷돌 곡식을 넣고 돌리면 마찰에 의하여 곡식이 부스러진다. 돌리는 자루는 '어처구니'라고 하며 불가능한 일을 '어처구니 없다'라고 표현한다.

팥장(小豆醬) 조선무쌍신식요리제법(1924)

팥을 까불러 모래를 없애고 **맷돌**에 갈아 까불러 껍질을 없앤다. 다시 곱게 갈아 물에 반날 담갔다가 건져서 말려 비벼 남은 껍질을 없애고 이튿날 물을 일찍 붓고 깨끗하게 일어서 건져 말린 후 밀가루를 넣어 주물러 덩어리로 만들어 덮어 한 달 띄워서 꺼낸다.

둥근 메주 말리기

성긴 광주리에 넣고 바람 통하는 곳에 매달아 두었다가 이듬해 2월 보름쯤 꺼내 수건으로 흰 곰팡이를 깨끗하게 씻어서 부수어 곱게 갈은 것 스무 근 정도에 소금 열 근 넉 량을 선달(12월) 납수(臘水)에 합하여 화일(火日) 새벽에 담가 두었다가 2달 후에 먹는다.

본초(강목)에는 누룩가루 열 근 정도, 소금 닷 근을 넣어 담근다고 하였다.

팥장 증보산림경제(1767), 농정회요(1830), 군학회등(1800년 중반)

정월에 팥을 쪄서 푹 익힌 다음 식혀서 떡처럼 둥글게 뭉쳐서 누런 곰팡이가 피면 구멍을 뚫고 바람이 통하는 곳에 3~4일 달아 둔다. 콩은 볶아 갈아서 껍질을 없애고 깨끗하게 키질한 다음 푹 삶아 익혀서 건져낸다.

팥메주 한 말과 익힌 콩 열 말에 소금 사십여 근을 고루 섞고 찧어서 항아리에 넣고 매일 저어 섞어주면서 볕을 쪼이면 7일 뒤에 바로 먹을 수 있다. 묵은장을 합할 때는 이 방법을 참작하여 양을 어림하여 한다(부록 34).

[표 3] 팥장 요약

명칭	문헌	재료	뭉치기	띄우기	담기	숙성
팥장 [小豆醬方 (造豆醬)]	거가필용 (1200년 말) 구선신은서 (1400년경) 임원십육지 (1827) 오주연문장전산고(1850) 조선무쌍신식요리제법(1924)	팥을 갈아 물에 담가 껍질 없애기	팥가루와 밀가루 반죽 덩이 만들기	덮어 띄워 매달아 말려 부수어 가루내기	메주 20근, 소금 6근 4냥	2달
팥장 [小豆醬法]	증보산림경제 (1767) 농정회요(1830) 군학회등 (1800년 중반)	팥은 찌고, 콩은 볶아 껍질 없애 삶기	팥을 둥글게 뭉치기	팥에 누런 곰팡이가 피면 구멍을 뚫어 3~4일 말리기	팥메주 1말, 삶은 콩 10말, 소금 40근을 찧어 담기	매일 저어주기 7일 숙성

밀가루(메밀가루)장

《거가필용》의 밀가루장은 7개, 면장은 10개 문헌이 인용하였다. 2가지 모두 밀가루 반죽을 쪄서 손가락메주로 만들어 닥나무 잎, 도꼬마리 잎, 보릿짚, 볏짚 등으로 띄우는데 방법이 거의 같다(표 4 참조).

밀가루장 거가필용(1200년 말), 구선신은서(1400년경), 증보산림경제(1767), 고사십이집(1787), 민천집설(1751~1823), 해동농서(1799), 임원십육지(1827), 오주연문장전산고(1850)

밀가루 양에 관계없이 찬물로 반죽하여 딱딱한 덩어리를 만들어 잘라서 손가락 두께 조각을 만든다. 대광주리에 담아 쪄서 꺼내 펴서 볕에 나절 정도 말려 겉이 마르면 닥나무 잎이나 도꼬마리 잎, 보릿짚 등으로 덮는다.

누런 곰팡이가 표면에 고르게 피면 덮은 것을 치우고 이튿날까지 자주 뒤집어 주면서 볕에 쪼여 말린다. 누런 곰팡이를 떨어내고 찧어 한 근 당 소금 네 냥을 넣고 끓인 소금물을 붓는다(부록 35).

칼로 자른 메주

면장 거가필용(1200년 말), 구선신은서(1400년경), 사시찬요(1483), 산림경제(1715), 고사신서(1771), 고사십이집(1787), 증보산림경제(1767), 해동농서(1799), 농정회요(1830), 군학회등(1800년 중반)

메밀가루에 찬물을 섞어 반죽하여 딱딱한 덩어리를 만든 뒤 손가락 하나 두께의 편으로 썰어 시루에서 푹 쪄 익혀 펼쳐 반나절 말려서 **닥나무** 잎이나 도꼬마리 잎, 보릿짚, 볏짚 등으로 덮어둔다. 누렇고 허연 곰팡이가 고루 필 때까지 덮어두었다가 덮은 풀을 없애고 뒤집어 놓는다.

닥나무 뽕나무과로 껍질을 까서 한지를 만들고 어린잎은 식용하고 열매는 약으로 쓴다.

이 날 볕을 쪼여 말려서 곰팡이를 털어 내고 빻아서 메밀메주 한 근에 소금 네 냥의 비율로 끓는 물에 소금을 타서 붓는다. 또 다른 방법으로는, 관중(**쇠고비**)을 넣어 끓인 뜨거운 물에 소금을 타서 붓는다(부록 36).

쇠고비 관중(貫衆)이라고도 하며 고사리의 일종이다.

밀가루장 임원십육지(1827)

밀가루를 탄 생수로 떡을 이겨 놓는다. 누런 곰팡이가 피어 볕에 말려 더부룩해지면 열 근에 소금 다섯 근과 물 스무 근을 부어 볕에 쪼였다가 거둔다.

밀가루 양에 관계없이 찬물로 반죽하여 딱딱한 덩어리를 만들어 손가락 두께의 조각으로 자른다. 대광주리에 담아 쪄서 꺼내 펼쳐 볕에 말린다.

한나절 정도 말리고 닥나무 잎이나 도꼬마리 잎, 보릿짚 등으로 덮는다. 누런 곰팡이가 겉에 고르게 피면 덮은 것을 치우고 자주 뒤집어주면서 이틀 날까지 볕에 쪼여 말린다. 누런 곰팡이를 떨어내고 빻아 한 근 당 소금 네 냥을 넣고 끓인 소금물을 붓는다(신은에서는 곰팡이가 핀 채로 끓인 소금물을 만들어 붓는다고 한다)(부록 37).

(살펴보건대 본초강목에서 말한 것은 곧 생면장이고 《거가필용》에서 말한 것은 숙면장법인데 일명 감면장이라고도 한다)

[표 4] 밀가루(메밀가루)장 요약

명칭	문헌	원료 처리	가열	띄우기	피기	담기
밀가루장 [造麪醬法 (小麪醬法)]	거가필용(1200년 말) 구선신은서(1400년경) 증보산림경제(1767) 고사십이집(1787) 민천집설(1751~1823) 해동농서(1799) 임원십육지(1827) 오주연문장전산고(1850)	밀가루로 반죽하여 손가락 두께 메주 만들기	광주리에 담아 찌기	닥나무 잎이나 도꼬마리 잎, 보릿짚으로 덮어 띄우기	누런 곰팡이가 피면 말려 곰팡이 없애고 빻기	메주 1근, 소금 4냥, 끓인 물
면장 [麪醬法]	거가필용(1200년 말) 구선신은서(1400년경) 사시찬요(1483) 산림경제(1715) 고사신서(1771) 고사십이집(1787) 증보산림경제(1767) 해동농서(1799) 농정회요(1830) 군학회등(1800년 중반) 임원십육지(1827)	메밀가루 반죽하여 손가락 두께 메주 만들기	쪄서 잠깐 말리기	보릿짚, 도꼬마리 잎, 볏짚으로 덮어 띄우기	누런 곰팡이, 흰 곰팡이 피면 말려서 곰팡이 제거하기	메밀메주 1근, 소금 4냥, 끓인 물(또는 쇠고비 끓인 소금물)

느릅나무열매장

《거가필용》의 만드는 방법은 14개 문헌이 인용하고, 《증보산림경제》의 방법은 《주찬》이 인용하였다. 《제민요술》의 만드는 방법은 느릅나무열매를 빻아서 청주와 장으로 담고 《거가필용》은 껍질을 없애고 **여뀌**즙을 가해 메주와 담근다. 《증보산림경제》의 방법은 콩잎장, **콩깍지**장과 동일하다.

여뀌 마디풀과로 물가에 살며 순은 김치 등을 담가 먹으며 아린 맛이 강하여 향신료로 쓰인다. 짓찧어서 나오는 물로 물고기를 잡는다.

콩깍지

느릅나무열매장 제민요술(530~550)

느릅나무열매를 손질하여 한 되를 빻아 가루를 만들어 체로 치고 청주 한 되, 장 닷 되를 섞어두면 한 달 후 먹을 수 있다(부록 38).

느릅나무열매장 거가필용(1200년 말), 구선신은서(1400년경), 사시찬요(1483), 산림경제(1715), 증보산림경제(1767), 고사신서(1771), 고사십이집(1787), 해동농서(1799), 입원십육지(1827), 농정회요(1830), 오주연문장전산고(1850), 군학회등(1800년 중반)

양에 관계없이 느릅나무열매를 깨끗하게 일어 씻어서 하룻밤 물에 담가두며 가끔 비벼 씻어서 물에 뜨는 껍질은 버린다. 자루에 담아 물속에서 주물러 씻어 거품을 없앤 뒤 건져 말려서 여뀌즙을 가하여 볕에 말린다. 이렇게 일곱 번을 한다.

잘 뜬 메주와 함께 면장 만드는 법으로 소금을 탄다. 느릅나무열매 한 되에 메주 네 근과 소금 한 근의 비율로 하여 정해진 방법대로 만든다. 느릅나무열매(본초에서는 폐를 돕고 여러 벌레를 죽이며 기운을 내린다고 함)로 장을 담가 먹으면 매우 향기롭고 맛있다(부록 39).

무이장 본초강목(1552~1578), 임원십육지(1827), 감저경장설(1813)

만드는 법은 느릅나무장과 같다. 세 가지 벌레를 죽이는 효능이 느릅나무장보다 강한데 많이 먹으면 머리카락이 빠진다(부록 40).

느릅나무열매장 증보산림경제(1767), 주찬(1800년초)

또 느릅나무 열매도 콩잎장과 콩깍지장처럼 해서 장을 만들 수 있다(부록 41).

[표 5] 느릅나무열매장 요약

명칭	문헌	원료 처리	담기
느릅나무열매장 [作榆子醬法]	제민요술(530~550)	느릅나무씨 빻기	청주 1되, 장 5되로 담가 한 달 숙성
느릅나무열매장 [榆仁醬, 蕪荑醬方]	거가필용(1200년 말) 구선신은서(1400년경) 사시찬요(1483) 산림경제(1715) 증보산림경제(1767) 고사신서(1771) 고사십이집(1787) 해동농서(1799) 임원십육지(1827) 농정회요(1830) 오주연문장전산고(1850) 군학회등(1800년 중반) 본초강목(1552~1578) 임원십육지(1827) 감저경장설(1813)	씨를 물에 담가 껍질을 없애고 자루에 담아 씻고 여뀌 즙을 가해 7회 말리기	느릅나무열매 1되, 메주 1근, 소금 1근
느릅나무열매장 [榆實醬]	증보산림경제(1767) 주찬(1800년대 초)		콩잎장, 콩깍지장과 동일

밀·보리장

《신영양요리법》의 제조 방법은 《조선요리제법》이 인용하였고, 《거가필용》의 보리장은 13개 문헌이 인용하였다. 《제민요술》의 제조 방법은 밀밥을 지어 띄워 담그고, 《거가필용》의 보리장은 콩을 삶은 물로 보리가루를 반죽하여 닥나무 잎으로 띄워서 메주와 담근다. 《신영양요리법》과 《조선요리제법》의 밀장은 콩을 볶아 밤알 크기로 만들어 둥구미에서 콩잎으로 띄워 오이 · 가지와 함께 담그고, 《조선음식 만드는 법》의 밀장은 콩과 밀을 볶아 반죽하여 콩잎으로 띄워 오이와 함께 담근다(표 6 참조).

식경의 밀장 제민요술(530~550).

밀 한 섬을 하룻밤 담갔다가 밥을 지어 어두컴컴한 곳에서 널어 곰팡이(황의)가 피게 한다. 물 한 섬 여섯 말에 소금 석 되를 끓여서 맑은 물만 떠서 여덟 말을 항아리에 넣고 밀로 지은 밥을 넣어 고루 섞어 덮고 볕에 두면 10일이면 먹을 수 있다(부록 42).

밀장 신영양요리법(1935), 조선요리제법(1939)

재료: 밀 한 말, 콩 닷 되

가을에 밀을 잘 대껴서(애벌 찧은 것을 잘 씻기) 콩 볶듯 볶아 가루를 만든다. 콩도 볶아서 껍질을 벗기고 가루를 만들어서 함께 섞어 반죽하여 밤알 크기로 뭉쳐서 시루에 쪄서 둥구미에 넣는다. 콩잎을 가로세로 엇갈리게 깔고 켜켜 잘 놓아 둔다. 누런색이 덮이면 말려서 깨끗하게 씻어서 가루를 만들어서 간장으로 반죽한다.

어린 오이와 가지의 꼭지를 따고 깨끗이 씻어 말려서 항아리에 반죽한 것 한 켜, 외와 가지 한 켜를 번갈아 다 넣고 꼭 봉해서 따뜻한 곳에 두었다가

10여 일 후 꺼내어 설탕을 타서 먹는다.

밀장(봄, 가을철) 조선음식 만드는 법(1946)

재료: 밀 한 말, 간장 반죽 되는대로, 콩 닷 되, 오이지 50개

가을에 밀을 잘 닦아서 타지 않게 볶아 맷돌로 타서 가루를 만들고 콩도 타지 않게 살짝 볶아서 맷돌에 타서 키로 까불러서 두 가지를 다 맷돌에 갈아서 가루를 만들어 반죽을 해서 종지만큼씩 동글납작하게 빚어서 시루에 쪄서 소쿠리나 섬에 짚이나 콩잎을 격지 놓고 메주를 넣어 띄운다.

납작 메주

며칠 후에 보면 메주 속은 노랗고 거죽은 하얗게 될 것이니 꺼내어 잘 말려서 솔로 먼지를 잘 털고 가루를 만들어서 간장으로 반죽을 해 놓고, 오이와 가지 수득수득 말린 것을 독에 한 켜 넣고, 반죽을 한 켜 넣고, 또 가지와 오이 한 켜 넣고, 이렇게 섞어서 다 넣고 꼭 봉해서 더운 곳에 두었다가 15일 후 꺼내 설탕을 쳐서 상에 놓는다.

보리장 거가필용(1200년 말), 구선신은서(1400년경), 사시찬요(1483), 산림경제(1715), 증보산림경제(1767), 고사신서(1771), 고사십이집(1787), 해동농서(1799), 민천집설(1751~1823), 임원십육지(1827), 농정회요(1830), 군학회등(1800년 중반), 오주연문장전산고(1850)

검은콩 닷 말을 볶아서 물에 반나절 담갔다가 담갔던 물과 함께 솥에 부어 푹 삶아 익혀 건져서 식힌다. 보릿가루 백 근을 잘 섞어 체로 쳐서 콩 삶은 물에 반죽하여 큰 덩어리로 만들어 시루에 쪄서 꺼내 펼쳐 식혀서 닥나무 잎으로 덮어둔다.

누런 곰팡이가 피면 위의 물기를 말려서 다시 볕에 말려 빻아 정일(丁日)이나 화일(火日)에 담근다. 메주 한 말에 소금 두 근을 정화수 여덟 되에 타서 항아리에 넣고 볕을 쪼인다(부록 43).

보리장(大麥醬, 大麥麪醬) 조선무쌍신식요리제법(1924)

검은콩 닷 말에서 모래를 제거하고 볶아 물에 그 물째 솥에 붓고 삶아 무르면 건져 식혀서 보리 가루 백 근 가량을 곱게 작말(가루내어)하여 콩 삶은 물과 함께 반죽하여 큰 조각으로 썰어 시루에 쪄서 쏟아 식혀 닥나무 잎으로 덮었다가 누른 옷을 입으면 꺼내 볕에 말려 작말하여 정일이나 화일에 담근다. 황자(黃子: 메주) 한 말에 소금 두 근과 정화수 여덟 근을 모두 합하여 항아리에 넣고 볕에 쪼인다.

닥나무 잎에 메주를 띄우기

[표 6] 밀·보리장 요약

명칭	문헌	원료 처리	띄우기	담기
식경의 밀장 [食經作麥醬法]	제민요술(530~550)	밀을 하룻밤 물에 담가 밥 짓기	어두운 곳에 널어 누런 곰팡이 피우기	소금 3되, 물 1섬 →8말+보리밥→10일 숙성
밀장	신영양요리법(1935) 조선요리제법(1939)	콩을 볶아 밤알 크기로 반죽하여 찌기	둥구미에 콩잎 넣어 누렇게 띄우기	가루내어 간장으로 반죽, 오이와 가지를 켜켜 담가 10일 숙성
밀장 (봄, 가을철)	조선음식 만드는 법 (1946)	콩과 밀을 볶아 가루내어 둥글납작하게 만들어 찌기	소쿠리나 섬에 짚이나 콩잎을 깔고 메주 띄우기	말려서 가루내어 간장으로 반죽하여 오이를 켜켜 담가 15일 숙성

(계속)

명칭	문헌	원료 처리	띄우기	담기
보리장 [大麥醬 (天麥醬法, 麸麥醬)]	거가필용(1200년 말) 구선신은서(1400년경) 사시찬요(1483) 산림경제(1715) 증보산림경제(1767) 고사신서(1771) 고사십이집(1787) 해동농서(1799) 민천집설(1751~1823) 임원십육지(1827) 농정회요(1830) 군학회등(1800년 중반) 오주연문장전산고(1850) 조선무쌍신식요리제법	검은콩 5말을 삶아 콩 삶은 물로 보릿가루 100근을 반죽하여 찌기	보리반죽을 닥나무 잎으로 덮어서 누런 곰팡이 피워 말려 빻기	메주 1말, 소금 2근, 정화수 8되

어육장

《주식방문》의 조림장은 1개, 《증보산림경제》의 어육장은 2개, 《부인필지》의 어육장은 2개, 《조선요리제법》의 어육장은 1개 문헌이 인용하였다. 육류 재료는 소 · 양 · 꿩 · 거위 · 오리 · 기러기 · 닭 · 돼지고기 등을 사용하고 어류로는 해삼, 홍합, 숭어, 도미, 넙치, 민어, 조기, 준치, 낙지, 문어, 전복 등을 사용한다. 《증보산림경제》, 《규합총서》의 어육장은 1년 동안 숙성시키고, 《부인필지》, 《조선요리제법》, 《조선음식 만드는 법》의 어육장은 7일 동안 숙성시킨다. 《주식방문》의 조림장은 요리이다(표 7 참조).

조림장 주식방문(1600년대 말), 음식방문(1800년대)

진계(닭) 한 마리의 뼈를 빼고, 쇠고기 가슴살 두 근을 썰어 넣고, 양고기 두 근을 데쳐 썰어 넣고, 전복을 물에 불려 썰어 넣고, 홍합에서 잡것을 골라내고, 해삼 이십 개를 잠깐 삶아 데쳐 썰어 넣고, 장 엿 되와 물 두 되를 붓는다.

무르게 고아서 거의 졸아갈 때 꿀 7홉과 후추, 천초(산초), 계피, **잣**가루, 껍질 벗긴 참깨 3홉을 넣어서 먹는다. 장맛을 보아가며 꿀을 알맞게 부어야 좋다.

잣 잣나무 솔방울에 들어 있는 씨앗으로 실백이라고도 한다. 두꺼운 껍질을 까서 먹는다. 잣은 중부 이북에서만 수확가능하다.

어육장 증보산림경제(1767), 농정회요(1830), 군학회등(1800년 중반)

콩을 물에 아주 깨끗하게 일어서 정해진 법대로 메주를 만든다. 좋은 소금을 마련하고, 물을 끓여 식히는 것도 법대로 한다. 좋은 항아리를 먼저 땅에 묻는다.

별도로 기름기와 얇은 막을 떼어 낸 쇠고기 십여 근(노루고기나 양고기, 토끼고기도 괜찮다), 털과 창자 및 밥통을 빼낸 꿩 열 마리(거위, 오리, 기러기도 모두 쓸 수 있다)와 **동아** 열 개, 소의 밥통과 염통은 칼로 자를 것 없이 통째로 쓴다.

동아(冬瓜) 박과로, 익으면 껍질에 하얀 분이 붙는 것과 붙지 않는 것, 원형과 타원형 등이 있다. 조선시대에 김치 등으로 만들어 많이 식용하였다.

숭어, 도미, 넙치, 민어, 조기, 준치 등은 창자와 비늘과 대가리를 제거하고 볕에 대강 말려 물기를 없애고(연어와 방어, 대구도 된다), 낙지나 문어는 끓는 물에 데쳐 놓고 싱싱한 전복과 생홍합도 소금을 약간 타서 소금이 스며들면 씻어 말려 놓는다.

이렇게 준비한 다음 먼저 고기류를 항아리 밑에 넣고 다음 생선을 깔고 다시 꿩고기와 닭고기를 까는데 사이사이에 메주를 반드시 한 겹씩 깔고 나서 메주 한 말에 소금 일곱 되 비율로 한 소금물을 붓는다.

다 넣은 다음에는 짚으로 항아리를 두껍게 싸고 유지로 항아리 주둥이를 싸매고 질그릇으로 덮고 역시 짚으로 덮은 다음 흙으로 덮어 묻고 절대로 빗물이 섞여 들지 않도록 한다. 1년이 지난 다음 열어 쓰면 비할 바 없이 맛있다.

생선은 이들 여덟 가지 외에도 모두 되며, 새우, 게 및 달걀과 오리 알 등도 넣을 수 있다. 산초, 생강, 두부 등도 넣을 수 있다(부록 44).

어육장(魚肉醬) 규합총서(1815)

크고 좋은 독을 땅을 깊이 파고 묻는다. 소의 볼깃살(牛臀) 기름과 힘줄을 없애고 볕에 물기 없이 말린 것 열 근, 꿩과 닭 열 마리씩을 끓는 물에 잠깐 튀하여 깨끗하게 털을 뽑고 내장을 없애고, 숭어와 도미를 깨끗이 씻어 비늘과 머리를 없애고 볕에 말려서 물기 없앤 것 열 마리, 생전복, 홍합, 크고 잔 새우, 생선은 아무 것이나 좋고, 달걀, 생강, 파, 두부도 좋다. 먼저 쇠고기를 독 밑에 깔고 생선을 넣고, 닭고기와 꿩고기를 넣은 뒤, 장 담그는 법대로 메주를 넣는다.

소래기 굽 없는 접시 모양 독으로 장독덮개로 사용한다.

끓인 물을 부어서 메주 한 말에 소금 일곱 되씩 물에 풀어 정해진 대로 독에 붓는다. 짚으로 독을 싸서 묻고 유지로 주둥이를 단단히 봉하여 큰 **소래기**(소라기, 굽 없는 넓은 오지그릇으로 뚜껑용 독)로 덮고 흙으로 덮어서 묻는다. 비가 새들어가 젖게 하지 말고 1년 후 열어 보면 맛이 아름답기 비할 데 없다.

흑장(醬) 규합총서(1815)

장 담글 때 소 볼깃살 하나를 기름기 없이 하여 잠깐 삶고, 전복 사오십 개를 고아 밑에 넣어 담그고 위에 대추를 띄워라. 박물지(장화) 시속(時俗) 장 담그는 방문(方文)이 법(法)이 묘(妙)하기 으뜸이로되, 간을 맞게 잘 내기에 달렸다.

어육장 부인필지(1915)

큰 독을 거적으로 싸 땅에 묻고, 소 볼깃살 한 보시기 기름과 힘줄을 없앤다. 꿩과 닭 열 마리씩을 끓는 물에 튀하여 털을 뽑고 내장을 없앤다. 도미나 민어 열 마리의 내장과 비늘과 머리를 없애고 볕에 말린다. 생복, 홍합을 두어 개씩 깨끗이 씻어 소 볼깃살을 먼저 넣고, 나머지를 위에 넣는다.

물을 끓여 식혀서 메주 한 말에 소금 한 홉씩 타서 정해진 대로 담가 단단히 봉한다. 소라기를 덮고 흙으로 아주 묻어 물이 안 들어가게 하였다가 수년 만에 열어 먹으면 장맛이 비상하게 좋다.

어육장 조선요리제법(1917), 간편조선요리제법(1934)

큰독을 섬으로 싸서 땅에 묻어놓고 소 볼깃살 한 보(작은 사발)의 힘줄과 기름을 없애고, 꿩과 닭 열 마리씩 내장을 빼고, 도미나 민어 열 마리를 비늘 긁고 내장 떼어 볕에 말리고 생전복 홍합을 두 되씩 깨끗하게 씻어 놓은 후, 먼저 우둔(볼깃살)을 독에 넣고 다른 고기들을 차례로 넣은 후 물을 끓여 식혀서 소금을 풀어(그 물 한 말에 소금 일곱 되를 합한다) 장 담그는 법대로 메주를 넣고 장을 담가 꼭 봉하고 흙에 묻어다가 7일 만에 열고 먹으면 맛이 비상히 좋으니라.

어육장(魚肉醬) 신영양요리법(1935)

재료: 돈육 한 보(작은 사발), 꿩 한 마리, 닭 두세 마리, 생선(민어 혹은 도미) 열 마리, 전복 두 되, 홍합 두 되, 전강(생강), 소금(메주 한 말에 소금 일곱 되 비례)

독을 깨끗하게 씻어놓고 고기의 기름과 힘줄을 제거하고, 꿩과 닭의 내장을 빼고 도미나 민어는 비늘을 긁고 내장을 빼어내 볕에 대강 말리고 생전복과 홍합을 깨끗하게 씻어 놓은 후 먼저 고기를 독에 넣고 다른 고기들을 차례로 넣은 후 물에 소금을 풀어 끓여 식혀서 장 담는 방식으로 메주를 넣고 장을 담가 꼭 봉해서 두었다가 7일 만에 먹으면 맛이 매우 좋다.

어육장 조선요리제법(1939)

재료: 돼지고기 한 보(보시기), 꿩 한 마리, 닭 두 마리, 생선 열 마리, 전복 두 되, 홍합 두 되, 생강 다섯 홉, 소금 일곱 되, 메주 한 말, 물 세 동이

독은 깨끗이 씻어놓고, 고기는 기름과 힘줄을 제거하고, 꿩과 닭은 잡아서 털은 깨끗하게 뜯고 내장을 빼고 발을 자른다.

생선은 도미나 민어를 쓰며, 비늘을 긁고 내장을 빼고, 지느러미, 꼬리, 머리를 잘라내고 대강 말려서 물기를 없앤다. 전복과 홍합은 깨끗하게 씻어놓고 물에 소금을 풀어서 체로 걸러 식힌다.

먼저 고기를 독에 넣은 다음 닭과 꿩을 넣고, 생선, 전복과 홍합을 차례대로 넣고 메주를 넣은 다음 소금물을 부어서 꼭 봉해 두었다가 7일 만에 먹으면 맛이 매우 좋다.

어육장(사철) 조선음식 만드는 법(1946)

재료: 볼깃살 두 근, 생선 열 마리, 닭 한 마리, 생강 오 홉, 전복 한 되, 메주 한 말, 꿩 한 마리, 소금 닷 되, 마늘 두 톨, 고추 열 개, 물 세 말(소두)

맷돌로 콩 갈기

좋은 콩을 타지 않게 볶아서 **맷돌**에 타 껍질을 까불러 내고 솥에 넣고 물을 붓고 삶아서 소쿠리 같은 데 담고 짚으로 깔고 덮어서 더운 곳에 하루나 이틀 두었다가 진이 나고 잘 뜨면 꺼내 볕에 하루쯤 널어 자루에 넣어 허술하게 매어 놓는다.

꿩과 닭의 기름기 없는 살코기와 솥에 함께 넣고, 전복을 씻어서 고기와 함께 넣고 물을 넉넉히 부어 푹 삶아놓고 생선은 기름기 없는 대구나 민어나 도미의 비늘을 긁고 내장을 꺼내고 물에 잘 씻어서 잘 잘라 소금을 약간 뿌려 뿌득뿌득하게 말려놓고, 간맞추어 소금물을 만들어서 펄펄 끓여 식혀서 체로 걸러서 고기 삶은 물과 함께 섞어 놓고, 독을 깨끗

하게 씻어서 삶은 고기, 닭과 꿩고기는 넣고 생선 말린 것을 넣고, 소금물을 부은 후에 자루를 독에 넣고 마늘과 통고추를 넣고 잘 봉해서 두었다가 7일쯤 지나서부터 먹기 시작하느니라.

[표 7] 어육장 요약

명칭	문헌	육류	어류	담기 및 숙성
조림장	주식방문 (1600년대 말) 음식방문 (1800년 말)	쇠고기 가슴살 2근, 데친 양고기 2근, 뼈 뺀 닭 1마리	해삼, 홍합, 데친 전복 20개	쇠고기, 양, 생선, 장 6되, 물 2되를 섞어 졸여 꿀 7홉과 후추, 천초, 계피, 잣가루, 박피 참깨 3홉 넣기
어육장 [沈魚肉醬法]	증보산림경제(1767) 농정회요(1830) 군학회등 (1800년 중반)	쇠고기(노루·양·토끼고기도 좋음) 10근, 꿩(거위·오리·기러기고기도 좋음) 10마리	숭어, 도미, 넙치, 민어, 조기, 준치, 낙지, 문어, 전복, 홍합	손질한 육류와 생선, 꿩, 닭고기 사이사이에 메주를 넣어 소금물(메주 1말에 소금 7되)로 담가 짚으로 싸서 1년 숙성
어육장 ①	규합총서(1815)	소 볼깃살 10근, 꿩 10마리, 닭 10마리	숭어, 도미 10마리, 생전복, 홍합, 새우, 달걀	손질한 쇠고기, 생선, 닭과 꿩, 메주, 소금물(메주 1말에 소금 6되)로 담가 짚으로 싸서 1년 숙성
흑장 ②		삶은 소 볼깃살, 삶은 전복 40~50개	삶은 쇠고기와 전복을 깔고 장 담가 대추 띄우기	
어육장	부인필지(1895) 조선요리제법(1917) 간편조선요리제법 (1934)	소 볼깃살 한 보시기, 꿩 10마리, 닭 10마리	도미, 민어 10마리, 생전복, 홍합 2되씩 준비	손질한 쇠고기, 재료, 메주, 소금물(메주 1말에 소금 7되)로 담가 섬에 싸서 흙에 묻어 7일 숙성
어육장	조선요리제법(1917) 신영양요리법(1935)	돼지고기 1사발, 꿩 1마리, 닭 2~3마리	민어, 도미 10마리, 전복 2되, 홍합 2되, 생강 5홉	손질한 고기, 생선, 메주, 소금물(메주 1말에 소금 7되)로 담가 묻어 7일 숙성
어육장	조선음식 만드는 법 (1946)	볼깃살 2근, 삶은 닭, 꿩 1마리	생선 10마리, 전복 1되, 생강 5홉(전복은 삶고 생선은 소금 간하기)	콩 볶아 삶아 띄운 청국장 자루에 삶은 고기, 닭, 꿩, 생선, 소금물(물 3말, 소금 5되), 마늘, 통고추로 담아 묻어서 7일 숙성

육장

육장은 현재 이어져 오지 않지만 기록에는 많다. 《거가필용》의 육장은 6개, 《증보산림경제》의 어육장은 2개, 천리장은 2개 문헌이 인용하였다.

《제민요술》은 소·노루·양·토끼·돼지고기를 사용하며 육장과 속성육장은 황증과 누룩으로 담근다. 《거가필용》, 《증보산림경제》는 노루·양·토끼고기, 《산가요록》, 《소문사설》은 꿩고기, 《주방문》, 《증보산림경제》의 별장과 천리장, 《규합총서》의 청육장은 쇠고기를 사용한다. 대부분 양념을 사용하는데 노루·양·토끼고기에는 생강, 천초, 무이, 진피, 파, 산초 등을 쓰고 꿩고기에는 식초, 소금, 생강, 후추, 파, 천초가루, 생황즙, 장즙을 쓴다. 어육류는 메주나 누룩의 단백질가수분해효소로 삭히는데, 《제민요술》의 육장은 누룩가루, 속성육장은 누룩가루와 황증가루, 《거가필용》은 가루장면을 쓰고 《증보산림경제》의 어육장과 별장, 《주방문》의 육장, 《조선무쌍신식요리제법》의 잡장은 메줏가루를 쓴다.

《제민요술》의 속성육장은 쇠똥을 태워 덥히고 《증보산림경제》의 별장은 왕겨불로 덥힌다. 메주나 누룩대신 장을 넣어 담그는 요리가 많은데 《제민요술》의 생고기 말리기 및 절이기, 《산가요록》 및 《소문사설》의 꿩장, 《증보산림경제》의 천리장, 《규합총서》의 청육장은 장보다 요리나 저장음식에 가깝다(표 8 참조).

육장 제민요술(530~550)

쇠고기나 양 · 노루 · 사슴 · 토끼고기 모두 만들 수 있다. 갓 잡은 신선한 고기의 기름을 없애고 잘게 썬다(잡아서 오래된 마른 고기는 쓰지 않는다. 장에 기름이 섞이면 느끼해진다). 누룩은 볕에 쪼여 말려 빻아 비단 체로 친다.

대략 고기 한 말, 누룩가루 닷 되, 흰 소금 두 되 반, 황증(밀가루메주) 한 되(볕에 바싹 말려 잘 빻아 비단체로 친 것)를 큰 그릇에서 고루 섞어 항아리에 넣고(뼈가 있는 것은 섞은 다음 빻아 담는다. 뼈에는 골수가 많아서 기름지기 때문에 장도 기름지게 된다) 진흙으로 봉하여 볕에 쪼인다. 겨울에 만들 때는 **기장**겨 속에 묻는 것이 좋다. 14일 만에 열어보아 장에 곰팡이 기가 삭았으면 익은 것이다.

금방 잡은 꿩(닭국도 되지만 잡은 지 오래된 고기를 쓰면 안 된다. 장이 느끼해지고 맛이 나빠지기 때문이다. 닭이나 꿩이 없으면 좋은 술로 이것을 녹여 풀고 다시 볕에 둔다)을 사다 푹 삶아서 흐물흐물해지면 뼈를 발라내고 국물이 식으면 장을 풀어 넣는다(부록 45).

기장 밭에서 재배하는 벼과 작물으로 떡 등을 해 먹는다.

속성육장 제민요술(530~550).

소나 양, 노루, 사슴의 고기, 생선 등 모두 만들 수 있다. 잘게 썬 고기 한 말, 좋은 술 한 말, 누룩가루 닷 되, 황증가루 한 되, 흰 소금 한 되(누룩과 황증가루는 함께 볕에 말려서 비단체로 친다. 이것은 한 달, 즉 30일만 두면 되므로 짜게 할 필요 없고, 짜면 맛이 없다)를 큰 그릇에서 잘 섞어 한 번 쪄어 익히고 다시 대추 크기로 만든다.

적당한 구덩이에 불을 벌겋게 때고 재를 긁어내고 물을 뿌리고 풀로 두껍게 덮고 구덩이에 긴 병이 빠듯하게 들어갈 크기로 만든다. 큰 가마솥에 빈 병을 뜨겁게 삶아서 꺼내 말려 고기를 속에 넣어 주둥이 아래 세 치까지만 채운다(가득 채우면 주둥이 부근이 탄다).

사발로 병 주둥이를 덮고 뜨거운 진흙으로 봉하여 풀 속에 넣고 흙 칠팔 치 덮는다(덮은 흙이 얇고 불이 세면 장이 타므로 천천히 익혀야 향기와 맛이 좋다. 불을 가라앉혀 타지 않게 한다). 흙 위에 마른 쇠똥을 밤새 태워 다음날 하루 지난 시간대에 장을 꺼내면 익어 있다(장이 아직 익지 않았으면 원래대로 덮어두고 다시 처음과 같이 불을 땐다). 먹을 때 파밑동을 잘게 썰어서 참기름에 볶아 익혀 육장에 섞으면 보통 것과 달리 달고 맛있다(부록 46).

생고기 말리기 제민요술(530~550)

양고기 두 근과 돼지고기 한 근을 함께 끓여 익혀 잘게 썬다. 생강 다섯 쪽, 귤껍질 두 개, 달걀 열다섯 개, 생양고기 한 근, 맑은 간장 오 홉을 준비한다. 먼저 익힌 고기를 시루에 넣고 쪄서 뜨겁게 하고 날고기와 간장, 생강, 귤껍질 등을 섞는다(부록 47).

생고기 절이기 제민요술(530~550)

양고기 한 근과 깨끗한 돼지고기 네 냥을 간장에 절이고 생강채와 달걀을 넣는다. 봄가을에는 차조기와 여뀌를 넣는다(부록 48).

육장 거가필용(1200년 말), 구선신은서(1400년경), 산림경제(1715), 고사십이집(1787), 해동농서(1799), 농정회요(1830), 오주연문장전산고(1850)

힘줄과 막을 없앤 노루고기 혹은 양고기나 토끼고기 네 근, 빻은 장면(醬麵) 한 근 반, 가는 소금 한 근(또는 네 냥), 흰 파줄기 채 한 사발, 좋은 생강, 천초(산초), 무이(느릅나무열매), 진피(귤껍질) 각 두 냥(또는 각 세 냥) 등을 모두 술에 섞어 된죽같이 만들어 작은 항아리에 담아 봉한다.

10여 일 후 되직하면 술을 더 넣고 싱거우면 소금을 더 넣어 진흙으로 단단히 봉하여 볕에 쪼인다(부록 49).

꿩장 산가요록(1450)

꿩고기를 가늘게 썰어서 식초와 소금 약간, 생강과 후추와 생파 등을 섞어서 탄알 만하게 환을 만들어서 기름에 지진다(부록 50).

육장(肉醬) 주방문(1890년대)

메줏가루 세 말에 삶아 말린 쇠고기를 빻아 메줏가루 세 되를 함께 섞고 소금과 물은 보통장 방식처럼 하되 깨 닷 되를 볶아 빻아 밑에 넣는다.

꿩장 소문사설(1740년대)

암꿩 서너 마리를 깨끗이 씻어 삶아 껍질과 뼈는 버리고 고기만 진흙처럼 찧는다. 체로 걸러 매우 부드럽게 만들어서 천초가루와 생황즙, 장즙을 넣는다. 맛이 맞으면 볶아서 진흙처럼 만드는데 흔들지 말고 새지 않게 한다(부록 51).

어육장법 다른 법 증보산림경제(1767), 농정회요(1830), 군학회등(1800년 중반)

힘줄과 얇은 막을 없앤 노루고기나 양고기, 토끼고기 네 근과 메주 한 근 반을 곱게 찧어 가루로 만들고, 소금 한 근(또는 네 냥), 흰 파줄기채 한 대접, 좋은 생강과 산초가루 등의 재료를 술과 고루 섞어 걸쭉한 죽처럼 반죽하여 작은 항아리에 담아 봉하여 10여 일 뒤에 열어 보아서 된 것 같으면 술을 다시 넣고 싱거우면 소금을 쳐서 진흙으로 싸서 단단하게 봉하고 한낮에 볕에 쪼인다(부록 52).

소 볼깃살장 증보산림경제(1767), 농정회요(1830), 군학회등(1800년 중반)

소의 엉덩이살 한 덩어리를 장독에 넣어두면 장맛이 아주 좋고 고기 맛도 아주 좋다(부록 53).

별장 증보산림경제(1767)

집에서 만든 메주를 바싹 말려 가루내어 안에 쇠고기를 넣고 잘 드는 칼로 진흙처럼 곱게 다진다. 거기에 참기름, 생강, 파, 고추, 후추, 호두를 넣고 물을 탄 청미장(清美醬)을 섞어 빽빽한 죽처럼 만들어서 모두 다 사기 항아리에 넣고 유지로 봉하고 사기대접으로 덮어서 왕겨불 속에 묻고 불을 땐다. 오늘 묘시에 묻었으면 내일 묘시에 꺼내 먹으면 맛있다(부록 54).

오쟁이 짚으로 엮은 작은 섬으로 곡식이나 물건을 담아 둔다.

천리장 증보산림경제(1767), 농정회요(1830), 군학회등(1800년 중반)

맛있는 감청장 한 말을 약한 불로 닷 되로 졸여서 따로 익힌 쇠고기를 얇고 납작하게 잘라 기름과 얇은 막을 없앤 다음 볕에 쬐어 가루로 만들어 졸인 장에 넣어 약한 불로 빽빽한 죽이 될 때까지 달인다. 불이 세면 장이 타서 맛이 없다(부록 55).

바가지 박의 열매로 그릇으로 썼다.

청육장 규합총서(1815)

콩을 볶아 탄 것은 없애고 까불러 갈아서 껍질을 없애고 솥에 넣고 물을 많이 부어 달여서 즙은 항아리에 넣어 둔다. 삶은 콩은 **오쟁이**나 **열박**(**바가지**)에 담아 수건같은 것으로 여러 번 두껍게 싸서 더운 데에 둔다.

바가지에 수건을 덮어 콩알 메주 띄우기

3~4일 후 곰팡이가 피면 솥에 붓고 항아리에 두었던 즙을 마찬가지로 달이되, 쇠고기를 많이 넣고 무 썬 것과 다시마, 고추를 함께 넣어 달여 쓴다.

회향(茴香) 미나리과 여러해살이풀로 어린 것은 데쳐 먹고 씨의 기름은 음식에 사용한다. 씨는 건위, 구충에 요긴하다.

육장(肉醬) 조선무쌍신식요리제법(1924)

힘줄과 뼈를 뺀 정육 네 근, 간장 한 근 반, 고운 소금 넉 냥쭝, 잘게 썬 흰 파 한 사발, 산초, **회향**, 진피(말린 귤껍질) 각 오륙 냥쭝을 술을 쳐서 버무려 고기와 함께 이겨 된죽같이 만들어서 질그릇에 넣고 단단히 봉하여 뜨거운 볕을 10여 일 쪼여 열어서 말랐으면 술을 치고, 싱거우면 소금을 치고 저어서 볕에 다시 쪼이면 맛있다.

우리나라에서 고기로 장을 담그려면 장에 삶거나, 잠기게 하여 절일 뿐인데 방법이 한결같지는 않지만 다 젓 담그는 것과 같은데 중국 사람이 육장이나 어장 만드는 데 소금이나 장이나 갖가지 향기로운 재료들을 넣는다.

잡장(雜醬) 조선무쌍신식요리제법(1924)

노루고기와 양고기, 토끼고기나 어떤 고기든지 내장과 힘줄을 빼고 네 근 정도에 메줏가루 한 근 반과 소금 한 근 정도, 또는 넉 냥쭝과 썬 파대가리 한 사발과 좋은 생강(良薑), 천초(산초), 무이(蕪荑: 느릅나무 열매), 진피(말린 귤껍질) 이삼 냥씩에 술을 부어 된죽처럼 버무린다. 항아리에 넣고 봉하여 10여 일만에 열어 되면 술을 더 넣고 싱거우면 소금을 더 쳐서 볕에 쪼이는데 기운이 빠져나가지 않게 단단히 봉해야 한다. 아무리 잡장이라도 이상한 장으로 안다.

[표 8] 육장 요약

명칭	문헌	육류	담그기	숙성
육장[肉醬法] ①	제민요술 (530~550)	쇠고기, 노루·양·토끼고기 1말	고기 1말, 흰 소금 2되 반, 누룩가루 5되, 황증 1되로 담기	진흙으로 봉하여 1년 숙성, 겨울은 기장겨에서 14일 숙성
속성육장 [作卒成肉醬法] ②		쇠고기, 양·노루·사슴고기, 생선	썬 고기 1말, 술 1말, 누룩가루 5되, 황증가루 1되, 흰 소금 1되를 찧어 익혀 대추 크기로 뭉쳐 담기	구덩이에 불을 때고 장 담근 병을 넣고 덮어 위에 쇠똥을 태워 밤새 익히기
생고기 말리기 [作燥脡法] ③		양고기 2근, 돼지고기 1근, 생양고기 1근, 간장 5홉	시루에 찐 양고기와 돼지고기, 생양고기, 간장, 생강 5쪽, 귤껍질 2개, 달걀 15개	
생고기 절이기 ④		양고기 1근, 돼지고기 4냥	간장에 절인 양고기와 돼지고기, 생강채, 달걀(봄에는 차조기와 여뀌 추가)	
육장	거가필용 (1200년 말) 구선신은서 (1400년경) 산림경제(1715) 고사십이집(1787) 해동농서(1799) 농정회요(1830) 오주연문장전산고(1850)	노루·양·토끼고기	고기 4근, 가루장면 1.5근, 소금 1근, 흰 파채 1사발, 생강, 천초, 무이, 진피 2냥씩을 술로 버무려 담그기	항아리를 봉하여 볕에 쪼이기
꿩장 [生雉醬]	산가요록(1450)	썬 꿩고기	꿩고기, 식초, 소금, 생강, 후추, 파를 탄알 크기로 만들어 기름에 지지기	
육장	주방문(1890년대)	쇠고기	깨 5되, 메줏가루 3말, 쇠고기가루, 소금물	
꿩장[生雉醬]	소문사설 (1740년대)	살을 다져 체로 친 까투리 3~4마리	꿩고기, 천초가루, 생황즙, 장즙을 섞어 볶기	
어육장 [沈魚肉醬法] ①	증보산림경제(1767) 농정회요(1830) 군학회등 (1800년 중반)	노루·양·토끼고기 4근	고기 4근, 메줏가루 1.5근, 소금 1근, 흰 파채 1대접, 생강, 산초가루를 술로 버무려 담그기	항아리를 10일 후 뜯어서 간 조절하여 진흙으로 봉해 볕에 숙성하기

(계속)

명칭	문헌	육류	담그기	숙성
소 볼깃살장 [牛臀醬] ②			소의 엉덩이살 장에 넣기	
별장	증보산림경제(1767)	쇠고기 다지기	참기름, 생강, 파, 고추, 후추, 호두와 함께 물을 탄 청미장으로 반죽하여 넣기	항아리에 하루 정도 넣어두고 왕겨불에 넣어 가열하기
천리장 [千里醬法]	증보산림경제(1767) 농정회요(1830) 군학회등 (1800년 중반)	손질한 쇠고기 말려서 가루내기	쇠고기가루를 1/2로 졸인 감청장으로 달이기	
별장[別醬法]	증보산림경제 (1767)		메줏가루, 다진 쇠고기, 참기름, 생강, 파, 고추, 후추, 호두, 물을 탄 청미장	항아리를 봉하여 왕겨불로 하루 가열하기
청육장	규합총서(1815)	쇠고기	콩 볶아 삶은 즙 넣기 삶은 콩 3일 띄워서 콩 삶은 즙, 메주, 쇠고기, 무, 다시마, 고추 넣어 달이기	
육장 ①	조선무쌍신식 요리제법(1924)	고기 4근	고기, 간장 1.5근, 소금 4냥, 흰 파 썬 것 1사발, 산초, 회향, 진피 각 5~6냥을 반죽하여 담아 봉하기	10일 후 말랐으면 술을 가하고 싱거우면 소금 가하여 볕에 쪼이기
잡장 ②		손질한 노루·양·토끼고기 4근	고기, 메줏가루 1.5근, 소금 1근(4냥), 파뿌리, 생강, 산초, 무이, 진피 2~3냥씩을 술로 반죽하여 담아 봉하기	10일 후 말랐으면 술을 가하고 싱거우면 소금 가하여 볕에 쪼이기

알장

《사시찬요보》의 알장은 3개, 《증보산림경제》의 알장은 2개 문헌이 인용하였다. 알은 달걀, 오리알, 거위알을 쓰고 《사시찬요보》의 알장, 《증보산림경제》의 달걀장 ①은 껍질을 부셔서 담고, 달걀장 ②는 껍질을 살짝 부수어 소금물에 담갔다가 껍질 벗겨 담고, 《오주연문장전산고》의 알장은 삶아서 껍질을 벗겨서 담고, 달걀간장은 간장에 담근다(표 9 참조).

알장 사시찬요보(1655), 산림경제(1715), 고사십이집(1787), 해동농서(1799)

달걀이나 오리알의 껍질을 잘게 부셔 장항아리에 담그면 맛이 매우 좋다(부록 56).

달걀장 증보산림경제(1767), 농정회요(1830), 군학회등(1800년 중반)

닭이나 거위, 오리의 알을 큰 바가지 안에 담고 손으로 흔들어 주면 알 껍데기가 잘게 부수어지는데 곧바로 청장항아리에 넣어 볕에 쪼여 말린다.

또, 알 여덟아홉 개를 바가지 안에 넣고, 끓는 물을 급히 쏟아 붓고 잠시 두었다가 위의 방법대로 흔들어 잘게 부순다. 꺼내서 매우 짜고 찬 소금물에 넣어 10여 일 뒤 꺼내서 껍데기를 벗겨 다시 청장 안에 넣어둔다. 한 달 정도면 먹을 수 있는데 해를 넘기면 맛이 더 좋다(부록 57).

알장 오주연문장전산고(1850)

삼베 삼실로 찐 천으로 상복 등에 쓰인다.

달걀이나 오리알을 삶아 익혀서 그릇에 담아 약하게 흔들면 달걀의 껍데기가 부서지는데, 껍데기를 없애고 깨끗하게 하고 거친 **베(삼베)** 보자기로 싸서 장항아리 안에 담아두었다가 장이 흠뻑 스며들면 하나를 꺼내 조각으로 잘라 반찬으로 삼는데 매우 좋다(부록 58).

달걀간장 오주연문장전산고(1850)

달걀 백 개를 끓는 물속에 넣었다가 바로 꺼내면 10분의 1 정도만 익는데 작은 막대기로 살짝 두드려 껍질 한 쪽을 깬다. 부순 흔적만 나고 익었기 때문에 달걀 즙은 새지 않는다.

달걀을 모두 살살 두드려서 부순 흔적만 나게 하여 장항아리에 넣어 너덧 달이 지나 한 개를 꺼내 깨뜨려 보면 청장으로 다 바뀌어 있다. 이 장으로 반찬을 만들면 맛이 비할 데가 없다(부록 59).

[표 9] 알장 요약

명칭	문헌	알	담기	숙성
알장 [卵醬]	사시찬요보(1655) 산림경제(1715) 고사십이집(1787) 해동농서(1799)	달걀, 오리알	껍질을 부셔서 장에 담기	
달걀장 [鷄卵醬法]	증보산림경제(1767) 농정회요(1830) 군학회등 (1800년 중반)	달걀, 거위알, 오리알	① 껍질을 살짝 부수어 장에 담기 ② 끓는 물에 데쳐서 껍질을 살짝 부수어 소금물에 10일 담갔다가 껍질을 벗겨 장에 담기	1개월
알장 [醬醃卵法] ①	오주연문장전산고 (1850)	달걀, 오리알	삶아 껍질을 벗겨 베보자기에 싸서 장에 담기	잘라 먹음
달걀간장 [鷄卵淸醬法] ②		달걀 100개 끓는 물에 데쳐서 껍질 일부 깨기	청장에 담기	3~4개월

새우장

《사시찬요》의 대하장은 5개, 《증보산림경제》의 새우장은 2개 문헌이 인용하였다. 방법은 대하와 새우를 빻아서 장에 담는다(표 11 참조).

대하장 사시찬요(1483), 임원십육지(1827)

말린 대하를 빻아서 장항아리에 집어넣으면, 그 맛이 매우 좋다(살펴보건대 민간에서 생선이나 고기 등의 재료를 장독에 넣으면 장맛을 좋게 한다고 하는데 장이 익지 않았는데 생선이나 고기가 먼저 상해버리면 도리어 장맛을 변하게 한다. 여름에 장을 담그는 자들은 더욱 생선이나 고기 등 상하기 쉬운 재료를 섞어 쓰지 말아야 한다). 쇠고기도 좋다(부록 60).

대하장 산림경제(1715), 해동농서(1799), 사시찬요보(1483), 고사십이집(1787)

말린 대하를 찧어서 장독에 담그면 맛이 매우 좋다(작은 새우도 좋다). 쇠고기도 좋다(부록 61).

새우장 증보산림경제(1767), 농정회요(1830), 군학회등(1800년 중반)

크고 작은 말린 새우를 찧어 가루로 만들어 자루에 담아 장에 담그면 맛이 아주 좋다(부록 62).

[표 10] 새우장 요약

명칭	문헌	생선	담기
대하장 (大蝦醬)	사시찬요(1483) 임원십육지(1827) 산림경제(1715) 해동농서(1799) 사시찬요보1483 고사십이집(1787)	말린 대하	빻아서 장에 담기
새우장 [乾大小蝦]	증보산림경제(1767) 농정회요(1830) 군학회등(1800년 중반)	크고 작은 말린 새우	빻아 자루에 담아 장에 담기

생선장

《제민요술》의 어장은 잉어, 청어, 가물치로, 마른 갈치장은 갈치로 담그고, 《학음잡록》의 생선장, 《조선무쌍신식요리제법》의 어장은 생선으로 담근다. 《제민요술》의 방법은 소금과 황의, 누룩, 황증 또는 엿기름으로 담근다. 《학음잡록》의 생선장은 마른 생선을 장에 넣어 담근다. 《조선무쌍신식요리제법》의 어장은 중국식으로 생선과 소금, 신국, 흑국, 소금과 향신료로 담근다. 14일 내지 1달을 익혀 먹는다(표 11 참조).

어장 제민요술(530~550)

(잉어와 청어가 가장 좋고 가물치도 좋다. 고등어와 갈치는 자르지 말고 통째로 쓴다) 비늘을 없애고 깨끗이 씻어 닦아 말린다. 회처럼 살을 떠서 가늘게 채를 썰고 뼈는 버린다.

대략 생선고기 한 말에 황의(黃衣: 통밀누룩) 석 되(한 되는 그대로, 두 되는 가루로), 흰 소금 두 되(누런 소금으로 하면 쓴맛이 난다), 찧어 말린 생강 한 되(가루), 귤껍질채 한 홉 비율로 한다. 이것들을 고루 섞어 작은 독에 넣고 진흙으로 단단히 봉하여 볕에 쬐는데 기가 빠져 나가지 않게 한다. 익은 후 좋은 술을 붓는다.

어장과 육장은 모두 12월에 만들어야 여름을 넘겨도 벌레가 생기지 않는다. 다른 달에도 만들 수 있지만 벌레가 생겨서 여름을 넘기지 못한다(부록 63).

어장 다른 법 제민요술(530~550)

횟감으로 뜬 생선 한 말에 누룩 닷 되, 청주 두 되, 소금 석 되, 귤껍질 두 개를 병 속에 섞어 넣고 봉한다. 한 달이면 먹을 수 있는데 맛이 매우 좋다(부록 64).

마른 갈치장 제민요술(530~550)

제어(鱭魚)는 갈치(刀魚)라고도 한다. 6~7월에 마른 갈치를 동이 안의 물에 담가 방에 두고 하루 세 번 물을 갈아준다. 3일 후 물로 깨끗하게 씻고 비늘을 없애고 자르지 않고 통째로 쓴다.

고기 한 말에 누룩가루 네 되, 황증(밀가루메주)가루 한 되, 황증이 없으면 엿기름가루를 써도 되며, 흰 소금은 두 되 반의 비율로 그릇에서 고루 섞어 작은 항아리에 담고 진흙으로 봉하여 기가 빠져 나가지 않도록 한다. 14일이면 익는 데 맛과 향이 좋아 생것과 거의 같다(부록 65).

생선장 학음잡록(1800년 말)

생선을 가늘게 두드린 뒤에 장 안에 넣어 꼭 눌러 익힌다. 또는 달걀을 자루에 담아 장항아리에 넣어 두면 맛이 좋아진다(부록 66).

신국

흑국

어장(魚醬) 조선무쌍신식요리제법(1924)

아무 생선이나 성한 것을 토막 쳐서 깨끗하게 씻고 한 근에 볶은 소금 석 냥쭝과 산초, 회향, 마른 생강 한 돈쭝씩, **신국**(神麴) 두 돈쭝, **흑국**(黑麴) 닷 돈쭝에 술을 나누어 치고 생선과 함께 버무려 질그릇에 넣고 잘 봉하여 10일이면 먹는다. 먹을 때 파꽃(蔥花)을 조금 넣어 먹는 것이 좋다.

[표 11] 생선장 요약

명칭	문헌	생선	담기	숙성
어장 [作魚醬法] ①	제민요술 (530~550)	잉어, 청어, 가물치, 고등어, 갈치	잘게 썬 생선 1말, 황의 3되, 흰 소금 2되, 생강가루 1되, 굴껍질채 1홉	봉하여 볕에 숙성시키기, 익으면 술을 가하기
어장 다른 법 [又魚醬法] ②			잘게 썬 생선 1말 + 누룩 5되, 청주 2되, 소금 3되, 귤껍질 2개	봉하여 1달 숙성

(계속)

명칭	문헌	생선	담기	숙성
마른 갈치장 [乾鰣魚醬法] ③		마른 갈치	3일 불린 갈치 1말, 누룩가루 4되, 황증가루(또는 엿기름) 1되, 흰 소금 2.5되	봉하여 14일 숙성
생선장 (生鮮醬)	학음잡록 (1800년 말)	생선	생선을 두드려 장에 넣기	
어장	조선무쌍신식 요리제법(1924)	일반 생선	토막 친 생선 1근, 볶은 소금 3냥, 산초, 회향, 마른 생강 1돈, 신국 2돈, 흑국 5돈쭝을 술에 섞어 버무려 담기	봉하여 14일 숙성

게장

《거가필용》의 게초장은 2개, 게장은 2개, 생게장은 10개 문헌이 인용하였다. 《제민요술》의 게장은 여뀌 소금물에 담그고, 《거가필용》의 게초장은 식초, 술과 여러 향신료로 담그고, 게장은 장, 후춧가루, 술로 담그고, 《거가필용》의 게장과 생게장은 쪄서 장에 담근다(표 12 참조).

게장 제민요술(530~550)

9월 중에 암게(암게는 배딱지가 크고 둥글어 배를 모두 덮는데 숫게는 좁고 길다)를 잡아서 바로 물에 넣어 다치거나 죽지 않게 하여 하룻밤 지나면 속에 있는 것을 토하여 뱃속이 깨끗해진다(너무 오래두면 누런 것을 토하는데 그렇게 되면 맛이 없어진다). 먼저 묽은 물엿을 끓여 놓고(당은 물엿이다) 살아있는 게를 식힌 물엿 항아리에 넣어 하룻밤 둔다. 여뀌 끓인 물에 흰 소금을 짜게 섞어 식으면 항아리에 반쯤 넣고, 물엿 속의 게를 꺼내 여기에 넣으면 바로 죽는다. 여뀌 소금물을 많이 넣으면 게가 물러지므로 약간만 넣는다.

병 주둥이를 진흙으로 봉하여 20일 후 꺼내 게의 배딱지를 열고 생강가루를 넣고 배딱지를 닫고 원래대로 항아리에 백 마리를 넣는다. 항아리마다 만들어놓은 나머지 소금 여뀌탕을 부어 게가 잠기게 하여 봉해 기가 새지 않게 하면 바로 완성된다. 특히 바람이 들면 상해서 맛이 없어지므로 바람을 피해야 한다(부록 67).

게장 다른 법 제민요술(530~550)

소금 여뀌탕을 끓여 바로 항아리에 붓고 강에서 게를 잡자마자 소금 여뀌탕에 가득 넣고 진흙으로 봉해 둔다. 위(앞)의 방법보다 못하지만 맛은 그다지 떨어지지 않는다. 역시 앞의 것처럼 바람을 피한다. 먹을 때 생강가루를 쳐서 맛을 가지런하게 한다. 접시에 생강식초를 넣고 여기에 찍어 먹는다(부록 68).

삼껍질 대마 줄기의 껍질을 벗겨서 밧줄을 만들고 삼베를 짠다.

조각(皁角) 쥐엄나무 줄기의 가시를 말하며 약으로 쓰는데, 벌레를 죽인다.

게초장 거가필용(1200년 말), 구선신은서(1400년경), 산림경제(1715)

큰 게를 가려 **삼껍질**로 매어 따뜻한 솥 안에 넣어 침과 거품을 뱉어내게 한 다음 꺼내 한 근 당 소금 칠 전 반, 초 · 술 각각 반 근, 참기름 두 냥, 파 흰 줄기 다섯 줌을 볶아 파를 익혀, 기름장 반 냥에 회향 · 후춧가루 · 생채 · 귤껍질채 각 일 전을 함께 잘 섞어 게를 깨끗한 그릇 안에 펴 놓고, 술과 초를 부어 반달만 담가 두면 먹을 수 있다. 바닥에 **조각**(皁角)을 한 치 정도 깔아 둔다(부록 69).

게장 거가필용(1200년 말), 구선신은서(1400년경), 산림경제(1715)

큰 게 백 마리를 가려 깨끗이 씻어 물기를 닦은 뒤, 하나하나 배딱지 안에 소금을 가득 채우고, 실로 묶어 젖혀서 차곡차곡 자기 그릇에 넣고 법장(法醬) 두 근, 후춧가루 두 냥, 좋은 술 한 말을 고루 섞어 뿌려 게 위로 손가락 하나 길이만큼 잠기게 하여 담가 놓고, 술을 조금 더 치고 꼭꼭 봉하고 진흙으로 굳게 바른다. 겨울에는 20일이면 먹을 수 있다(부록 70).

게장 사시찬요초(1483), 산림경제(1715), 해동농서(1799), 고사십이집(1787), 임원십육지(1827)

산 게를 잘게 다지고 꼭 짜서 내장과 게살을 눌러 굳히고 찐다. 자루에 담아 장독에 넣어 두면 맛이 매우 좋다(부록 71).

생게장 증보산림경제(1767), 농정회요(1830), 군학회등(1800년 중반)

살아 있는 게의 등딱지를 벗겨 누런 속은 빼서 따로 두고, 게를 전부 절구에 넣어 잘 찧어서 체로 걸러 뼈 국물을 모아 놓고 따로 두었던 누런 속과 합쳐서 찐 다음 자루에 넣어 장에 넣으면 맛이 아주 좋다(부록 72).

생게장 오주연문장전산고(1850)

산 게의 뚜껑을 따서 누런 내장은 꺼내어 별도로 놓고 나머지 전체를 절구에 넣어 찧어 체로 걸러 게즙을 취한다. 여기에 앞의 누런 내장을 쪄서 같이 섞어 자루에 넣어 장항아리에 담으면 맛이 매우 좋다(부록 73).

[표 12] 게장 요약

명칭	문헌	생선	담기	숙성
게장 [藏蟹法] ①	제민요술(530~550)	암게 해감하기, 토하게 하고 물엿에 담그기	여뀌 소금물에 담가 20일 후 배딱지에 생강가루를 넣고 여뀌 소금물 채우기	봉하여 저장
게장 다른 법 [藏蟹法又法] ②		게	생게 소금 여뀌탕에 담그기	봉하여 숙성, 생강가루를 쳐서 먹기
게초장 [醬醋蟹] ①	거가필용(1200년 말) 구선신은서(1400년경) 산림경제(1715)	게 해감하기	게 1근에 소금 7전반, 초·술 반근씩, 참기름 2냥, 볶은 흰 파줄기 5줌, 기름장 반 냥, 회향·후춧가루·생채·귤껍질채 1전씩 넣기	15일 숙성

(계속)

명칭	문헌	생선	담기	숙성
게장 [醬蟹] ②		게 100마리	배딱지에 소금 넣어 묶어 장 2근, 후춧가루 2냥, 술 1말로 담그기	봉하여 20일 숙성
게장	거가필용(1200년 말) 구선신은서(1400년경) 산림경제(1715)	산 게를 다지고 짜서 내장과 게살을 눌러 굳혀 찌기	자루에 넣어 장독에 담그기	
생게장 [生蟹醬]	거가필용(1200년 말) 구선신은서(1400년경) 사시찬요초(1483) 산림경제(1715) 증보산림경제(1767) 해동농서(1799) 고사십이집(1787) 임원십육지(1827) 농정회요(1830) 군학회등(1800년 중반) 오주연문장전산고(1850)	으깬 게	게살과 내장을 쪄서 자루에 넣어 장에 담기	

더덕·도라지장

더덕·도라지장은 구황장으로 분류한 곳이 많다. 《사시찬요》의 더덕·도라지장은 5개, 《고사촬요》의 더덕·도라지장은 6개, 《치생요람》의 더덕·도라지장은 3개 문헌이 인용하였다. 《조선왕조실록》의 방법은 도라지가루로 만드는 죽이다.

더덕과 도라지는 빻거나 가루내어 물에 우려서 쓴맛을 뺀다. 《사시찬요》, 《고사촬요》의 더덕 · 도라지장은 빻거나 가루내어 물에 담가 쓴맛을 우려내고 장에 담그는데 《구황촬요》의 더덕 · 도라지장 다른 법은 익혀서 찧고 《온주법》의 잡장법은 삶은 다음 우린다. 도라지에 함유된 사포닌이 쓴맛과 아린 맛을 내기 때문이다.

《사시찬요》와 《치생요람》만 더덕 · 도라지를 장에 박는 장아찌형 방법이고 나머지는 더덕 · 도라지로 장을 담그는 방법이다(표 13 참조).

호조판서 이기백계(구황용 도라지장) 조선왕조실록(세종 29년, 1447. 2. 25)

도라지를 물에 담갔다가 볕에 말려서 만든 굵은 가루 세 수저를 채소 한 줌과 염장 반 수저와 물 한 사발을 섞어 버무려 죽을 끓여서 한 사람이 먹으면 배고픔과 부기를 면한다(부록 74).

더덕·도라지장 사시찬요(1483), 산림경제(1715), 고사십이집(1787), 해동농서(1799), 임원십육지(1827), 학음잡록(1800년 말)

세속 방법으로 장을 담글 때, 더덕이나 도라지의 껍질을 벗겨 볕에 말려서 찧어 가루를 내어 체로 쳐서 자루에 넣어 물에 담가 쓴맛을 없애고 꼭 짜서 물기를 없애고 다시 자루에 넣어 장독에 넣는데 맛이 두부장(泡醬)보다 낫다(부록 75).

더덕·도라지장 다른 법 구황촬요(1554)

다른 방법으로 더덕과 도라지를 푹 익혀서 머리를 떼어내고 흐드러지게 찧어서 소금을 섞어 사이사이에 메줏가루를 넣어 담그면 장이 되므로 역시 좋다(부록 76).

더덕·도라지장 고사촬요(1554), 구황촬요(1554), 산림경제(1715), 해동농서(1799), 감저경장설(1813), 농정회요(1830), 오주연문장전산고(1850)

더덕과 도라지의 꼭지를 없애고 씻어서 말려 가루로 만들어 체로 쳐서 자루에 넣어 물에 담가 쓴맛을 없애고 꼭 짜서 물기를 없애고 항아리에 담는데 이 가루 열 말에 메주 한두 말을 위에 넣고, 소금물을 적당하게 부으면 익어서 장이 된다.

원래의 방법은 이와 같으나 다음과 같이 시험해 보았다. 더덕과 도라지를 많이 캐서 껍질을 벗기고 흙을 씻어 흐르는 물이나 우물물 속에 담가 두어 쓴맛을 없애고 건져서 물기 없애고 찧어서 소금을 약간 뿌려서 단단히 뭉쳐 메주 모양 덩어리로 만들어 잠깐 말린다.

이것을 항아리에 넣고 메주 양을 재서 보통 방법대로 소금을 넣는다. 더덕과 도라지를 메주와 같은 양 넣는 것도 좋다. 익은 후 간장(醬汁)으로도 쓰고 반찬으로도 쓸 수 있어서 어디든 쓸 수 있다. 느릅나무열매로도 장을 만들 수 있다(부록 77).

감초 장미목 콩과의 여러해살이로 뿌리는 단맛을 내서 한약과 감미료로 쓰며 한약에 빠지지 않아서 '약방의 감초'라고 한다.

더덕·도라지장 치생요람(1691)

장을 담글 때 더덕과 도라지를 물에 담가 쓴맛을 뺀 뒤에 자루에 담아 항아리에 넣으면 맛이 좋다. 시라, 회향, **감초**, 파, 산초 등을 장의 겉면에 뿌리면 향이 좋아진다(부록 78).

더덕·도라지장 다른 법 증보산림경제(1767), 농정회요(1830), 군학회등(1800년 중반)

더덕과 도라지를 생으로 빻아 물에 담가 쓴맛을 없애고 꼭 짜서 둥근 덩어리로 만들어서 볕에 조금 말렸다가 장에 담근다(부록 79).

더덕·도라지장 주찬(1800년대 초)

더덕과 도라지 꼭지를 따버리고 씻어 말려 가루내서 자루에 넣어 물에 담가 쓴맛을 우려낸 다음, 꼭 쥐어짜서 물기를 없애고 장 담글 때 장독 바닥에 깔아 놓으면 맛이 좋다. 방법은 이와 같지만 실제로는 맛보고 경험해 보아야 할 일이다.

더덕과 도라지를 많이 거두어서 껍질을 벗기고 찧어서 물에 담가 쓴맛을 다 빼고 물기를 없애고 절구에 넣어 짓찧는다. 여기에 소금을 대강 뿌리고 손으로 꼭 쥐어 메주덩이처럼 만든다. 잠깐 말린 다음 항아리에 넣고 메주와 소금을 일상의 장 담그는 방법대로 넣는다. 재료도 나누어 넣고 익으면 쓴다. 그 즙을 반찬으로 쓰지 않는 곳이 없다.

소금은 미리 준비하여 간수가 다 빠지도록 오래 기다리는 것이 좋다. 장을 담글 때에는 더욱 이렇게 해야 한다(부록 80).

더덕·도라지장 오주연문장전산고(1850)

더덕과 도라지는 껍질을 벗겨 바싹 말려 가루로 빻은 뒤 체로 쳐서 자루에 담아 물에 담가 쓴맛을 빼고 비틀어 짜서 물기를 없애고 주머니에 넣어 장에 함께 담그면 맛이 포장(두부장)보다 낫다.

또 다른 법은 더덕과 도라지를 생으로 찧어 물에 담가 쓴맛을 뺀 뒤에 물을 짜서 덩어리로 만들어 볕에 조금 쪼여 함께 담는다(부록 81).

잡장법 온주법(1800년대)

야생 더덕과 도라지는 머리 부분을 잘라 짼 후 물에 담가 많이 우려 햇볕에 말린 후 가루를 내어 열 말에 메주 두 말을 위에 넣고 소금물을 많이 부어 담근다. 도라지는 매우 삶아 우려 많이 짜 넣고 메주는 도라지와 같이 넣으면 장이 좋다.

[표 13] 더덕·도라지장 요약

명칭	문헌	더덕·도라지 전처리	담기
이견기계 (李堅基啓)	조선왕조실록 (1447 .2. 25)	도라지를 말려 가루내기	도라지가루 3수저 + 채소 1줌, 염장 반 수저, 물 1사발→죽 끓이기

(계속)

명칭	문헌	더덕·도라지 전처리	담기
더덕·도라지장 [沙蔘吉梗醬]	사시찬요(1483) 산림경제(1715) 고사십이집(1787) 해동농서(1799) 임원십육지(1827) 학음잡록(1800년 말)	더덕·도라지가루를 자루에 넣어 물에 담가 쓴맛 없애기	장에 넣기
더덕·도라지장	구황촬요(1554)	더덕·도라지 익혀 찧기	더덕·도라지에 소금을 가해 메줏가루 섞기
더덕·도라지장 [沙蔘吉更醬]	고사촬요(1554) 구황촬요(1554) 산림경제(1715) 해동농서(1799) 감저경장설(1813) 농정회요(1830) 오주연문장전산고(1850)	① 꼭지 딴 더덕·도라지를 말려서 가루를 내고 자루에 넣어 쓴맛 우려내기 ② 쓴맛을 우려내고 찧어서 소금을 뿌려 뭉치기	① 더덕·도라지가루 10말, 메주 1~2말, 소금물 ② 더덕·도라지 1: 메주 1 비율로 넣기, 소금
더덕·도라지장 [沙蔘吉更醬]	치생요람(1691) 증보산림경제(1767) 농정회요(1830) 군학회등 (1800년 중반)	더덕·도라지를 빻아 쓴맛 우려내고 뭉치기	장에 담기
더덕·도라지장 다른 법 [沙蔘吉梗醬又法]	주찬(1800년대 초)	① 꼭지 딴 더덕·도라지를 말려 가루내어 자루에 넣어 쓴맛 우려내기 ② 쓴맛을 우려내고 찧어서 소금 뿌려 뭉치기	바닥에 깔고 메주와 소금으로 장 담기
더덕·도라지장 [沙蔘吉梗醬]	오주연문장전산고 (1850)	① 더덕·도라지를 말려 가루내어 자루에 넣어 쓴맛 우려내기 ② 찧어서 물에 담가 쓴맛 우려내기	바닥에 깔고 장 담기
잡장법	온주법(1800년대)	더덕·도라지 머리 부분을 잘라 가르고 물에 담가 우려서 말려 가루내기 도라지는 삶아서 우려 짜기	더덕·도라지가루 10말, 메주 2말에 소금물 많이 부어 담그기

집장

오이 등을 박는 방법

《증보산림경제》의 집장법은 2개, 집장 다른 법은 3개, 여름집장은 3개, 전주식 집장은 3개 문헌이 인용하고 《규합총서》의 즙장은 1개 문헌이 인용하였다.

《산가요록》의 즙저 ②와 ④, 《조선무쌍신식요리제법》의 집장 ①은 콩알 상태로 띄운다. 나머지는 메주를 모두 작게 뭉치는데 타원형 1가지, 호두알 크기 3가지, 칼자루 형 1가지이다. 띄우는 용기는 섬 2가지, 둥구미 3가지, 버드나무그릇 1가지, 질그릇 1가지, 독 1가지, 치룽 1가지이고 깔개 및 덮개는 쑥 2가지, **북나무** 잎 3가지, 닥나무 잎 5가지, 솔잎 5가지, 뽕잎 2가지, 짚 3가지이다.

북나무 옻나무과로 단풍이 매우 붉어서 붉나무라고도 한다. 잎과 열매는 맛이 짜서 간수 대신 사용하므로 염부목(鹽膚木)이라고도 한다. 잎에 생긴 벌레집 오배자(五倍子)는 약으로 쓴다.

대부분 콩과 밀기울을 섞어서 띄우는데 《산가요록》의 즙저 ④, 《조선무쌍신식요리제법》의 집장 ⑤는 밀기울 외에 보리도 넣고, 《증보산림경제》의 집장, 《주찬》의 보통집장, 《규합총서》의 즙지이, 《주식방문》 및 《음식방문》의 즙장은 밀기울 대신 보리나 보릿가루를 쓰고, 《조선무쌍신식요리제법》의 메밀집장은 메밀을 쓴다.

집장 담글 때 밀기울을 넣는 것은 《사시찬요초》의 즙저, 《수운잡방》의 즙저 다른 법, 《산가요록》의 여름즙저, 《증보산림경제》의 여름집장, 《온주법》의 즙장, 《조선무쌍신식요리제법》의 즙장 ④이다.

장을 섞어 담그는 것은 《사시찬요초》의 즙저, 《수운잡방》의 즙저 다른 법, 《산가요록》의 즙저, 《증보산림경제》의 집장, 《증보산림경제》의 여름집장 다른 법, 《조선무쌍신식요리제법》의 여름집장 ①과 ②, 《규합총서》의 즙지이와 즙장, 《주식방문》의 특별한 즙지, 《조선무쌍신식요리제법》의 집장 ①과 ④이다. 《증보산림경제》의 여름집장 다른 법과 《조선무쌍신식요리제법》의 여름집장 ②, 《주식방문》의 특별한 즙지는 엿기름도 쓴다. 《시의전서》는 찹쌀밥을 섞는다.

즙장에 오이와 가지를 함께 박는 것은 27가지, 가지만 박는 것은 8가지, 동아 7가지, 오이만 박는 것 5가지인데 동아는 오이와 가지를 함께 박는 경우가 많다. 그 외에 박, 고추와 마늘, 생강을 박는 것도 있다. 특이한 것으로 《소문사설》과 《민천집설》의 즙장법은 닭고기와 가지를 함께 담근다.

말똥 말은 관아에서 많이 길렀고 된장독을 가열하는 데는 말똥 대신 쇠똥을 이용하였다.

숙성은 말똥에 묻는 것 23가지, 두엄에 묻는 것 8가지, 풀더미에 묻는 것 5가지이다. **말똥**이나 두엄과 풀은 썩을 때 65℃ 정도의 고열을 내므로 여기에 묻으면 열이 올라가서 빨리 숙성된다. 숙성은 7~14일간이 가장 많다(표 14 참조).

닥나무 잎에 메주 띄우기

북나무 잎에 메주 띄우기

즙저 산가요록(1450)

7월 초에 햇콩 한 말을 물에 6일 담갔다가 밀기울 세 말과 함께 절구로 찧어 뭉쳐 푹 쪄서 섬에 쑥, 북나무 잎, 닥나무 잎을 깔고 찐 콩을 한 치 두께로 깔고 그 위에 다시 잎을 덮어 두면 7일 후 누런 곰팡이가 잘 핀다.

곰팡이가 덜 피었으면 필 때까지 두었다가 꺼내 양지에 말리고 굵게 가루내어 체로 거른 것 세 말에 소금 한 되를 녹인 물 석 되를 타서 빽빽한 팥죽처럼 반죽하여 항아리 밑에 깔고 위에 오이나 가지 깔기를 반복하여 항아리를 채우고 항아리 주둥이에 나무판을 덮고 밀가루를 개어 발라 말똥냄새가 들어가지 못하게 하고 유지로 단단히 봉하여 동이를 덮어서 새 말똥 속에 묻고 쑥으로 싸두었다가 7일이나 14일 후 먹는다.

말똥 속에 장독 묻어 가열하기

다른 방법으로, 콩과 밀기울을 섞어 쪄 찧어서 덩어리로 뭉쳐 전시(全豉) 같은 방법으로 띄워서 위와 같은 방법으로 담근다. 메줏가루 한 말에 소금 한 되와 가지 한 동이를 넣는데 물이나 가지나 오이가 많으면 시게 된다.

또 다른 방법으로 메줏가루 한 말에 소금 세 홉과 밀기울 한 되를 넣고 물을 섞어서 죽처럼 만들고 가지 층마다 소금, 메줏가루로 만든 반죽을 덮어서 항아리를 채우고 말똥에 묻어둔다.

또 다른 방법으로 7월에 콩 두 말을 깨끗하게 씻어서 물에 담갔다가 일어 건져서 물기를 없애고 보리와 밀기울 닷 말을 섞어 찧어 뭉쳐서 전시(241쪽 참조) 같은 방법으로 띄워서 7일 후 꺼내 볕에 말린다. 8월초에 전시 같은 방법으로 빻아서 체로 치고 누룩 네 되와 소금 한 되, 밀가루 두 되, 좋은 술 세 사발을 합하여 가지나 오이와 항아리에 담아 말똥에 묻었다가 7일 후 쓴다(부록 82).

즙저 사시찬요초(1483)

가지와 오이를 장 한 말과 밀기울 석 되에 담아 뜨거운 말똥에 묻었다가 20일 후 쓴다(부록 83).

즙저 수운잡방(1500년대 초)

가지를 따서 씻어두고 간장과 밀기울, 소금을 약간 섞어 항아리에 담는 데 먼저 장을 깔고 그 다음 가지를 깔아 항아리가 찰 때까지 깐다. 사발로 뚜껑을 하고 진흙을 발라 단단히 봉하고 말똥 속에 묻어서 5일 후 익으면 꺼내 쓴다. 덜 익었으면 다시 묻어 두었다가 익으면 사용한다(부록 84).

즙저 다른 법 수운잡방(1500년대 초)

감장 한 말과 말장 한 말, 기울 여덟 되, 소금 한 되 한 홉으로 즙을 만들어 항아리 바닥에 깐 다음 가지와 오이를 깔고 다시 집장을 깔고 가지와 오이 깔기를 반복하여 끝까지 담가 말똥에 묻었다가 5일 후 꺼낸다. 잘 익지 않았으면 이틀간 다시 묻어서 익으면 쓴다(부록 85).

즙저 색경(1676)

7월 보름 지난 후 콩 한 말을 무르게 삶아 건져서 체로 깨끗하게 친 것과, 밀가루 없는 밀기울 세 말을 함께 섞어서 다시 시루에 넣고 쪄서 익힌다. 절구에 곱게 찧은 것을 방법대로 꺼내 작고 둥근 덩어리를 만들되 둥그런 것이 아니라 약간 긴 타원형으로 만든다.

둥구미에 자루 메주 띄우기

말똥 속에 흙 바른 장독을 묻어 가열하기

짚으로 만든 둥구미에 넣을 때, 짚을 사이에 넣어 간격을 띄워 달라붙어서 부스러지지 않게 한다. 하얀 곰팡이가 모두 피면 볕에 말려서 절구로 빻아 가루를 내어 대나무 체로 곱게 쳐서 이 가루 한 말에 소금 세 홉을 넣어서 잘 섞는다.

손으로 덩어리를 뭉쳐보아 부서지지 않으면 농도가 알맞은 것이다. 가지 꼭지를 떼고 깨끗이 씻어서 물기가 마르면 얼마간 서로 놓아두고, 항아리도 깨끗이 씻어서 물기가 없게 한다.

우선 밀기울과 콩가루를 항아리에 한두 겹 깔고 나서 가지를 조밀하게 깔고, 잘라낸 꼭지를 가득 채워 두툼하게 덮고 손으로 꼭꼭 눌러 채워 빈틈이 나지 않게 한다.

유지로 항아리 입구를 봉해 싸매고 뚜껑으로 덮는다. 뚜껑 밖 사방 둘레를 진흙으로 바르고, 쌓아놓은 말똥 속에 묻고 풀로 덮고 겉을 말똥으로 두껍게 단단하게 묻는다. 엉성하게 덮으면 안 된다.

작은 항아리는 14일 뒤에 꺼내고 큰항아리는 20일 후 꺼낸다. 말똥이 적으면 열이 잘 나지 않으므로 물을 끼얹어야 열이 잘 난다(부록 86).

집장 소문사설(1740), 민천집설(1751~1823)

7월 보름 후나 8월 초에 밀기울 두 말 닷 되와 누런 콩 한 말 두 되 다섯 홉을 준비한다. 먼저 콩을 메주처럼 무르게 삶아 밀기울과 물을 붓고 손으로 비벼서 덩어리를 만들어 찌든지 또는 누런 콩 위에 펴서 올려 푹 쪄서 밀기울과 콩을 무르게 찧어 **으름나무열매** 크기 덩어리를 만든다.

으름나무열매 재배하기도 하며 식용하고 키위를 닮았다. 어린순은 나물로 먹고 줄기는 바구니를 만들고 줄기와 뿌리는 이뇨·진통에 쓴다.

빈 섬에 넣고 짚으로 메주 덮은 것 같이 사이를 띄우고, 덮고 3일 후에 다시 덮고, 7일 후에 볕에 쬐었다가 또 덮는다. 14일 후 꺼내 바싹 말리고 가루를 낸다. 여기에 소금 칠 홉을 물에 녹여 율무죽처럼 만들고 닭과 가지를 크게 잘라 본래의 콩과 밀기울과 층층이 항아리에 넣는다.

유지로 항아리 주둥이를 꼭 묶어서 솥뚜껑으로 덮어 진흙으로 단단히 봉한 뒤에 풀 더미나 볏단에 넣거나 말똥 속에 넣었다가 10일이나 10여 일 후 꺼낸다. 대저 풀 더미나 볏단은 많아야 좋고, 소나 말이 밟고 다니는 곳에 두어 매우 뜨겁게 하면 할수록 좋다(부록 87).

집장 다른 법 1 증보산림경제(1767), 농정회요(1830), 군학회등(1800년 중반), 오주연문장전산고(1850)

무릇 집장메주를 담을 때에는 콩 한 말에 밀기울 세 말을 넣는데, 민간의 방법에는 콩 한 말에 밀기울 대엿 되를 넣는다. 콩이 많으면 맛이 달고 밀기울이 많으면 맛이 시어 좋지 않으니 당연히 민간 방법대로 해야 한다.

풀 속에 진흙 바른 장독을 묻어 가열하기

집장용 메주를 빻아 대나무 체로 거르고 한 말 당 소금을 적당한 종지로 하나 넣고, 볶은 참깨 오 홉을 넣어 고루 섞고 집장 물을 넣으면 붉어지는데 맛있는 청장 한 종지를 넣어 집장의 여러 재료들을 고루 섞는다.

그러나 즙이 너무 되면 장의 색이 가지와 오이에 물들지 않으므로 반드시 손으로 꼭 쥐어서 즙이 손가락 사이로 흘러나올 정도가 되어야 한다. 즙과 섞을 때는 맛을 자주 보아 간을 맞추어야 한다.

이와 별도로 상하지 않은 가지(꼭 물가지를 쓸 필요는 없다)와 **누런 오이**(너무 늙거나 크거나 작은 것은 쓰지 않는다) 꼭지를 따고 깨끗이 닦은 다음, 즙과 함께 항아리 안에 차곡차곡 넣고 유지로 항아리 주둥이를 막은 뒤 질그릇으로 덮고 진흙으로 싼다.

누런 오이 = 늙은 오이

3일 뒤에 말똥 안에 항아리를 묻는데 말똥이 많으면 숙성이 지나치므로 반드시 찬물을 가끔 뿌려주어야 숙성이 잘 된다. 말이 다니는 풀무더기에 묻고 두껍게 덮어놓는다(부록 88).

집장 다른 법 2 증보산림경제(1767), 농정회요(1830), 군학회등(1800년 중반), 오주연문장전산고(1850)

7월 보름 이후에 콩 한 말을 푹 삶아서 밀기울(밀을 빻아 체로 쳐서 걸러진 것) 세 말(대엿 되도 된다)을 고루 섞어 시루에서 푹 쪄서 곱게 찧어 보통 방법으로 칼자루형 둥근 덩어리로 뭉쳐서 짚둥구미에 넣는다. 그리고 반드시 짚을 사이에 넣어 서로 달라붙지 않게 띄워 놓는다(198쪽 즙저 참조).

흰 곰팡이가 피면 볕에 쪼여 말리고 절구로 빻은 뒤 체로 곱게 친 가루 한 말에 소금 세 홉을 넣어 진흙처럼 반죽한다. 가지와 중간 크기 호박 꼭지를 떼어 깨끗이 씻어서 물기를 말리고 항아리도 깨끗이 씻어 물기를 없앤 뒤에, 먼저 집장을 한 겹 깔고 다음에 가지와 오이, 풋고추를 한 겹 깔며 사이가 뜨지 않도록 촘촘하게 눌러 놓는다.

항아리의 90%만 채우고 잘라 놓은 꼭지로 위를 다 덮고 손으로 단단히 눌러 빈 데가 없게 한다. 유지로 항아리 주둥이를 봉하고 뚜껑을 잘 덮고 사방 겉을 진흙으로 단단히 싸 바르고 금방 누운 말똥을 많이 모아 쌓고 항아리를 말똥 안에 넣고 위를 생풀로 두껍게 덮는다. 또는 말이 다니는 곳에 단단히 묻어 말똥이 스며들지 않게 한다.

항아리가 작으면 14일에 꺼내도 되지만 크면 20일 후 꺼낸다. 말똥이 적으면 숙성되지 않으므로 반드시 물을 부어주어야 비로소 숙성된다(부록 89).

집장 다른 법 3 증보산림경제(1767), 농정회요(1830), 군학회등(1800년 중반)

콩과 밀기울은 정해진 법으로 반죽하여 동그랗게 뭉치고 뽕나무 잎을 사이에 넣어 항아리에 넣거나 빈 둥구미 안에 넣어 덮어 놓는다. 둥구미에 넣

둥구미에 넣고 뽕잎에 메주 띄우기

으면 따뜻한 곳에 두어야 하고 항아리에 넣으면 땅에 묻고 덮어서 공기가 새지 않도록 한다.

7일 후 꺼내어 볕에 살짝 말렸다가 다시 넣고 6~7일 후 겉과 속에 모두 곰팡이가 피면 꺼내 볕에 쪼여 말리고 빻아서 대나무체로 쳐 놓는다.

가루 한 말에 소금 오 홉을 탄 물로 개어 누룩 반죽처럼 되면 항아리에 넣고 가지와 오이를 정해진 방법으로 넣는다. 말똥을 많이 모아 열기가 올라오면 한가운데를 헤치고 속에 마른 풀을 두껍게 두른 후 불로 태운다.

불이 한창 타오르면 물을 뿌려 불을 끄고 뜨거울 때 항아리를 가운데 넣고 묻는다. 항아리 숙성이 너무 빠르면 7일 후 꺼내고, 자연스럽게 숙성되면 14일 후 꺼낸다(부록 90).

여름장저 산가요록(1450)

간장을 끓여서 농도를 알맞게 하여 항아리에 붓고 새로 딴 오이를 끓는 물에 데쳐서 간장에 담갔다가 4~5일 후 먹는데 10일을 넘기면 안 되며 계속 담가두면서 먹으면 맛있다(부록 91).

여름가즙저 산가요록(1450)

볕에 푸른 오이를 반나절 말려서 칼집을 세 군데 내고 속에 생마늘, 향유(노야기), 분지(粉知: 분디나무, 산초나무) 잎을 넣고 장에 담가 하루 담가두면 먹을 수 있다(부록 92).

가집장(假汁醬) 조선무쌍신식요리제법(1924)

연한 오이와 가지의 배를 열십자(十)로 가르고 잠깐 삶아서 물기를 훔쳐서 없애고 차와 생강, 마늘, 파, 천초(산초) 등을 잘게 썰어 열십자로 가른 속에 넣고 오이와 가지 한 말 당 맑은 장 한 사발에 참기름 닷 홉을 함께 달여 부었다가 먹으면 참집장보다 맛이 낫다. 이것은 여름용인데 오래 둘 수는 없다.

여름즙저 산가요록(1450)

감장 한 사발과 밀기울 네 되를 콩죽처럼 빽빽하게 쑤어서 다 채우지 말고 담는다. 오이를 깨끗하게 씻어서 물기를 없애고 항아리에 담아 단단히 봉하고 진흙을 발라 새 말똥에 묻어 두었다가 7일 후 쓰는 데 식혔을 때 붉은 색이 나면 양지쪽에 두었다가 3일 후 쓰면 좋다(부록 93).

여름집장 증보산림경제(1767), 농정회요(1830), 군학회등(1800년 중반), 오주연문장전산고(1850)

달고 맛있는 장 한 사발(반드시 거친 체로 걸러 즙을 받아 모래와 돌을 없앤 것)과 밀기울 네 홉을 고루 섞는다. 별도로 싱싱한 오이를 물로 깨끗이 씻고 수건으로 닦아 말린 다음, 오이가 서로 닿지 않게 하여 항아리에 넣고 새 말똥 속에 묻었다가(생풀에 묻어도 된다) 14일 뒤에 쓴다(부록 94).

여름집장 다른 법 증보산림경제(1767), 농정회요(1830), 군학회등(1800년 중반), 오주연문장전산고(1850)

좋은 메주를 가루내어서 체로 쳐 놓고, 달고 맛있는 청장 한 사발과 엿기름가루 반홉 정도(많으면 맛이 달아 좋지 않다)를 함께 개어 제법 되직하게 반죽한다. 오이와 가지(물기가 적은 것을 써야 한다), 동아(손바닥만큼 납작하게 잘라 껍질과 속을 잘라낸 것)를 깨끗이 씻고 수건으로 닦아 말려 항아리 안에

풀더미에 장독을 묻어 가열하기

채워 넣고 위의 방법대로 봉하고 덮는다.

생풀을 많이 베어 땅에 쌓고 한가운데를 헤쳐 항아리를 넣은 다음 풀로 두껍게 덮어 두면 저절로 익는다. 열기가 지나치면 맛을 잃을 수도 있으므로 한낮에 풀에 찬물을 뿌려주고 거적 등으로 덮어 놓고 14일 뒤에 쓴다.

여름에는 더워서 맛이 변하기 쉬우므로 항아리를 찬물 안에 넣어 놓고서 그때그때 꺼내 쓴다. 이 두 방법은 빠지거나 잘못된 것이 있으므로 지혜로운 자들이 반드시 다시 살피기를 기다린다(부록 95).

여름집장(夏節汁醬) 조선무쌍신식요리제법(1924)

맛있는 간장 한 사발에 찌꺼기 뺀 밀기울 네 홉을 합친다. 따로 푸른 오이를 깨끗하게 씻어서 헝겊으로 훔쳐 말려 간장과 밀기울 합한 것과 함께 항아리에 넣고 새 말똥 속에 묻으면 14일에 뜬다. 말똥 대신 푸른 풀을 베어서 항아리를 속에 넣어도 좋다.

또는 좋은 메줏가루에 좋은 간장 한 사발과 엿기름가루 반 홉 정도를 넣는데 엿기름이 많으면 맛이 달아 좋지 않다.

세 가지를 섞고 물기가 적은 오이, 가지와 손바닥 크기로 자른 동아의 껍질과 씨를 빼고 깨끗하게 씻어 훔쳐 말려서 켜켜 가로세로 격지 넣고 앞의 방법과 같이 뚜껑을 덮는다. 풀을 많이 베어 쌓고 풀 가운데를 헤쳐 항아리를 넣고 풀로 덮어두면 저절로 뜬다. 너무 뜨면 맛이 변하기 쉬우므로 매일 오시에 풀 위에 냉수를 뿌리고 거적을 더 덮으면 14일 안에 먹을 수 있다.

여름에는 더워서 맛이 변하기 쉬우므로 항아리를 냉수에 담가두고 먹는다. 집장 속에는 비단 오이와 가지뿐만 아니라 동아, 풋고추, 무 등 여러 채소나 과실은 물론 고기나 생선 등 여러 동물을 넣어도 좋다.

전주식 집장 증보산림경제(1767), 농정회요(1830), 군학회등(1800년 중반), 오주연문장전산고(1850)

곱게 찧은 가을보리 한 말을 누렇게 볶고, 콩 닷 되를 볶아 껍질을 없애고 함께 가루로 빻아 쌀뜨물로 이겨 호두알 크기로 둥글게 뭉쳐 시루에 쪄서 닥나무 잎이나 뽕나무 잎으로 싸서 누렇고 흰 곰팡이가 피면 저절로 마르기를 기다렸다가 가루로 만든다.

호두알 메주를 닥나무 잎에 싸서 띄우기

가루로 만들 때는 반드시 볕에 말려서 맛이 단 청장으로 되직하게 반죽한다. 가지와 오이는 깨끗이 닦아 물기 없이 말리고 앞의 방법과 같이 항아리에 켜켜 넣고 말똥 속에 묻는다. 3일마다 더운물을 항아리 묻은 곳에 뿌려주며 9일 후 꺼내 쓴다. 먹을 때마다 꿀을 조금 넣어 맛을 돋우어주면 더 좋다(부록 96).

보통집장 주찬(1800년대 초)

콩 한 말을 무르게 삶아 곱게 친 보리쌀 가루 한 말과 함께 쪄서 달걀처럼 만들어 닥나무 잎과 번갈아 안치는데 떡을 안칠 때처럼 닥나무 잎 한 층 깔고 메주 한 층 깔고, 다시 닥나무 잎 깔고 메주 깔기를 반복하여 6~7일 후 꺼내 말려 가루낸다.

가루 한 말 당 소금 네 되씩을 섞어서 항아리에 담고 고추, 가지, 묵은 무김치, 오이 등을 층층이 눌러 담은 후 솥뚜껑으로 덮어서 생풀을 가득 쌓고 묻는데 풀이 썩으면서 뜨면 14일 만에 꺼내 쓴다. 풀이 썩는 열이 너무 높으면 14일 전에 꺼내도 좋다. 풀 더미의 썩는 기운이 뜨겁지 않으면 아침에 끓는 물을 풀 더미 위에 부어도 된다(부록 97).

즙지이 규합총서(1815)

가을보리를 곱게 빻아서 물에 일어 건져 볕에 뿌득뿌득하게 말려서 노릇노릇하게 볶아 맷돌에 통보리가 남지 않도록 간다. 좋은 콩에서 잡것과 돌을 가려내고 물을 넉넉하게 부어서 메주를 쑤다가 무르면 물까지 함께 큰 그릇에 퍼내어 보리 간 것을 고루 섞어 시루에 담아 한참 찐다.

절구에 나른하게(약하게) 찧어서 손으로 단단히 쥐어 뭉쳐서 생솔잎을 격지 놓아 송편같이 안쳐 바람 없는 데 두고 7일 후 뒤집고, 다시 7일 후에 볕에 말려 가루를 낸다.

그리고 물가지, 오이, 동아, 풋고추를 함께 얼간하여(살짝 절여서) 보자기에 바짝 짜서 물기 없이 말려서 메줏가루 한 말에 굴 다섯 홉, 참기름 세 홉, 달인 장 세 홉, 물 적당량을 된 모주(母酒)같이 반죽하여 항아리에 절인 채소, 열매와 켜켜 격지 놓아 떡 안치듯 꽉 차게 넣고, 유지로 단단히 싸매고 적당한 그릇으로 항아리 주둥이를 덮는다.

두엄을 헤치고 생풀을 많이 넣고 항아리를 깊이 묻었다가 7일 만에 꺼내어 위를 약간 걷고 준비해 둔 좋은 조청 두어 탕기를 부어두면 마르지 않고 맛도 변하지 않는다.

오이는 통으로 절이고, 가지와 고추는 꼭지만 없애고, 동아는 껍질을 벗겨서 절이되 크면 썰고, 가지와 고추는 많을수록 좋고 동아 양이 많으면 시다.

두엄 퇴비로 쇠똥과 짚 등을 섞은 것이다.

콩 한 말에 빻은 보리쌀 두 말씩 필요하므로 이로서 양을 참작하되 콩과 보리쌀 매우 좋은 것으로 골라야 한다.

두엄이 뜨거워야 잘 되며, 두엄이 없으면 햇볕이 바른 곳을 넓고 깊게 파서 생풀을 많이 넣어 묻는다.

즙장(汁醬) 규합총서(1815)

가을에 밀기울 한 말을 누렇게 볶고, 콩 닷 되를 볶아 껍질을 없애고 함께 가루로 만들어서 속뜨물에 반죽하여 손으로 쥐어 호두처럼 메주를 만들어서 시루에 쪄서 뽕잎에 격지 놓아 띄워서 누렇고 흰 곰팡이가 슬면 말려서 가루를 곱게 내어 좋은 간장에 알맞게 반죽하고 어린 오이와 꼭지 딴 가지를 깨끗하게 씻어서 물기 없이 말리고 항아리도 물기 없이 하여 메주즙을 먼저 깔고 가지와 오이 등을 한 벌씩 깔아 10분의 9까지 항아리에 빽빽하게 켜켜 넣고, 위를 오이와 가지 벤 것으로 가득 덮어서 단단히 누르고 유지로 봉하고 위를 여러 번 싸고 황토를 이겨서 항아리에 바르고 말똥을 싸 묻고 위에 생풀을 베어 덮고 다시 그 위에 말똥을 덮어 3일에 한 번씩 더운물을 그 위에 주다가 14일 후 꺼내 꿀을 달게 타서 쓴다.

호두알 메주를 콩잎에 띄우기

즙장법 부인필지(1915)

가을에 밀기울 한 말을 누렇게 볶고, 콩 닷 되를 볶아 껍질을 벗겨 함께 가루내어 속뜨물에 반죽하여 호두 크기로 뭉쳐서 시루에 쪄낸다.

콩잎을 격지 놓아 띄워서 누른 옷(곰팡이)을 입으면 말려서 곱게 가루내어 좋은 간장에 반죽한다. 어린 오이와 가지를 꼭지 따 깨끗이 씻어 말리고, 항아리의 물기를 없애고 가루반죽을 먼저 깔고, 위에 오이와 가지를 켜켜 번갈아 깔되, 항아리가 거의 채워지면 위에 오이와 가지 꼭지를 덮어 유지로 봉하고, 다른 것으로 또 싸고, 황토로 항아리를 모두 발라 말똥으로 싸서 묻는다.

그 위에 풀을 베어 덮고 다시 말똥을 덮어, 3일에 한 번씩 더운물을 주다가 14일에 내서 꿀을 타 먹는다.

집장 담그는 법 음식책(1838 또는 1898)

반대기 반죽덩이

7월에 메주콩 한두 말을 쑤되 밀기울을 개떡 반죽처럼 만들어 콩 한 말에 밀기울을 화인(공인) 되로 세 되를 반죽하여 메주 쑤는 위에 얹어 쪄서 메주에 넣어 절구로 메주방아 찧을 때 같이 잘 섞이게 찧어 **반대기**(반죽)를 납죽납죽하게 잘게 찍고 더 위에 메주니 소금 조금 넣고 메주 반죽 행여 질지 않게 하여 짚으로 격지 놓는다.

이것은 더운 때라 눈 나기가 쉬우니 위에 가끔 손도 치고 14일 되면 보아서 다 뜨면 즉시 쪼개 말려 고추장가루처럼 빻아 고운체로 쳐서 소금물 한 동이면 찻되로 네 되 칠 홉만 풀어 가지, 풋고추, 동아도 회(재)에 절였다가 우려 말리고 장 담글 때 갖추어 넣는다.

묽고 되기는 고추장만치 하여 항아리 골막 담고(다 채우지 않고 담기) 유지와 무엇으로 긴히 봉하여 뚜껑 덮어 해들지 않게 잘 봉하여 양지에 풀과 짚을 많이 부어다가 덮고 깔고 7일 되면 꺼내 보아 맛이 들었으면 즉시 내어 식혀서 종지에 놓을 때마다 꿀을 타서 놓는다.

만일 7일에 맛이 들지 않고 메주 내가 나는 듯하면 수삼일 더 두었다가 꺼내되 만일 때가 넘으면 시기를 놓쳐 버리는 법이니 잘 보아서 때를 넘기지 말라.

즙장 음식방문(1800년 중엽)

8월에 햇콩 한 말로 메주를 쑤는데 가을 보릿가루 석 되씩 넣어서 쑨다. 손으로 단단하게 메주를 잘게 뭉쳐서 솔잎에 올려 뒤집어가며 잘 띄운다. 7일 후 말려서 가루를 곱게 내어 어린 오이와 연한 가지, 쉰 동아(冬瓜)를 소금에 푹 절였다가 소금물을 따라 버리고 보자기에 싸서 물기 없이 짜고 메줏가루를 소금에 질게 반죽하여 소금기 뺀 재료와 풋고추, 마늘, 파, 생강,

천초(산초)가루를 사이사이 켜켜 넣어서 항아리에 가득 담고 콩잎으로 항아리를 덮고 유지로 싸매고 두엄에 묻되 두엄냄새가 들지 않게 단단히 막는다.

집장에 오이 담기

풀 두엄 속에 항아리를 묻을 때 쇠솥뚜껑으로 덮고 두엄물이 들어가지 않게 푹 묻고 식전마다 물을 길어다 두엄에 붓는다. 잘 띄우면 7일에 꺼내는데, 위를 걷고 떠내보면 빛이 붉고 반죽도 알맞게 질고 맛이 좋지만, 잘못된 것은 빛이 희고 싱겁거나 짜다.

알맞게 만들면 술안주나 반찬에 다 좋다. 쓸 적에는 꿀을 타서 쓴다. 메주를 일부러 쑤지 않고 집메주에서 좀이 나지 않은 것을 써도 좋다.

즙장(汁醬)법 시의전서(1800년 말)

7월에 메주를 쑤는데, 콩 한 말에 밀기울 닷 되를 넣는다. 콩 사륙 되를 쑤려면 밀기울 삼사 되를 넣는다. 콩을 삶은 후, 콩 삶은 물에다가 밀기울을 훌훌 섞어서 덮는다.

그리고 거기에 불을 때어 쪄서 잘 익혔다가 찧어서 메주를 만든 다음 솔잎에 재워 둔 후 말려서 가루로 만든다.

찰밥을 지어 간장에 담는데 간장만 하면 맛이 없으므로 소금을 넣어 간을 한다. 짜면 맛이 없고, 너무 싱거우면 맛이 변하기 쉬우므로 간을 알맞게 한다.

어린 고추를 숨이 죽을 정도로 기름에 둘러 볶아서 장에 넣는다. 오이와 가지도 절여서 짠물을 우려낸 다음에 보자기로 싸 눌렀다가 장에 켜켜 넣고 담그면 좋다.

장항아리에 날물이 들어가지 않게 하여 두엄에 묻는다. 두엄이 매우 더우면 6~7일 정도 두고, 덥지 않으면 보아가며 8~9일이나 10일까지 둔다. 밥은 메줏가루 한 말에 찹쌀 닷 되를 한다.

두엄이 더워야 좋으므로 8월에 장을 담근다. 밥과 메주를 되게 버무려도 익으면 묽어지므로 붉은 고춧가루를 조금 넣으면 좋다. 다른 메주 물보다 더 넣고 밀기울을 넣는다.

즙장 음식방문(1800년대)

8월에 햇콩 한 말로 메주 쑬 때 가을보릿가루를 세 되씩 넣어 쑤어 메주를 단단하고 잘게 쥐어서 솔잎에 손으로 뒤집어가며 잘 띄워서 7일 후에 말려 가루를 곱게 낸다.

어린 오이, 연한 가지, 쉰 동아를 소금에 푹 절였다가 다시 소금기 우려내어 보자기에 싸서 물기 없이 짠다.

메줏가루를 소금에 눅눅하게 반죽하여 소금기 우려낸 재료와 풋고추, 마늘과 생강, 천초가루를 사이사이 켜켜 항아리에 가득 넣고 콩잎으로 항아리를 덮어 유지로 싸매고 두엄에 묻되 두엄에 물이 들어가지 않게 단단히 막고 풀두엄 속에 항아리를 묻는데 쇠솥뚜껑으로 덮고 두엄에 물이 안 들어가게 푹 묻어 식전마다 물을 길어 부어서 잘 띄운다.

솔잎에 알메주 띄우기

솔잎에 메주 띄우기

7일 만에 내어서 위의 것을 걷고 떠내어 보면 빛이 붉고 반죽도 알맞게 눅고 맛이 좋고 잘못된 것은 빛이 희고 싱겁거나 짜거나 한다. 알맞게 되면 술안주, 반찬으로 모두 좋다. 쓸 때에는 꿀을 타서 쓴다.

메주를 일부러 안 쓰고 좀이 나지 않은 집메주도 좋다.

즙장 온주법(1800년대)

4~5월에 콩 두 말에 밀 한 말이나 대여섯 되 정도 넣어 쑤어 찧어서 소금을 넣고 손으로 쥐어 잘게 뭉쳐서 닥나무 잎을 격지 놓아 방안에서 재어 3일 후 꺼내 햇볕을 쪼여 닥나무 잎을 거두어 내고 짚에 7일 재운 후 말려서 가지, 박, 동아와 담근다.

서리 맞은 가지를 탁주에 잠깐 데쳐 수건으로 싸서 말린 후 마늘과 파를 짓찧어 항아리에 넣고 감장 한 잔, 참기름 다섯 홉을 섞어 달인 것을 항아리에 부어 익으면 쓰는데 맛이 집장보다 나으므로 오이와 가지가 많으면 이 방법을 더한다.

또 연한 가지는 큰 동이에 넣어 소금 한 되가웃, 메주 한 말, 밀기울 세 되, 감장 한 잔을 물에 알맞게 타 그 즙을 항아리에 넣는데 가지를 가득 넣어 봉하고 그릇을 덮고 흙을 발라 두엄에 묻어 띄워 3일 만에 내어 식으면 쓴다.

장 세 되, 밀기울 세 되를 물에 타 항아리에 넣고 오이, 가지를 살짝 데쳐 함께 섞어 넣어 두엄에 묻어 7일 후에 내어 쓴다. 사계절에 다 하되 소금을 조금 넣는다.

즙지방문 주식방문(1800년대),

기울 두 말에 콩 네 되를 넣는 데 콩을 2~3일 동안 담가 두면 거품이 일고 쉰내가 나므로 우물에 가서 모두 씻고 기울에 섞어 시루에 담아 푹 찌는데 기울과 콩이 합쳐지도록 많이 찐다. 메주를 주먹으로 아주 잘게 쥐어 버

닥나무 잎에 알메주를 띄우기

드나무그릇이나 질그릇에 닥나무 잎을 켜켜 깔고 안쳐서 3~4일 후 부옇게 뜨면 빛을 가려 두고 다시 3~4일 후 꺼내 볕에 5~6일 말린다.

메주를 찧어 체로 쳐서 소금물에 반죽을 하되, 밀기울이 두 말이면 소금을 한 되 정도 넣고 질거나 된 것은 어림으로 쥐어 보아 쥐어지면 알맞다.

나물도 소금물에 담되 짠 김칫국만큼 하여 담고, 떡을 안치듯이 나물 한 겹, 밥 한 겹으로 안친다. 밥이 너무 많으면 사각사각하고 나물이 너무 많으면 쉬기 쉬우니, 그것은 알아서 알맞게 한다.

두엄을 키 큰 남자의 가슴에 닿게 깊이 파고 풀을 서너 바리(소가 지는 한 짐) 베어 썰어 넣고 겨를 서너 그릇 정도 붓고, 물을 대여섯 그릇 정도 붓되 날이 더우면 그냥 붓고 추우면 끓여서 붓고 거적이나 헌 멍석으로 위를 많이 덮어 둔다.

2~3일 후 손을 못 댈 정도로 뜨거워지면 그제야 두엄을 깊게 파내고 즙지를 묻는 데 4일 후 식전에 내면 맛이 좋다.

묻고서 꼭 거적으로 많이 덮어야 좋고, 두엄이 극진(極盡)하면 즙지가 잘못되지 않는다. 위로부터 내리 뜨지 말고 밑으로부터 치떠야 근심이 없다. 즙지 반죽할 때 간장과 꿀을 넣으면 더 좋다.

즙장방문 주식방문(1800년대)

7월 보름 후에 메주를 만들되, 콩 한 말을 무르게 쑨다. 어레미로 가루를 모두 뺀 친 밀기울 세 말에 물을 섞되, 누룩을 빻아서 물을 알맞게 섞어 메주와 버무려 쪄서, 나른하게 찧어 주먹에 들게 쥐어 뭉쳐서 북나무 잎을 격지 놓아 띄우면 7일 후 다 뜬다.

메주를 말려 빻아서 가는 어레미로 쳐서 한 말에 소금 세 홉씩 넣고 손에 쥐어질 만큼 뜨물에 반죽하여 항아리 밑에 가득 깐다. 가지와 오이를 깨끗이 씻어 꼭지를 베고 볕에 시들게 말려 동아와 틈 없이 박고 메주를 두껍게 얹어야 빛이 붉고 좋다.

위를 두껍게 덮고 가지 잎을 여러 번 덮고 유지로 단단히 싸매 솥뚜껑을 덮고 흙을 바르고 가장 많이 뜰 수 있는 두엄 가운데를 헤쳐서 항아리를 놓고 풀을 베어 덮고 풀로 항아리를 두루 많이 싸고 두엄을 마구 덮어 두었다가 7일 후 꺼내며 작은 솥이면 6일 만에 꺼낸다. 두엄이 삭거나 마르면 낮에 계속 물을 길어 두엄 위에 부으면 쉽게 뜬다.

집장방문 주식방문(연대미상)

7월 보름 망일 후에 콩 한 말로 무르게 메주를 쑤고 밀기울을 어레미로 쳐서 가루는 빼고 굵은 밀기울 세 말을 누룩 반죽같이 한다. 메주를 콩과 버무려 시루에 쪄서 부드럽게 찧어 놓고 주먹 메주를 만들어 북나무 잎으로 격지 두고(넣고) 띄워 7일 후 볕에 쬐어 말려서 방아에 찧어 가는 어레미로 쳐 놓는다.

메줏가루 한 말에 소금 세 홉씩 반죽하는데 너무 질게 말고 주먹 메주같이 손으로 쥐어 항아리 밑에 물을 약간 넉넉하게 깔고 가지와 오이와 고추를 깨끗하게 씻어 꼭지는 잘라내고 볕에 시들게 말려 놓고 동아와 박으로 격지 두고 켜켜 메주를 두껍게 놓아야 빛이 붉고 좋다.

위는 가지와 잎으로 여러 번 덮고 유지로 단단히 싸매고, 솥뚜껑을 덮고 진흙을 발라 풀 두엄 속에 묻었다가 7일 만에 꺼낸다. 집장 항아리가 작으면 6일 만에 꺼내면 좋다.

풀 두엄의 열이 너무 높아지면 한낮에 두엄에 물을 뿌리면 좋고 두엄의 풀이 너무 마르거나 삭아도 한낮에 물을 길어와 고루 부으면 쉽게 뜬다.

특별한 즙지 만드는 법 주식방문(1800년대)

가을 보리쌀 닷 말을 껍질을 벗기고 또 껍질을 벗기고 씻어 찧어서 굵은 체로 친다. 콩 두 말 반을 아주 무르게 쪄서, 보릿가루와 찐 콩을 시루에 담아 쪄서 방아에 찧어 손으로 쥐어 메주를 뭉쳐서 섬에 솔잎을 켜켜 깔며 띄워 7일 후 꺼내 다시 재우고, 14일 후에 쥐어 재우고, 21일 후 노랗게 뜨면 내어서 말려 찧고 엿기름가루 세 되, 꿀 한 되, 기름 세 홉을 넣고 간장으로 국물을 간간하게 하여 절편 반죽처럼 반죽한다. 나물을 켜켜 넣어 안쳐 단단히 싸매고 솥뚜껑으로 덮고 말똥 두엄에 띄워 21일 후 내면 좋다.

집장(汁醬) 조선무쌍신식요리제법(1924)

밀기울(小麥麩) 두 말과 콩 한 말을 물에 불려 섞어 쪄서 주물러 덩어리를 만들어 가랑잎을 덮고 곰팡이가 피면 꺼내 볕에 말린다. 이 누룩가루 한 말과 물 석 되와 소금 세 홉과 함께 항아리에 넣고 주둥이를 봉하여 말똥 속에 묻으면 7일 만에 집장이 된다. 잿불에 묻으면 14일 만에 된다.

또 다른 법은 콩 한 말에 밀기울 대여섯 되를 쓴다. 콩이 많으면 맛이 달고 밀기울이 많으면 시고 좋지 못하므로 세속 법을 따르라.

집장 누룩을 찧어 대나무체로 친다. 한 말 당 소금을 중간 크기로 한 종자만 넣고 깨소금 다섯 홉을 타서 합친다. 집장 물을 더 부으면 색이 붉고 맛이 좋다. 간장을 한 종자 남짓 넣고 집장 재료 여러 가지를 고루 섞되 즙(汁) 물기가 너무 많으면 색이 곱지 않고 오이와 가지들은 반드시 즙 속에서 꺼내야 한다.

즙이 손가락 사이로 빠져 나올 정도가 되어야 적당하다. 즙맛을 보아 물을 알맞게 타서 가지(생가지는 쓰지 못한다)를 넣고 꼭지 딴 누른 통오이를 씻어서 즙 사이와 항아리 안에 펴 넣은 후 유지로 항아리를 봉하고 소라기로 덮고 진흙으로 봉한다.

3일 후 항아리를 말똥 속에 묻는다. 말똥이 많아서 잘 덥혀지지 않으면 냉수를 자주 끼얹으면 잘 덥혀진다. 집장의 즙(汁)이란 국물을 의미한다.

또 다른 법은 7월 보름 후에 콩 한 말을 쪄서 밀기울을 체로 쳐서 대엿 되를 합해 다시 시루에 넣고 쪄서 찧어 둥근 칼자루처럼 만들어 섬이나 치룽(광주리)에 넣는데 가랑잎을 가로세로 격지 놓아 서로 붙지 않게 한다.

떠서 곰팡이가 피면 말려서 가루로 만들어 한 말에 소금 석 되를 넣어 반죽을 질게 하고 가지와 중간 크기 오이 꼭지를 따서 씻어 물기를 없애고 항아리도 깨끗하게 씻어 물기를 없애고 먼저 짚을 넣고 반죽과 한 겹씩 걸러 넣어 항아리를 거의 채우면 따 놓은 꼭지로 우거지를 친다.

우거지는 틈 없이 고루 누르고 유지로 주둥이를 봉하고 뚜껑을 덮고 겉은 진흙으로 싸고 새 말똥을 많이 넣고 항아리를 가운데 묻고 생 풀잎으로 덮고 말똥을 두껍게 덮어 단단하게 한다. 작은 항아리는 14일 후 꺼내고 큰 독은 20일 후 꺼낸다. 말똥이 적으면 잘 덥혀지지 않는데 물을 뿌려 주면 잘 덥혀진다.

또 다른 법은 앞의 방법 같이 콩과 기울 반죽을 둥글게 뭉쳐 독에 뽕잎과 가로세로 격지 넣고 독을 축축한 곳에 둔다. 독을 땅에 넣어 기운이 새지 않게 하고 7일 후 조금 뜬 것을 말렸다가 다시 넣는다. 다시 6~7일이면 밖에 쌓인 것이 모두 핀다.

가랑잎에 알메주를 띄우기

칼자루 메주를 치룽에서 가랑잎으로 띄우기

그 때 꺼내 말려 씻어서 가루로 만들어 큰 체로 쳐서 한 말에 소금 오 홉을 물에 타서 질게 한다.

가지나 오이는 위와 같은 방법으로 하고 말똥을 많이 쌓아 뜨기를 기다린다. 말똥을 헤치고 마른 풀을 두껍게 깔고 불을 붙여 한창 타면 물을 부어 끄고 속이 식기 전에 항아리를 가운데 묻는다. 너무 세면 7일 후 꺼내고 약간 세면 14일 후 꺼낸다.

또 다른 법은 가지 한 접(백 개)에 간장 한 말과 밀기울 석 되를 함께 버무려 항아리에 넣어 꼭 덮고 동여서 말똥 속에 묻어 익히면 20일에 먹는다.

7월에 누런 콩을 물에 담가 7일 후 건져서 한 말에 대하여 보리 두 말과 밀기울 세 말을 쪄서 어린애 주먹만큼 떡덩어리를 만든다. 빈 섬을 시렁 위에 펴고 쑥이나 북나무 잎이나 닥나무 잎을 깔고 떡을 펴고 쑥을 두껍게 덮어서 7일 후 누른 곰팡이가 피면 꺼내 말린다. 곰팡이가 피지 않았으면 다시 덮어서 누런 곰팡이가 필 때까지 두었다가 말려서 작말(가루내기)하여 굵은 체로 쳐 놓는다.

가지와 동아를 깨끗하게 씻어서 항아리에 켜켜 가로세로 번갈아 격지로 넣으면서 메줏가루를 뿌리고 주둥이를 단단히 봉하고 쇠뚜껑을 덮고 새 말똥에 묻어서 14일 후 꺼낸다.

검은 항아리를 쓰지 말고 빈 섬에 띄우려면 아래위와 좌우를 뽕잎으로 둘러싸고 새끼로 얽어매서 솥 주둥이에 얹고 불을 때어 경운하게(엷은 구름처럼) 띄워 2~3일 만에 꺼내 먹으면 맛이 매우 아름다워서 말똥에 묻는 것보다 낫다.

알메주를 쑥에 띄우기

전주법은 가을에 메밀을 깨끗하게 대껴(물을 쳐가며 씻어) 한 말을 볶고 콩 닷되도 볶아 껍질을 없애고 함께 작말하여 속뜨물에 반죽하여 호두알보다 크게 뭉쳐서 시루에 쪄서 콩과 뽕잎을 가로세로 번갈아 넣고 띄운다.

메주에 누르고 흰 옷(곰팡이)이 생겨서 저절로 마르기를 기다렸다가 다시 말려 깨끗하게 씻어서 작말(가루내기)하여 좋은 간장에 반죽하고 어린 오이와 가지를 꼭지 따서 씻어 말리고 항아리의 물기를 없앤 후 가루반죽을 먼저 깔고 항아리를 거의 채우면 오이와 가지꼭지 딴 것으로 덮고 유지로 봉하고 다른 것으로 다시 싸고 진흙으로 항아리를 모두 발라 말똥 속에 묻고 3일에 한 번씩 더운물 주기를 (하여) 9일 만에 꺼내어 꿀을 조금 타 맛을 아울러 먹는다.

집장 해동죽지(1925)

이것은 충청도 여러 군의 것이 명품이다. 오이, 가지, 마늘 등을 된장에 담아 풀 더미 안에서 익힌다(부록 98).

[표 14] 집장-오이 등을 박는 방법 요약

명칭	문헌	메주 띄우기	독에 담기	숙성
즙저(汁菹) ①	산가요록 (1450)	콩 1말, 밀기울 3말과 찧고 쪄서 반죽하여 섬에 쑥, 북나무 잎, 닥나무 잎에 1치 깔고 같은 잎으로 덮어 7일 후 누런 곰팡이 피면 말려 가루내기	소금 1되를 녹인 물 3되에 메줏가루 3말을 이겨 오이와 가지 담기	말똥에 묻어 풀로 덮어 7일~14일 숙성
즙저(汁菹) ②		콩과 밀기울을 쪄서 전시(全豉)방법으로 띄우기	상동	상동
즙저(汁菹) ③			메줏가루 1말과 소금 3홉, 밀기울을 이겨 가지 담기	말똥에 묻기
즙저(汁菹) ④		콩 2말을 불려 보리, 밀기울 5말을 전시(全豉)방법으로 7일 띄워 말려 가루내기	메줏가루, 누룩 4되, 소금 1되, 밀가루 2되, 술을 이겨 가지, 오이 담기	말똥에 묻어 7일 숙성

(계속)

명칭	문헌	메주 띄우기	독에 담기	숙성
즙저 [沈汁菹]	사시찬요초 (1483)		장 1말, 밀기울 3되에 가지, 오이 담기	말똥에 묻어 21일 숙성
즙저 다른 법 [汁菹又法]	수운잡방 (1500년대 초)		감장 1말, 말장 1말, 기울 8되, 소금 1되 1홉을 이겨 가지, 오이 담기	말똥에 묻어 5일 숙성
즙저 [養汁菹法]	색경 (1676)	콩 1말을 삶아 밀기울 3말과 쪄서 타원형으로 뭉쳐 짚둥구미에 띄워 흰 곰팡이 나면 빻아 가루내기	메줏가루 1말, 소금 3말로 가지 담기	진흙으로 싸 말똥에 묻고, 풀, 말똥으로 덮어 14~21일 숙성
집장 [汁醬法]	소문사설 (1740) 민천집설 (1751~1823)	콩 1말을 삶아 밀기울 2.5말을 반죽하여 쪄서 뭉쳐 섬에 넣어 7일 띄워 잠깐 볕을 쪼이고 7일 띄워 가루내기	소금 7홉을 녹인 물로 메줏가루를 이겨 닭과 가지 담기	진흙으로 발라 풀 더미, 볏단, 말똥에 묻어 10일 숙성
집장 다른 법 [造汁醬麴法 又方] ①	증보산림경제 (1767) 농정회요 (1830) 군학회등 (1800년 중반) 오주연문장전산고 (1850)		메줏가루, 소금 1종지, 볶은 참깨 5홉, 물과 청장 1종지를 이겨 가지, 누런 오이 담기	3일 후 말똥에 묻기
집장 다른 법 [造汁醬麴法 又方] ②		콩 1말과 밀기울 3말을 쪄서 칼자루형으로 뭉쳐 짚둥구미에 짚 깔고 띄워 말려 가루내기	메줏가루 1말 당 소금 3되 이겨서 가지, 호박 1겹, 오이, 풋고추 담기	흙으로 발라 말똥에 묻어 14일 또는 21일 숙성
집장 다른 법 [造汁醬麴法 又方] ③	증보산림경제 (1767) 농정회요 (1830) 군학회등 (1800년 중반)	콩과 밀기울로 반죽하여 항아리나 둥구미에 7일 띄워 말려 다시 6일 띄워 말려 가루내기	메줏가루 1말, 소금 5홉, 물로 이겨서 가지와 오이 담기	말똥 속에 불을 붙였다가 항아리를 넣고 7일이나 14일 숙성
여름장저 [夏日醬菹] ①	산가요록 (1450)		끓인 간장에 데친 오이 담기	4.5일~10일 숙성
여름가즙저 [夏節假汁菹] ②		오이에 칼집내기	칼집 속에 생마늘, 향유, 분지 넣어 장에 담기	하루 숙성
가집장	조선무쌍신식요리제법 (1924)	오이, 가지 열십자(十)로 갈라 생강, 마늘, 파, 천초 넣기	오이, 가지 1말 당 간장 1사발, 참기름 5홉 담기	여름용

(계속)

명칭	문헌	메주 띄우기	독에 담기	숙성
여름즙저 [夏日汁葅]	산가요록 (1450)		감장 1사발, 밀기울 4되에 오이 담기	진흙 발라 말똥에 묻어 7일 숙성
여름집장 [夏節汁醬法] ①			장 1사발, 밀기울 4홉에 오이 담기	말똥(풀)에 묻어 14일 숙성
여름집장 다른 법 [夏節汁醬法 又方] ②	증보산림경제 (1767) 농정회요 (1830) 군학회등 (1800년 중반) 오주연문장전산고(1850)		메줏가루, 청장 1사발, 엿기름 반홉으로 반죽하여 오이, 가지, 자른 동아 담기	생풀에 묻어 14일 숙성
여름집장	조선무쌍신식요리제법(1924)		① 간장 1사발, 밀기울 4홉 이겨 오이 담기 ② 메줏가루, 간장 1사발, 엿기름가루 반홉으로 이겨 오이 담기	① 말똥(풀)에 묻어 14일 숙성 ② 풀에 묻어 14일 숙성
전주식 집장 [湖南全州府汁醬方]	증보산림경제 (1767) 농정회요 (1830) 군학회등 (1800년 중반) 오주연문장전산고(1850)	콩 5되와 보리 1말 볶아 가루내어 쌀뜨물로 호두알 크기로 반죽하여 쪄서 닥나무 잎이나 뽕나무 잎으로 싸서 띄워 말려 가루내기	청장으로 메줏가루 이겨 가지와 오이 담기	말똥에 묻어 9일 숙성
보통집장 [常汁醬法]	주찬 (1800년대 초)	삶은 콩 1말과 보릿가루 1말을 쪄서 달걀 크기로 반죽하여 닥나무 잎을 격지 깔아 7일 띄워 가루내기	메줏가루 1말에 소금 4되를 이겨 고추, 가지, 묵은 무김치와 오이 담기	생풀 속에 묻어 14일 숙성
즙지이	규합총서 (1815)	삶은 콩과 보릿가루를 찧어 뭉쳐서 솔잎에 7일 띄워 뒤집고 다시 7일 띄워 가루내기	메줏가루 1말, 굴 5홉, 참기름 3홉, 달인 장 3홉을 물로 이겨 얼간한 가지, 오이, 동아, 풋고추 담기	두엄에 묻기

(계속)

명칭	문헌	메주 띄우기	독에 담기	숙성
즙장	규합총서(1815) 부인필지(1895)	콩 5되와 밀기울 1말을 볶아 가루를 내어 호두알 크기로 뭉쳐 뽕잎에 띄워 말려 가루내기	메줏가루를 간장으로 이겨 오이, 가지 담기	황토로 바르고 말똥에 묻고 생풀 덮어 14일 숙성
집장 담그는 법	음식책(1838 또는 1898)	콩 1말을 쑤는데 밀기울 3되를 얹어 쑤어 납작하게 반죽하여 짚으로 격지 놓아 14일 띄워 말려 쪼개 가루내기	메줏가루 4되 7홉을 소금물에 풀어 반죽하여 담고 재에 절인 새끼동아를 넣고 봉하기	양지에 7일 두었다가 꿀을 타서 먹기
즙장	음식방문(1800년 말)	콩 1말을 쑤고 보릿가루 3되를 가루내어 반죽하여 솔잎에 7일 띄워 말려 가루내기	메줏가루를 소금으로 이겨 얼간한 오이, 가지 쉰 동아와 간하지 않은 풋고추, 마늘, 파, 생강, 천초가루 담기	두엄에 묻어 7일 숙성
즙장법	시의전서(1800년 말)	콩 1말을 쑤어 밀기울 5되와 찧어 반죽하여 쪄서 솔잎에 띄워 말려 가루내기	찹쌀 5되로 밥을 하여 메줏가루 1말, 소금을 섞어 얼간한 오이, 가지, 볶은 고추 담기	두엄에 묻어 6~7일 숙성
즙장	음식방문(1800년대)	햇콩 1말, 가을보리 3되로 손으로 작게 뭉쳐 솔잎에 7일 띄워 말려 가루내기	소금에 우린 오이, 가지, 동아를 메줏가루, 소금반죽으로 풋고추, 마늘과 생강, 천초를 사이 넣기	두엄에 7일 묻기. 꿀을 타서 쓰기
즙장	온주법(1800년대)	콩 2말, 밀 1말이나 5~6되를 쑤어서 손으로 작게 뭉쳐 닥나무 잎에 3일 띄워 말려 짚에 7일 두었다가 담그기	① 메주와 서리 맞은 가지, 탁주에 데쳐 말린 것, 다진 마늘, 감장 1잔, 참기름 5홉으로 담기	
			② 연한 가지 메주 1말, 소금 1되가웃, 밀기울 3되, 감장 1잔 물에 타 담기	항아리에 흙을 발라 두엄에 3일 묻기
			③ 살짝 데친 오이, 가지를 장 3되, 밀기울 3되, 물로 이긴 장에 담기	항아리 두엄에 묻어 7일 숙성

(계속)

명칭	문헌	메주 띄우기	독에 담기	숙성
즙지방문	주식방문(1800년대)	콩 4되를 이틀 불려 밀기울 2되와 쪄서 뭉쳐 버드나무 그릇이나 질그릇에 닥나무 잎을 깔고 3일 띄운 후 빛을 가려 3일 후 말려 빻아 소금물에 반죽하기	메주를 빻아서 밀기울 2말에 소금을 1되 넣어 반죽하고 나물, 밥과 같이 담기	두엄에 묻어 2~3일 숙성
즙장방문	주식방문(1800년대)	콩 1말로 쑨 메주, 밀기울 3말, 누룩을 메주와 버무려 쪄서 작은 알로 뭉쳐 북나무 잎에 7일 띄워 말려 빻기	메줏가루를 쌀뜨물로 반죽하여 오이와 가지, 동아 담기	두엄에 묻어 7일 숙성
집장방문	주식방문(연대미상)	콩 1말로 메주를 쑤고 밀기울 3말 반죽하여 함께 버무려 작은 알로 뭉쳐 북나무 잎에서 7일 띄워 말려 가루내기	메줏가루 1말, 소금 3홉을 반죽하여 살짝 말린 가지, 오이, 고추 사이 넣어 박, 동아 담기	두엄에 묻어 7일 숙성
특별한 즙지 만드는 법	주식방문(1800년대)	보리쌀 5말을 찧어 가루를 낸 것을 콩 2말반 쪄서 알로 뭉쳐서 솔잎에 7일 띄우고 14일 후 쥐었다가 21일에 꺼내 말려 가루내기	메줏가루, 엿기름가루 3되, 꿀 1되, 기름 3홉을 간장으로 반죽하여 나물 넣어 담그기	말똥두엄에 21일 넣기
집장	조선무쌍신식요리제법(1924)	① 콩 1말과 밀기울 5~6되를 띄워 가루내기	누룩가루 1말, 소금 1종지, 깨소금 5홉을 물로 이겨 가지와 오이 담기	진흙으로 봉하여 3일 후 말똥에 묻기
		② 콩 1말을 찌고 밀기울 8~7되와 합해 쪄서 칼자루형으로 반죽하여 섬, 치룽에 가랑잎을 놓아 띄워 말려 가루내기	메줏가루 1말, 소금 3되를 이겨 짚을 깔고 가지와 오이 담기	진흙으로 싸기, 말똥에 묻고 생풀을 덮어 14~20일 숙성
		③ 콩과 밀기울을 쪄서 반죽하여 독안의 뽕잎에 올려 7일 띄워 말렸다가 다시 6~7일 띄워 씻어 말려 가루내기	메줏가루 1말, 소금 5홉, 물로 이겨 가지와 오이 담기	말똥에 묻어 14~20일 숙성

(계속)

명칭	문헌	메주 띄우기	독에 담기	숙성
			가지 1접을 간장 1말과 밀기울 3되로 담그기	
		④ 콩 1말을 7일 담가 보리 2말, 밀기울 3말과 쪄서 주먹 크기로 뭉쳐서 빈 섬의 쑥, 닥나무 잎, 북나무 잎 위에 올려 쑥 덮고 7일 띄워 말려 가루내기	메줏가루로 가지와 동아 담기	쇠뚜껑 덮고 말똥에 묻어 14일 숙성
메밀집장 (전주법)		⑤ 콩 5되와 메밀 1말을 볶아 가루내어 호두 크기로 뭉쳐 쪄서 콩잎에 띄워 말리기	메줏가루를 간장으로 반죽하여 오이, 가지 담기	진흙으로 싸서 말똥에 묻고 3일마다 더운물 주고 9일 숙성

오이 등을 박지 않는 방법

《증보산림경제》의 집장은 2개, 《신영양요리제법》의 즙장은 1개, 《조선요리제법》의 즙장은 2개 문헌이 인용하였다. 메주는 달걀, 호두알, 밤알 정도로 작게 뭉쳐서 띄운다. 띄우는 용기는 둥구미 1가지, 섬 1가지이고 깔개 및 덮개는 북나무 잎 1가지, 닥나무 잎 2가지, 가랑잎 2가지, 짚 1가지이다. 모두 콩과 밀기울을 섞어서 띄우며, 담글 때 메줏가루 외에 《조선무쌍신식요리제법》과 《신영양요리법》은 누룩가루, 《주방문》의 즙장은 밀가루 누룩도 사용한다. 담그기는 메주와 누룩, 소금물로 담근다.

숙성은 말똥에 묻는 것 2가지, 두엄에 묻는 것 2가지, 왕겨불에 묻는 것 1가지이다. 《온주법》의 잡장법은 빈 섬에 항아리를 넣고 끓는 물을 부어 덥히거나 구덩이를 파서 불로 달군 다음 항아리를 넣는다. 땅에 묻어서 10일간 숙성시키는 방법도 2가지 있다(표 15 참조).

즙저 요록(1689)

콩 세 말과 기울 두 말을 섞는데 콩을 먼저 메주콩같이 삶아서 위에 기울을 얹어 쪄서 가루같이 빻아 달걀만큼 쥐어서 닥나무 잎으로 싸두어 뜨면 믿(닥나무 잎)을 갈아 푹 띄워 말려 빻아 어레미로 쳐서 한 말에 소금 일곱 홉씩 섞어 물을 꾸려질 만하게(즙 상태가 될 정도) 섞어서 가지 한 벌, 기울 한 벌씩 깔아 담아 장 뜨는 두엄에 묻어 14일 후 꺼내 두엄 끝까지 뜨면 열이 다 빠져 나가며 맛있느니라.

즙저 다른 방법 요록(1689)

콩 한 말을 물에 담가 3일 후 무르게 삶아서 밀기울 세 말을 쪄서 삶은 콩과 섞어 빻아 메주 손으로 쥐어 북나무 잎을 사이에 두고 곰팡이를 피워서 위와 같은 방법으로 장을 담근다.

주먹 메주를 북나무 잎에 싸서 띄우기

즙장(汁醬) 주방문(1890년대)

나물 한 동이에 메주 한 말, 소금 두 되, 밀가루 누룩 각 다섯 홉씩 섞어서 알맞은 그릇에 단단히 싸서 뜨는 두엄에 넣었다가 7일 후에 쓴다.

메줏가루 세 말에 소금 석 되, 밀가루 두 되, 좋은 술 두 대야를 나물 네 말에 합해도 좋다.

메주 만드는 법은 콩 한 말에 밀기울 닷 되를 위에 얹어 쑨다. 쪄지면 단단히 뭉쳐서 띄워 말린 것을 **어레미**(성긴 체)로 쳐서 툽툽하게(묽지 않고 바특하게) 죽처럼 쑤어 소금을 알맞게 넣어 적당히 간하여 켜켜 넣는다.

어레미 망이 큰 체이다. 충청도에서는 얼개미라고 한다.

왜장(洩醬) 주방문(1890년대)

콩 한 말을 무르게 쑤어 푹 찧고, 누룩 석 되, 소금 석 되가웃(석 되 반)을 섞어 다시 찧어 적당한 그릇에 단단히 달아 더운 방에 두었다가 20일 후 쓴다. 물을 묽게 타서 떠먹는 것도 좋다.

집장 증보산림경제(1767), 농정회요(1830), 군학회등(1800년 중반)

밀기울 두 말을 준비하고 콩 한 말을 골라 물에 담가 아주 축축하게 불린 다음 밀기울과 섞어서 곱게 짓찧어서 푹 삶아 익힌다. 손으로 둥근 덩이로 단단히 뭉쳐서 닥나무 잎으로 덮은 다음 곰팡이가 피면 볕에 쪼여 말린다.

집장 담그는 데는 메줏가루 한 말과 물 석 되, 소금 세 홉을 섞어서 항아리에 넣고 주둥이를 막아 말똥에 파묻어 7일 두었다가 쓴다. 왕겨불에 묻어두면 14일 후에 쓴다(부록 99).

잡장법 온주법(1800년대)

잡장이나 집장이나 추위에도 따뜻한 방에 겨울 빈 섬에 담고 물을 뿌려 적시고 장을 많이 싸 묻고 끓는 물을 자주 부으면 잡장은 2일 만에 익는다. 겨울에는 더 쉽다.

닥나무 잎에 둥근 메주 띄우기

왕겨불에 장독을 묻어 가열하기

집장도 겨울에 땅을 깊게 파고 그 구덩이에 섶을 쌓아 불 부쳐 구덩이가 달구어지면 항아리를 넣고 빈 섬을 덮고 그 위에 흙을 덮어 6~7일 만에 내면 좋다.

즙장 신영양요리법(1935), 조선요리제법(1939)

재료: 밀기울 한 말, 물 석 되, 콩 닷 되, 소금 네 홉, 누룩가루 닷 되

가을에 밀기울과 콩을 물에 불려서 시루에 쪄서 절구에 넣고 찧어서 밤알 크기 덩어리로 만들어서 둥구미에 담는다.

가랑잎이나 짚을 열십자(十)로 어긋나게 격지격지 놓고 잘 덮어서 메주가 누렇게 되고 거죽이 하얗게 익으면 꺼내 잘 말려서 가루를 만들어 누룩가루와 물을 함께 섞고 소금을 넣고 잘 섞은 후에 꼭 봉해서 따뜻한 양지에 묻어 두었다가 10여 일 후 설탕을 타서 먹는다.

즙장 조선요리제법(1917), 간편조선요리제법(1934)

가을에 밀기울 한 말을 누르게 볶고, 콩 닷 되를 볶아 껍질을 벗겨서 섞어서 가루를 만들어 속뜨물에 반죽하여 호두만큼씩 뭉쳐서 시루에 쪄서 섬에 넣되 콩잎으로 격지 놓아 잘 띄워져서 누렇게 되면 말려서 가루를 만들어 마른 항아리에 담되, 가루 한 켜 놓고 위의 것 한 켜 놓고 이와 같이 다 담은 후 맨 위에 오이꼭지와 가지 올리고 뚜껑을 꼭 봉하여 따뜻한 양지쪽에 묻어 두었다가 10여 일 후 꿀을 타서 먹는다.

[표 15] 집장-오이 등을 박지 않는 방법 요약

명칭	문헌	메주 띄우기	담기	숙성
집장	조선무쌍신식요리제법(1924)	콩 1말을 불려 쪄서 밀기울 2말, 콩 1말을 반죽하여 덩이를 가랑잎에 띄워 말려 가루내기	누룩가루 1말, 물 3되, 소금 3홉	① 말똥에 7일 숙성 ② 잿물에 14일 숙성

(계속)

명칭	문헌	메주 띄우기	담기	숙성
즙저	요록 (1689)	콩 3말을 삶아 기울 2말 얹어 쪄 가루내어 달걀 크기로 만들어 닥나무 잎에 싸서 띄워 가루내기	메줏가루 1말에 소금 7홉씩 섞어서 물로 이겨 가지담기	두엄에 묻어 14일 숙성
즙저 다른 법		콩 1말을 3일 담가 삶고 밀기울 3말 찐 것과 찧어 주먹으로 쥐어 북나무 잎에 띄우기	위와 같음	위와 같음
즙장 ①	주방문 (1890)	콩 1말에 밀기울 5되를 얹어 쑤어 뭉쳐 띄워 말려 소금 넣어 죽처럼 이기기	① 나물 1동이, 메주 1말, 소금 2되, 밀가루누룩 5홉 ② 메줏가루 3말, 소금 3되, 밀가루 2되, 술 2대야, 나물 4말	두엄에 넣기
왜장(洈醬) ②			콩 1말 쑤어 찧어 누룩 3되, 소금 3되 반을 섞어 다시 찧어 달이기	20일 숙성
집장	증보산림경제 (1767) 농정회요 (1830) 군학회등 (1800년 중반)	콩 1말을 불려 밀기울 2말과 찧어서 삶아 둥글게 뭉쳐서 닥나무 잎에 띄워 말려 가루내기	메줏가루 1말, 물, 소금 3홉으로 담기	말똥에는 7일 넣기 왕겨불에는 14일 숙성
잡장법	온주법 (1800년대)			① 집장: 빈 섬에 끓는 물 가해 2일 숙성 ② 집장: 구덩이 불로 달구어 독 넣고 덮어 6~7일 숙성
즙장	신영양요리법 (1935) 조선요리제법 (1939)	물에 불린 밀기울 1말과 콩 5되를 쪄서 찧어 밤알 덩어리로 뭉쳐 둥구미에 가랑잎, 짚을 격지 놓아 띄워 말려 가루내기	누룩가루, 물, 소금 넣어 섞어 담기	땅에 묻어 10여 일 후 설탕 타 먹기
즙장	조선요리제법 (1917) 간편조선요리제법(1934)	볶은 밀기울 1말, 가루낸 콩 5되를 속뜨물로 반죽하여 호두알 크기로 뭉쳐 섬 속에 띄워 말려 가루내기	메줏가루와 켜켜 담아 위에 오이꼭지, 가지 올리기	땅에 묻어 10여 일 후 설탕 타 먹기

순무장

순무장은 순무를 삶아서 메주와 담근다.

순무장 산가요록(1450)

순무 다섯 동이를 무르게 삶고 메주 한 동이를 보통 방법으로 소금과 섞어서 장을 담근다.

또 다른 방법으로 순무를 삶아서 익혀 첫물을 버리고 무르게 삶아 냉수에 담근다. 하루 지나 발 위에 깔고 겉을 말려서 보통 방법으로 장을 담근다(부록 100).

순무장 수운잡방(1500년대 초)

거친 껍질을 벗겨 버리고 깨끗이 씻은 **순무** 한 동이를 푹 익혀서 가루 메주 한 말과 고운 소금 한 말을 섞어 찧어서 항아리에 넣고 손가락 굵기의 버드나무 가지로 항아리 밑까지 구멍을 10여 개 뚫고 소금 한 되에 물 한 사발을 섞어 끓여 식혀서 붓는다.

순무 십자화과 2년생으로 식용채소이다.

익으면 먹는데, 엿과 같이 달다(순무를 푹 익혀서 통째로 메주와 섞어서 보통 방법으로 담갔다가 익으면 갈아서 시와 같이 만들어도 좋다. 이 방법이 더 낫다).

반드시 8일이나 23일 날[마땅히 만평정성수개일(천지역법중의 하나로 점치는 일에 이용되는 날)을 사용한다] 담가야 벌레나 구더기가 없다(부록 101).

[표 16] 순무장 요약

명칭	문헌	원료처리	담기
순무장 [蔓根醬]	산가요록(1450)	순무를 삶거나, 삶아서 물에 담가 놓기	순무 삶은 것이나 삶아 물에 담근 것 5동이 + 메주 1동이
	수운잡방(1500년대 초)	삶은 순무 1동이, 가루메주 1말, 소금 1말을 넣고 가루로 빻기	빻은 재료를 너스레에 올려 구멍 뚫고 물 붓기

무장(물장)

《조선무쌍신식요리제법》의 무장은 《신영양요리법》이 인용하였다. 무장은 소금을 안 쓰고 메주와 물만으로 담그는 장이다. 메주는 작게 만드는데 《조선요리제법》과 《조선음식 만드는 법》은 두부와 고추를 넣고 《우리음식》은 고추를 넣는다.

《조선요리제법》과 《조선음식 만드는 법》은 2~3일 후, 《조선요리제법》은 4~5일 후, 《조선무쌍신식요리제법》은 겨울 8일, 봄 3일, 《우리음식》은 23일 후 김치류나 고춧가루, 소금 등을 넣어 먹는다(표 17 참조).

무장(淡水醬, 물장) 조선무쌍신식요리제법(1924)

좋은 콩으로 속이 썩지 않게 잘 띄운다. 메주를 작게 만들어 섣달(12월) 안에 띄워서 바싹 말려 너덧으로 쪼개 물에 담가 깨끗한 물이 날 때까지 겉을 솔로 깨끗하게 씻되 오래 담그지 마라. 씻은 후 **채반**에 건져 볕에 돌덩이처럼 바싹 말려서 물에 씻어서 좋은 냉수에 담는다. 물 한 사발 당 작은 주먹 크기 메주를 3분의 2 넣는데 쪼갠 덩이를 그냥 넣는다. 물이 너무 많으면 묽어져서 맛이 없다.

채반 싸리나 대나무 껍질, 버들가지로 둥글넓적하게 엮은 그릇이다.

넣은 후 물 한 사발에 꼭지 딴 통고추 두 개 정도를 갈라 씨를 빼어 넣고 얼지 않을 곳에 놓고 주둥이를 꼭 봉하고 차게 익혀야 맛이 싱싱하다. 겨울에는 7일, 봄에는

3~4일이면 익는다. 뚜껑을 열었을 때 메주덩이가 떠오르면 다 익은 것이다. 그때야 간 빠진 소금을 쳐서 휘저어 간을 심심하게 맞춘다.

떠먹을 때는 고춧가루를 쳐서 먹는다. 다시 두부 몇 채의 겉을 훔쳐 두세 덩이로 잘라 넣었다가 수일 후 메주 덩이와 함께 떠먹으면 고소한 맛이 이루 말할 수 없다. 파대가리를 조금 채쳐 넣고 좋은 초도 조금 쳐서 먹는다.

처음 담글 때 물을 끓여 차게 식혀서 담가도 좋다. 많이 담그려면 재료 양을 분명히 하여 담근다.

이런 쉬운 무장 하나도 시골은 말할 것도 없고 서울서 음식 좀 한다는 집에서 먹어보아도 색부터 검붉은데, 메주 속이 검게 뜬 것이라 맛이 짜니 짠 소금을 많이 친 것이다.

고추씨가 둥둥 뜨니 만드는 이가 음식에 개결치(깨끗하지) 못하여 고추씨 하나도 깨끗하게 없애지 못한 것이니 그 집 음식을 가히 알 수 있다.

이 무장은 작은 항아리에 자주 담가 먹고, 한 집에서 많이 담그지 않는다. 맛에 취하여 너무 먹으면 근본이 도시 두부(豆豉)라 냉하기 쉽다.

이 무장 맛과 동치미 맛은 무어라 하기 어려울 정도로 오미(五味)를 벗어나는 이상하고 희한한 맛인데 음식 중에 몇 백 배 뛰어난 것이다.

또 빨리 먹으려면 더운물에 소금을 타 담가서 더운 방이나 볕에 놓으면 속히 익는다. 먹을 때 풋나물 등을 넣어 먹으면 맛이 좋다. 속히 만들려면 먼저 더운물에 담근 후 소금을 쳐도 된다.

그릇에 떠 놓으면 색이 누렇고 고춧가루를 띄운 것이 보기 좋지만 먹지 않는 사람에게는 더럽게 보이므로 이런 맛을 모르는 사람에게는 얘기를 하지 말 것이다.

무장 신영양요리법(1935)

좋은 콩으로 메주를 썩히지 말고 잘 쑤어서 잘게 빚어 볕에 바짝 말려서 솔로 깨끗하게 씻어서 먼지와 곰팡이를 잘 씻고(물에 넣고 솔로 문질러 깨끗하게 씻을 것) 채반에 건져 볕에 바짝 말려서 단단해지면 주먹만 한 메주 한 덩이에 물을 큰 사발로 하나 붓고 씨 뺀 붉은 고추를 두세 개쯤 대강 썰어 넣고 두부를 세 채만 넷으로 썰어서 넣고 꼭 봉하였다가 먹을 때 소금 쳐서 간을 맞추고 고춧가루와 파 채친 것과 당것(초)을 넣어서 먹는다. 담근 지 4~5일이면 대개 익는다.

무장 조선요리법(1939)

재료: 메주 깬 것 한 대접, 물 네 대접, 소금간 맞게, 통고추 서너 개, 동치미, 편육, 배, 고춧가루

10월에 장메주 쑬 때 조금만 자잘하게 만들어서 먼저 띄운다. 다 뜨면 바싹 말려서 솔로 깨끗하게 쓸어서 잘게 조각내서 항아리에 담고 물을 부어 두면 2~3일 후 물이 우러나고 동동 뜬다.

그러면 소금을 쳐서 간을 맞추고 푹 덮어두면 3~4일 후 익는다. 익으면 맛있는 동치미 껍질을 벗기고 나박김치 썰듯 착착 썰어놓고 배도 껍질을 벗겨서 같은 치수로 썰고 편육 차돌박이도 역시 같은 치수로 썰어서 무장국물을 너무 작지 않은 보시기에 다려서 섞어 담고 고춧가루를 조금만 뿌린다. 동치미가 맛있으면 동치미국으로 무장을 담가도 좋다.

무장 조선요리제법(1939)

재료: 메주 한 덩이, 붉은 고추 네 개, 물 한 되, 두부 한 채, 소금 한 종자, 고춧가루 한 수저, 파 한 뿌리, 식초 적당히

잘 띄운 주먹만 한 메주 한 덩이를 깨끗하게 씻어 부수고 햇볕에 깨끗하게 말려서 항아리에 담는다. 물을 부은 다음 붉은 고추를 넣고 두부를 썰어 넣고 꼭 봉해 두었다가 4~5일 후 고춧가루, 소금, 채친 파와 당초(달인 초)

를 섞어 먹는다.

무장(3~4월) 조선음식 만드는 법(1946)

재료: 메주(사발덩이만큼 한 것) 한 덩이, 통고추 다섯 개, 물 한 되, 고춧가루 두 큰 수저, 소금 네 큰 수저, 배 두 개, 두부 한 모, 초 맛보아서 넣기

메주 만들 때에 잘 찧어서 잘게 빚어서 메주를 띄워 말려두고 가끔 무장을 담그면 편리하다. 이렇게 만든 좋은 메주를 먼지를 깨끗하게 떨고 잘게 깨뜨려서 항아리에 담고 물을 붓고 통고추를 띄우고 두부를 대강 썰어 넣어 2~3일 두었다가 열고 소금으로 간을 맞추어 두고 먹을 때마다 고춧가루를 치고 배를 썰어 넣고 파잎을 채쳐서 넣고 초를 쳐서 놓는다.

비고: 김치 보시기에 이 국물을 떠 놓고 초와 파잎 채를 넣고 배를 썰어 넣어 상에 놓는다. 혹은 동치미를 **골패**처럼 얇게 썰어 넣고 파잎 채와 고춧가루를 띄워 놓기도 한다.

골패(骨牌) 여러 수효를 새긴 뼈로 만든 노름기구이다.

무장 우리음식(1948)

잘 마른 메주 덩어리를 잘게 부셔서 물 4dL에 메주 네 수저와 소금과 굵은 고춧가루를 조금씩 빚어서 23일쯤 두었다가, 동치미나 싱건지를 얇게 저며서 넣거나 나박김치 등을 넣어 먹는다.

[표 17] 무장(물장) 요약

명칭	문헌	메주 띄우기	담기	숙성
무장 [淡水醬]	조선무쌍신식요리제법(1924) 신영양요리법(1935)	작게 만들어 띄워 씻어 쪼개기	물 1사발, 메주는 0.67사발, 통고추 2개	겨울 8일, 봄 3일 후 숙성 소금, 고춧가루, 파, 초 넣어 먹기

(계속)

명칭	문헌	메주 띄우기	담기	숙성
무장	조선요리법(1939)	작게 만들어 띄워 씻어 쪼개기	메주 1대접, 물 4대접	2~3일 후 소금간하여 3~4일 후 동치미, 배, 편육, 고춧가루 넣어 먹기
무장	조선요리제법(1939)	주먹 메주 띄워서 씻어 쪼개기	메주 1덩이, 물 1사발, 두부 1채, 고추 4개	4~5일 후 고춧가루, 소금, 파채, 당초 넣어 먹기
무장	조선음식 만드는 법(1946)	주먹 메주 띄워서 씻어 쪼개기	메주 1덩이, 통고추 5개, 물 1되, 두부 1모	2~3일 후 소금 간, 파채, 고춧가루, 배, 초 넣어 먹기
무장	우리음식(1948)	메주 쪼개기	물 0.4L, 메주 4수저, 소금, 굵은 고추	23일 후 동치미, 싱건지, 나박김치 넣어 먹기

기울장

《산가요록》의 기울간장과 《수운잡방》의 기울장은 콩과 기울을 섞어 메주를 띄우고 《임원십육지》의 밀기울장은 밀기울, 《농정회요》의 보리기울장은 보리기울(등겨)로 메주를 만들어 띄운다. 《산가요록》의 기울간장은 어린애 주먹 크기로 뭉쳐 쑥이나 닥나무 잎에 띄운다. 담글 때는 모두 소금과 물만으로 담고 《산가요록》의 기울간장과 《수운잡방》의 기울장은 말똥에 묻어서 익힌다(표 18 참조).

기울간장 산가요록(1450)

7월 그믐에 콩 한 말을 깨끗하게 씻어서 3일 동안 물에 담가 놓고 기울 두 말을 섞어 빻아 쪄서 식혀 어린애 주먹만 한 덩어리로 뭉쳐서 평상에 섬을 펴고 쑥잎이나 닥나무 잎을 반 치 두께로 깔고 뭉친 덩어리를 펼쳐 놓고 다시 잎으로 덮는다.

처음에 10~14일 후 곰팡이가 피면 꺼내 볕에 말려서 빻은 가루 한 말과 소금 네 되와 물 다섯 사발을 섞어서 항아리에 담고 유지로 단단히 봉한다. 오지그릇으로 덮고 진흙을 두껍게 바르고 새 말똥 속에 깊이 묻어서 14일 지나면 꺼내 간장을 먹으면 맛있다. 가루 한 말에 소금 닷 되를 써도 좋다(부록 102).

닥나무 잎에 주먹 메주 띄우기

기울장 수운잡방(1500년대 초)

7월 그믐에 콩 한 말을 깨끗이 씻어서 푹 쪄서 기울 두 말과 함께 찧어 탄환 크기로 만들어서 14일을 띄웠다가 10일간 볕에 쪼여 바람을 쏘이고 9월에 물 한 동이에 소금 일곱 되를 타서 집장법같이 항아리에 담가 말똥에 묻는다(부록 103).

밀기울장 임원십육지(1827)

밀기울을 쪄서 덮어서 누런 곰팡이가 피면 볕에 말려 잘게 부수어 놓는다. 열 근에 소금 세 근을 넣고 끓는 물 스무 근을 부어 볕에 쪼여 익으면 거둔다(본초강목, 부록 104).

보리기울장(등겨장) 농정회요(1830).

보리기울 찌꺼기(즉, 두부법)를 등분하여 건져 무르게 찧어 손바닥만 하게 덩어리를 만들어 항아리에 넣고 단단히 봉한다. 흰 곰팡이가 피면 꺼내 바싹 말려 가루를 낸다. 소금을 넣어 보통 방법으로 장을 담그는데 매번 세 말 정도를 계산하여 담근다(부록 105).

[표 18] 기울장 요약

명칭	문헌	메주 띄우기	담기	숙성
기울간장 [其火淸醬]	산가요록 (1450)	콩 1말을 담갔다가 기울 2말과 빻아 쪄서 어린애 주먹 크기로 뭉쳐 쑥잎이나 닥나무 잎에 10~14일 띄워 빻기	가루메주 1말, 소금 4되, 물 다섯 사발	말똥에 14일 묻기
기울장 [其火醬]	수운잡방 (1500년대 초)	콩 1말을 삶아 기울 2말을 찧어 탄환메주로 만들어 14일 띄우고 10일 말리기	메주, 물 1동이, 소금 7되	말똥에 묻기
밀기울장 [麩醬]	임원십육지 (1827)	밀기울을 쪄서 띄워 말리기	밀기울 10근, 소금 3근, 끓는 물 20근	볕에 쪼이기
보리기울장 [小麥麩醬]	농정회요 (1830)	보리기울을 찧어 손바닥 크기 메주로 만들어 항아리에서 띄워 가루내기	띄운 보리기울가루, 소금	

콩시(豆豉)

《거가필용》의 금산사시는 2개, 《본초강목》의 시는 1개, 《거가필용》의 짠시는 2개, 《본초강목》의 짠시는 1개, 《동의보감》의 시 · 짠시는 4개, 《거가필용》, 《본초강목》의 싱거운 시는 1개, 《증보산림경제》 청태전시장은 2개, 《중궤록》의 수두시는 1개 문헌이 인용하였다.

콩을 익히는 방법은 찌기 12가지, 삶기 3가지, 볶아 삶기 1가지이고, 모두 콩알 상태로 띄우며 《제민요술》의 시는 움집에 띄우거나 움에 구덩이를 파고 짚자리를 깔고 띄우거나 왕겨나 짚을 태워 움바닥을 덥혀서 기장짚으로 띄운다. 땅바닥에 띄우는 것은 1가지, 거적 3가지, 멍석 · 시렁 · 삿자리 · 돗자리 · 섬에 띄우는 것은 각각 1가지씩이다. 콩을 깔거나 덮는 것은 쑥 3가지, 닥나무 잎 · 도꼬마리 · 풀 · 북나무 잎 · 콩잎 · 볏짚이 각각 1가지씩이다. 띄울 때 콩알 외에 다른 것을 넣는 것으로 《거가필용》의 금산사시는 밀가루와 보리, 성도시는 참기름, 《본초강목》의 시는 소금과 생강, 《조선무쌍신식요리제법》의 짠된장 ③

은 소금과 천초, 싱거운 된장은 용수를 넣어 가지를 박고, 《증보산림경제》의 청태전시장은 햇고추를 박는다. 담글 때 콩시에 소금과 물을 섞어 담는데 《산가요록》과 《수운잡방》의 방법은 누룩도 넣는다.

《거가필용》의 금산사시와 짠시, 《조선무쌍신식요리제법》의 짠시는 죽을 만들어 오이와 가지, 향신채와 담그는 집장형이고 《거가필용》의 싱거운 시도 가지를 담는다. 《중궤록》의 수두시는 여러 향신채로 담는다. 《거가필용》의 성도시는 솥에 향신료 등을 넣고 졸여서 만든다. 《거가필용》, 《본초강목》, 《조선무쌍신식요리제법》의 싱거운 시는 소금을 쓰지 않는다. 전통시에 메주와 소금 외에 천초, 생강, 귤채, 차조기, 회향, 술 등도 넣는다.

숙성은 독을 말똥 속 5가지, 구덩이 속 2가지, 햇볕 쪼이기 2가지, 쑥 속 넣기 2가지, 풀 속에 넣는 것 2가지이다. 《본초강목》과 《조선무쌍신식요리제법》의 싱거운 시는 담고 나서 7일 후 물로 반죽하여 넣기를 7번 반복한 후 쪄서 널어 독에 담는다(표 19 참조).

시 제민요술(530~550)

움집 짚으로 만든 원뿔 모양의 집으로 김치를 저장하는 데 주로 썼다.

우선 따듯한 **움집**을 만들어 바닥에 두세 자 깊이 구덩이를 판다. 움집 지붕으로 기와는 좋지 않으므로 반드시 이엉을 잇는다. 움집 창은 진흙을 발라 바람이나 벌레, 쥐 등이 들어오지 못하게 한다. 사람이 겨우 드나들 정도로 작은 문을 만들고 두꺼운 거적으로 문을 가린다.

시는 4~5월이 가장 만들기 좋은 때이고 7월 20일에서 8월까지가 그 다음인데 다른 달에도 만들 수 있다. 그러나 겨울과 여름 가장 추울 때와 더울 때는 잘 만들기 어렵다. 대체로 사계절이 바뀌는 때는 절기가 안정되지 않아서 역시 제대로 만들기 어렵다. 항상 계절 시작달의 10일 이후가 만들기도 쉽고 맛도 좋다.

대체로 온도는 사람의 겨드랑이 속 체온으로 하는 것이 좋다. 그렇지 못하면 차라리 서늘한 것이 낫고 더우면 좋지 않다. 차면 짚으로 덮어 다시 따듯하게 할 수 있으나 더우면 썩기 때문이다.

세 칸의 방에서 백 섬의 콩으로 시를 만들 수 있는데 스무 섬을 한 무더기로 한다. 항상 만들 때는 순서에 따라 계속하므로 항상 열기가 있어서 봄, 여름, 가을, 겨울 모두 짚으로 덮지 않아도 된다. 적게 만들 때는 겨울만 짚으로 덮는다. 매우 적은 양을 할 때는 열 섬을 무더기로 하며, 3~5섬으로 줄이면 덥혀지지 않아서 만들기 어렵다. 그러므로 열 섬을 기본으로 한다.

묵은 콩을 사용하면 더 좋다. 햇콩은 아직 수분이 있어서 고르게 익지 않기 때문이다. 콩을 깨끗하게 까불러서 큰 가마솥에 삶는 데, 소먹이용 콩같이 천천히 삶아서 만지면 연하게 느껴질 때까지 삶는다. 너무 익으면 시가 물러진다. 건져서 깨끗한 바닥에 널어놓는데 겨울에는 약간 따뜻하게 하고, 여름에는 아주 차게 식혀서 움집에 넣어 무더기로 쌓아둔다.

하루에 두 번 콩더미에 손을 넣어서 사람 겨드랑이 체온 정도로 따뜻해졌으면 뒤집는다. 뒤집기는 갈퀴와 가래로 콩더미 위의 차가워진 콩을 긁어서 새 무더기를 만든다. 이렇게 순서대로 하면 자연히 찬 콩은 안으로 들어가고 따뜻해진 콩은 겉으로 나온다.

콩무더기는 무너지지 않을 정도로 뾰족하게 쌓고 그날 속이 다시 따뜻해지면 다시 뒤집어서 먼저 방법 같이 콩무더기를 만든다. 손을 넣어서 끓는 물처럼 뜨거우면 조절을 잘못한 것으로 열에 상한다.

이렇게 너댓 번 뒤집으면 안팎이 고루 따뜻해지고 겉이 희게 된다. 다시 뒤집을 때마다 콩무더기 꼭지를 약간 두드려서 평평하게 하여 수레바퀴처럼 두께와 지름이 두 자 정도 되게 둥글게 만든다. 손으로 만져서 따듯해지면 다시 뒤집고 뒤집기가 끝나면 갈퀴로 평평하게 얇게 펴서 한 자 다섯 치 두께로 한다. 세 번째 뒤집을 때는 한 자, 네 번째 뒤집을 때는 여섯 치 두께가 되도록 한다. 콩의 안팎이 고루 따뜻해지고 흰무리가 피면 시가 대충 만들어진 것이다. 이후 바로 누런 곰팡이(黃衣)가 피면 콩을 다시 펼쳐 세 치 두께로 넌다. 이때까지는 움집에서 하루 두 번 폈으나 지금부터는 3일간 문을 닫아 두었다가 문을 열고 다시 고무래로 동서로 밭고랑같이 고랑을 만들어 콩을 평평하게 한다. 고무래질은 반드시 땅에 닿게 한다. 콩이 땅에 닿은 채 있으면 콩이 물러버리기 때문이다.

고루 갈고 나면 갈퀴로 항상 세 치 두께로 평평하게 긁고 하루 걸러 뒤집는다. 콩에 누런 곰팡이가 피고 색이 균일해지면 콩을 움 밖으로 꺼내어 깨끗하게 까불러서 곰팡이를 없애고 넌다. 콩무더기 두께는 적당해야 하는데 중간 정도를 말하며 차면 조금 두껍게 하고 뜨거우면 약간 얇게 어림으로 짐작하여 한다. 키질이 끝나면 큰 독에 물을 반쯤 넣고 콩을 넣은 뒤에 갈퀴로 재빨리 저어 깨끗하게 씻는다.

콩을 처음 삶을 때 너무 익었으면 재빨리 손으로 깨끗하게 헹구어 씻어 즉시 거른다. 만약 약간 덜 익은 콩은 깨끗하게 헹군 다음 잠깐 그대로 둔다. 콩이 무르지 않으면 익기 어렵고 너무 무르면 시가 물러진다.

물이 많으면 깨끗하게 헹구기 어려우므로 독의 반만 채우고 걸러서 대광주리에 반 정도 담는다. 한 사람이 대광주리를 잡고 다른 사람이 물을 길어 독에 얹은 광주리에 쏟아 부으며 대광주리를 재빨리 흔들어 털어서 맑은 물이 나올 때까지 깨끗하게 씻는 데 잘 씻지 않으면 시가 쓰다.

물이 모두 빠지면 자리에 쌓아둔다. 먼저 곡식의 껍질이나 짚을 움집의 움 구덩이에 많이 넣고 가운데를 헤쳐서 두세 자 깊이 구덩이를 만들고 거적을 구덩이 속을 덮고 위에 콩을 붓는다.

사람이 구덩이에 들어가 콩을 단단하게 밟아 다지고 거적을 덮고 짚을 두세 자 정도로 덮고 다시 단단히 밟아 다진다. 여름에는 10일, 봄가을에는 12~

13일, 겨울에는 15일이면 익는다. 더 오래 두면 맛이 쓰고 덜 두면 시가 하얗게 떠서 버린다. 잘 익었을 때만 향기와 맛이 좋다.

여러 번 만들기 힘든 집에서 오래 두고 먹으려면 시가 익었을 때 볕에 말려두면 1년이 지나도 괜찮다. 시는 만들기 어렵고 상하기 쉬우므로 세심하게 주의하여 항상 하루에 두 번 살펴야 한다. 조절을 잘 하지 못하여 열에 상하면 냄새나고 진흙같이 물러져서 개돼지도 먹지 않는다. 추워서 상한 것을 따뜻하게 하여도 맛이 좋지 않으므로 역시 유의해야 한다.

온도를 적당하게 유지하는 것은 술 빚기보다 어렵다. 겨울 초에 만들 때는 먼저 겨나 짚을 태워서 움의 바닥 땅이 눋지 않게 하고 깨끗이 쓸어서 재를 없애고 콩을 움막 안에 넣는다. 뜨거운 물을 기장짚에 부어 따뜻하게 적셔 콩무더기를 덮는다. 뒤집을 때마다 처음 쓴 기장짚으로 사방을 덮는다. 겨울에 시 만드는 양이 적고 움집이 추워서 짚으로 덮어도 따뜻해지지 않으면 불을 은근하게 지펴서 빨리 데워준다. 그렇지 않으면 추위로 상하게 된다. 봄가을에는 날씨를 보아 차면 덮어준다. 사람이 드나들 때마다 문을 조심하여 꼭 닫아 따뜻한 기운이 새나가지 않게 한다(부록 106).

식경의 시 제민요술(530~550)

항상 여름 5월에서 8월까지가 만드는 때이다. 콩 한 섬 정도를 씻어서 하루 담갔다가 다음날 꺼내어 찌고 손으로 껍질을 비비고 땅바닥에 펼쳐 넌다. 바닥이 더러우면 거적 위에 널어도 좋은데 두 치 두께로 하여 식히고 두 치 두께로 싱싱한 띠풀로 덮는다.

3일 후 누런 곰팡이가 피면 된 것이므로 띠풀을 걷어내고 얇게 펴서 손가락으로 밭고랑처럼 그어 만든다. 하루 두세 번 이렇게 3일 동안 한다.

따로 콩을 삶아 진한 즙을 뜬다. 여기에 기장(차조) 여국(女麵: 기장 · 수수 누룩) 닷 되와 소금 닷 되, 시를 넣고 두 손으로 고르게 주물러 즙이 손가락 사이로 나올 정도로 콩 삶은 물을 부어 이겨 항아리에 넣는다. 항아리가 다 차지 않으면 뽕나무 잎으로 채워서 눌리지 않게 하고 주둥이를 진흙으로 단단히 바른다. 뜰에 두어 27일이 지나면 꺼내 말린다.

뽕나무 잎 삶은 물을 부어 다시 찌는데 밥 짓는 것처럼 오래 찌는 것이 좋다. 다시 펼쳐서 이렇게 세 번 찌고 말리면 완성된다(부록 107).

가정의 시 제민요술(530~550)

양에 관계없이 콩을 잘 골라 물에 하룻밤 담갔다가 아침에 밥 짓는 것처럼 삶는다. 메주를 한 섬 만들려면 콩을 한 섬 삶는다. 익으면 꺼내 싱싱한 띠풀 위에 놓고 여국(女麴: 기장 · 수수누룩) 만들 때처럼 편다.

14일 후 콩에 누런 곰팡이가 피면 까불러 곰팡이는 없애고 다시 볕에 쪼여 말린다. 다음에 물에 축축하게 적시는데 반죽할 때 손으로 쥐어 즙이 손가락 사이로 나올 정도로 하여 독 안에 넣는다. 항아리가 들어갈 정도로 구덩이를 파서 속을 태워 달군 뒤에 항아리를 넣는다. 뽕잎으로 시를 세 치 정도로 덮고 물건으로 항아리 주둥이를 덮고 밀봉한다. 10일쯤 지나면 만들어지는데 꺼내 촉촉할 정도까지 볕에 말려 다시 쪄 익히고 다시 널어 말린다. 이렇게 세 번 하면 완성된다(부록 108).

금산사시 거가필용(1200년 말), 임원십육지(1827), 오주연문장전산고(1850)

양에 관계없이 누런 콩을 물에 하루 담갔다가 푹 쪄서 식혀서 밀가루죽을 콩에 섞은 후 보리를 섞는다. 방을 깨끗이 쓸고 자리(거적) 깔고 약 두 치의 두께로 고루 펴고 짚이나 풀, 보릿짚, 쑥, 도꼬마리 잎 등으로 덮고 35일 후 누런 곰팡이가 피면 손으로 비벼서 털고 체로 쳐서 껍질을 없애고 물에 씻어서 볕에 말린다.

두황메주 한 말에 재료 한 말을 쓰는데 재료는 미리 잘라서 깨끗이 씻은

도꼬마리 잎에 콩알 메주를 띄우기

항아리에 담는다. 재료로 신선한 오이는 두 치, 신선한 가지는 네 쪽으로 자르고, 귤껍질은 깨끗이 긁어내고, 연육은 물에 담가 부드럽게 하여 두 쪽 내고, 생강은 두껍게 자르고, 천초는 눈을 떼어내고, 회향은 약간 볶고, 감초는 토막 내고, 마늘은 껍질을 벗기지 않고, 차조기 잎은 그대로 써서 먼저 섞어 놓는다.

다음 두황 한 켜 깔고 이 재료를 한 켜 넣고 소금죽을 한 켜 넣는데 두황과 재료를 한 켜 넣을 때마다 소금죽을 붓는다. 가득 찰 때까지 이렇게 반복하여 대나무껍질로 주둥이를 빽빽하게 덮어 강한 볕에 쪼인다.

보름 후 꺼내 거꾸로 뒤집어 고루 다져서 다시 항아리에 넣는다. 주둥이를 진흙으로 단단히 막아 49일 동안 볕에 쪼이며 물이 들어가지 않게 하는데 가지와 오이에서 자연히 소금물이 나온다. 소금 양은 헤아려 쓴다(부록 109).

성도시 거가필용(1200년 말), 임원십육지(1827), 오주연문장전산고(1850)

9월과 2월 사이에 담글 수 있다. 좋은 시 세 말에 깨끗한 참기름 세 되를 넣어 볶다가 연기가 나면 그쳐 향이 퍼지게 한다. 또 익은 기름 한 되를 시와 섞어 시루에 찐 뒤 식혀서 볕을 쪼인다.

다시 익은 기름 한 되를 시에 섞어 쪄 앞의 방법대로 말린다. 다시 익은 기름 한 되를 시와 섞어 쪄서 말린다. 이렇게 한 시 한 말을 취하여 흰 소금과 함께 빻아 부수고 가마솥에 넣어 물을 붓고 서너 말의 즙을 취한다.

깨끗한 가마솥에 넣고 달이는데 이때 천초가루, 후춧가루, 생강가루, 귤피 각 한 냥씩과 흰 파뿌리 다섯 근을 함께 잘게 찧어 넣고 같이 졸여 3분의 1이 되게 한다.

진액은 취하지 않고 사기항아리에 담그는데 깨끗하고 향이 좋은 기름을 사용하고 습기를 멀리하면 향기가 가장 좋다(부록 110).

전시 산가요록(1450)

7월 무더위에 약간의 흑태를 깨끗이 씻어 쪄서 식기 전에 쑥잎과 닥나무 잎을 깔고 그 위에 찐 콩을 한 치 두께로 깔고 쑥잎과 닥나무 잎으로 덮었다가 14일 후 꺼내 볕에 말린다.

쑥에 흑태 띄우기

잘 고른 콩 세 말에 누룩 한 되와 소금 세 되를 섞어서 콩이 잠길 정도로 항아리에 물을 붓고 빙 둘러서 둥근 쇠뚜껑으로 주둥이를 덮고 진흙을 발라서 기운이 새나가지 않게 하고 새 말똥 속에 묻어 둔다. 14일 후 꺼내 씻어서 볕에 말렸다가 쓴다. 그 국물에 소금을 더 넣고 삶으면 청장이 된다(부록 111).

전시 수운잡방(1500년대 초)

누런 콩이나 검은콩 관계없이 묘시에 물에 담갔다가 진시에 꺼내 검은콩이 홍색이 될 때까지 푹 쪄서 익힌 후 잠깐 바람을 쐬어 김을 날려 보낸다. 시렁 위에 빈 섬이나 거적을 놓고 그 위에 콩을 깔고 콩 위에 쑥을 매우 두껍게 덮는다.

14일 후 누런 곰팡이가 피기 시작할 때가 가장 좋으므로 볕에 바싹 말려 키로 까분다. 바로 콩 한 말에 소금 한 되, 누룩 세 홉, 물 한 사발을 타서 항아리에 넣고 사기그릇으로 뚜껑을 덮고 진흙을 바른다. 말똥에 묻었다가 14일 후 꺼내 볕에 쬐었다가 저장한다(부록 112).

봉리군전시 수운잡방(1500년대 초)

7월 그믐쯤에 누런 콩 열 말을 깨끗이 씻어 하루 물에 담갔다가 푹 쪄서 익히고 김이 날아간 후 시렁을 엮어 생쑥을 두껍게 깔고 그 다음에 빈섬, 천금목(북나무) 잎사귀, 닥나무 잎사귀를 깔고 익은 콩을 펼쳐 넌다.

또 앞의 남은 잎과 생쑥을 두껍게 덮어 14일간 재운 뒤 꺼내 바람을 쏘이고 10일 동안 매일 저녁 키로 까분다. 9월 초 항아리에서 익은 콩 두 말과 소금 한 되, 누룩 네 홉, 물 한 동이를 함께 섞어 항아리에 넣고 유지로 주둥이를 막는다.

새로 난 풀을 두껍게 덮고 항아리 뚜껑은 진흙으로 발라 말똥 속에 넣고 생풀을 다시 두껍게 두르고 덮는다. 14일 후 꺼내 볕에 쪼이고 깨끗한 항아리에 넣어 따뜻한 방에 둔다. 바람이 들어가면 맛이 매워진다(부록 113).

북나무 잎에 콩알 메주를 띄우기

닥나무 잎에 콩알 메주를 띄우기

시(豉) 본초강목(1552~1578)

말린 두시

콩을 삶아 쪄서 소금과 생강 따위를 넣고 방 안 온도에서 3일 동안 발효시켜 만든 것을 약전국(藥戰國), **두시**(豆豉)라고 한다. 이것은 청국장이다. 상한(傷寒), 두통, 학질 따위에 쓰며 땀을 나게 한다. 식은땀이 오랫동안 나는 데는 두시 한 되를 약간 볶아서 술 석 되에 3일간 담가 두었다가 차게 하여 먹거나 데워서 먹되 마음대로 쓴다. 낫지 않으면 다시 만들어 먹는다.

두황 본초강목(1552~1578), 임원십육지(1827)

(살펴보건대 중국인들은 이것을 사용하여 장과 식해를 담는데 시 종류라 여기에 포함시킨다) 검은콩 한 말을 쪄서 거적 위에 펼쳐 말리고 쑥으로 덮어 누런 곰팡이가 피면 볕에 말렸다가 찧어 가루내어 둔다(본초강목, 부록 114).

시 동의보감(1610), 산림경제(1715), 민천집설(1751~1823), 오주연문장전산고(1850)

콩으로 황증(밀가루누룩, 즉 메주)을 만들어 메주 한 말에 소금 네 되와 천초 넉 냥을 넣어 담그는데 봄가을에는 3일, 여름에는 2일, 겨울에는 5일이면 완성된다. 반쯤 숙성되었을 때 생강채 다섯 냥을 넣어 고루 섞어서 그릇에 넣는다. 주둥이를 봉하여 쑥이나 풀더미 속에 묻고 두껍게 덮거나 말똥 속에 넣어 7일이나 14일이 지나면 먹을 수 있는데 깨끗하고도 정갈하다.

요즘 시골에서는 매번 덩어리를 둥글게 만들어서 방에서 띄우고 말리기 때문에 덩어리 안이 끝내 잘 마르지 않아 장을 만들어도 대부분 맛이 없고 묵은장이 될 수도 없다.

가을에 시골에서 하는 법대로 새 콩으로 시를 만들어 이듬해 봄에 싱거운 물에 담그면 장이 매우 좋다(부록 115).

짠시 거가필용(1200년 말), 임원십육지(1827), 오주연문장전산고(1850)

검은콩 한 말을 약간 쪄서 하루 볕을 쪼여서 오이 스무 개, 가지 사십 개(잘라서 약간 말린 것), 차조기 잎, 귤껍질채 섞은 것, 회향 넉 돈쭝, 볶은 소금 넉 냥을 버무려서 3일 동안 덮어 놓는다. 좋은 술을 두루 뿌리고 다시 쪄서 소금 넉 냥을 가해 섞는다. 다시 좋은 술을 약간 뿌리고 하루 볕에 펴서 널은 후 작은 질항아리에 꼭꼭 다져 넣고 종이로 여러 차례 봉하거나 진흙으로 봉하여 삼복중에 볕에 두면 좋다(부록 116).

짠시 본초강목(1552~1578), 임원십육지(1827)

콩 한 말을 물에 3일 담갔다가 일어서 건져 쪄서 거적에 널어 누런 곰팡이가 피면 털어서 맑은 물에 넣어 깨끗하게 일어서 건져 말린다. 네 근에 소금 한 근과 생강채 반근, 후추, 귤, 차조기, 회향, 살구씨를 섞어 독에 넣고 물을 이보다 한 치 높게 붓는다. 잎사귀로 덮고 뚜껑을 꼭 닫아 볕에 1달간 쪼이면 완성된다(부록 117).

짠시 동의보감(1610), 임원십육지(1827)

콩을 황증(메주)으로 만들어서 한 말 당 소금 네 되와 천초 넉 냥을 함께 담근다. 봄과 가을은 3일, 여름은 2일, 겨울은 5일면 곧 익는다. 반쯤 익으면 잘게 썬 생강 다섯 냥을 고루 섞어 항아리에 넣고 주둥이를 꼭 봉하여 땅이나 쑥, 풀, 말똥 등으로 두껍게 묻어 7일이나 14일 만에 쓴다(부록 118).

짠 된장(鹹豉) 조선무쌍신식요리제법(1924)

굵은 콩 한 말을 물에 3일 담갔다가 건져 쪄서 삿자리(갈대자리)에 펴고 덮어서 곰팡이 누른 옷을 입으면 꺼내 물에 넣어 깨끗하게 젓고 다시 건져 말린다.

네 근에 소금 한 말과 썬 생강 반 근, 참깨(胡蘇), 귤채(채 썬 귤), 차조기(紫蘇), 회향 씨를 함께 섞어 독에 넣고 물을 이보다 한 치 높게 붓고 잎사귀로 덮고 뚜껑을 꼭 덮고 볕에 한 달 놓으면 된다.

자리에 콩알 메주를 띄우기

또 다른 법은 검정콩 한 말을 약간 쪄서 하루 볕을 쪼이는데 먼저 오이 스무 개와 가지 마흔 개를 각각 잘게 썰고 회향 넉 돈쭝과 볶은 소금 넉 냥쭝을 함께 버무려 넣고 덮는다. 3일 후 좋은 술을 두루 뿌리고 다시 쪄서 퍼내어 소금 넉 냥쭝을 치고 버무리면서 다시 좋은 술을 약간 뿌리고 펴서 널어 하루만 볕에 쪼인 후에 질항아리에 꼭꼭 다져 넣고 종이로 두어 번 봉하거나 진흙으로 봉하여 삼복중에 볕에 놓는 것이 좋다.

또 다른 법은 큰 콩을 누렇게 쪄서 한 말에 소금 네 근과 천초(산초) 넉 냥쭝과 함께 쪄서 절이되 봄과 가을은 3일, 여름은 2일, 겨울은 5일이면 곧 반쯤 익는다. 다시 생강을 잘게 썰어 닷 냥쭝을 섞어 그릇에 넣고 주둥이를 꼭 봉하여 땅에 묻고 쑥이나 다른 풀, 또는 말똥을 두껍게 덮고 7일이나 14일 만에 먹는다.

싱거운 시 거가필용(1200년 말), 임원십육지(1827), 오주연문장전산고(1850)

굵은 검은콩을 많고 적고 간에 시루에 쪄지는 냄새만 날 정도로 쪄서 꺼내 대그릇에 펼쳐 놓았다가 식기 전에 가지와 한 켜씩 곁들여 넣고 대그릇을 바람이 없는 곳에 두고 아래 위와 사방을 싱싱한 풀로 단단히 싸 둔다. 며칠 뒤 열어 보아 콩 위에 누런 곰팡이가 잔뜩 피었으면 꺼내어 하루 동안 볕을 쪼였다가 이튿날 더운물에 씻어 건진다.

붉은 차조기(紫蘇) 잎을 썰어 함께 섞고 강한 볕에 바싹 말린 후 질그릇 항아리에 넣고 단단히 봉하여 둔다(부록 119).

싱거운 시 본초강목(1552~1578), 임원십육지(1827)

굵은 검은콩 두세 말을 6월에 깨끗하게 일어서 하룻밤 물에 담갔다가 건져 말려서 푹 쪄서 거적에 펴고 식혀 쑥으로 덮어 놓는다. 3일에 한 번씩 살펴서 누런 곰팡이가 알맞게 고루 피면 볕에 말려 깨끗하게 까부른다.

즙이 손가락 사이로 나올 정도로 물로 반죽하여 장독에 단단히 넣고 뽕잎을 세 치 두께로 덮고 진흙으로 단단히 봉하여 볕에 쪼여 7일 후 한식경 말렸다가 다시 물로 반죽하여 독에 넣는다. 이같이 일곱 번 반복하여 다시 쪄서 널어 식으면 독에 넣어 봉한다(부록 120).

싱거운 된장(淡豉) 조선무쌍신식요리제법(1924)

굵은 검정콩 두세 말 가량을 6월 안에 깨끗하게 일어서 하룻밤 물에 담갔다가 건져 물을 빼서 쪄서 익혀 돗자리에 펴 널어 식기 전에 쑥으로 덮어 3일 만에 한 번씩 보아 온통 누런 옷이 입혀지되 너무 뜨지 않은 상태에서 볕에 말려 깨끗하게 까부르고 물로 반쯤 질게 반죽한다. 반죽을 손으로 움켜잡아 손가락 사이로 삐져나올 정도면 된다.

다 주무른 후에 독에 단단히 넣고 뽕잎으로 세 치 두께로 덮고 꼭 봉하여 볕에 쪼여 7일 후 꺼내 한 식경 말렸다가 다시 물로 반죽하여 독에 넣는다. 이같이 하기를 7번 하여 다시 쪄서 펴서 널어 더운 기운이 빠지면 독에 넣어 봉해 두면 된장이 된다.

또 굵은 검은콩을 얼마든지 시루에 찌되 비린 것만 익히면 되므로 쏟아 헤쳤다가 더운 김에 용수 같은데 넣되 가지(茄)를 한 층씩 곁들여 넣고 바람 없는 곳에 두고 아래위와 사면을 푸른 볏짚으로 싸서 둔다.

수일 후 열어 보아 곰팡이 누른 옷이 온통 피었으면 꺼내어 하루 볕을 쪼

돗자리에 흑태, 쑥을 덮어 띄우기

풀 속에 용수를 박고 흑태에 가지를 박아 띄우기

이고 이튿날 더운물에 씻어 건진 후 붉은 차조기(紫蘇) 잎을 썰어 함께 반죽하여 더운 볕에 쪼여 바싹 마른 후 질그릇 항아리에 넣고 꼭 봉하여 둔다.

청태전시장 증보산림경제(1767), 농정회요(1830), 군학회등(1800년 중반)

위(조전시장)와 같은데 다만 새로 거둔 햇청태콩 두 말을 쓰며 콩을 삶을 때 햇고추를 적당량 넣는다. 콩이 다 삶아지면 고추를 버린다. 맛이 매우 뛰어나다(부록 121).

초과(草果) 생강과 여러해살이풀로, 말린 열매를 초과라고 하며 냉기를 없애고 소화를 돕고 말라리아에 효과가 있다.

수두시 중궤록(송대), 임원십육지(1827)

황자 열 근에 좋은 소금 사십 냥과 금화첨주 열 사발을 쓴다. 먼저 평소에 쓰는 뜨거운 물 스무 사발에 소금을 충분히 넣은 소금물을 식혀 가라앉힌 뒤 위의 맑은 물만 쓴다고 들었다.

황자와 술과 소금물을 항아리에 넣고 볕에 49일 쪼인다. 담글 때 크고 작은 회향 각 한 냥, **초과**(草果) 다섯 전, 관계(官桂: 관에 납품하던 좋은 품질의 계피) 다섯 전, **목향**(木香) 석 전, 귤껍질채 한 냥, 화초(花椒: 산초) 한 냥, 마른 생강채 반 근, 살구씨 한 근을 함께 넣는다.

목향 국화과 여러해살이풀로 잎에 톱니가 있고 꽃은 노랗다. 어린 싹은 식용하며 뿌리는 거담·이뇨·발한·구충 등에 쓴다.

이틀 동안 볕을 쪼이며 손으로 다독거려 항아리에 담그는데 한 해가 지나고 먹어야 좋다. 고기를 넣었다가 먹으면 더욱 오묘하다(부록 122).

[표 19] 콩시 요약

명칭	문헌	메주 띄우기	담기	숙성
시 [作豉法]	제민요술 (530~550)	콩을 삶아서 움집에 무더기로 넣고 하루 2번 뒤집기 5~6번 후, 누런 곰팡이 피면 3치 두께로 널어 3일 후 하루 걸러 1번씩 뒤집고 까불러서 말리기	콩을 삶아 헹구고 움에 구덩이 파고, 짚·자리 깔고 콩 넣어 밟아 다지고, 거적, 짚 덮고 여름 10일, 봄가을 12~13일, 겨울 15일 띄우고 말리기	겨울에는 왕겨나 집을 태워 움바닥을 덥히고 콩을 넣고 기장 짚을 덮고 뜨거운 물 부어 띄우기
식경의 시 [食經作豉法]	제민요술 (530~550)	콩 1섬을 쪄서 땅바닥이나 멍석에 2치로 널고 띠로 덮어 하루 2~3번 손가락으로 긁어서 3일 반복하기	시, 콩 삶은 물, 여국 5되, 소금 5되 넣고 뽕잎으로 덮기	주둥이를 진흙으로 발라 27일 후 꺼내 뽕나무 삶은 물로 쪄서 폈다가 찌기 3회
가정의 시 [作家理食豉法]	제민요술 (530~550)	콩을 삶아서 땅에 널어 띠로 덮고 14일 후 까불러 말리기	시와 물을 항아리에 담기	구덩이를 파서 불로 달군 후 항아리 넣어 뽕잎, 흙으로 덮고 10일 후 쪄서 말리기 3회
금산사시 [金山寺豆豉法]	거가필용 (1200년 말) 임원십육지 (1827) 오주연문장전산고(1850)	콩을 불려 찐 것, 밀가루 죽, 보리를 섞어 방의 거적에 2치로 깔고 풀, 보릿짚, 쑥, 도꼬마리 잎으로 덮고 5~7일 후 체로 쳐서 씻어 말리기	오이, 가지, 귤껍질, 연육, 생강, 천초, 회향, 감초, 마늘, 차조기 잎 1말에 메줏가루 1말을 써서 재료 한 켜, 메줏가루 한 켜, 소금죽 한 켜를 번갈아 담아 대나무껍질로 덮기	볕에 보름 놓았다가 뒤집어 넣고 49일 숙성
성도시 [造成都豆豉法]	거가필용 (1200년 말)	시 3말, 참기름 3되를 넣어 볶아 쪄 소금 넣어 빻고 물을 부어 3~4말의 즙 취하기	가마솥에 넣고 천초가루, 후춧가루, 생강가루, 귤피 1냥씩과 흰 파뿌리 5근을 찧어 넣고 3분의 1로 졸이기	
전시 (全豉)	산가요록 (1459)	흑태를 쪄서 쑥잎과 닥나무 잎에 올리고 쑥잎과 닥나무 잎으로 덮어 14일 띄워 말리기	띄운 콩 1말, 누룩 1되, 소금 3되	말똥에 묻어 14일 숙성

(계속)

명칭	문헌	메주 띄우기	담기	숙성
	수운잡방 (1500년대 초)	콩을 불려 쪄서 시렁에 빈섬이나 거적 깔고 찐 콩과 쑥을 덮어 14일 띄워 말려 까부르기	띄운 콩 1말, 누룩 3홉, 소금 1되, 물 1사발	진흙으로 발라 말똥에 묻어 14일 후 볕 쪼이기
봉리군전시 [奉利君全豉方]	수운잡방 (1500년대 초)	황태 10말을 불려 쪄서 시렁 만들어 쑥·북나무·닥나무 잎을 펼쳐 콩알 깔고 그 잎으로 덮고 14일 후 바람 쏘여 매일 까부르기	띄운 콩 2말, 소금 1되, 누룩 4홉, 물 1동이	생풀로 덮고 말똥에 묻어 14일 후 꺼내 볕에 쪼여 깨끗한 항아리로 옮기기
시 [豉 藥戰國]	본초강목 (1552~1578)	콩을 삶아 쪄서 소금, 생강 등을 넣고 방에서 3일 띄우기		
두황 [豆黃方]	본초강목 (1552~1578) 임원십육지 (1827)	검은콩 1말을 쪄서 거적에 펴 누런 곰팡이 피면 말려 가루내기	장과 식해 담기	
짠시 [鹹豉]	거가필용 (1200년 말) 임원십육지 (1827) 오주연문장전산고(1850)	검은콩 1말을 쪄서 잠깐 말리기	오이 20개, 가지 40개, 차조기 잎, 귤껍질채, 회향 4돈쭝, 볶은 소금 4냥을 버무려 3일 후 술을 뿌리고 다시 쪄서 소금 4냥 첨가	술을 뿌려 널고 진흙으로 봉하여 삼복 볕에 놓기
	본초강목 (1552~1578) 임원십육지 (1827)	콩 1말을 물에 3일 담가 쪄서 거적에 띄워 물에 씻기	띄운 콩 4근, 소금 1근, 생강채 반근, 후추, 귤, 차조기, 회향, 살구 섞어 물을 가해 담그기	잎사귀로 덮어 볕에 1달 숙성
시, 짠시 [造豉, 鹹豉]	동의보감 (1610) 산림경제 (1715) 민천집설 (1751~1823) 임원십육지 (1827) 오주연문장전산고(1850)	콩으로 황증 만들기	띄운 콩 1말, 소금 4되, 천초 4냥	봄가을 3일, 여름 2일, 겨울 5일 후 생강 5냥 채썰어 넣고 쑥, 풀더미, 말똥 속에 넣고 7일이나 14일 숙성

(계속)

명칭	문헌	메주 띄우기	담기	숙성
짠 된장 [鹹豉]	조선무쌍신식요리제법(1924)	① 콩 1말을 3일 담가 쪄서 삿자리에 펴 띄워 물에 헹궈 말리기	띄운 콩 4근, 소금 1말과 썬 생강 반 근, 참깨, 귤채, 차조기, 회향씨, 물	볕에 1달 숙성
		② 검은콩 1말을 쪄서 볕에 쪼이기	오이 20개, 가지 40개 썰어 콩을 찐 것에 회향 3돈쭝, 볶은 소금 4냥쭝을 버무려 덮고 3일 후 술을 뿌리고 쪄서 소금 4냥 치고 버무리고 술을 뿌리고 펴서 하루 볕에 쪼이기	항아리에 담고 종이나 흙으로 봉하여 볕에 놓기
		③ 콩 1말 쪄서 소금 4근, 천초 4냥 섞어 찌기	봄가을 3일, 여름 2일, 겨울 5일 후 잘게 썬 생강 5냥 섞기	땅에 묻어 쑥, 다른 풀, 말똥 덮어 7일이나 14일 숙성
싱거운 시 [淡豆豉法]	거가필용(1200년 말) 임원십육지(1827) 오주연문장전산고(1850)	콩 찌기	대그릇에 찐 콩과 가지를 켜켜 담아 풀로 싸서 띄워 물에 씻어 차조기 잎을 썰어 넣고 말리기	항아리에 넣기
싱거운 시 [淡豉方]	본초강목(1552~1578) 임원십육지(1827)	콩 2~3말을 하루 담가 쪄서 거적에 펴 쑥으로 덮어 누런 곰팡이 피면 말려 까부르기	물로 반죽하여 즙 만들어 담고 뽕잎 3치 두께 덮기	진흙으로 봉하여 7일 후 꺼내 잠깐 말려 물로 반죽하여 넣기를 7번 한 후 쪄서 널어 독에 담기
싱거운 된장 [淡豉]	조선무쌍신식요리제법(1924)	① 검은콩 2~3말을 담갔다가 쪄서 돗자리에 펴고 쑥 덮어 곰팡이 피면 말려 까불기	물로 반죽하여 독에 담고 뽕잎 3치 덮기	봉하여 7일 후 꺼내 잠깐 말려 물로 반죽하여 넣기를 7번 한 후 쪄서 널고 독에 담기
		② 검은콩을 쪄서 용수에 가지와 켜켜 넣고 푸른 볏짚으로 싸 곰팡이 피면 말려 물에 씻기	띄운 콩에 차조기 잎 넣어 반죽하여 바싹 말려 담기	

(계속)

명칭	문헌	메주 띄우기	담기	숙성
청태전시장 [靑太煎豉醬法]	증보산림경제 (1767) 농정회요 (1830) 군학회등 (1800년 중반)	전시장(속칭 전국장)과 같으며 햇청태콩 2말을 삶을 때 햇고추를 넣은 후 삶고 나서 고추를 버리기		
수두시 [水豆豉方]	중궤록(송대) 임원십육지 (1827)	물 20사발을 포화시킨 소금물, 황자 10근, 금화청주 10사발	황자, 술, 소금물에 회향 1냥, 초과 5전, 관계 6전, 목향 3전, 귤껍질채 1냥, 화초 1냥, 마른 생강채 반 근, 살구씨 1근을 넣어 반죽하여 이를 다독거려 담기	1년 숙성 고기를 넣어 먹기도 함

여러 시

《거가필용》의 밀기울시는 2개, 오이시는 2개, 《중궤록》의 주두시는 1개 문헌이 인용하였다. 《제민요술》의 밀시와 《거가필용》의 밀기울시는 밀가루를 두엄이나 말똥에 묻어 14일 띄워서 말린다. 《거가필용》의 오이시, 《중궤록》의 주두시, 《임원십육지》의 십향두시는 오이와 가지를 담그는 데 여러 향신채를 첨가한다(표 20 참조).

밀시 제민요술(530~550)

7월이나 8월에 만들며 다른 달은 좋지 않다. 잘 손질한 밀을 곱게 가루로 갈아서 물에 반죽하여 찐다. 뜸이 들어 잘 익었을 때 꺼내 펼쳐 식혀서 양손으로 주물러 부수어 넌다. 덮는 방법은 맥황증(보리메주)법과 같다.

7일 후 곰팡이가 피는데 키로 까부르면 안 되고 뜨거운 소금물을 두루 뿌려 뜸이 들어 잘 익으면 내려서 펼쳐 식히고 따뜻할 때 독 안에 넣어 소래기를 덮고 두엄에 묻어 띄운다. 14일 후 검어지고 향기가 나고 맛이 좋아지면 다 익은 것이다.

양손으로 쥐어 작은 떡덩어리처럼 신국(神麴: 밀이나 밀기울누룩) 모양으로 뭉쳐서 구멍을 뚫어 노끈으로 꿰어서 집안에 걸어 말린다. 다 마르면 종이 봉지에 넣어 싸서 쇠파리나 먼지로 더러워지지 않게 한다.

쓸 때는 시 덩이 전체를 탕 안에 넣고 끓여서 색이 충분히 우러나면 꺼내어 껍질을 깎아버리고 앞서와 같이 걸어놓으면 시 하나로 여러 번 끓일 수 있다. 끓이면 향기와 맛이 좋아 콩으로 만든 두시보다 더 낫다.

부수어 끓는 물에 넣거나 갈아서 쓸 수도 있다. 그러나 즙이 탁하므로 전체를 끓인 맑은 즙보다 못하다(부록 123).

밀기울시 거가필용(1200년 말), 임원십육지(1827), 오주연문장전산고(1850)

7~8월에 만드는데 다른 달은 좋지 않다. 봄에 거둔 성도부 밀을 잘게 가루로 빻아 반질반질하게 물을 부어 시루에 찐다. 불기가 올라 잘 익으면 꺼내어 펼쳐 완전히 식혀 손으로 부순 뒤 헝겊을 덮어 놓는다.

7일 동안 황의(누런 곰팡이)가 필 때까지 기다렸다가 꺼내어 열기를 없애고 사기항아리에 넣어 뚜껑을 덮고 짚이나 말똥에 넣어 따뜻하게 덥힌다. 14일이 지나면 검은 색이 되고 향과 맛이 좋게 되는데 따뜻할 때 주물러 덩어리를 만든다.

신국(神麴: 밀, 밀기울누룩)처럼 노끈으로 가운데를 뚫어 방 안에 매다는데 종이로 싸 놓으면 쇠파리나 먼지로 더러워지는 것을 막을 수 있다. 쓸 때는 덩어리 전체를 끓는 물에 넣어 끓여 색깔이 충분히 우러나면 한 껍질을 벗긴다. 한 덩어리로 몇 번이나 쓸 수 있는데 향이 콩으로 만든 메주보다 낫다. 부수어 끓는 물에 넣어 쓰거나 갈아 쓸 수도 있는데 즙이 탁하여 통째로 쓸 때의 맑은 즙만 못하다(부록 124).

오이시(오이장아찌) 거가필용(1200년 말), 임원십육지(1827), 오주연문장전산고(1850)

오이 큰 것 스무 개 속을 빼고 물이 닿지 않게 하여 두께 두 치, 길이 한 치로 잘라서 소금 여덟 냥을 넣어 이틀 절였다가 볕에 말린다.

다음 두초(頭醋: 가장 먼저 뜬 식초) 닷 되와 염두시 한 되를 함께 달이는데 너댓 번 끓으면 두시는 건져내고 초는 식힌다. 사탕 4냥, 시라, 회향, 천초, 자소, 귤껍질채, 오이를 초 안에 넣고 하루 재운다.

건져서 볕에 쪼여 마르면 다시 담갔다가 말려 당초(糖醋: 달인 초)에 맛이 잘 배도록 하여 볕에 말린다. 여기에 시라, 회향, 천초, 자소, 귤껍질과 앞서 쓰던 소금을 조금 넣고 하루 재웠다가 손으로 비벼 말린다.

그렇게 한 뒤에 오이장아찌를 담그는데 먼저 물기를 제거하여 흰 골마지가 끼는 것을 막는다. 삼복중이나 가을 전에 만들 수 있다(부록 125).

주두시 중궤록(송대), 임원십육지(1827)

황자 한 말 닷 되를 체로 쳐서 가루를 깨끗하게 받아낸다. 가지 다섯 근, 오이 열두 근, 생강 열넉 냥, 귤채 적당량, 작은 회향 한 되, 소금 네 근 여섯 냥, 청초(靑椒) 한 근을 함께 버무려 항아리에 넣고 단단히 눌러 놓는다.

금화주(金花酒: 단맛이 강한 중국 유래술)나 주낭(酒娘: 감주)을 재료 위로 두 치 위까지 붓고 종이나 대나무껍질로 묶고 진흙으로 봉하여 49일간 볕을 쪼인다.

항아리 위 동쪽과 서쪽에 동서라고 알아보게 써 놓고 돌려가며 볕을 쪼인다. 날짜가 다 되면 큰 동이 안에 옮겨 마를 때까지 볕을 쪼이고 누런 풀로 덮는다(부록 126).

십향두시 임원십육지(1827)

반으로 가른 생오이와 가지 열 근씩에 소금 열두 냥을 쓰는데 먼저 넉 냥

사인(砂仁) 생강과 축사밀(縮砂密)의 열매를 말린 것으로 방향성 건위제로 사용한다.

을 넣어 하룻밤 절이고 생긴 물을 빼서 말린다. 생강채 반근, 차조기 줄기와 잎 썬 것 반근, 감초가루 반냥, 고추 두냥, 줄기와 씨까지 있는 회향 한 냥, 시라 한 냥, **사인** 두냥, 콩잎 반냥을 넣는데 콩잎은 없어도 되며 5일 전에 콩 한 되를 삶아 볶은 밀기울 한 되를 덮고 메주에 곰팡이가 피면 밀기울은 걷어낸다.

이 시에 위의 재료와 술 한 병과 초조(醋糟: 식초를 거르고 난 지게미) 큰 사발로 반 사발을 섞어 물기 없는 깨끗한 항아리에 담아 손으로 단단히 누르고 대나무껍질을 너댓 겹이 되도록 덮고 대나무가지로 열십자(十)로 꽂아 눌러 두고 대나무껍질로 항아리 주둥이를 싸고 진흙으로 봉한다.

볕에 쪼여 40일 후 꺼내 대충 말렸다가 다시 항아리에 담는다. 20일이 지나면 항아리를 돌려 방향을 바꾸어 볕을 고루 받도록 한다(증보도주공서, 원문 127).

[표 20] 여러 시 요약

명칭	문헌	메주 띄우기	담기	숙성
밀시 [作麥豉法]	제민요술 (530~550)	밀가루 반죽을 쪄서 부수어 맥황증(보리메주)법과 같이 펼쳐 7일 띄우기 뜨거운 소금물을 뿌려 따뜻할 때 독에 담아 두엄에 묻어 14일 띄워 뭉쳐 구멍 뚫어 매달아 말리기		
밀기울시 [造麩豉法]	거가필용 (1200년 말) 임원십육지 (1827) 오주연문장전산고(1850)	밀을 빻아 반죽하여 쪄서 부수어 헝겊으로 7일 덮어 띄우기 사기항아리에 담아 짚이나 말똥에 묻어 14일 띄워 뭉쳐 구멍 뚫어 매달아 말리기		

(계속)

명칭	문헌	메주 띄우기	담기	숙성
오이시 [瓜豉方]	거가필용 (1200년 말) 임원십육지 (1827) 오주연문장전산고(1850)		오이 20개 손질하여 소금 20냥으로 절이고 식초 5되, 염두시 1되를 4~5번 끓여 두시는 건져내고 초는 식히기 설탕 4냥, 시라, 회향, 천초, 자소, 귤껍질채, 오이를 하루 담갔다가 건져서 볕에 말려 다시 담갔다가 말리고 시라, 회향, 천초, 자소, 귤껍질, 소금을 넣고 하루 재웠다가 비벼 말리기	
주두시 [酒豆豉方]	중궤록(송대) 임원십육지 (1827)	황자 1말 5되 가루내기	가지 5근, 오이 12근, 생강 14냥, 귤채, 작은 회향 1되, 소금 4근 6냥, 청초 1근을 항아리에 넣고 금화주 붓기	진흙으로 봉하여 49일간 돌려가며 볕 쪼이고 큰 동이로 옮겨 말려 풀로 덮기
십향두시 [十香豆豉方]	임원십육지 (1827)	가른 오이와 가지 10근씩에 소금 12냥으로 하루 절이고 물 빼고 생강채 반근, 차조기 반근, 감초가루 반냥, 고추 2냥, 회향 1냥, 시라 1냥, 사인 2냥, 콩잎 반냥을 넣고, 밀기울 1되를 덮어 곰팡이가 피면 밀기울 걷기	재료에 술 1병과 초 큰 반사발을 넣어 항아리에 담아 너스레로 누르기	진흙으로 주둥이 싸서 볕에 40일 쪼여 꺼내 말렸다가 다시 담아 20일 후 방향 바꾸기

청국장

청국장은 순수 우리 장이다. 《증보산림경제》의 각지 전국장은 2개, 전시장은 3개 문헌이 인용하였다. 콩 익히는 방법은 삶기 7가지, 볶아 삶기 2가지이다. 띄우는 용기는 시루 2가지, 바구니 2가지, 항아리 1가지, 오쟁이 1가지이고, 덮거나 까는 것은 거적 2가지, 바가지 + 수건 1가지, 가랑잎 1가지, 짚 1가지, 갈잎 1가지이다.

생선이나 육류, 오이 등의 채소를 넣는 것은 《증보산림경제》의 전시장, 《음식책》 및 《부인필지》, 《시의전서》, 《간편조선요리제법》, 《조선요리법》의 청국장이다. 《증보산림경제》의 전시장은 왕겨불에 24시간 익힌다(표 21 참조).

전국장 치생요람(1691)

콩을 누르게 볶아 맷돌로 반쪽으로 타서 삶아 시루에 넣고 따뜻한 곳에 두어 뜨면 소금을 넣고 끓여 달이는데 이것을 청국장이라고 한다(부록 128).

각지전국장 증보산림경제(1767), 농정회요(1830), 군학회등(1800년 중반)

콩은 양에 관계없이 약간 붉을 정도로 볶고, 검게 탄 것은 골라 버리고 키로 까불러서 껍질을 버리고 두 쪽 나게 타되(맷돌로 갈되) 잘게 부스러지지 않도록 한다.

솥에 물을 가득 붓고 푹 삶은 다음 즙을 걸러서 깨끗한 항아리에 담아둔다. 삶은 콩은 거적으로 싸거나 큰 바가지 안에 수건 열 장으로 두껍게 싸서 온돌에 둔다.

2~3일 후 실이 나면 꺼내서 다시 솥에 넣고, 담아두었던 콩즙을 부어 또 삶는데 소금을 적당량 탄다(싱거워야지 짜면 안 된다). 즙이 누렇고 걸쭉할 때까지 삶았다가 꺼내서 사기항아리에 담아 식으면 쓴다. 고춧가루를 넣으려면 반드시 콩을 삶을 때 넣어야 한다.

또, 푹 쪄서 실이 난 콩을 뜨거운 온돌이나 한낮 볕에 펼쳐 말려서 종이봉지에 넣었다가 가끔 꺼내어 찬물로 끓여 소금을 넣어 먹으면 역시 맛있다.

푹 쪄서 실이 난 콩에 소금을 넣어 절구에 찧어 사기항아리에 담가 둔다. 매일 아침저녁마다 숟가락으로 떠내어 감장과 같은 양 섞어서 나물국을 끓이면 맛이 매우 향기롭고 달아서 늙은 농부의 반찬으로 그만이다(부록 129).

전시장(속칭 전국장) 증보산림경제(1767), 농정회요(1830), 군학회등(1800년 중반), 오주연문장전산고(1850)

속칭 전국장이라고 하는데 설문해자에서는 '배염유숙'이라고 한다.

가을에 서리 기운이 내리기 시작할 때 새 콩 한 말을 잘 골라 깨끗이 닦은 다음, 푹 삶아 꺼내어 거적에 쌓아 온돌에 3일간 두어 실이 나면 꺼낸다. 별도로 콩 닷 되를 향기가 나도록 볶아 껍질을 버리고 가루를 만든다. 거적에 있는 것을 쪄서 뜨거운 콩과 절구에 넣고 찧어 가루로 만든다.

볶은 콩에 소금을 약간 넣고 절구에 넣고 물을 뿌리며 빻아 맛을 자주 보아 약간 싱겁게 하고 너무 짜게 하면 안 된다. 무르게 찧어 꺼내어 가지, 오이, 동아조각, 무, 북어, 다시마, **진이**(眞耳)버섯 등을 서로 사이사이에 넣어 도자기 항아리에 넣고 주둥이를 봉한다.

진이(眞耳) 참버섯이나 느타리버섯이라고 한다.

진흙으로 바른 다음, 왕겨 무더기에 불을 붙여 항아리를 땅에 묻고 24시간 후 꺼내 쓴다. 가지와 오이에는 먼저 소금을 약간 뿌려 껍질이 쭈글쭈글하게 한 뒤에 물로 깨끗이 씻어 잘 말려 항아리 가운데 넣는다. 장이 다 되면 고추를 넣어 먹는다(부록 130).

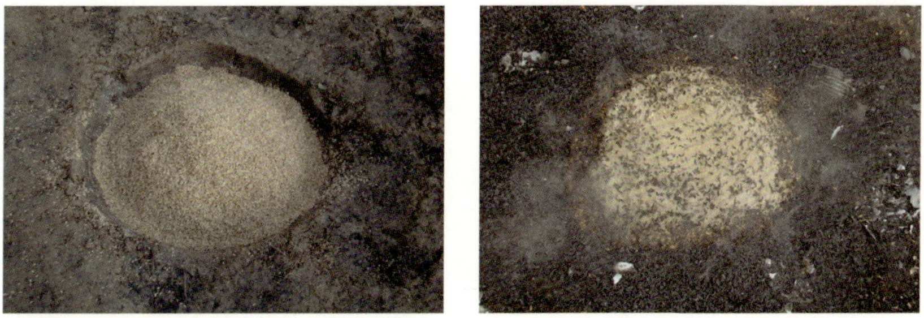

진흙을 바른 독 땅속에 장독을 묻고 왕겨불을 태워 가열하기

바구니에 가랑잎으로 콩알 메주를 띄우기

청국장 담는 법 음식책(1838 또는 1898)

콩을 타는 듯 쪼개 솥에 볶아서 맷돌에 타서 키로 까불러 물 붓고 삶아서 밥 짓듯 잦히되 진밥이나 된죽만치 콩짜개 다 무르게 한다. 조그마한 바구니에 가랑잎 펴고 콩을 넣고 또 가랑잎 덮고 보자기로 덮고 더운 아랫목에 3일 띄워 줄이 죽죽 지면 꺼낸다. 갈비, 양, 건지손, 광대머리(소 천엽에 얼러붙은 고기), 대창부와 뼈도가니, 사태, 다시마, 햇북어나 건대구나 해삼, 전복, 무, 귤을 썰고 메주콩을 많이 넣으면 멀국이 걸고 너무 적게 내어도 살살한(묽은) 법이니 알맞게 넣어 곰국 끓이듯 창자 모든 고기와 전복, 해삼 모두 썰어서 간 맞추어 더운 대로 메탕(밥의 국)으로 쓰려면 쓰고 건지(건더기)로 쓰려면 쓰고 식혀서 술안주에도 쓴다.

청국장 부인필지(1915)

콩을 볶아 맷돌에 타서 까불러 껍질을 없애고 물을 많이 붓고 삶는다. 즙은 따로 두고 콩은 오쟁이(짚으로 만든 섬)에 넣어 더운 데 두면 3~4일 후에 실이 날 것이다.

오쟁이에 메주를 띄우기

다시 솥에 넣고 먼저 삶은 즙을 부어 달이되, 쇠고기와 다시마와 고추와 무를 썰어 넣어 먹는다.

청국장(淸湯醬) 시의전서(1800년 말)

콩을 볶아 타서 까불러서 껍질을 버린다. 물을 많이 붓고 삶아서 건더기는 건져 항아리에 담아 띄우고 물은 따로 퍼둔다.

3일 후 콩 건지와 해삼, 전복, 건대구, 북어, 홀떡이(홀떼기, 짐승의 힘줄이나 근육 사이에 박힌 얇은 껍질이 많은 고기), 다시마, 통무를 넣고 푹 달인다. 그 다음 청국장을 펴서 찬 데 두고 먹을 때 간장을 타고 고춧가루를 넣어 먹는다.

청국장 조선요리제법(1917)

콩을 볶아서 맷돌에 타서 까불러 껍질을 제거한 후 다시 물을 붓고 삶아서 물을 잘 두고 콩을 메주로 만들어서 짚으로 싸서 더운 방에 4~5일 두었다가 뜨면 잠깐 말려서 곰팡이를 솔로 닦아버리고 솥에 넣고 콩 삶은 물을 붓고 고기와 무와 다시마와 고추를 썰어 넣고 오랫동안 끓여두고 먹는다.

된장 만드는 법(豉) 조선무쌍신식요리제법(1924)

시(豉)란 기(嗜)라는 말인데 오미를 조화하여 달고 맛있게 만들어 먹을 수 있기 때문에 즐길 기(嗜)를 의미한다. 중국 사람은 반찬 만드는 데 이 된장을 쓰지 않을 수 없다. 우리나라에서는 약으로만 쓰는 줄 안다. 장 뜬 된장이나 청국장 정도나 먹었다.

청국장도 국이나 끓여 먹기로 국 만드는 데 적고, 맨 청국장만 소금 치고 양념하여 먹는 것은 모르니, 일본사람 먹는 것도 납두(納豆)라 하는 것이 이것이다.

된장에도 싱겁고 짠 것이 있으니 짠 것은 설문(說文)이란 책에 배염유숙(配鹽幽菽)이라 하였는데 소금을 짝지어 콩을 띄운다는 말이다.

우리나라에서도 된장을 좋은 것으로 먹으려면 이와 같이 메주를 정성스럽게 만들어 장 담그듯 하고, 소금물을 위와 같이 깨끗하게 타는데 조금 심심하게 하고 소금물을 메주가 겨우 풀릴 만큼 붓는다.

나중에 가능한 되게 담가서 익으면 자연 장(간장)은 뜰 수 없고 자작할 터이니 그냥 두고 무엇에 넣던지 그냥 양념하여 먹거나 하면 일본된장보다 백 배 낫다. 이유는 조선 메주는 순전히 콩으로만 하고, 일본된장은 보리나 밀을 넣기 때문이다.

조선된장은 천하에 제일 가는 맛이거늘 아무리 구차하고 맛을 분별치 못하기로 비료에나 쓰는 장은 다 뜨고 남은 찌꺼기를 몇 백 년 몇 천 년을 먹어 왔으니 부끄럽고 가엽기 그지없다.

된장을 만든 후에 무를 수득수득 말려서 넣었다가 꺼내어 썰어 먹어도 좋고 굵은 풋고추를 꼭지째 넣었다가 찌개할 때 그냥 넣거나 썰어 넣어 먹으면 매우 좋다. 그 외에 무엇이나 넣었다가 먹어도 좋다.

청국장 간편조선요리제법(1934)

시루에 콩알 메주를 넣고 갈대잎에 띄우기

굵은 콩을 볶아서 맷돌에 대강 타서 두 쪽씩 내어서 껍질은 까불러 버리고 다시 솥에 넣고 물을 넉넉히 붓고 삶아서 시루나 바구니에 건져 담고 갈잎으로 위를 덮어 더운 방에 4~5일 두었다가 숟가락으로 들쳐보아 실 같은 곰팡이가 생기면 솥에 넣고 물을 붓되 콩이 새 척관법으로 한 되가웃이면 물은 한 동이 붓고, 곰국거리 고기와 무와 다시마를 썰어 넣고 고추 두어 개를 허리만 잘라 씨를 빼서 넣고 오랫동안 끓여 다린다.

청국장 조선요리법(1939)

재료: 흰 방콩 찻되로 한 되, 건대구 작은 것 한 마리, 전복 중간짜리 두 개, 해삼 큰 것 네 개, 양지머리 반근, 사태 반근, 대창 반근, 뼈도가니 반근, 무

큰 것 한 개, 홀떼기(힘줄과 근육 사이의 얇은 껍질이 많은 부분) 반근, 간장 적당량, 후춧가루 약간, 깨소금 한 수저쯤, 참기름 반 종지, 파 두 개, 마늘 한 쪽, 통고추

콩을 타지 않게 볶아서 맷돌로 반쪽씩 나도록 맛있게 타서 껍질은 까불러 버리고 솥에 넣고 물을 부어 삶아 건져서 적당한 그릇에 담아 더운 곳에 덮어두었다가 2일 만에 열어 보아 진이 나서 폈으면 위의 무까지 위의 곰거리를 모두 푹 곤다.

전복도 불려서 넣고 해삼도 따로 삶아서 반으로 갈라 속을 깨끗하게 씻어서 같이 넣고 삶아서 국거리 썰듯 썰어서 갖은 양념을 하여 솥에 도로 넣고 마른 대구도 깨끗하게 씻어서 자잘하게 썰어 넣고 띄운 콩은 깨끗한 자루를 만들어 담아서 국 끓이는 데 넣어 끓여서 콩맛을 낸다.

다 되면 그릇에 퍼 두고 먹는다. 통고추는 서너 토막 내서 넣고 곤다. 퍼놓은 후 다 식으면 기름은 걷고 먹을 때마다 고춧가루를 조금 쳐서 먹는다.

[표 21] 청국장 요약

명칭	문헌	메주 띄우기	담기	숙성
전국장 (戰國醬)	치생요람 (1691)	콩 볶아 반쪽으로 타서 삶아 시루에 띄우기	뜨면 소금물 넣고 끓여 먹기	
각지전국장 [水豉醬法]	증보산림경제 (1767) 농정회요 (1830) 군학회등 (1800년 중반)	콩을 볶아 삶아 거적으로 싸거나 바가지에 수건 10장으로 싸서 온돌에 실이 나게 띄우기	① 콩 삶은 물로 삶아서 소금물 타서 쓰기(콩 삶을 때 고춧가루 넣어도 무방함) ② 실이 난 콩을 온돌이나 볕에 말려 보관하다가 끓여 소금을 넣어 먹기 ③ 실이 난 콩에 소금 넣어 찧어 두고 감장과 같은 양을 섞어서 나물국 끓이기	

(계속)

명칭	문헌	메주 띄우기	담기	숙성
전시장 [造煎鼓醬法, 俗稱戰國醬]	증보산림경제(1767) 농정회요(1830) 군학회등(1800년 중반) 오주연문장전산고(1850)	콩 1말을 삶아 온돌방 거적에 깔아 3일 실이 나도록 띄워서 찌고 소금 넣은 볶은 콩가루 5되와 섞어 빻기	찧은 시와 오이, 동아조각, 무, 북어, 다시마, 진이버섯 등을 격지 넣어 담는데 가지와 오이는 먼저 소금으로 절이기	주둥이 봉하여 진흙으로 바르고 왕겨불에 24시간 묻어 쓰기
청국장 담는 법	음식책(1838 또는 1898)	콩을 타서 삶아 바구니에 가랑잎과 격지 놓아 아랫목에서 2일 띄우기	갈비, 양, 건지손, 광대머리, 사태를 삶아 다시마, 햇북어나 건대구나 해삼, 전복, 무, 귤과 함께 먹기	
청국장	부인필지(1895)	콩을 타서 껍질 없애고 삶아 오쟁이에 넣어 3일 띄우기	띄운 콩에 콩 삶은 물을 부어 달이고 쇠고기, 다시마, 고추, 무 넣어 먹기	
청국장(淸湯醬)	시의전서(1800년 말)	콩을 타서 껍질 없애고 삶아 항아리에 넣어 3일 띄우기	띄운 콩에 해삼, 전복, 건대구, 북어, 홀떡이, 다시마, 통무를 넣고 달여 간장과 고춧가루 넣어 먹기	
청국장	조선요리제법(1917)	콩을 타서 껍질 없애고 삶아 짚에 싸서 4~5일 띄워 잠깐 말려 곰팡이 털기	띄운 콩에 콩 삶은 물 붓고 고기, 무, 다시마, 고추 넣고 오래 끓여 두고 먹기	
청국장	간편조선요리제법(1934)	콩을 볶아 타서 껍질 버리고 삶아 시루나 바구니에 올려 갈잎으로 덮어 더운 방에 4~5일 두어 실 띄워 곰팡이 털기	콩 1되가웃에 물 1동이, 고기, 무, 다시마, 고추 2개 넣고 오래 끓이기	
청국장	조선요리법(1939)	콩을 타서 껍질 없애고 삶아 그릇에 넣어 덮어 이틀 띄우기	방콩 1되, 건대구 1마리, 전복 2개, 해삼 4개, 양지머리·사태·대창·뼈도가니·홀떼기 반근씩, 무 1개, 간장, 후춧가루, 깨소금 1수저쯤, 참기름 반 종지, 파 2개, 마늘 1쪽, 통고추를 준비하고 재료를 손질하여 띄운 콩과 합하여 삶아 먹기	

담북장

콩을 익히는 방법은 삶기 3가지, 볶아 삶기 2가지이고 《조선요리제법》과 《조선음식 만드는 법》은 바구니에 짚이나 가랑잎을 깔아 띄우고 《우리음식》은 더운 방에서 띄운다. 담글 때 《우리음식》의 담북장 외에는 고춧가루와 소금(또는 간장), 기타 채소를 넣는다(표 22 참조).

담북장(淡北醬) 시의전서(1800년 말)

9월에 메주를 쑤어 고추장메주처럼 빚어 두칠일(二七日, 14일)을 띄운 후 부수어 말려서 가루를 낸 다음 어레미로 친다. 따뜻한 물에 고춧가루를 함께 훌훌 버무려 항아리에 넣어 방에 두었다가 2일 후 고추장 메줏가루에 흠씬 섞어 간을 맞춘다. 익으면 움파, 버섯, 꾸미, 도루묵, 배추를 깨끗이 씻어 썰고 장에 합한다.

담복장 조선요리법(1939)

재료: 메줏가루, 고춧가루, 소금, 간장

무장메주 쑤듯 메주를 쑤어 곱게 빻아 고운체로 쳐서 고춧가루를 알맞게 섞어서 하룻밤 재워서 간장은 조금만 치고 소금으로 간을 맞춘다. 급히 먹으려면 따뜻한 데서 익히면 3~4일 내로 먹을 수 있다. 물은 반죽 보아가며 가한다.

담북장(급히 만드는 고추장) 조선요리제법(1939)

재료: 콩 한 되, 무 두 개, 물 반 되, 생강 반 개, 고추 한 홉, 소금 반홉

굵은 콩을 볶아 맷돌에 타서 껍질은 까불러 버리고 물을 붓고 솥에서 삶아 바구니에 건져 담는다. 짚이나 가랑잎을 깨끗하게 씻어서 콩을 덮고 더

운 방에 4~5일 동안 두었다가 주걱으로 떠 보아 실 같은 진이 생겼으면 솥에 넣는다.

여기에 썬 무, 다진 생강, 무거리(체로 쳐서 남은 찌꺼기) 고춧가루, 소금을 섞어서 항아리에 꼭 봉하여 담아서 7일가량 볕을 쏘이면 매우 맛이 좋다. 또 메줏가루에 굵은 고춧가루와 물을 적당히 가하고 다진 생강을 넣고 소금을 쳐서 7일 동안 두었다가 먹으면 맛이 매우 좋다.

익으면 움파(베어낸 줄기에서 다시 자라난 파), 버섯, 도루묵, 배추 잎을 깨끗이 씻어 썰고, 장에 합하여 기름을 많이 치고 지지면 좋다.

담북장(겨울철) 조선음식 만드는 법(1946)

재료: 콩 한 되, 무(큰 것) 한 개, 물 다섯 홉, 생강 한 톨, 고춧가루 반홉, 소금 반홉

굵고 좋은 콩을 볶아서 맷돌에 타서 까불러 껍질을 내보내고 솥에 넣고 물을 붓고 잘 삶아서 바구니나 소쿠리에 담고 가랑잎이나 짚으로 잘 덮고 더운 방에 4~5일 두면 실 같은 진이 생겼을 것이다. 이것을 독으로 옮겨 넣고 무를 잘게 썰어 넣고 생강은 이겨 넣고, 무거리(체로 쳐서 남은 찌꺼기) 고춧가루와 소금을 치고 잘 섞어서 봉해두고 매일 뜨거운 볕을 쬘 것이니라.

비고: 5~6일 지내면 익기 시작할 것인데 익은 것은 맛이 훌륭하다. 굵은 메줏가루에 굵은 고춧가루와 물을 적당히 치고 생강을 이겨 넣고 소금으로 간을 맞추어 두었다가 5~6일쯤 지나 먹기 시작하면 맛이 매우 좋다.

소쿠리에 콩알 메주를 넣고 가랑잎으로 띄우기

담복장 우리음식(1948)

재료: 메줏가루 6dL, 물 6dL, 장 1.4dL

메줏가루에 간장과 물을 섞어 약 20일간 삭힌 뒤에 먹는 것이다. 이 막장 메주를 고운 가루뿐만 아니고 좀 굵게 빻은 메주를 같은 방법으로 담그는 것도 좋다.

막장은 이른 봄이나 늦은 가을에 담그는 것으로 기름기 고기와 파나 넣고 잠깐 끓이면 좋은 찬물(반찬거리)이다.

청국장(퉁퉁장, 낫토) 우리음식(1948)

삶은 메주콩을 뚜껑 잘 덮이는 그릇에 담아 더운 방에 이불을 씌워 폭 덮어서 4~5일쯤 있다가 꺼내면 콩이 떠서 진이 나게 된다. 그것을 절구에 대강 찧어서 소금과 굵은 고춧가루를 섞어서 항아리에 꼭 담아 두고 찌개에 넣어 끓인다. 겨울철에 좋은 찌개거리이다.

이상으로 간장과 진장 고추장을 보통 기록하였는데, 메주와 물의 분량, 메줏가루와 고춧가루와 곡식 분량 등이 다소 차가 있음에 따라 맛이 각각 다른 것은 물론이다.

앞으로 장을 좀 더 감미 있게 만들도록 연구하여야 할 것이며, 화학적으로 탐구하여 침장만은 속히 기업화되어야 하겠다.

[표 22] 담북장 요약

명칭	문헌	메주 띄우기	담기	숙성
담북장 (淡北醬)	시의전서 (1800년 말)	9월에 메주 쑤어 14일 띄워 가루내기	따뜻한 물에 고춧가루를 넣어 버무려 2일 두었다가 메줏가루와 섞기	
담북장 (급히 만드는 고추장)	조선요리제법 (1939)	콩 1되를 볶아 타서 껍질 버리고 삶아 바구니에 올려 짚이나 가랑잎으로 덮어 더운 방에 4~5일 실 띄우기	① 띄운 콩 1되에 무 2개, 물 반 되, 생강 반 개, 고추 1홉, 소금 반홉을 섞어 7일 담그기 ② 메줏가루에 고춧가루, 물, 다진 생강, 소금을 가해 7일 두었다가 먹기	

(계속)

명칭	문헌	메주 띄우기	담기	숙성
담복장	조선요리법 (1939)	메주를 쑤어 가루로 빻기	메줏가루와 고춧가루를 섞어서 하룻밤 후 간장, 소금으로 간하여 따뜻한 데서 3~4일 익혀 먹기	
담북장 (겨울철)	조선음식 만드는 법 (1946)	콩 1되를 볶아 타서 껍질을 버리고 삶아 바구니에 올려 짚이나 가랑잎으로 덮어 더운 방에 4~5일 실 띄우기	띄운 콩에 무 1개, 물 5홉, 생강 1톨, 고춧가루 반홉, 소급 반홉 섞기	5~6일 숙성
담복장	우리음식 (1948)		메줏가루 0.6L, 물 0.66L, 간장 0.14L를 섞어 담기	20일 숙성
청국장 (퉁퉁장, 낫토)	우리음식 (1948)	콩을 삶아 그릇에 담아 더운 방에 이불 덮어 4~5일 실 띄우기	띄운 콩을 절구에 찧어 소금, 고춧가루를 넣어 항아리 담기	

급히 만드는 장

된장

《고사촬요》의 급장 다른 법은 8개, 《증보산림경제》의 급조장은 3개 문헌에서 인용하였다. 메주는 콩을 삶아서 밀을 볶은 가루와 섞어 온돌에서 띄운다. 밀도 함께 띄운다. 메주에 소금과 물을 가하여 담그며, 《고사촬요》의 급장 다른 법 ②, 《조선무쌍신식요리제법》 ③은 메주와 누룩을 함께 담근다. 땅을 파고 항아리를 묻어 익히는 방법 1가지, 땅을 파고 항아리 넣고 왕겨를 항아리 옆에 둘러서 태워 익히는 방법 2가지, 왕겨불에 익히는 방법 1가지이다(표 23 참조).

급장 산가요록(1450)

땅을 파서 땔나무를 넣고 불을 피운다. 흙이 아주 뜨거워지면 장항아리를 넣고 단단히 봉하고 빈 섬을 덮고 흙으로 다시 덮어서 6~7일 두면 익은 장맛이 된다(부록 131).

급장 다른 법 고사촬요(1554), 구황촬요(1554), 산림경제(1715), 해동농서(1799), 임원십육지(1827)

콩 한 말을 푹 삶고, 모래와 돌을 골라낸 밀 닷 되를 불에 누렇게 볶아 빻아 볕에 말려 콩과 섞는다. 온돌에 펴서 누렇게 될 때까지 말리고 볕에도 두세 번 쪼여 바싹 말린 다음 소금 여섯 되를 녹여 끓인 물로 고루 섞어 장을 담근다. 양지 바른 곳에 두고 자주 저어주면 7일 후 장이 된다.

다른 법으로 콩 한 말을 푹 삶아 누룩 석 되와 소금 네 홉 빻은 것과 잘 섞어서 항아리에 넣고 단단하게 싸매어 볕에 쪼여 말리면 맛이 좋다(부록 132).

급장 다른 법 구황보유방(1660), 주찬(1800년대 초), 농정회요(1830), 군학회등(1800년 중반)

콩 한 말을 푹 삶고, 밀 닷 되에서 모래와 돌을 골라내고 볶아 섞어 빻아 온돌에 펴서 누렇게 될 때까지 말리고 볕에도 두세 번 쪼여 바싹 말린 뒤 소금 여섯 되를 끓는 물에 타서 장을 담근다. 양지 바른 곳에 두고 자주 저어주면 7일 후 장이 된다.

콩 한 말을 푹 삶아 누룩(曲子) 석 되와 소금 네 홉을 섞어 찧어서 항아리에 넣고 단단하게 봉하고 볕에 쪼여 말리면 맛이 좋다(부록 133).

급히 쓰는 장(易熟醬) 주방문(1890년대)

메주 두 말에 물 한 동이와 소금 닷 되를 섞어 넣어 두었다가 메주에 간이 들었으면 겻불(왕겨불)을 피우는데 3~4일 되면 가장 좋다. 가지를 매우 고아서 그 물로 담그면 갑절로 넣어도 맛과 향이 좋고 빛이 묵은장 같으니 그저 장도 좋다.

급조장 증보산림경제(1767), 해동농서(1799), 임원십육지(1827), 군학회등(1800년 중반)

메주를 더운물에 여러 날 담가서 촉촉하게 스며들기를 기다린다. 땅을 파고 항아리 너댓 개를 묻는데 주둥이는 반드시 땅과 수평이 되어야 한다. 항아리 주위 사방에는 겨나 쭉정이, 보리까끄라기 등을 가득 채운다.

장독을 왕겨불로 가열하기

항아리에 보통 방법으로 장을 담그고 바로 겨에 불을 놓아 태우는데 불이 다 붙으면 가끔 물을 뿌려준다. 그래도 불은 쉽게 꺼지지 않고, 겨 안에서부터 계속 타면서 그치지 않는다. 이렇게 10일 지나면 장이 다 만들어진다(부록 134).

칠일장 오주연문장전산고(1850)

콩을 푹 삶아 밀 닷 되를 잘 볶아 빻아 삶은 콩에 섞고 마른 온돌에 펼쳐 놓아 누렇게 되면 자리에 널고 두세 번 볕에 쪼여 바싹 말려서 소금 여섯 되를 녹여 끓인 물과 합하여 담는다. 볕이 잘 드는 곳에 두고 자주 섞어주면 7일에 장이 완성된다(부록 135).

장 담가 속히 되는 법(旬日醬)

조선무쌍신식요리제법(1924)

메주를 이틀 정도 더운물에 담가 물을 다 먹으면 땅을 평평하게 하여 독을 땅에 묻고 독밖에 왕겨나 보릿짚을 잔뜩 넣고 앞의 방법대로 장을 담가 뚜껑을 잘 덮어서 연기가 들어가지 않게 하고 왕겨에 불을 붙이면 빙 돌아 불이 겨에 붙어 돌아가므로 가끔 물을 조금씩 뿌려주면 꺼지지 않고 겻불이 속으로 들어가 그치지 않고 타며 10일이면 장이 된다.

또는 콩 한 말을 삶아서 밀 닷 되를 까불러 모래를 없애고 볶아 작말하여 삶은 콩과 반죽하여 따뜻한 방에 펴서 누른색이 나도록 띄워서 볕을 두세 번 볕을 쬐어 바싹 말려 더운물에 소금 엿 되를 타서 장을 담가 볕이 잘 쪼이는 데 놓고 자주 저으면 7일 만에 장이 된다.

콩 한 말을 삶고 누룩 석 되와 소금 네 홉을 섞어 찧어 항아리에 넣고 단단히 봉해 볕에 놓아두면 맛이 좋다.

벼락장 조선무쌍신식요리제법(1924)

메주 찧고 남은 무거리(체로 쳐서 남은 찌꺼기)에 물과 굵은 고춧가루 넣고 한참 저었다가 방에 하룻밤 두고 소금 쳐서 쪄 먹으면 맛이 이상하고 좋다.

처음 메주에 물을 부으면 메주 찌꺼기가 잘 불어서 연하여 물을 쳐 가며 묽게 해야 좋다. 어찌 급하게 만들어 먹는지 벼락장이라고 한다. 고기, 파, 기름을 치고 찌개 뚝배기에 찌는 데 두부를 넣어도 좋다.

[표 23] 급히 만드는 장-된장 요약

명칭	문헌	메주 띄우기	담기	숙성
급장 [旋用醬]	산가요록(1450)			땅에 구덩이를 파고 불을 피워 달구어 장항아리를 넣고 빈 섬, 흙으로 덮고 6~7일 숙성
급장 다른 법 [急造醬又法]	고사촬요(1554) 구황촬요(1554) 구황보유방(1660) 산림경제(1715)	① 콩 1말을 삶고, 밀 5되를 볶은 가루와 섞어 온돌에 펴서 띄워 볕에 바싹 말리기	메주에 소금 6되를 녹인 물을 넣어 장을 담가 자주 저어주기	7일 숙성

(계속)

명칭	문헌	메주 띄우기	담기	숙성
	해동농서(1799) 임원십육지(1827) 농정회요(1830) 주찬(1800년대 초) 군학회등(1800년 중반)	② 콩 1말 삶기	삶은 콩에 누룩 3되, 소금 4홉을 섞어 장 담기	
급히 쓰는 장 [易熟醬]	주방문(1600년 말)		메주 2말, 물 1동이, 소금 5되를 섞어 담아 간 배게 하기	왕겨불에 묻어 3~4일 숙성
급조장 [急造醬法]	증보산림경제(1767) 해동농서(1799) 임원십육지(1827) 군학회등 (1800년 중반)		메주를 여러 날 물에 담가 불려 장 담기	땅을 파고 항아리를 넣고 주위에 왕겨, 까끄라기를 채우고 불을 붙이고 가끔 물을 뿌려 10일 태우기
칠일장 [七日醬法]	오주연문장전산고(1850)	콩 1말을 삶고, 밀 5되를 볶은 가루와 섞어 온돌에 펴서 띄워 볕에 바싹 말리기	메주에 소금 6되 녹인 물을 넣어 장을 담가 자주 저어주기	7일 숙성
장 담가 속히 되는 법 [旬日醬]	조선무쌍신식요리제법(1924)		① 메주를 이틀간 물에 담가 불려 담기	땅을 파고 항아리를 넣고 주위에 왕겨, 보릿짚을 넣고 불을 붙이고 가끔 물을 뿌려 10일 태우기
		콩 1말을 삶아 볶아 가루낸 밀 5되와 반죽하여 방에서 누르게 띄워 말리기	② 소금 6되를 탄 물로 장을 담가 자주 저어주기	7일 숙성
			③ 콩 1말을 삶아 누룩 3되와 소금 4홉을 섞어 찧어 담기	
벼락장	조선무쌍신식요리제법(1924)		메주 무거리에 물, 고춧가루를 넣고 하룻밤 두었다가 소금 쳐서 쪄 먹기	

청장

《규합총서》의 급히 청장 만드는 법은 4개 문헌이 인용하였고, 《조선요리제법》, 《조선음식 만드는 법》 모두 소금과 볶은 밀가루, 된장으로 담근다(표 24 참조).

급히 청장 만드는 법(急造淸醬法) 규합총서(1815)

소금 칠 홉을 잘 볶고, 밀가루 팔 홉을 소금과 같이 누른색이 나도록 볶아서 묵은 된장 세 홉과 물 여섯 탕기를 부어, 네 탕기가 되도록 달이면 매우 맛이 좋다.

이상 세 방문은 산림경제에서 뽑았는데 시험하지 못하였고 굴을 장에 넣으면 맛이 좋고, 여러 해 된 전굴 젓국을 달이면 좋은 청장이 된다 하였으나 시험하지 못하였다.

급히 장 만드는 법 부인필지(1915)

소금 칠 홉을 볶다가 밀가루 팔 홉을 함께 섞어서 볶아 누렇게 된 후 묵은 된장에 섞어 물 여섯 사발을 부어 네 사발이 되도록 조리면 맛있다.

급히 장 만드는 법 조선요리제법(1917), 간편조선요리제법(1934)

소금 칠 홉을 볶다가 밀가루 팔 홉을 섞어 빛이 누르도록 볶아 묽은 된장을 섞고 물 여섯 사발을 붓고 끓여 네 사발이 되도록 조려서 먹는다.

급히 청장 만드는 법(淸醬浚巡醬) 조선무쌍신식요리제법(1924)

소금 칠 홉을 세게 볶다가 밀가루 팔 홉에 소금을 쳐서 다시 볶아 누런색이 되면 따로 맛좋은 묵은 간장 세 홉에 볶은 것을 넣고 물 여섯 사발을 타고 함께 졸여서 네 사발쯤 되면 맛이 좋다.

또 여러 해 된 굴젓(石花醢) 한 되를 반 되 정도까지 달이면 좋은 청장이 된다. 다른 청장과 조금도 다름없으나 미역국에 치면 비려서 먹지 못한다. 그러나 장이 되는 것이 이상하다. 남양 등지에서는 모두 이 굴장을 만들어서 먹는다.

급히 만드는 장 조선요리제법(1939)

재료: 소금 칠 홉, 밀가루 팔 홉, 된장 두 사발, 물 닷 되

소금을 볶다가 밀가루를 넣고 볶아서 누런색이 되면 묽은 된장을 넣고 물을 붓고 한참 끓여서 체에 걸러서 쓴다.

급히 청장 만드는 법(사철) 조선음식 만드는 법(1946)

재료: 소금 7홉, 물 큰 한 되, 밀가루 8홉, 된장 세 홉

소금을 티를 골라 깨끗이 하여 타지 않게 볶아 놓고 밀가루를 타지 않도록 볶아서 소금과 합해 놓고, 오래 묵은 된장(맛있는 된장)을 위의 재료와 함께 섞어 물을 붓고 끓여서 물이 세 홉쯤 줄면 쏟아 식혀서 걸러 쓴다.

[표 24] 급히 만드는 장-청장 요약

명칭	문헌	담기
급히 청장 만드는 법 [急造淸醬法] 급히 장 만드는 법	규합총서(1815) 부인필지(1895) 조선요리제법(1917) 간편조선요리제법(1934) 조선무쌍신식요리제법(1924)	소금 7홉, 밀가루 8홉을 볶아 묵은 된장 3홉, 물 여섯 탕기를 부어 네 탕기로 달이기
급히 만드는 장	조선요리제법(1939)	소금 7홉, 밀가루 8홉을 볶아 된장 2사발, 물 5되를 가하여 끓여 거르기
급히 청장 만드는 법(사철)	조선음식 만드는 법(1946)	소금 7홉, 밀가루 8홉을 볶아 된장 3홉, 물을 넣고 달여서 3홉으로 줄여서 거르기

간장

《고사촬요》의 청장 ①은 9개, 청장 ②는 4개, 《증보산림경제》의 묽은 장은 3개, 장 졸이기는 2개, 청장은 3개, 《농정회요》의 청장 많이 담는 법은 1개, 《신영양요리법》의 간장 담는 법은 1개 문헌이 인용하였다.

《간편조선요리제법》만 콩을 찌고 나머지는 삶는다. 메주 띄우기를 언급한 것은 적은데, 콩이 주재료이지만 《산가요록》의 청장은 기울, 《증보산림경제》의 급조청장은 볶은 밀가루를 쓴다. 《증보산림경제》의 묽은 장 메주는 둥근형, 《간편요리제법》의 간장메주는 가운데 구멍 뚫은 형이다. 《산가요록》의 청장은 닥나무 잎, 《증보산림경제》의 묽은 장과 《주찬》의 간장은 짚, 《간편요리제법》의 간장은 섬과 독에 짚을 깔고 띄우고 《산가요록》의 청장은 닥나무 잎에 띄운다.

간장은 대부분 메주와 소금물로 담그지만 《고사촬요》 청장 ①과 《요록》의 청장 · 《증보산림경제》의 급조청장 ②는 담글 때 밀가루를 넣는다. 《고사촬요》의 청장 ②와 《음식책》의 어리굴젓감장은 굴젓을 넣는다. 《증보산림경제》의 급조청장 ③은 누룩을 첨가한다. 《산가요록》의 청장은 감장과 청장으로 만들고, 《증보산림경제》의 급조청장 ①과 장 졸이기는 간장의 재생방법이다. 《요록》의 청장은 청국장국물[豉汁]로 만든다. 《오주연문장전산고》의 함경도간장은 메줏가루를 시루에 올리고 소금물을 방울방울 가하여 떨어지는 용액을 졸여 간장으로 하고 찌꺼기는 된장으로 담근다.

간장병

간장에 고추와 숯, 대추를 띄우는 방식은 조선시대 조리서에는 없고, 1900년대 조리서에나 등장한다. 익히는 방법은 언급하지 않은 것들이 많으나 《산가요록》의 청장은 말똥에 21일간, 《요록》의 급장 ①은 왕겨불, ②는 섬에 독을 넣고 왕겨를 채워 뜨거운 물을 부어 익힌다. 익히는 기간은

귀때 간장동이

40~60일이 많다(표 25 참조).

청장 산가요록(1450)

감장 두 말을 볕에 쪼이고 말린 쑥 한 겹, 장 한 겹을 격지 깔아 쪄서 물 한 동이를 부으면 좋은 청장이 된다. 전과 같이 다시 말리고 또 세 번 말려서 소금을 더 넣고 쓴다. 세 번 말리지 않으면 맛이 좋지 않다.

또 다른 방법으로 콩 닷 말을 삶아서 기울을 약간 넣어 찧는다. 닥나무 잎을 펴서 덮고 훈기를 넣고 볕에 말리고 다시 찧어서 대나무 체로 걸러서 물 세 동이와 소금 세 말을 섞어서 걸러 항아리에 넣고 단단히 덮고 진흙으로 발라서 말똥에 묻었다가 20일 후 쓴다.

콩알 메주를 닥나무 잎에 띄우기

청장으로 쓰려면 찌꺼기까지 찧어서 물 세 동이 반에 소금 한 말 닷 되를 섞어서 처음 만들 때처럼 묻었다가 훈기를 쏘인 뒤 쓴다(부록 136).

간장 산가요록(1450)

장 담글 때 콩 한 말을 삶아서 소금 닷 되와 새로 떠 온 깨끗한 물 한 동이를 항아리에 담는다. 항아리 밑에는 나무로 발을 만들어 걸치고 띠풀을 엮어서 덮는다. 일상 방법으로 장을 담고 쓸 때는 즙이 한번 끓어오르면 거품을 없애고 그릇에 담아서 단단하게 봉한다.

만약 두부를 만들 때 나온 새로 짠 비지 한두 수저에 파와 생강, 형개를 넣어 끓이면 매우 좋다. 콩은 말려서 콩자반을 만든다. 또 그 콩을 광주리에 담아서 물기를 뺀 다음 쪄서 즙을 짜면 청시가 되므로 쓸 수 있다. 그 콩으로 나중에 콩자반을 만들어도 된다(부록 137).

청장 고사촬요(1554), 구황보유방(1660), 치생요람(1691), 산림경제(1715), 민천집설(1751~1823), 증보산림경제(1767), 해동농서(1799), 임원십육지(1827), 농정회요(1830), 군학회등(1800년 중반)

소금 칠 홉을 바싹 볶아 밀가루 팔 홉을 섞어 다시 볶는다. 밀가루가 누레지면 묵은 감장(陳甘醬) 네 홉과 물 여섯 사발을 섞어 네 사발이 되도록 달이면 간장 맛이 좋다. 해를 넘긴 짠 굴젓즙 한 되를 반 되까지 졸이면 맛있는 청장이 되어 진짜 장과 다를 바 없다(부록 138).

청장 고사촬요(1554), 구황보유방(1660), 해동농서(1799), 산림경제(1715), 농정회요(1830)

열 말 들이 항아리 중간에 나무 대엿 개를 가로질러 새끼줄로 망을 뜨거나 짚으로 작은 발을 엮어서 중간을 가로 막고 메주 닷 말을 위에 올리고 소금물을 가득 부어두면 익어서 청장이 항아리에 가득하게 된다(부록 139).

수장 수운잡방(1500년대 초)

스무 말 들이 항아리에 메주 한 말 정도를 먼저 항아리 바닥에 넣고 항아리의 반쯤에다 발을 깔아 다리처럼 만든다. 또 메주 일곱 말을 그 다리 위에 놓고 물 여덟 동이와 끓는 물 한 동이, 소금 여덟 되씩을 합하여 부은 다음에 익기를 기다렸다가 발 위에 있는 장을 걷어내고 수장은 새지 않는 항아리를 사용하여 옮긴다.

거품을 졸여 즙을 만들면 매우 좋다. 보통 쓰는 장항아리를 쓰는데 간장을 많이 뜰 수 있다. 건조하게 되면 수장을 넣어가며 쓰면 더욱 좋다(부록 140).

청장법 송도법 주식방문(1800년대)

메주 한 말에 물 한 동이와 소금 닷 되씩 담아서 그늘에 놓고 맛이 달고 소금 맛이 줄어들면 위에 덮은 이불을 걷어내고 시루에 걸러서 간장만 불을 싸게 하여 3분의 1이 되도록 달여야 색이 곱고 두어도 상하지 않는다.

9월과 10월에 담그고 매우 추울 때와 매우 더울 때는 담지 못한다. 찌꺼기는 소금을 섞어 써먹는다.

청장 요록(1689)

밀가루 한 되에 소금 칠 홉을 넣고 누르게 볶고 시수(豉水) 두 사발과 청장 한 되를 함께 넣어 4일 뒤 쓴다(부록 141).

급간장 요록(1689)

좋은 메주 두 말에 소금 일곱 되를 넣고 물 한 동이 반가웃을 부어 항아리에 담고 3일 동안 볕을 쪼인 후 항아리 둘레에 왕겨를 둘러쌓고 이틀을 태우면 좋은 간장이 된다.

왕겨를 태우지 말고 물을 끓여서 왕겨를 채운 빈 섬에 부어 열을 가하거나, 끓는 물을 왕겨에 계속 붓거나, 빈 섬을 두껍게 덮어 따뜻한 날 볕에 쪼이면 만들어진다(부록 142).

묽은 장 증보산림경제(1767), 군학회등(1800년 중반), 농정회요(1830), 임원십육지(1827)

가을과 겨울 사이에 메주를 쑤어 둥근 덩어리로 만들어 짚으로 싸서 온돌에 두어 곰팡이가 피게 하여 초봄에 덩어리를 깨서 물기가 있으면 볕에 쪼여 말린다. 서너 되씩 따뜻한 물에 소금을 타서 작은 항아리에 담가 따뜻한 방에 두거나 볕에 쬐면 6~7일 후 익는다.

햇나물과 함께 먹으면 상큼하다. 또는 메주를 먼저 따뜻한 물에 3~4일 담갔다가 먹을 때 소금을 조금 넣는다(부록 143).

독에 너스레를 걸쳐 메주 올리기

급조청장 증보산림경제(1767), 주찬(1800년대 초)

소금 7홉을 볶아 바싹 말리고, 밀가루 8홉을 소금과 섞어서 누르게 될 때까지 볶는다. 별도로 맛있는 진간장 3홉에 물 여섯 되를 부어서 네 되까지 졸이면 맛이 아주 좋다.

또 콩 한 말을 무르게 삶고 밀가루 닷 되를 볶아서 섞어 찧은 후, 온돌방에 널어 누렇게 될 때까지 말린다. 다시 볕에 두세 번 바싹 말린 다음, 소금 여섯 되를 끓는 물에 넣어 함께 담근다. 햇빛이 드는 곳에 두고 자주 휘저어 장을 익힌다.

콩 한 말을 푹 삶아 누룩 세 되와 소금 네 홉을 짓이겨서 항아리에 담고 단단하게 싸매어 볕에 쪼여 말리면 맛이 좋다.

또 열 말 들이 항아리의 안 중간에 대나무를 가로지르거나 열십자로 발처럼 걸치고 발밑에 메주 닷 말을 넣고 그 위로 소금물이 찰 때까지 부으면 청장을 가장 많이 뜰 수 있다(부록 144).

장 졸이기 증보산림경제(1767), 농정회요(1830), 군학회등(1800년 중반)

무릇 장독에 소금물을 자주 부어 청장을 많이 떠내고 남은 싱거운 장 찌꺼기를 체로 걸러 즙을 낸 다음 파, 생강, 산초가루, 후춧가루, 고춧가루 등과 섞고, 기름과 꿀을 넣어 불에 졸인다. 볶은 참깨를 넣어도 좋다(부록 145).

청장 증보산림경제(1767), 임원십육지(1827), 농정회요(1830), 군학회등(1800년 중반)

중간 크기 항아리를 장독 옆에 놓고 장이 잘 익으면 손으로 장의 가운데를 우물처럼 파고, 굽은 놋쇠 국자로 매일 청장을 떠서 항아리에 담아서 볕을 쪼인다.

별도로 끓는 물에 소금을 알맞게 타서 장항아리에 부으면(장항아리에 재료를 자루에 담아 넣어 놓은 것이 있으면 맛이 변할 수도 있으므로 소금물을 붓는 방법을 쓰지 말아야 한다) 오래지 않아 다시 청장이 만들어지는데 먹을 만하다(부록 146).

간장 주찬(1800년대 초)

콩을 무르게 삶아 마구 찧어서 한 되씩 메주덩이를 만들어 짚으로 싼다. 오래 두어 겉에 흰 곰팡이가 피면 안팎을 말리고 먼지를 깨끗이 털어 항아리의 팔 부쯤 채워 장을 담가 3달 둔다.

또, 메주 한 말 당 소금 한 말을 물 한 동이에 녹여 체로 걸러서 넣고 마른 소금을 위에 많이 덮고 양지쪽에 둔다. 또 소금물을 줄어드는 대로 자주 채워 주면 익은 장이 많아진다(부록 147).

시루걸이 V자 나무로 만들며 콩나물시루나 맷돌, 체 등을 얹어 놓고 물이나 가루를 걸러 밑으로 빠지게 한다.

청장을 많이 얻는 법 농정회요(1830), 오주연문장전산고(1850)

열 말 들이 큰 항아리 중간에 시렁을 만드는데 가지 대여섯 개를 걸쳐 그물을 엮거나 새끼줄로 발을 엮거나 **시루걸이**를 만들어 아래 위를 나눈다.

여기에 미장(米醬) 닷 말을 넣고 소금물을 부어 항아리를 가득 채우면 익어서 청장이 항아리에 가득하게 된다(부록 148).

함경도간장 오주연문장전산고(1850)

속담에 '백년의 원수는 악처요, 일 년의 원수는 상한 장이다. 악처는 내쫓을 수 없어도 상한 장은 집 위로 올라간다.'라고 하였다(장맛이 상하면 차마 버리지 못하여 지붕에 뿌려 놓는데, 자연히 없어지기 때문). 이것은 비록 하찮지만 큰 것을 가르쳐준다. 사람들은 제대로 장 담그는 법을 몰라서 장이 쓰고 냄새가 나서 입과 코를 댈 수 없다.

함경도(北人) 사람들은 좋은 방법으로 장을 만들어서 맛이 달고 냄새가 없어서 우리나라에서 가장 좋다. 냄새나는 장을 달게 만드는 방법도 있다.

함경도 방법은 몇 가지가 있다. 말장(末醬)을 민간에서는 메주(燻造)라 하며 쪄서 볕에 바싹 말려 가루로 빻아 소금물을 넣어 간맞추어 항아리에 담아 4~5일 후 국자로 청장을 떠서 솥에 넣어 달이면 반물색(紺色: 감청색)이 된다. 이렇게 몇 번 달이면 옻같이 검어지는데 단술같이 달다. 항아리에 남은 장 찌꺼기는 몇 달간 익히면 보통 장보다 맛이 좋아 변하거나 냄새가 나지 않는다.

함경도 명천 지방에서는 훈조(메주)를 바싹 말려 가루로 빻아서 시루에 담아 큰 단지 위에 올려놓는다. 간을 맞춘 소금물을 시루의 메줏가루에 잿물 내리는 것(물로 재의 수산화나트륨, 수산화칼륨 성분을 녹여 내어 빨래에 씀)같이 계속 부어 방울방울 떨어뜨려 내린다.

4~5일 후 국자로 그 물을 떠서 솥에 넣고 여러 번 진하게 달이면 검고 단 좋은 청장이 된다. 메줏가루 한 말에 소금물 한 동이를 쓴다. 메줏가루에 다시 단 소금을 넣고 3~4달 지나면 보통 장보다 달고 좋다(부록 149).

청장법 주식방문(연대미상)

메주 한 말을 하려면 물 한 동이, 소금은 닷 되씩 담아 그늘에 놓아두고 2~3월이 되어 맛이 들면 체에 밭여 매우 달여 두면 빛이 곱고 맛이 좋다. 9~10월에 메주를 하였다가 동짓달 초생에 담가 정이월에 떠서 달이면 좋다.

간장(艮醬) 시의전서(1800년 말)

메주 한 말에 물 한 동이와 소금 일곱 되씩 담는다. 시기가 늦으면 소금을 좀 더 넣는다.

진장법(眞醬法) 시의전서(1800년 말)

9월에 메주를 쑤는데, 검은콩 한 말을 쑤어 고추장 메주같이 만들어 잘 띄운다. 물 한 동이에 소금 사오 되를 넣어서 메주에 합한 다음에 채반으로 덮어서 헛간에 둔다.

100일 만에 장을 뜬 다음에, 검은콩 한 되, 대추 한 되, 찹쌀 오 홉을 넣어서 달인다. 다 달인 장은 항아리에 넣어 항상 그늘진 곳에 두고 가끔 볕을 쏘이는 것이 좋다.

간장 간편조선요리제법(1917), 간편조선요리제법(1934)

장 담그는 법을 말하기 전에 먼저 메주 뜨는 법을 설명한다. 메주는 3월이나 동짓달에 쑤어서 정월에 담그며 메주는 절메주와 집메주 두 가지가 있는데 절메주는 집에서 만들기 어려우므로 제쳐 놓는다.

집메주 만드는 법은 흰콩을 반날 정도 흠씬 불려서 일어 건져 시루에 안쳐서(솥에 삶으면 질어서 즉시 못한다) 떡 찌듯이 반일 동안 흠씬 무르도록 잘 쪄서 뜨거울 때 절구에 콩 속이 보이지 않을 정도로 찧어서 둥글납작하게 뭉치되(작은 메주 덩어리만큼씩 뭉친다) 가운데 구멍을 뚫어서 새끼에 꿰기 좋게 하여 하루 동안 공기 잘 통하는 곳에 벌려 놓아 겉이 꾸덕꾸덕 마르게 하여 섬이나 독에 담되 짚 한 겹 깔고 메주 한 겹 넣고 또 짚 한 겹 펴고 메주 한 겹 담기를 하여 다 담은 후 뚜껑을 덮어서 더운 방 윗목 구석 같은 데 두었다가 7일쯤 되면 꺼내 하루 동안 바람을 쏘이고 말려서 다시 심닿지 않게(바닥에 닿지 않게) 독에 전과 같은 법으로 담아 두었다가 7일 만에 다시 꺼내 말려 독에 넣고 또 7일 만에 꺼내서(30일만 두면 장에 곰팡이가 하얗게 슨다) 새끼로 엮어 매달아 속까지 단단히 깨끗하게 마르게 하여 두었다가 정월에 장 담글 때 솔로 곰팡이와 먼지를 깨끗하게 닦아서 쓴다.

메주를 닦아서 장독 한가운데에 용수를 넣고 메주를 돌려 담은 후 소금물을 만들어 붓는다. 물 한 동이에 소금 세 되씩(새 척관법으로) 되게 풀어서 메주가 잠기게 붓고 고추 열 개만 띄우고 숯 두어 덩이를 깨뜨려 띄워서 뚜껑을 덮어 두었다가 3일쯤 지난 후에 뚜껑을 날마다 열어놓아 볕을 쪼이게 하고, 밤이면 덮는다.

이와 같이 공을 들여 40일 지난 후에(급하지 않으면 2달 후에 먹는 것이 좋다) 장을 뜬다. 독 하나를 준비해 놓고 독 위에 체를 놓고 장을 펴서 체로 걸

구멍 뚫은 메주

러 장을 다 뜬 후 떠낸 곳을 손으로 꼭 짜 눌러 판판하게 하여 뚜껑을 덮어놓고 볕이 좋은 날은 뚜껑을 열어 볕을 쪼이고 꼭꼭 눌러서 뚜껑을 덮고 공을 들이면 벌레(구더기)도 나지 않고 좋다(장은 미리 달여 두는 것이 좋으니 달일 때 간장 한 동이에 검은콩 반 되씩 넣고 끓이면 장색깔이 검고 좋으며, 다려서 독에 붓고 잘 식은 후에 뚜껑을 덮는다).

장과 된장에 벌레가 나는 것은 부인네의 수치라, 볕을 종종 쪼이고 된장을 쓰는 대로 위를 번번이 손가락으로 꼭꼭 눌러 판판하게 하여 벌레가 생기지 않도록 주의한다[벌레 생기는 원인은 장마에 습기 많을 때 주의하지 않고 버려두는 까닭이며 된장을 떠내고 허술하게 그냥 두어 쉬를 슬게(알을 까게) 하는 까닭에 생긴다. 항상 위를 눌러 두고 빛을 종종 잘 쏘여라].

간장 담그는 법 신영양요리법(1935), 조선요리제법(1939)

재료: 메주(콩 한 말로 만든 분량), 물 다섯 동이, 소금 한 말 두 되, 고추 열 개, 대추 열 개

먼저 독을 깨끗하게 씻어 놓고, 소금물을 풀어 놓고, 메주를 솔로 깨끗하게 씻어서 독 속에 차례로 재어 넣고 준비한 소금물을 체로 걸러서 붓고 통고추와 통대추를 적당히 넣고 망사로 봉하고 덮개로 덮어서 3~4일 지난 후 날마다 덮개를 열어 볕을 쪼이고 저녁이면 다시 덮기를 40일 동안 공들인 후 장을 뜬다. 깨끗한 독을 준비하여 체를 올리고 장을 퍼서 걸러서 가마솥에 붓고 다린다.

간장 한 동이에 검은콩 반 되씩 넣고 끓이면 장 빛이 검고 좋으며 다 끓인 후 식혀서 독에 붓고 망사로 봉하여 잘 덮고 매일 뜨거운 볕을 쪼인다. 이렇게 하여 여러 해 묵은 것일수록 장맛과 장 빛이 좋다.

정월장 조선요리법(1939)

정월장은 메주 한 말에 물 세 동이를 넣으면 간장 색이 좋다. 소금은 물 한 동이에 소두 닷 되면 적당하다. 소금물은 하루 전에 풀어 놓았다가 고운체로 걸러 놓고 메주를 솔로 깨끗하게 씻어서 독에 담고 장물 풀은 것을 붓는다. 물을 다 붓고 통고추 몇 개를 넣고 참숯을 잘게 쪼개서 불을 빨갛게 달구어 서너 개 넣고 대추도 몇 개 넣는다.

장을 담가 50일이면 뜬다. 뜨기 전에도 한 3일 지나면 매일 식전에 열어 놓았다가 저녁이면 덮는다. 장독을 문포(삼베)나 목아사(면헝겊) 같은 것으로 싸서 동여맨다. 그리고 장을 떠서 달이기도 하고 달이지 않기도 한다. 달이는 것은 솥에 붓고 충분히 끓여서 거품을 걷는다.

이월장 조선요리법(1939)

정월장과 같은 방법으로 담근다.

삼월장 조선요리법(1939)

3월장도 정월장과 같은데, 물 한 동이에 소금 일곱 되를 넣는 것만 다르다. 그리고 물은 묽게 하려면 메주 한 말에 네 동이 넣지만 장이 묽으면 맛도 덜 하고 보기에도 좋지 않다.

간장 담그는 법 1(정월) 조선음식 만드는 법(1946)

재료: 메주(콩 소두 한 말로 만든 분량, 메주는 큰 덩이로 여섯 덩어리), 고추 열 개, 소금 큰 여섯 되, 큰 숯 세 덩이, 물대두 두 말, 대추 열 개

독을 냄새 나지 않게 깨끗하게 씻고 소금을 넣고 물을 부은 후 잘 저어 풀어서 2~3일쯤 두었다가 시루나 용수, 바구니 같은 것에 보자기를 펴고 소금물을 걸러서 검불과 불결한 것이 없도록 깨끗하게 걸러 놓는다.

깨끗하게 준비해 놓은 독 속에 빨갛게 핀 숯불덩어리를 넣고(단단한 참숯을 다섯 덩이쯤 빨갛게 피운 불덩이) 숯불덩어리 위에 좋은 백청(꿀) 한 사발을 부어 꿀 냄새가 막 날 때 메주를 차곡차곡 넣고 풀어 놓았던 소금물을 독전과 같이 가득히 부어 놓고 너무 타지 않도록 대추를 구워 넣고 고추도 위에 넣고 숯을 물에 씻어서 서너 덩이 위에 띄우고 파리가 앉지 않도록 잘 봉해 둔다.

밤이면 열어서(날씨 좋은 밤에) 이슬을 맞히고 낮에는 볕을 쪼여서 띄운다. 조금이라도 의심나는 밤에는 덮어서 비를 조심한다. 이렇게 해서 40일이나 60일이 되면 장을 뜬다.

큰 그릇을 준비하고 채반을 올려놓은 후 메주를 부서지지 않게 조심해서 꺼내어 채반에 놓아 간장을 흐르게 한 후 다른 독에 이 메주를 차곡차곡 옮겨 꼭꼭 눌러가면서 담아 놓고 독에 있는 간장은 고운체로 걸러서 다른 독에 붓고 가라앉혀서 찌꺼기가 일지 않도록 조심해서 진한 간장을 떠서 솥에 붓고 눋지 않게 잘 달여 끓여서 식혀 독에 붓고, 낮에는 볕을 쬐이고 밤에는 덮어서 비를 조심해서 보관한다.

비고: 간이 알맞으면 메주 덩이가 물 위에 뜨고 싱거우면 가라앉으므로 메주가 가라앉으면 소금물을 다른 그릇에 떠내어 소금을 더 풀어 메주덩이가 뜰 때까지 붓는다.

메주를 독에 너무 가득히 넣으면 물을 많이 부을 수 없어서 간장이 적게 나므로 메주 위에 한 자 반쯤 공간을 남기고 넣는다. 간장을 맑게 하기 위하여 메주를 부서지지 않게 꺼내거나 용수를 넣고 간장을 다 떠낸 후에 메주를 건져 다른 독에 담아도 된다. 장독을 잘 거두는 집에서는 매일 한 번씩 장독을 물로 씻어서 윤이 나고 깨끗하므로 파리도 오지 않는다.

장 담그는 데는 철에 따라서 소금양이 다르니, 2월장은 대두로 물 한 말에 소금을 큰되로 싹 쓸어서 석 되를 넣어 60일 만에 뜨고, 4월장은 늦장이므로 물대두로 한 말에 소금 큰되로 네 되를 넣으며 30일 만에 뜬다.

간이 맞는지 아닌지 보는 법은 볶은 콩 한 알을 소금물에 띄워보아 콩이 급히 떠오르면 간이 맞는 것이고, 콩이 겨우 떠오르거나 가라앉으면 싱거운 것이므로 소금을 더 넣어서 담근다.

• 재료 비율 몇 가지

(1) 메주 큰말로 닷 말(콩 큰 말 닷 말로 만든 메주): 물 큰말로 스무 말, 진하게 담그려면 열닷 말, 소금 큰말로 여섯 말(물 스무 말에 대해서 소금 여섯 말, 물 열닷 말에는 소금 네 말가웃), 고추 열 개, 숯 한독에 세 덩이씩, 대추 스무 개

(2) 메주 한 말(소두 한 말로 쑨 메주), 물 대두 세 말, 소금 큰되 여덟 되, 고추 다섯 개, 숯 세 덩이, 대추 열 개

간장 담그는 법 2(정·이월) 조선음식 만드는 법(1946)

재료: 소금 큰되 세 되, 숯 여섯 덩이, 물 큰 한 말, 꿀 한 보시기, 메주 반 독

간수가 빠진 좋은 소금 한 말을 시루에 넣고 물 큰 동이로 하나를 부어 녹여 걸러서 소금물을 깨끗하게 해 놓고 메주는 10여 일 동안 볕을 쪼여서 잘 말린 후 솔로 잘 닦은 후 깨끗한 물로 두어 번 씻어서 채반에 건져 놓고, 독을 깨끗하게 준비하여 자리를 잘 정해 든든하게 놓고 참숯을 빨갛게 피워서 독 속에 넣고 좋은 백청(꿀) 한 보시기를 숯불 위에 부어서 꿀 내가 확 퍼질 때 메주를 넣는다.

소금물을 체로 걸러서 독에 꼭 차도록 붓고(소금물이 싱거우면 메주가 떴다가 도로 가라앉는다. 그러면 소금물을 좀 떠내어 소금을 더 타서 부으면 메주가 다시 뜬다), 위에 소금을 뿌리고 대추와 붉은 고추를 몇 개 띄워서 파리가 앉지 않게 하여 볕을 잘 쪼인다. 이렇게 두었다가 40일이나 60일 만에 뜨면 좋다.

비고: 간장을 뜰 때에는 먼저 장물을 조심하여 떠내고(메주를 건드리지 말고) 그 다음 용수를 박고 떠내야 장물이 흐려지지 않는다.

간장과 된장 우리음식(1948)

재료: 메주 10개, 물 280L, 본염 120L, 침장 기간 50일, 염간기일 4월 5일, 장 분량 150L

60L의 물을 독에 붓고 소금을 정량 넣고 충분히 저어 하루 정도 두면, 소금이 잘 풀리면서 물 위에 불순한 티가 뜨므로 잘 건져 내고, 체로 걸러서 독에 담아 둔다.

그 소금물에 메주를 넣고 뚜껑을 덮어 3~4일 두었다가 매일 뚜껑을 열어 햇볕에 쪼인다. 약 ○일이면 장을 뜨게 된다. 장 뜨는 것은 떠내고 덩어리로 남은 것은 대강 건지고, 나머지를 체로 거르되 장물에 메주 찌끼가 조금이라도 들어가지 않도록 하여, 다른 독에 붓고 뚜껑을 잘 덮어둔다.

그 후 장독 간수는 햇볕을 제대로 잘 쪼이게 하고, 장독 뚜껑으로만은 꼭 덮이지 않을 염려가 있으니까 얇은 헝겊으로 밀봉하는 것이 좋다.

장에 따라서는 곰팡이가 나거나 맛이 변질될 우려가 있으므로 그 때는 달여 두어야 한다. 달이는 것은 솥에 붓고 한소끔 잘 끓여서 식혀 독에 붓는 것으로, 빛깔을 짙게 하기 위하여 흑태를 넣기도 한다.

소금은 재렴(흰 소금)보다 본염(회색소금)이 장 담기(침장)에는 적당한 것으로 여기 물 분량도 그에 맞춘 것이다. 호렴(묽은 것)은 염분과 간수기가 강하여 이 분량으로는 짜서 부적당하다.

된장은 장 뜬 뒤에 다른 그릇에 꼭꼭 눌러 잘 담아 두고, 조심하기 위하여 위에 소금을 뿌리고 뚜껑을 잘 덮고, 때때로 일광을 쪼인다. 된장의 수분이 적어지면 숫물(두부 짠 물)이나 메주콩 삶은 물을 붓는 것이 가장 좋고, 염분이 과할 때는 찬 밥 남은 것 등을 넣으면 맛이 고쳐진다.

장 담근 독에 통고추 23개와 숯덩이를 넣는 것이나, 5월에 담근다는 일 같은 것은 장맛에는 아무 영향이 없고, 맛있게 한다는 일종의 미신에서 온 것인가 한다.

진장(眞醬) 우리음식(1948)

재료: 메주 10개, 물 20L, 본염 50L, 침장기간 2개월, 발효 기간 2개월

장과 같은 방법으로 담그는데 추울 때 담가서 염분이 덜 들게 한다. 통 위에 한두 번 담아 두고 때때로 일광에 쪼이기만 하여 몇 해든지 묵힌다. 조선장으로는 이 간장만이 빛과 맛이 좋은 것이며, 메주도 보통 메주보다는 절메주가 훨씬 더 낫다.

어리굴젓감장 담그는 법 음식책(1838 또는 1898)

굴에서 껍질을 깨끗하게 골라내고 물을 많이 깨끗하게 잘 씻어서 소쿠리에 건져서 물기를 모두 뺀 후 고추와 파, 마늘, 생강, 마늘을 깍두기 고명처럼 다져서 굴과 함께 버무리고 묽은 장에 고기 넣어 맛나게 간을 삼삼하게 맞추어 방에 수삼일 두어 익을 만하면 맛보아서 즉시 찬 곳에 내어 식혀서 시지 않게 두고 쓰면 이것도 홍주(홍성) 굴젓(홍주군이었던 천북면의 굴이 유명)에 못지않다.

[표 25] 간장 요약

명칭	문헌	메주 띄우기	담기	숙성
청장 (淸醬)	산가요록 (1450)		① 감장 2말을 볕에 쪼이고 말린 쑥과 장을 격지 깔아 쪄서 물 1동이 부어 3번 말려서 소금 더 넣기	

(계속)

명칭	문헌	메주 띄우기	담기	숙성
		콩 5말을 삶아 기울을 넣고 찧어 닥나무 잎에 펴고 말려 찧어서 거르기	② 메주에 물 3동이, 소금 3말을 섞어서 걸러 담기	진흙으로 발라 말똥에 21일 묻기
			③ 청장은 찌꺼기까지 찧어서 물 3동이 반에 소금 1말 5되를 섞어 묻어 쓰기	
간장(艮醬)	산가요록(1450)		콩 1말을 삶아서 소금 5되, 물 1동이를 항아리에 담기	항아리 밑에 발을 만들고 띠풀을 덮기
청장[造淸醬法, 急造淸醬法]	고사촬요(1554) 구황보유방(1660) 치생요람(1691) 산림경제(1715) 민천집설(1751~1823) 증보산림경제(1767) 해동농서(1799) 임원십육지(1827) 농정회요(1830) 군학회등(1800년 중반)		소금 7홉, 밀가루 8홉을 섞어 볶아 묵은 감장 4홉과 물 6사발을 섞어 4사발로 달이기 한 해 지난 굴젓즙 1되를 반으로 졸이기	
청장(淸醬)	고사촬요(1554) 구황보유방(1660) 해동농서(1799) 산림경제(1715) 농정회요(1830)		10말 들이 항아리에 너스레를 넣어 발을 엮고 메주 5말을 넣어 소금물 붓기	
수장[水醬法]	수운잡방(1500년대 초)		20말 들이 항아리에 메주 1말을 바닥에 넣고 너스레를 걸치고 메주 7말 올리고 물 8동이, 끓는 물 1동이, 소금 8되 넣기	익으면 너스레 위의 장을 걷고 수장은 다른 항아리에 옮기기
청장법	주식방문 안동김씨 노가제공댁		메주 1말에 물 1동이, 소금 5되 담아 이불 덮고 익으면 시루에 걸러 간장을 1/3로 달이기	

(계속)

명칭	문헌	메주 띄우기	담기	숙성
청장 [淸醬法]	요록(1689)		밀가루 1되, 소금 7홉을 볶아 시수(豉水) 2사발, 청장 1되 넣기	4일 숙성
급간장 [急醬]	요록(1689)		메주 2말, 소금 7되, 물 1동이 반 가웃으로 담기	① 햇볕을 3일간 쪼이고 항아리 둘레에 왕겨를 쌓고 이틀 태우기 ② 왕겨를 채운 섬에 물을 끓여 계속 붓기 ③ 빈 섬을 덮어 볕에 쪼이기
묽은 장 [淡水醬方]	증보산림경제(1767) 군학회등(1800년 중반) 농정회요(1830) 임원십육지(1850)	늦가을에 둥근 덩이로 메주를 쑤어 짚으로 싸서 온돌에서 곰팡이 피워 봄에 깨서 말리기	① 메주 3~4되를 소금을 탄 물로 담그기 ② 메주를 따뜻한 물에 3~4일 담갔다가 소금 넣어 먹기	따뜻한 방이나 볕에 6~7일 숙성
급조청장 [造淸醬法, 急造淸醬]	증보산림경제(1767) 주찬(1800년대 초)		① 소금 7홉, 밀가루 8홉을 볶아 진간장 3홉, 물 6되를 부어 4되로 달이기	
		콩 1말을 삶아 볶은 밀가루 5되와 섞어 찧어 온돌에 널어 띄워 볕에 말리기	② 메주를 소금 6되 녹인 물로 담아 볕에 놓고 자주 젓기	
			③ 콩 1말을 삶아 누룩 3되, 소금 4홉을 이겨서 담가 볕에 쪼이기	
			④ 10말 들이 항아리에 너스레를 걸치고 밑에 메주 5말을 넣고 위까지 소금물 채우기	
장 졸이기 [炙醬法]	증보산림경제(1767) 농정회요(1830) 군학회등(1800년 중반)		청장 떠낸 찌꺼기장을 걸러 즙을 내고 파, 생강, 산초가루, 후춧가루, 고춧가루, 기름, 볶은 참깨, 꿀을 넣어 불에 졸이기	

(계속)

명칭	문헌	메주 띄우기	담기	숙성
청장 [取淸醬法, 取醬]	증보산림경제 (1767) 임원십육지 (1827) 농정회요(1830) 군학회등 (1800년 중반)		잘 익은 장의 가운데를 우물처럼 파서 매일 청장을 떠서 다른 항아리에 담아 볕 쪼이기 남은 장에 다시 소금물 붓기	
간장(艮醬)	주찬 (1800년대 초)	콩을 삶아 찧어 1되짜리 메주로 만들어 짚으로 싸 흰 곰팡이가 피면 말려 털기	① 메주를 항아리의 8부쯤 채워 담그기	3달 숙성
			② 소금 1말을 물 1동이에 녹여 메주 1말 담고 소금을 덮고 양지쪽에 두기	소금물이 주는 대로 채우기
청장 많이 얻는 법 [多取 淸醬法]	농정회요(1830) 오주연문장전 산고(1850)		10말 들이 항아리 중간에 너스레 걸쳐 발을 엮고 미장 5말을 넣고 소금물을 부어 익혀 청장 내기	
함경도간장 [北人醬]	오주연문장전 산고(1850)		① 메주를 말려 빻아 소금물을 넣어 담가 4~5일 후 청장을 떠서 달이는 것을 여러 번 반복하기	남은 장 찌꺼기는 여러 달 익혀 장으로 먹기
			② 메줏가루 1말을 시루에 넣어 단지에 올려 메줏가루에 조금씩 소금물을 부어 방울을 떨어뜨려 4~5일 후 여러 번 진하게 달이기 메줏가루는 소금을 넣어 4~5달간 담그기	
청장법	주식방문 (1800년대)		메주 1말, 물 1동이, 소금 5되로 담가 2~3월에 거르기	
간장(艮醬)	시의전서 (1800년 말)		메주 1말에 물 1동이, 소금 7되 담기	
진장법 [眞醬法]	시의전서 (1800년 말)	검은콩 1말을 고추장 메주같이 띄우기	메주에 물 1동이 소금 4~5되를 섞어 담아 100일 후 장을 떠서 검은콩 1되, 대추 1되, 찹쌀 5홉 넣어 달이기	

(계속)

명칭	문헌	메주 띄우기	담기	숙성
간장	간편조선요리제법(1917)	콩을 불려 쪄서 뭉쳐 가운데 구멍을 내고 섬이나 독에 짚으로 격지 담아 7일 후 바람 쏘이기 3번 하여 새끼로 매달기	용수를 넣고 메주를 넣고 물 1되에 소금 3되를 풀어 부어 담고 고추 10개와 숯 띄워 담기	3일 후 날마다 뚜껑을 열어 볕을 쪼여 40일~60일 숙성
간장 담그는 법	신영양요리법(1935) 조선요리제법(1939)		소금 1말 2되를 물에 녹여 붓고 콩 1말로 만든 메주, 통고추 10개, 통대추 10개를 넣어 담기	3~4일 후 낮에 덮개를 열어 볕을 쪼여 40일 후 익으면 체로 걸러 다리기
정월장 2월장 ①	조선요리법(1939)		메주 1말에 소금 소두 5되를 풀은 소금물 3동이, 통고추 몇 개를 넣고 불을 빨갛게 달군 참숯덩이, 대추 몇 개를 넣어 담기	장독은 문포나 목아사로 싸고, 3~4일 후 낮에 덮개를 열어 볕을 쪼여 50일 숙성
삼월장 ②			물 1동이에 소금 7되를 넣는 것만 다르고 나머지는 위와 같음	위와 같음
간장 담그는 법 1 (정월)	조선음식 만드는 법(1946)		재료비 1 : 대두 5말로 쑨 메주, 물 대두 20말(진하게 하려면 대두 6말), 소금 대두 6말, 고추 10개, 숯 한 독에 3덩이, 대추 20개 재료비 2 : 콩 소두 1말로 쑨 메주, 물 대두 3말, 소금 큰 8되, 고추 5개, 숯 3덩이, 대추 10개 독에 벌건 숯불덩이를 넣고, 숯불에 꿀을 붓고, 메주 넣고 소금물 붓고, 고추, 구운 대추, 숯덩이를 넣고 봉하기	밤에 뚜껑 열어 이슬 맞히고 낮에는 볕 쪼여서 40~60일 숙성. 뜰 때는 큰 그릇에 채반을 놓고 메주를 올려 간장이 빠지게 하고 메주는 다른 독에 꼭꼭 눌러 담고, 간장은 걸러서 달여 독에 부어 낮에 볕을 쪼이기
간장 담그는 법 2 (정·이월)			잘 말린 메주 반독을 솔로 닦아 물에 씻고 독에 벌건 숯불 6덩이를 넣고, 숯불에 꿀 한 보시기 붓고, 메주 넣고 1동이에 소금 1말을 녹인 소금물 붓고, 소금 뿌리고 고추, 대추를 띄우기	볕을 쪼여 40~60일 숙성
진장 (眞醬)	우리음식(1948)		메주 10개, 물 20L에 본염 50L를 녹여 메주 10개 담기	침장 2달, 발효 2달 숙성

(계속)

명칭	문헌	메주 띄우기	담기	숙성
간장과 된장	우리음식 (1948)		독에 물 60L를 붓고 소금 풀고 메주 넣고 뚜껑 덮고 3~4일부터 매일 뚜껑 열어 볕 쪼이기 장 뜨고 남은 덩이는 건져서 독에 담아 꼭꼭 눌러 소금 뿌려 놓고, 장물은 체로 걸러 다른 독에 부어 뚜껑 덮어 놓거나 변질 염려가 있으면 달이기	
어리굴젓 감장 담그는 법	음식책 (1838 또는 1898)		굴을 씻어 물기 빼고 고추, 파, 마늘, 생강, 깍두기 다져서 굴과 버무려 묽은 장과 고기 넣어 간하여 방에 수삼일 두어 익히기	

청태장

《증보산림경제》는 3개, 《규합총서》는 3개 문헌이 인용하였다. 청태는 덜 익어서 콩알이 파란 상태로, 모두 쪄서 메주를 만들고 《증보산림경제》, 《규합총서》, 《조선무쌍신식요리제법》의 메주는 칼자루형, 《조선요리제법》은 종자 크기, 《조선음식 만드는 법》은 가운데 구멍 뚫은 형이다.

《증보산림경제》 ①은 콩잎, ②는 개오동나무 잎에 싸서 짚과 둥구미, 《규합총서》는 콩잎을 깐 섬이나 둥구미, 《조선무쌍신식요리제법》 ①은 콩잎을 깐 섬이나 둥구미, ②는 가랑잎을 깐 짚과 둥구미에 띄운다. 《조선요리제법》은 섬이나 항아리, 《조선음식 만드는 법》은 짚을 깐 항아리에 띄운다. 소금을 적게 넣어 빨리 먹게 하는 방법인데 《조선요리제법》과 《조선음식 만드는 법》은 간장이다(표 26 참조).

청태장 증보산림경제(1767), 농정회요(1830), 군학회등(1800년 중반)

햇청태콩 껍질을 벗겨 알을 시루에 찐 다음 찧어 둥근 덩어리로 칼자루처

청태콩

칼자루 메주를 청태콩 잎으로 띄우기

럼 조금 작게 뭉쳐서 청태콩 잎으로 덮어서 누런 곰팡이가 피면 볕에 말려서 보통 방법으로 장을 담그면(또 다른 방법으로 청태콩으로 메주를 만들어 개오동나무 잎으로 하나씩 싸서 지푸라기로 묶어 빈 둥구미 안에 놓아 곰팡이가 피면 꺼내 온돌에 놓고 뒤집어주면서 3일 동안 말리는데 볕에 쪼여 말리면 더 좋다. 바로 장을 담가 소금을 조금 넣고 익으면 바로 먹을 수 있으며 이렇게 하지 않으면 벌레가 생기기 쉽다. 메주가 바싹 마른 것은 오래 두어도 좋다. 청태콩으로 메주를 만들 때에는 물을 조금만 넣고 쪄야지 보통 방법대로 하면 안 된다) 매우 맛있다(부록 150).

청두장 증보산림경제(1767), 임원십육지(1827)

껍질 벗긴 푸른 햇콩알을 시루에 쪄서 찧어 동그란 칼자루 같은 작은 덩어리로 뭉친다. 콩잎으로 덮어서 누런 곰팡이가 피면 볕에 말려서 보통 방법으로 장을 담그면 매우 맛있다.

또 다른 방법으로, 푸른콩으로 메주를 만들어 **개오동나무** 잎으로 하나씩 싸서 볏짚으로 둘둘 감아 빈 둥구미 안에 넣어 곰팡이가 피면 온돌에 놓고 뒤집어주면서 말리

개오동나무 능소화과 교목으로 길게 늘어진 모양의 열매를 맺는다.

거나 볕에 말린다. 완전히 마르면 바로 장을 담가 소금을 조금 넣고 익으면 바로 먹는다. 오래두면 구더기가 생기기 쉽다(부록 151).

칼자루 메주를 섬·가마니에 넣어 콩잎으로 띄우기

청태장(靑太醬) 규합총서(1815)

햇청태콩을 시루에 쪄서 칼자루처럼 메주를 만들어서 콩잎으로 덮고 섬 속에 넣어 띄운다. 메주에 누런 곰팡이가 피면 꺼내 따뜻한 곳에 굴려서 말리거나 볕에 말린다.

짜지 않게 소금 간을 맞추어 장을 담그면 맛이 맑아서 꽤 아름답지만 구더기가 꼬이기 쉬우므로 메주를 잘 말려야 오래 두어도 상하지 않는다.

청태장법 부인필지(1915)

청태콩을 많이 쪄서 메주를 칼자루같이 만들어 섬에 넣어 누른 옷을 입으면 꺼내어 볕이나 더운 곳에 말린다. 소금을 적게 넣어 짜게 하지 말고 장을 담그면 맛이 엷고 좋으나 구더기가 생기기 쉬우므로 메주를 바싹 말린다.

청태장 조선요리제법(1917), 간편조선요리제법(1934)

청태를 잘 씻어 쪄서 칼자루만큼씩 뭉쳐서 섬에 넣어 누른 옷을 입으면 볕에 말려서(단단히 말려야 하느니라) 장을 담근다.

청태장(靑太醬) 조선무쌍신식요리제법(1924)

새로 난 청태콩 껍질을 벗겨서 콩알을 꺼내 시루에 쪄서 찧어 작은 칼자루같이 둥글게 만들어서 섬이나 둥구미에 넣는다. 콩잎으로 가로세로 격지 넣어 덮고 메주를 띄워서 꺼내 말려서 장 담그는 법대로 장을 담그면 맛이 이상하게 좋다.

칼자루 메주를 섬·가마니에 넣어 짚으로 띄우기

또는 메주 띄울 때 메주를 가랑잎으로 하나씩 싸고 짚으로 얽어서 섬에 넣어 뜨면 꺼내어 더운 데서 3~4일 뒤집어가며 말리거나 볕에 말리면 더 좋다. 장 담글 때 소금을 약간 넣고 익으면 곧 먹는다. 그렇지 않으면 벌레가 생기기 쉽다. 메주를 여러 날 말리면 오래 두어도 장이 관계없다. 콩을 삶을 때 물을 조금만 부어야 한다. 다른 메주 만드는 것과 같이 물을 많이 부으면 안 된다.

청태콩 메주 만드는 법은 이상과 같고 콩을 삶을 때 햇고추를 갈라서 눈대중하여 넣었다가 콩이 모두 익으면 고추는 꺼내 버리고 쓰면 맛이 이상하다.

청태장 조선요리제법(1939)

재료: 콩 닷 되, 소금 닷 되, 물 세 동이, 대추 열 개, 고추 다섯 개

청태콩 껍질을 벗겨서 속 알만 시루에 쪄서 절구에 찧는다. 그리고 종자(종지) 크기로 뭉쳐서 섬이나 항아리에 넣어 메주 띄우는 방법으로 띄워서 표면이 하얗게 되면 볕에 말려서 장을 담는다. 메주는 돌같이 단단하게 바싹 말린다.

청태장(9~10월) 조선음식 만드는 법(1946)

재료: 청태콩 두 되, 고추 열 개, 물 한 말, 대추 열 개, 소금 한 되가웃, 숯 세 덩이

청태콩 껍질을 벗겨서 시루에 쪄서 더운 김에 찧어(곱게 찧을 것) 과자 도넛 모양으로 자그마하게 빚어서 볕에 2~3일 말려서 항아리에 짚을 켜마다

펴고 넣어서 띄운다.

메주 거죽이 하얗게 되면 꺼내어 볕에 바싹 말려서 솔로 문질러서 곰팡이를 떨어서 독에 넣고 소금물을 타서 가라앉힌 후 체로 걸러서 독에 붓고(간이 짜면 메주가 떠오르고 싱거우면 가라앉는다) 숯과 고추와 대추를 띄우고 잘 봉해서 매일 볕을 쪼인다.

[표 26] 청태장 요약

명칭	문헌	메주 띄우기	담기
청태장[靑太醬法, 靑豆醬]	증보산림경제(1767) 농정회요(1830) 군학회등(1800년 중반) 임원십육지(1827)	① 햇청태콩 알을 쪄서 찧어 칼자루처럼 뭉쳐서 청태콩 잎으로 덮어 누런 곰팡이 피우기	일반 방법으로 담기
		② 청태콩 메주를 개오동나무 잎으로 싸서 지푸라기로 묶어 둥구미 안에 띄워서 온돌이나 볕에 뒤집어주면서 3일 말리기	바로 장을 담가 소금 조금 넣고 익혀 바로 먹기
청태장(靑太醬)	규합총서(1815) 부인필지(1895) 조선요리제법(1917) 간편조선요리제법(1934)	햇청태콩을 쪄서 칼자루처럼 뭉쳐서 콩잎으로 덮고 섬 속에 띄워 누런 곰팡이가 피면 말리기	소금기가 적게 담그기
청태장(靑太醬)	조선무쌍신식요리제법(1924)	① 햇청태콩알을 쪄서 찧어 칼자루처럼 뭉쳐서 섬이나 둥구미에 넣어 콩잎으로 격지 넣어 띄워 말리기 ② 메주를 가랑잎으로 싸고 짚으로 얽어서 섬에 넣어 띄워 3~4일 말리기	소금과 물을 조금 넣어 익히기
청태장	조선요리제법(1939)	청태콩알 5되를 쪄서 찧어 종자 크기로 뭉쳐서 섬이나 항아리에 넣어 띄워 볕에 돌같이 단단하게 말리기	메주에 소금 5되, 물 3동이, 대추 10개, 고추 5개로 담기
청태장(9~10월)	조선음식 만드는 법(1946)	청태콩알 2되를 쪄서 찧어 도넛 모양으로 만들어 볕에 2~3일 말려 항아리에 짚을 켜마다 펴고 넣어 띄우기	메주에 붙은 곰팡이를 털고 물 1말에 소금 1되가웃을 풀어 담고 고추와 대추 10개씩, 숯 3덩이 띄우기

구황장-콩잎 및 콩깍지장

《고사촬요》의 콩잎장은 6개, 콩잎간장은 4개, 콩깍지장은 4개 문헌이 인용하였다.

구황장은 기아를 해결하기 위한 것으로 콩잎이나 콩깍지로 만든다. 콩잎으로 만드는 장은 《고사촬요》의 콩잎장과 콩잎간장, 콩깍지로 만드는 장은 《산가요록》, 《고사촬요》, 《오주연문장전산고》의 콩깍지장, 콩잎과 콩깍지를 함께 써서 만드는 것은 《증보산림경제》의 콩잎 · 콩깍지장이다. 대부분 소금과 메주를 넣어 담가 먹지만 《고사촬요》의 콩잎간장, 《산가요록》의 콩깍지장 ③은 소금만으로 담근다. 《산가요록》의 콩깍지장 ①은 감장도 넣는다.

콩깍지장은 삶아서 독기를 우려내고 담근다. 문헌에 콩깍지에 대한 언급이 없는데, 콩을 수확하고 난 다음의 콩깍지는 영양분이 퇴화되고 질겨서 쓰기 힘들고 청태콩깍지가 좋다(표 27 참조).

콩잎장 고사촬요(1554), 구황촬요(1554), 산림경제(1715), 감저경장설(1813)

콩잎을 깨끗이 씻어 삶아서 즙이 진해지면 항아리에 가득 넣고 소금을 적당히 넣으면 청장(淸醬)이 만들어지는데 콩장보다 맛있다(부록 152).

콩잎간장 고사촬요(1554), 구황보유방(1660), 산림경제(1715), 증보산림경제(1767), 주찬(1800년대 초)

콩잎을 무르게 삶아서 삶은 물과 잎을 항아리에 넣고 소금을 섞은 다음 메주를 적당히 넣어 익히면 청장이 된다(부록 153).

콩잎장 농정회요(1830), 오주연문장전산고(1850)

콩잎을 깨끗이 씻어 삶아서 짙은 즙이 나오면 항아리에 가득 담고 흰 소금을 넣어 익으면 자연히 청장이 된다(부록 154).

콩깍지장 산가요록(1450)

콩깍지를 솥에 넣고 물 세 사발을 달여서 한 사발이 되면 찌꺼기를 버리고 메주 다섯 주먹과 감장 한 사발에 소금 한 되를 섞어서 항아리에 담고 말똥에 14일 묻어 두었다가 나중에 꺼내 먹는다.

봄가을에는 콩깍지 한 동이, 메주 반말, 소금 엿 되를 섞어서 항아리에 담는다. 3~4일 동안 항아리 아가리를 열어 놓고 볕을 쬐면 달고 맛있다.

또 다른 법으로 콩잎이 가을에 연황색으로 변하면 따서 깨끗하게 씻어 말려 물 두 동이와 콩잎 일곱여덟 말을 진하게 달여서 반으로 졸이면 물이 미끈거린다. 메주 한 말과 콩잎 달인 물 두 동이에 보통 방법으로 소금을 넣으면 가장 좋다(부록 155).

콩깍지장 고사촬요(1554), 구황촬요(1554), 산림경제(1715), 감저경장설(1813), 농정회요(1830)

또 다른 법으로 콩깍지를 무르게 고아서 소금을 섞고 사이사이에 메주를 넣어 담그면 가장 좋고 메주를 쓰지 않아도 된다. 그런데 콩깍지를 삶기 전에 먼저 물에 담가 독한 기운을 빼야 한다. 그러지 않으면 사람이 상한다(부록 156).

급히 쓰는 장 주방문(1890년대)

콩깍지를 많이 고아서 그 물로 담으면 많이 넣어도 훈감(맛이 진하고 냄새가 좋다)하고, 빛이 묵은장 같으며, 그냥 장으로도 좋다.

콩잎·콩깍지장 증보산림경제(1767), 주찬(1800년대)

또 콩잎과 콩깍지를 섞어 물에 담가 독기를 빼고 푹 삶아 소금을 섞어 독에 담근 후 사이사이 메주를 넣어 담그면 매우 좋다(부록 157).

콩깍지장 오주연문장전산고(1850)

콩 껍질을 취하여 진하게 졸여 소금을 타서 담는데 메주를 조금 섞어 담그면 아주 묘하며 메주가 없어도 좋다. 콩 껍질가루는 삶기 전에 반드시 뜨거운 물에 하루 담아 독을 빼야 쓸 수 있다. 그렇지 않으면 사람을 상하게 한다(부록 158).

[표 27] 구황장 요약

명칭	문헌	담기	숙성
콩잎장 [大豆葉, 太葉醬] 콩잎간장 [大豆葉淸醬]	고사촬요(1554) 구황촬요(1554) 산림경제(1715) 감저경장설(1813) 농정회요(1830) 오주연문장전산고(1850)	콩잎 삶은 즙에 소금 넣어 청장 만들기	
콩잎간장 [大豆葉淸醬]	고사촬요(1554) 구황보유방(1660) 산림경제(1715) 증보산림경제(1767) 주찬(1800년대 초)	콩잎 삶아 즙과 잎에 소금과 메주 넣어 청장 만들기	
콩깍지장 [太殼醬] 콩잎장	산가요록(1450)	① 콩깍지를 물 3사발에 달여서 1사발이 되면 찌꺼기를 버리고 메주 5주먹, 감장 1사발, 소금 1되로 담기	말똥에 14일 묻기
		② 봄가을에는 콩깍지 1동이, 메주 반말, 소금 6되로 담기	3~4일 아가리를 열고 볕 쏘이기
		③ 물 2동이, 말린 콩잎 7~8말을 반으로 달이기(콩잎 달인 물 2동이에 소금을 녹여 메주 1말 담기)	
콩깍지장 [大豆殼醬]	고사촬요(1554) 구황촬요(1554) 산림경제(1715) 감저경장설(1813) 농정회요(1830)	콩깍지를 삶아 우려내고 고아서 소금 섞고 메주 넣어 담기 메주를 쓰지 않아도 됨	

(계속)

명칭	문헌	담기	숙성
급히 쓰는 장	주방문(1600년 말)	콩깍지를 고아서 장을 담그기	
콩잎·콩깍지장 [大豆殼醬]	증보산림경제(1767) 주찬(1800년대)	콩잎과 콩깍지를 섞어 물에 담가 독기를 빼고 삶아 소금과 메주를 넣어 담기	
콩깍지장 [大豆角醬]	오주연문장전산고(1850)	콩깍지를 물에 담가 독기를 빼고 졸여 소금과 메주를 넣어 담기	

두부장

두부장은 메주를 띄워서 담지 않고 두부를 으깨어 자루에 넣어 장에 담근다. 《주식방문》은 참깨가루, 고춧가루, 생강가루도 넣는다.

두부장 증보산림경제(1767), 농정회요(1830), 군학회등(1800년 중반)

두부를 꼭 눌러서 물기를 빼고 주머니에 넣어 장에 담근다(부록 159).

두부장 담그는 법 음식책(1838 또는 1898)

봄에 집메주장 담글 때 무명 툭툭한 것(고르고 촘촘하게 짜여 두꺼움)으로 두 겹 되도록 자루 짓고 두부는 집에서 하든지 사든지 많고 적고 쓸 양만큼 무명 자루에 몇 채든지 저며 장독 용수 속에든, 용수를 박지 않으면 메주 넣은 한가운데쯤 두부자루 주둥이를 노끈으로 단단히 동여 박고 장을 담근다.

첫 장 뜰 적에 두부 자루를 집어내면 장이 흐르고 묽어서 그 때는 못 쓸 것이니 간장 다 뜬 후 된장 독 속에 자루 주둥이는 매어 놓고 묻어두면 멀국이 다 빠지고 뻑뻑하게 되면 상에 놓을 때 곱고, 상에 종종 오이, 약고추장 하고 곁들여 놓으면 색이 곱고 좋다.

두부장 간이 짜면 상에 놓을 때마다 참기름을 조금 쳐서 내 놓으면 너무 되지도 않고 간도 조금 삼삼한 법이니 그리 하라.

두부장 주식방문(1800년대)

두부 두 모를 가는 베 자루에 넣어 방망이로 쳐서 내고 참깨를 볶아 가루를 내어 (그것) 한 되와 고춧가루 다섯 홉과 생강가루 다섯 홉을 한데 넣고 많이 쳐서 도로 베자루에 넣어 장의 밑에 넣어 두면 좋다.

두부장(豆腐醬) 조선무쌍신식요리제법(1924)

두부 여나무 채를 헝겊 주머니에 쳐 넣고 동여서 맷돌에 눌러 물기를 뺀 후 고추장 속에 주둥이를 동여 넣었다가 2~3달 만에 주머니를 열고 먹으면 맛이 이상하게 고소하다.

[표 28] 두부장 요약

명칭	문헌	담기	숙성
두부장	증보산림경제(1767) 농정회요(1830) 군학회등(1800년 중반)	두부 물기를 빼고 주머니에 넣어 장에 담기	
두부장 담그는 법	음식책(1838 또는 1898)	집메주장 담글 때 두부를 저며 무명 자루에 넣어 장독 용수 속에 넣거나 장 한가운데에 넣고 간장을 다 뜬 후 된장 속에 묻어 꺼내 쓰기	
두부장	주식방문(1800년대)	방망이로 친 두부 2모, 참깨 볶은 가루 1되, 고춧가루 5홉, 생강가루 5홉을 자루에 넣어 장에 담기	
두부장(豆腐醬)	조선무쌍신식요리제법(1924)	두부 여나무 채를 주머니에 넣어 눌러 물기 빼고 고추장에 넣기	2~3달 숙성

여러 장

《거가필용》의 완두콩장은 2개, 《본초강목》의 삼 찌꺼기 장은 2개, 《신영양요리법》의 밀장은 1개, 《증보산림경제》의 장떡은 2개 문헌이 인용하였다. 《거가필용》의 완두콩장은 완두콩과 밀가루를 섞어 띄워 담고, 《임원십육지》의 참깨장은 껍질을 까서 간장에 담고, 《본초강목》의 삼찌꺼기 장은 대마씨박(깻묵)을 보리와 섞어 띄워서 담고, 《임원십육지》의 고구마장은 고구마를 넣는다. 상수리장은 도토리를 우려서 콩과 섞어 짚에 띄워 담근다.

밀장은 밀과 콩을 섞어서 메주를 만들어 콩잎이나 짚에 띄운 다음 간장에 버무려서 오이와 가지를 담그므로 집장류이다. 참기름장은 간장에 참기름을 섞은 조미용이고, 장떡은 찹쌀가루와 감장을 섞어서 부친 것이고, 누룩장은 삶은 콩을 누룩으로 담고, 콩자반은 콩을 간장으로 조린 것이고, 장 볶기는 고기에 고추장을 넣어 볶은 것이다. 겨자장은 겨자를 갈아 물에 개어 덩어리로 뭉쳐서 장에 담갔다가 바로 먹는다(표 29 참조).

완두콩장 거가필용(1200년 말), 임원십육지(1827), 오주연문장전산고(1850)

양에 관계없이 물에 담갔다가 부드럽게 쪄서 볕에 말려서 껍질을 버리고 완두콩 한 말마다 밀가루 한 말을 넣어 함께 가루로 만들어 물을 섞어 단단하게 한 뒤에 덩어리로 자른다. 이것을 한 번 쪄서 덮어 놓고 누런 곰팡이가 피면 볕에 말려 소금물(《임원십육지》는 《본초강목》, 《거가필용》을 인용하여 열 근마다 소금 다섯 근과 물 이십 근을 넣는다고 하였다)을 붓는다(부록 160).

참깨장 임원십육지(1827)

익은 참깨 한 말을 무르게 찧어서 6월 6일에 물을 끓여 식혀 항아리에 함께 섞어 한 손가락 남을 정도까지 담아 주둥이를 봉한다. 볕에 5~7일 쬐인 후 항아리를 열고 검은 껍질을 걷어낸다. 여기에 좋은 주배[주초당] 세 사발, 좋은 장유 세 사발, 좋은 술 두 사발, **홍국**가루 한 되, 볶은 쌀 한 되, 회향가루 한 냥을 섞어 14일 후 먹으면 맛있다(부록 161).

홍국(紅麴) 쌀을 모나스쿠스(*Monascus*)속 곰팡이로 띄운 것이다.

삼 찌꺼기장 본초강목(1552~1578), 임원십육지(1827)

삼 찌꺼기를 찧어 쪄서 보리와 섞어 덮어 누런 곰팡이가 피도록 하고 정해진 방법으로 소금물을 타서 담가 볕에 쪼이면 색깔도 좋고 맛도 달다(부록 162).

고구마장 만드는 법 임원십육지(1827)

고구마 세 말을 찌고, 누런 콩 한 말을 쪄서 함께 찧어 덩어리를 만들어 그늘에서 말리고 장이나 누룩 만드는 법같이 장을 담그면 맛이 매우 달고 향기롭다. 다만 고구마와 콩을 한 시루에 넣고 찌면 익는 속도가 달라서 단단한 정도가 서로 다르므로 따로 쪄서 찧을 때 합친다(김씨감저보, 원문 163).

상수리장 산가요록(1450)

먼저 메주를 깐 다음 상수리 가루를 깔고 다시 메주를 깐다. 메주 두 동이와 상수리 한 동이 비율로 보통 방법대로 장을 담그는 것이 좋다(부록 164).

상수리장 오주연문장전산고(1850)

상수리 열매를 따 껍질을 벗겨 푹 삶은 다음 물에 담가 쓴맛을 우려내어 꺼내 콩을 상수리의 3분의 1정도로 섞고 푹 익혀 진흙처럼 찧어 손으로 주먹만 한 덩어리로 다독여 만든다.

섬에 솔잎이나 볏짚을 깔고 층층이 깔고 담아 따뜻한 곳에 두어 누런 곰팡이가 피면 뜨거운 볕에 쪼여 바싹 말린 다음 따뜻한 곳에 두어 말린다.

보통 방법으로 장을 담그는데, 콩메주로 담근 것과 다르지 않고 장맛이 아주 좋다. 강계(江界: 평안도)장이 세상에 유명한데 이것도 상수리장이라고 한다(부록 165).

참기름장 오주연문장전산고(1850)

잘 익은 술 한 작(勺: 1/100되)과 쌀 한 되를 익혀서 참기름 두 근과 간장 네 근, 소금 열 냥을 섞어 항아리에 담그면 보름 뒤에는 쓸 수 있는데, 매운 채소나 순한 채소에도 다 좋다. 불에 구운 고기를 볕에 쪼여 콩기름을 발라 놓으면 파리가 꼬이지 않는다(부록 166).

장떡 증보산림경제(1767), 군학회등(1800년 중반), 농정회요(1830)

맛있는 감장을 체로 쳐서 찹쌀가루 및 여러 재료와 기름과 물 등을 넣어 반죽하여 솥뚜껑에 지져서 사방 한 치 정도로 잘라서 먹는다(부록 167).

누룩장 치생요람(1691)

콩 한 말을 무르게 삶아 누룩 세 되와 소금 네 되를 섞어 항아리에 넣고 볕이 잘 드는 곳에 두면 맛이 좋다(부록 168).

겨자장(作芥子醬法) 제민요술(530~550)

겨자를 미리 볕에 바싹 말린다. 축축하면 갈아지지 않기 때문이다. 깨끗이 씻어 헹구어서 곱게 갈아 삭히는데 많이 만들려면 절구로 찧어 눈(망)이 가는 비단체로 쳐서 물을 섞어서 다시 갠다. 이것을 동이에 바르고 빗자루 위에 엎어서 겨자의 매운 냄새가 빠지게 한다. 너무 오래 두면 매운맛이 완전히 없어져버리고, 시간을 두지 않으면 매우 맵다. 자두만한 둥근 환으로 뭉치거나 떡덩이 정도로 뭉쳐서 볕에 말려서 비단 주머니에 담아 맛있는 장에 담갔다가 바로 먹는다. 이때 제(齏: 가늘게 썰어서 만든 양념)로 만들려면 처음에 매운맛 없애고 나서 바로 좋은 초를 섞도록 한다.

식경의 겨자장 만드는 방법은 장을 사용하지 않는다.

콩자반 음식방문(1800년대)

좋은 햇콩을 가져다가 벌레 먹은 것을 골라내고 맹물에 삶아서 메주콩같이 물러지면 콩물을 따라내고 꾸미를 넣고 간장을 적당량 붓는다. 콩 껍질이 벗어지지 않게 졸여서 콩에 장맛이 고루 들고 장국이 거의 졸아들면 기름과 꿀을 넣어서 졸여놓고, 천초가루, 고춧가루, 생강가루, 계핏가루, 껍질 벗긴 참깨와 잣가루를 넣어서 먹는다.

장 볶기 규합총서(1815)

맛좋은 고추장을 고기 두드려 거른 것과 숟(양)이 같게 하고 꿀을 식성대로 치고 파뿌리 흰 줄기와 생강을 다져서 조금 넣고 기름을 쳐서(많이 볶는 그릇 가에 고이게) 숯불에 뭉근한 불로 볶되 자주 저어 눋지 않게 하여 기름에 끓여 스스로 잦을만하면 고운 실깨를 조금 넣어 볶아 써라.

[표 29] 여러 장 요약

명칭	문헌	메주 띄우기	담기	숙성
완두콩장 [菀豆醬方, 豌豆醬方]	거가필용 (1200년 말) 임원십육지 (1827) 오주연문장전산고 (1850)	완두콩 1말을 쪄서 말려 껍질 버리고 밀가루 1말을 섞어 쪄서 뭉쳐서 덮어 띄우기	소금물에 담그기 메주 10근, 소금 5근, 물 20근	

(계속)

명칭	문헌	메주 띄우기	담기	숙성
참깨장 [芝麻醬方]	임원십육지 (1827)		참깨를 찧어 끓인 물에 담가 볕에 5~7일 쪼여 껍질 걷어내고 주배 3사발, 장유 3사발, 술 2사발, 홍국가루 1되, 볶은 쌀 1되, 회향가루 1냥 섞기	14일 숙성
삼찌꺼기장 [麻滓醬方]	본초강목 (1552~1578) 임원십육지 (1827)	삼 찌꺼기를 찧어 쪄서 보리와 섞어 덮어 누런 곰팡이 피우기	소금물에 담기	
고구마장 [甘藷醬方]	임원십육지 (1827)	고구마 3말, 콩 1말을 쪄서 찧어 뭉쳐 그늘에서 말리기	보통 방법으로 담기	
상수리장 [橡實醬]	산가요록 (1450)		메주 2동이와 상수리 1동이 가루를 깔고 메주 깔기를 반복하여 담기	
	오주연문장전산고 (1850)	상수리 껍질을 벗겨 익혀서 물에 우려내어 콩을 상수리의 1/3 섞어 익혀서 찧어 주먹 크기 덩어리를 섬에 솔잎이나 볏짚을 깔고 켜켜 담아 띄워 곰팡이 피면 말리기	보통 방법으로 담기	
밀장	신영양요리법 (1935) 조선요리제법 (1939)	밀과 콩을 볶아 가루내어 반죽하여 밤알 크기로 쪄서 둥구미에 콩잎을 사이에 켜켜 넣어 누렇게 뜨면 털어서 가루내기	메줏가루를 간장으로 반죽하여 오이, 가지와 항아리에 번갈아 담고 먹을 때 설탕 타서 먹기	
밀장 (봄, 가을철)	조선음식 만드는 법(1946)	밀과 콩을 볶아 가루내어 반죽하여 둥글납작하게 만들어 쪄서 소쿠리, 섬에 짚, 콩잎으로 격지 넣어 띄워 털어서 가루내기	메줏가루를 간장으로 반죽하여 얼간한 오이, 가지와 함께 항아리에 번갈아 담고 먹을 때 설탕 타서 먹기	따뜻한 곳에서 10여일 숙성
참기름장 [荏油醬]	오주연문장전산고 (1850)		술 1작과 쌀 1되를 익혀 참기름 2근, 간장 4근, 소금 10냥 담기	15일 숙성

(계속)

명칭	문헌	메주 띄우기	담기	숙성
장떡 [醬餠法]	증보산림경제 (1767) 군학회등 (1800년 중반) 농정회요 (1830)		체로 친 감장, 찹쌀가루, 여러 재료, 기름, 물을 넣어 반죽하여 지지기	15일 숙성
누룩장 [麯子醬]	치생요람(1691)		콩 1말을 삶아 누룩 3되와 소금 4되 담기	
겨자장 [作芥子醬法]	제민요술 (530~550)		겨자를 갈거나 절구로 찧어 비단체로 걸러 물을 섞어 개어 동이에 바르고 빗자루 위에 엎어서 겨자의 매운 냄새가 빠지게 하고 자두알이나 떡덩이처럼 뭉쳐 말려서 비단 주머니에 담아 장에 담갔다가 바로 먹기	
콩자반	음식방문 (1800년 중엽)		햇콩을 삶아 꾸미 넣고 간장 붓고 졸여서 기름과 꿀을 넣어 졸이고, 천초가루, 고춧가루, 생강가루, 계핏가루, 껍질 벗긴 참깨와 잣가루를 넣어 먹기	
장 볶기	규합총서 (1815)		고기 두드려 거른 것과 고추장을 같은 양으로 꿀, 흰 파뿌리, 생강 다진 것, 기름을 치고 볶아 실깨를 넣어 볶아 쓰기	

고추장

매운 장

장을 맵게 하려면 산초, 후추, 겨자, 여뀌를 쓰면 되는데 임진왜란 이전에 초장에 대한 기록은 거의 없고 《증보산림경제》의 고추장만 고춧가루 대신 산초를 넣어 담가도 된다고 하였다.

매운 장으로 겨자장이 있는데 《백호전서》(윤휴), 《후재집》(김간), 《성호전집》(이익), 《연경재전집》(성해응), 《여유당전서》(정약용), 《당정유고》(김려), 《고산집》(임헌회), 《오주연문장전산고》(이규경)에서는 생선회에 겨자장을 찍어 먹는다 하였고, 《홍재전서》(정조)에서는 겨자장이 매운데도 눈썹을 찌푸리며 즐기느라 젓가락을 놓으려 하지 않는다고 하였고, 《청장관전서》에서는 회를 먹을 때 겨자장을 많이 먹어서 재채기를 하면 안 되고, 겨자장을 갤 때도 재채기를 하면 안 된다고 하였다.

《신증동국여지승람》과 《임하필기》에서는 사도시에서 어름(임금의 창고)의 겨자장을 관리한다고 하였고 《국조보감》 정조 1년(1776), 《두타초》(이하곤), 《금릉집》(남공철)에도 겨자장이 나온다. 《승정원일기》 고종 8년(1871) 제사와 예조 경모궁과 영우원 제사에 겨자장을 썼다는 기록이 있다. 그러나 만드는 방법은 구체적으로 전해지지 않아 《제민요술》(표 29)에만 남아 있는데, 오늘날의 겨자장과 비슷하여 겨자를 갈아 간장과 식초에 타서 회를 먹을 때 주로 썼다.

고추장메주

《조선요리법》과 《조선음식 만드는 법》의 고추장메주는 콩을 찌고, 《우리음식》에서는 삶아서 쓴다. 《조선요리법》은 전분질로 멥쌀을, 《조선음식 만드는 법》은 백미, 《우리음식》은 쌀가루를 쓴다. 《조선요리법》은 콩과 멥쌀을 쪄서 가운데 구멍낸 둥근 메주로 만들어 시루에 짚을 깔고 띄워 말린다. 《조선음식 만드는 법》은 백미가루와 콩을 섞어 쪄서 섬에 짚을 깔고 띄워 말린다. 《우리음식》은 삶은 콩에 쌀가루를 얹혀서 메주로 뭉쳐 띄운다(표 30 참조).

고추장메주 조선요리법(1939)

흰콩 소두 한 말에 멥쌀 소두 엿 되가량을 넣으면 알맞다. 콩을 미리 씻어 일어서 하루 정도 담가 흠씬 물을 먹으면 쪄야 한다.

쌀도 씻어서 담갔다가 불으면 빻아서 보통 체로 쳐서 불은 콩을 건지고 시루에 **시루밑**을 놓고 콩 한층, 가루 한 층 번갈아 다 안친 후 쪄서 떡 찌듯 절구로 충분히 찧어서 조금씩 둥글게 만들어 가운데에 구멍을 뚫어준다.

시루밑(시루방석) 시루가 깨지는 것을 방지하기 위하여 까는 짚으로 만든 방석으로 김칫독이나 장독 뚜껑으로도 쓴다.

한 이틀 광주리 같은 데 놓아 물기가 걷히면 시루에 짚 한 켜, 메주 한 켜 앉혀 띄운다. 며칠에 한 번씩 열어보다(가) 물이 흐르고 하얀 옷을 입었으면 꺼내서 바람을 쏘여 다시 시루에 재워 띄운다.

이렇게 두어 번 하여 띄워서 볕에 완전히 말린다. 보통 3주면 다 뜬다. 너무 오래 띄우면 고추장에 약냄새가 나고 맛이 덜하다.

고추장메주 쑤는 법(정월) 조선음식 만드는 법(1946)

좋은 흰콩 한 말을 씻어 일어 흠뻑 불려서 시루에 쪄서 절구에 찧는데 콩 짜개가 하나도 없이 곱게 찧고, 백미 대두 두 되를 씻어 불려 일어 가루를 빻아서 체로 쳐서 떡 찌듯 흰무리(백설기)로 쪄서 절구에 찧은 메주와 섞어서 다시 찧어 잘 섞이면 메주덩이를 볕에 벌려놓아 3~4일쯤 꾸덕꾸덕 말린다.

시루에 짚으로 둥근 메주를 띄우기

섬 속에 메주를 깔고 메주 한 켜 넣고 짚 펴고 메주 한 켜 넣고 이렇게 매 켜를 다 넣어 더운 방에 두고 7~8일 만에 한 번씩 꺼내어 볕을 쪼이고 다시 넣어서 또 띄운다. 이렇게 두세 번 하여 꺼내서 아주 볕에 말리는데 보통 한 20일 가량이면 뜬다.

고추장 담그는 메주는 너무 띄우지 말고 충분히 말려서 가루를 곱게 빻아 고운체로 쳐서 볕에 펴 놓아 바람을 쏘여 가지고 담근다.

고추장용 떡메주 우리음식(1948)

콩을 푹 무르게 삶은 데다가 쌀가루를 메주 콩 솥에 솔솔 얹혀서 한소끔 불을 때어 익혀서, 콩과 섞어 뭉쳐 말려서 콩메주와 같이 띄운다. 다 뜨면 말려서 가루로 빻아 고추장에 쓴다. 고추장용으로는 보통 메줏가루보다 떡메줏가루가 맛이 더 좋다고 한다.

[표 30] 고추장메주 요약

명칭	문헌	메주 띄우기	숙성
고추장메주	조선요리법(1939)	콩 소두 1말을 하루 담가 찌고 멥쌀 소두 6되를 담가 빻아서 체로 쳐서 시루에 1층씩 번갈아 넣고 쪄서 찧어 둥글게 만들어 구멍을 뚫고 이틀간 물기 말려서 시루에 짚과 메주를 켜켜 넣어 하얀 곰팡이가 피면 바람 쏘여 다시 시루에 재워 띄우기를 2번 하여 볕에 말리기	3주일 숙성
고추장메주 쑤는 법(정월)	조선음식 만드는 법(1946)	콩 1말을 불려 쪄서 찧고, 백미 대두 2되를 불려 일어 빻아서 가루내어 쪄서 절구에 찧은 콩과 섞어서 찧어 덩이를 만들어 볕에 3~4일쯤 말려 섬에 짚과 켜켜 담아 더운 방에서 띄우기	7~8일에 1번씩 꺼내 말려 띄우기 2~3번 한 후 20일 정도 숙성
고추장용 떡메주	우리음식(1948)	콩을 삶아 쌀가루를 솔솔 얹혀서 쪄서, 뭉쳐 말려서 콩메주와 같이 띄워 가루내어 쓰기	

육류 및 생선을 넣는 고추장

《증보산림경제》의 고추장은 4개 문헌이 인용하였다. 메주는 쌀가루로 떡을 하여 삶은 콩과 섞어서 만든다. 《규합총서》는 쌀가루를 콩에 섞어 메주를 만든다.

《시의전서》는 솔잎에 띄우고, 《음식책》은 오쟁이에 짚을 깔아 띄우고 《조선무쌍신식요리제법》 ⑧은 주먹 크기로 빚어 솔잎에 띄운다. 주재료는 메줏가루와 고춧가루, 쌀이다. 《증보산림경제》 ⑩, 《오주연문장전산고》, 《방서》는 전분질로 찹쌀가루를, 《규합총서》, 《시의전서》는 찹쌀밥, 《음식책》, 《조선무쌍신식요리제법》 ①은 찹쌀 고두밥, 《조선무쌍신식요리제법》 ④는 좁쌀죽, ⑤는 보리나 밀죽을 쓴다.

《증보산림경제》의 육류는 말린 생선, 청어 머리와 비늘, 《규합총서》, 《시의전서》는 포육, 《오주연문장전산고》는 말린 청어, 북어, 대하, 홍합가루, 게, 방서는 전복, 《조선무쌍신식요리제법》 ⑥은 쇠고기, 전복, 도미, 대구, 숭어, 청어, 마른 대구, 북어, 왕새우, 멸치를 넣는다. 육류 외에 모두 채소나 다른 재료도 넣고 있다(표 31 참조).

고추장 증보산림경제(1767), 농정회요(1830), 군학회등(1800년 중반)

콩을 잘 골라 물에 일어 모래와 돌을 없애고 보통 방법으로 메주를 만들어 바싹 말려 가루로 만들어 체로 쳐 놓는다. 콩 한 말에 고춧가루 세 홉, 찹쌀가루 한 되의 비율로 맛있는 청장을 섞어서 빽빽하게 하여 작은 항아리에 넣어 볕에 쬐었다.

민간의 방법에서는 안에 볶은 참깨가루 다섯 홉을 넣기도 하는데 그러면 너무 기름지고 텁텁하여 좋지 않다. 또 찹쌀가루를 많이 넣으면 너무 시어 좋지 않다.

다른 방법으로 콩 한 말로 두부를 만들어 꼭 짜서 물기를 빼고 여러 재료들과 함께 섞어 익히면 아주 맛있다. 섞을 때 소금물을 써도 되지만, 맛있는 청장을 쓰는 것보다 못하다.

또 다른 방법으로는 말린 생선의 머리와 비늘을 떼어 다시마 등을 함께 넣어 익혀 먹으면 맛있다. 마른 청어를 쓰면 더욱 맛있다. 고춧가루를 쓰지 않고 산초가루를 쓸 수도 있다(부록 169).

고추장 다른 법 증보산림경제(1767), 임원십육지(1827)

콩을 일어서 모래와 돌을 없애고 정해진 방법으로 메주를 만들어 볕에 바싹 말려 가루로 빻아 체로 쳐서 한 말 당 고춧가루 세 홉과 찹쌀가루 한 되를 합해 좋은 청장으로 빽빽하게 반죽하여 작은 항아리에 담고 볕에 쪼인다.

볶은 참깨가루를 넣기도 하는데 기름지고 말라서 오래가지 못한다. 찹쌀가루를 많이 넣으면 시어서 좋지 않고 고춧가루를 많이 넣으면 매워서 매우 좋지 않다.

콩 한 말로 두부를 만들어서 물기를 짜서 없애고 고춧가루와 여러 재료를 잘 섞어서 항아리에 담고 볕을 쪼인다. 마른 생선 대가리와 비늘을 잘라 버리고 다시마와 함께 담갔다가 익으면 먹는데 매우 좋다.

이 두 방법은 소금물을 써도 좋지만 청장을 쓰는 것보다 맛은 좋지 않다(부록 170).

고추장 규합총서(1815)

율무 의이(薏苡)라고 하며 옥수수 잎과 비슷하고 열매 속은 식용하며, 열매는 매우 단단하여 염주로도 사용한다.

콩 한 말에 쌀 두 되를 가루로 만들어 흰무리 떡을 쪄서 삶은 콩 찧을 때 함께 넣어서 곱게 찧는다. 이것을 줌으로 쥐어 작은 메주로 뭉친 후 정해진 대로 띄워 말려서 곱게 가루내어 체로 쳐 놓는다. 메줏가루 한 말에 소금 네 되를 좋은 물에 타서 버무린다.

묽기는 의이(薏苡: **율무**죽) 정도로 하고 고춧가루를 곱게 빻아서 식성대로 다섯 홉이나 칠 홉 섞는다. 찹쌀 두 되를 밥으로 질게 지어서 함께 고루 버무리고, 혹 대추 두드린 것과 포육(육포)가루를 섞고 꿀을 한 보시기 쳐서 만드는 이도 있다. 소금과 고춧가루는 식성대로 가감한다.

급조고추장 오주연문장전산고(1850)

무릇 고추장은 좋은 청장을 써서 주무르고 두드려야 좋다. 메주장가루 한 말과 찹쌀가루 한 되, 고춧가루 한 되에 다시마, 두부, 말린 청어, 북어, **당귀**, 마늘순, 유채, 죽순, 찹쌀인절미, 엿기름에서부터 대하와 홍합 등의 가루를 넣는다.

당귀 미나리과 여러해살이 승검초 뿌리로, 잎은 나물로 먹고 뿌리는 약재로 쓴다.

게는 전체를 잘게 부수어 걸러서 골수와 게를 된장으로 다독거려 덩어리를 만들고 찌는데 찐 것이 많으면 힘닿는 대로 섞어 함께 담으면 좋다(부록 171).

고추장 방서(1867)

고춧가루와 찹쌀가루를 함께 청장 건더기에 넣고 잘 섞어 단지에 넣어둔다. 또 참깨의 껍질을 벗겨 장 안에 넣어두면 맛이 좋다고 한다. 후춧가루를 장에 넣기도 하며 전복을 장에 넣기도 한다(부록 172).

약고추장 시의전서(1800년 말)

메주 한 말을 쑤려면 백미 두 되를 가루로 만들어 흰무리를 찐다. 삶은 콩을 찧을 때 흰무리를 함께 넣어 곱게 찧어 메주를 주물러 빚는다. 그 위를 솔잎으로 덮어서 띄우는데 7일에 한 번씩 메주를 뒤집어 말린 다음에 곱게 가루를 낸다.

메줏가루 한 말에 소금 네 되를 좋은 물에 타 버무리는데 질고 되기는 묽은 율무죽(薏苡)만큼 한다. 고춧가루는 다섯 홉이나 육 홉 정도를 식성대로 섞는다.

찹쌀 두 되로 질게 밥을 지어 함께 고루고루 버무리고, 혹 대추 두드린 것과 포육가루와 잘 섞어 꿀을 한 보시기만큼 넣기도 한다.

고추장 담그는 법(苦草醬蠻萩醬辣醬) 조선무쌍신식요리제법(1924)

고추장이라는 것은 어느 때 생겼는지 모르겠으나 필시 간장이 생긴 뒤에 생겼을 것이다. 갖은 반찬 중에 매우 요긴한 것이라 달고 짜고 매운데 조금 새콤한 것은 싱거워 익은 것이다. 이 정도로 반찬이 되고 비위에 맞고 여러 곳에 쓰이기는 간장 다음은 된다.

또 이것을 돈 주고 살 수 없는 것이 일왈 메주를 정성들여 썩지 않게 잘 띄워야 하는 것인데 간장에 메주보다 더 정성을 들여야 하는 것이다.

둘째는 고추를 가루 만드는 것이니 산밭에 거름을 덜 하고 심은 고추는 색도 누르고 단맛이 없고 맵지 않아서 못 쓴다. 밭에서 거름을 많이 하여 길러서 만물(초기)에 딴 고추는 굵고 살이 두껍고 붉고 맛이 달다. 이것을 꼭지도 정성껏 따고 씨는 하나도 없이 떨어내고 바싹 말려 짓찧어서 깁(거친 천) 체로 쳐야 한다. 이 두 가루만 방법대로 담그는 것이니 어찌 돈 주고 진품을 얻을 수 있겠는가.

이것이 쉽고도 어려워 대강 기록한다.

메주 한 말을 쑤었으면 흰쌀 두 되로 흰무리 떡을 만들어 메주에 넣어 같이 찧어 잘게 덩어리로 띄운 후 매우 가늘게 가루로 하여 가루 한 말에 소금 세 되와 고춧가루 한 되를 섞고 찰밥 두 되를 지어 밥알이 풀리게 저어 익힌다.

고추장은 풀리게 저어 익히기도 하고, 되게 반죽을 만들되 국수반죽 하듯 놋그릇에 여러 번 쳐가며 된 떡처럼 만들어 항아리에 넣고 익히면 맛도 좋고 가시가 나지 않는다. 여러 번 칠수록 좋다. 또 그릇에 여러 번 칠 뿐 아니라 절구에 넣고 흠뻑 찧어서 만드는 것이 더 좋다. 아무쪼록 되게 반죽해야 매우 좋다.

엿기름가루를 넣으면 맛이 달고 밀가루를 넣으면 모양이 하륵하륵하여 더 좋다.

순창서 고추장 담그는 법은 넓은 자바기에 담가서 자주 저어 익힌 후에 고운체에 거르고 엿기름을 많이 넣는다.

일반 고추장은 찹쌀이 아니고 멥쌀밥도 좋고 메좁쌀을 가루내어 죽을 쑤어 메줏가루와 소금에 반죽하여 되게 담그면 맛이 달고 좋다. 좁쌀죽은 눋기 쉬우므로 쑬 때 자주 저어야 한다. 차좁쌀을 죽 쑤어 넣으면 맛이 더 좋다.

또 대낀(물을 치면서 찧은) 보리나 밀을 넣어도 좋다. 또 이상의 것을 모두 다 죽 쑤어도 좋고 죽을 쑤어 쓰는 것이 귀찮으면 시루에 떡 찌듯 하는 것이 더 편하고 나무가 덜 든다.

고추장이 익은 후 갖가지를 넣는데 너무 넣으면 좋지 않다. 한두 가지씩 대강 넣으려면 날무(생무)를 수득수득하게 말려서 넣거나 무말랭이나 생오이나 참외, 동아, 더덕, 우무(우뭇가사리로 만든 묵), 송이, 가지, 풋고추, 풋감, 마늘 벗긴 것, 마늘종, 마늘줄기, 오이 등을 잠깐 절여서 맷돌에 누른 것이나 실백(잣) 등을 넣는다. 쇠고기를 넓게 저며 날로 넣었다가 먹는데, 그렇게 한 고추장은 해를 묵히기 어렵다.

또 전복이나 도미, 대구, 숭어 등을 물기 없애고 넣기도 하고(꾸들꾸들하게 반쯤 말려), 비웃(靑魚: 청어)을 대가리와 비늘을 없애고 반 수득하면 넣기도 하고, 마른 대구나 북어, 왕새우, 멸치를 그냥 넣기도 하는데 가루내어 넣는 것이 더 좋다.

이외에도 넣을 만한 것을 생각하여 넣는다. 감자를 씻어 쪄서 껍질을 벗기고 으깨어 고추장 담글 때 함께 넣고 버무려 담가도 좋다.

시골에서는 고추장이나 된장에 어린 콩잎을 넣었다가 먹기도 하고 전주에서는 생강 줄기를 길이대로 많이 재워 띄웠다가 물에 맑게 빨아 한 모줌(볏모 한줌 정도)씩 비틀어 짜서 엮어 말려 잠깐 씻어 훔쳐서 고추장에 넣었다가 먹는다. 이것이 생강 줄기인데, 강엽(薑葉)이라는 것을 개양이라고 잘못 부르고 있다.

법대로 만든 메줏가루 한 말에 고춧가루 세 홉과 찹쌀가루 한 말을 합하여 맑은 간장을 쳐 가며 주물러 되게 하여 절구에 찧은 후에 작은 독에 넣고 볕을 쪼여 익힌다.

또 콩 한 말로 두부를 만들어 물기를 짜 버리고 여러 가지를 넣을만한 것을 넣고 주물러 반죽하여 고추장에 넣었다가 먹으면 맛이 좋다. 반죽할 때 소금이 좋을 듯하나 달고 맛있는 간장에 하는 것이 더 좋다.

마른 생선의 비늘과 머리를 잘라 조각을 만들고 곤포(昆布)와 다시마(海市) 등과 함께 넣어 익히면 맛이 매우 좋다.

또 다른 법은 멥쌀을 깨끗하게 쓸어(문질러) 가루내어 흰떡을 만들고, 콩을 깨끗하게 씻어서 떡과 등분하여 시루에 쪄서 무르게 찧어 어린애 주먹 크기로 메주덩이를 만들어 솔잎을 가로세로 격지 놓아 널어 20일이면 곰팡이 옷을 입는다. 이것을 볕에 바싹 말려 가루낸 뒤에 고춧가루, 기름, 꿀, 양념을 모두 섞어 항아리에 넣고 볕에 놓아 익힌다.

또 다른 법은 콩을 모래가 없도록 일고 법대로 메주를 만들어 작말하여 한 근당 고춧가루 세 홉과 찹쌀가루 한 되를 좋은 장에 반죽하여 되게 하여 항아리에 넣고 볕에 놓는다. 깨소금 다섯 홉을 넣기도 하지만 나중에 기름지고 말라서 오래 견디지 못한다. 찹쌀가루를 많이 넣으면 맛이 시어 좋지 않고 고춧가루가 너무 많으면 매워서 맛이 좋지 못하다.

고추장은 모두 강한 소금에 반죽하는 것이 좋지만 좋은 간장에 버무려서 만드는 것보다 맛이 못하다. 소금물은 질게 하

는 고추장에나 쓰고, 오래 두는 고추장은 되게 하므로 강소금을 쓴다.

[표 31] 육류 및 생선을 넣는 고추장 요약

명칭	문헌	메주 띄우기	담기
고추장 고추장 다른 법	증보산림경제 (1767) 임원십육지 (1827) 농정회요 (1830) 군학회등 (1800년 중반)	보통 방법으로 메주를 만들어 가루내기	① 콩 1말, 고춧가루 3홉(고춧가루 대신 산초가루도 무방함), 찹쌀가루 1되, 청장으로 담기 ② 콩 1말로 두부를 만들어 여러 재료와 함께 익히기 ③ 말린 생선, 청어 머리와 비늘을 다시마 등과 함께 넣어 익히기
고추장	규합총서 (1815)	콩 1말 삶고 쌀 2되 가루를 쪄서 찧어 작게 뭉쳐 띄워 말려 가루내기	메줏가루 1말에 소금 4되를 탄 죽에 고춧가루 5~7홉을 섞어 찹쌀 2되로 밥을 하여 버무리기. 대추, 포육가루, 꿀을 넣기도 함
급조고추장 [急造椒醬法]	오주연문장전 산고(1850)		메주장가루 1말, 찹쌀가루 1되, 고춧가루 1되에 다시마, 두부, 말린 청어, 북어, 당귀, 마늘순, 유채, 죽순, 찹쌀인절미, 엿기름, 대하, 홍합가루 넣기 게는 부수어 걸러서 된장으로 다독거려 덩어리를 만들고 쪄서 함께 담기
고추장 [造苦椒醬法]	방서 (1867)		청장 건더기에 고춧가루, 찹쌀가루를 섞어 담고 참깨, 후춧가루, 전복을 넣기도 함
약고추장	시의전서 (1800년 말)	백미가루 2되로 떡 쪄서 삶은 콩 찧을 때 같이 찧어서 메주 빚어 솔잎으로 띄워 7일에 1번씩 뒤집어 말려 가루내기	메줏가루 1말에 소금 4되를 타 죽을 만들고 고춧가루는 5~6홉을 섞고 찹쌀 2되로 한 밥을 섞어 대추 두드린 것, 포육가루, 꿀을 넣기도 함
고추장 담그는 법 [苦草醬 蠻戠醬辣醬]	조선무쌍신식 요리제법 (1924)	메주 1말에 흰쌀 2되로 한 떡을 넣어 찧어 작은 덩어리로 띄워 가루내기	① 메주쌀가루 1말에 소금 3되, 고춧가루 1되를 섞고 찰밥 2되를 지어 저어 익히기 ② 순창고추장: 자주 저어 익혀 엿기름 많이 넣기 ③ 일반 고추장: 찹쌀 대신 멥쌀밥 무방함 ④ 메좁쌀 및 차좁쌀가루로 죽 쑤어 메줏가루, 소금으로 되게 담기 ⑤ 보리나 밀로 담가도 좋고 이상의 것을 모두 죽 쑤어 담거나 시루에 떡 찌듯 하여 담기

(계속)

명칭	문헌	메주 띄우기	담기
			⑥ 고추장이 익은 후 넣는 것: 무를 수득수득 말린 것, 무말랭이, 생오이, 참외, 동아, 더덕, 우무, 송이, 가지, 풋고추, 풋감, 마늘 벗긴 것, 마늘종, 마늘줄기, 오이 잣, 쇠고기, 전복, 도미, 대구, 숭어, 청어, 마른 대구, 북어, 왕새우, 멸치, 감자, 콩잎, 생강 줄기 ⑦ 메줏가루 1말, 고춧가루 3홉과 찹쌀가루 1말을 간장으로 반죽하여 찧어 담아 볕 쪼이기 ⑧ 콩 1말로 두부 만들어 물기 짜고 고추장에 넣거나 마른 생선 토막, 곤포, 다시마 넣기
		멥쌀을 가루내어 흰떡을 만들고, 콩을 쪄서 주먹 크기로 만들어 솔잎을 사이에 놓아 21일 띄워 말려 가루내기	메줏가루, 고춧가루, 기름, 꿀, 양념을 모두 섞어 항아리에 넣고 볕 쪼이기
		일반 방법으로 콩메주 만들기	메주 1근에 고춧가루 3홉, 찹쌀가루 1되를 장에 반죽하여 담고 볕 쪼이기

볶음고추장

《증보산림경제》의 볶은 장은 2개, 《신영양요리법》의 약고추장은 1개 문헌이 인용하였다. 고추장 외에 고기도 넣는 데 《증보산림경제》는 쇠고기포 가루, 《조선무쌍신식요리제법》은 다진 쇠고기, 《조선음식 만드는 법》은 다진 고기, 《신영양요리법》은 고기를 넣어 볶는다. 《증보산림경제》에서는 감장에 후춧가루와 산초가루를 넣어서 맵게 하고 다른 방법은 고추장을 써서 볶는다. 부재료로 생강과 파를 넣고 꿀이나 설탕도 쓴다(표 32 참조).

볶은 장 증보산림경제(1767), 농정회요(1830), 군학회등(1800년 중반)

먼저 쇠고기의 힘줄과 얇은 막을 잘라내고 포를 떠서 기름장을 발라 불에 구워 말려서 가늘게 썰어 가루로 만들어 거친 체로 쳐 놓고, 맛있는 감장을 체로 쳐서 모래와 돌을 없앤다.

별도로 생강, 파, 후춧가루, 산초가루 및 볶은 참깨(가루로 할 필요는 없다) 등을 함께 장에 넣는데 장과 고기의 비율을 2 : 1로 하고 기름과 꿀을 넣는데 (찬물을 조금 섞어도 된다) 모두 고루 주물러 진흙처럼 만들어서 볶는다. 중요한 것은 물기가 있어야 하므로 바싹 마르면 좋지 않다(부록 173).

볶은 고추장(煎苦椒醬) 조선무쌍신식요리제법(1924)

좋은 고추장에 쇠고기 난도질한 것을 같은 양 넣고 꿀이나 설탕을 치고 파와 생강을 난도질하여 넣고 기름을 많이 부어 숯불에 천천히 볶되 눋지 않게 자주 저어 기름이 잦을만하면 실백(잣)을 섞어 쓴다.

고추장을 오래두려면 기름과 설탕만 치고 볶아 두어야 상하지 않는다. 이것도 볶을 줄 모르면 남에게 흉잡히기 쉽다. 고추장은 맵든지 맵지 않든지 관계없으나 대개 매운 것이 좋아 곱고 되게 만든 것을 먼저 기름을 많이 치고 온종일 볶아 뜸을 들여야 빛이 검으니 부디 타서 검은 색이 나지 않도록 한다.

고추장이 없으면 된장을 곱게 으깨고 고춧가루 치고 양념하여 볶으면 고추장과 같다.

약고추장 신영양요리법(1935), 조선요리제법(1939)

재료: 고추장 한 보시기, 생강 열 냥, 고기 50냥, 기름 반 종자, 설탕 15냥, 물 한 종자, 파 다섯 뿌리

고기와 파를 곱게 다져서 냄비에 익혀서 도마에 놓고 다시 곱게 다져서 냄비에 넣고 다진 생강과 고추장을 넣고 설탕, 물, 기름을 넣어 저으면서 거무스레할 때까지 볶는다.

약고추장(사철) 조선음식 만드는 법(1946)

재료: 고추장 한 홉, 생강 조금, 쇠고기 조금, 참기름 두 큰수저, 설탕 반홉, 물 두 큰수저, 파 두 뿌리, 실백(잣) 한 큰수저

고기를 곱게 이겨서 갖은 양념을 하여 번철에 기름을 두르고 볶아서 다시 도마에 놓고 곱게 이겨서 냄비에 넣고, 고추장을 이 고기에 섞고 파와 생강을 곱게 이겨서 넣고 설탕을 치고 잘 저으며 볶다가, 너무 되면 물을 쳐서 볶고 원래 묽은 고추장은 물을 치지 않아도 좋다. 눋지 않고 색이 거무스레하도록 볶아서 식은 후 잣을 섞어 종지에 담고 위에 잣가루를 뿌려 놓는다.

[표 32] 볶음고추장 요약

명칭	문헌	담기
볶은 장 [炒醬法]	증보산림경제(1767) 농정회요(1830) 군학회등(1800년 중반)	쇠고기 포를 불에 구워 말려 가루내고 생강, 파, 후춧가루, 산초가루 및 볶은 참깨를 감장에 넣기 장과 고기 비율은 2 : 1로 하고 기름과 꿀을 넣고 주물러 볶기
볶은 고추장 [煎苦椒醬]	조선무쌍신식요리제법 (1924)	고추장에 다진 쇠고기를 같은 양 넣고 꿀이나 설탕 치고 난도질한 파와 생강 넣고 기름 부어 볶아 잣을 섞어 쓰기
약고추장	신영양요리법(1935) 조선요리제법(1939)	고기 50냥, 다진 파 5뿌리를 익혀 다진 생강 10냥, 고추장 한 보시기, 설탕 15냥, 물 1종지, 기름 반 종지를 넣어 볶기
약고추장 (사철)	조선음식 만드는 방법 (1946)	고기를 다져 양념하여 이겨서 고추장 1홉, 다진 파와 생강, 설탕 반홉을 넣어 볶아 잣가루 뿌려 먹기

찹쌀고추장

약고추장만 메주를 언급하였는데 흰떡을 쪄서 콩과 메주를 납작하게 만들어 오쟁이에 짚을 깔아 띄운다. 메주와 고추는 가루로 넣는다. 《주찬》은 찹쌀을 밥, 《음식책》은 고두밥, 《조선요리제법》의 고추장과 맥 · 찹쌀고추장, 《신영양요리법》, 《조선음식 만드는 법》은 죽, 《조선요리법》은 반죽하여 삶아 쳐서 쓰고, 〈경향신문〉에 나온 방법은 경단을 만들어 쓴다. 주재료인 메주, 고춧가루, 찹쌀 이

외에 《주찬》은 생강, 저민 무김치, 석이, 표고, 도라지, 더덕을 넣고, 《조선음식 만드는 법》은 대추, 꿀을 넣는다.

《주찬》의 고추장은 만든 날 바로 먹을 수 있고 〈경향신문〉에 나온 방법은 1~2주일, 《음식책》은 3주일, 《신영양요리법》과 《조선요리법》은 1달, 《조선음식 만드는 법》은 2~3달 동안 숙성한다(표 33 참조).

고추장 주찬(1800년대 초)

집장 메주같이 쑨 메주 한 말을 가루내고, 찹쌀 서너 되로 밥을 지어 소금 네 되에 고춧가루 다섯 홉 정도를 섞어서 진흙처럼 이긴 다음, 생강과 잘게 저민 무김치 석이, 표고, 도라지, 더덕 등을 층층이 넣고 장을 담그면 그날 먹을 수 있다. 익은 다음에는 오래되어도 맛이 변하지 않아 좋다(부록 174).

고추장 조선요리제법(1917)

메주를 절구에 찧어 고운체로 쳐서 그릇에 담아 놓고 보릿가루와 찹쌀가루(메줏가루가 닷 되면 보릿가루 닷 되에 찹쌀가루 두 되가량을 한다)를 고운체에 쳐서 풀을 쑤며 소금물로(물 한 동이에 소금 두 되를 섞는다) 물을 가해 되게 죽을 쑤어서(보통 죽보다는 되게 쑨다) 메줏가루에 붓고 고춧가루를 메주의 5분의 1을 넣고 잘 섞어서 두고(되거나 질면 소금을 가감하여 조절한다) 매일 한 번씩 저어 볕을 보여 익힌다.

약고추장 담는 법 음식책(1838 또는 1898)

동짓달에 흰무리 한 말을 쑤고 찻되로 한 말 흰무리를 찌면 찻되로 콩을 네 되만 딴 솥에 무르게 삶고 붉은 빛 나도록 잘 쑤어 흰무리하고 절구에 콩과 떡이 한데 잘 섞이도록 나른하게 질 찧는다.

이 메주 반대기(반죽)를 납작납작하게 찍어 짚으로 격지 놓으며 오쟁이

같은 데 담아 방에서 띄우되 너무 띄우면 고추장 빛이 검고 덜 띄우면 고추장이 시기가 쉬우니 한겨울 지켜보아 알맞게 뜨거든 즉시 내어 말려 둔다.

명춘 나중의 이월에 메주를 떼서 옷 입은 것을 다 깨끗이 씻어서 물기 말려서 찧기가 어려우니 신칙(단단히) 친견하여(살펴서) 흰무리 덩이 빙당(氷糖; 녹여서 사각으로 딱딱하게 만든 설탕)같이 못 띄웠다고 하면 밑을 찧어 가는 체로 다 쳐서 볕에 말려 빛도 나고 메주 냄새도 나가게 한다.

찹쌀 두 말이나 세 말을 4~5일 물에 흠뻑 불렸다가 지어(고두밥)를 찌되 물을 많이 줄게 밭쳐 쪄서 더운 김에 한 말이면 메줏가루 세 되씩만 넣고 고춧가루는 색 보아 넣고 소금도 깨끗이 쳐서 간보아 가며 맞추되 군물(뜨거운 물을 식히기 위하여 타는 맹물)은 잡지 말고 그릇에 담을 때 그릇만 말끔히 사발 남즛이(한사발 약간 넘게) 담는다.

매일 풀젓개로 틈 있는 대로 저으면 좋으므로 많이 젓되 처음은 인절미 같아 빽빽하여 젓기 어렵지만 삭아가는 대로 맛을 보면 단맛이 너무 쉽게 들면 간이 싱거워서 쉽게 익느라 그런 것이므로 급히 먹기는 좋으나 장차 염려가 되면 소금을 조금씩 넣어 가며 젓되 담은 지 21일 지나고 맛이 꿀을 친 것같이 되면 굵은 체로 걸러 놓고 산사전(산사로 만든 정과)과 거르듯 하여 그릇에 담는다.

찌꺼기는 막고추장에 섞어 쓰고 고추장 처음 담을 때와 걸러 담는 그릇도 좀 골막하게(모자라게) 담아야지 가득 채우면 넘기도 잘 한다.

이 장은 다 먹을 때까지 날마다 저어 가며 먹어야지 젓지 않으면 장마에는 맛이 변하고 2월을 넘겨 만시가 되면 쉬기 쉬워 일찍 담근다.

찹쌀고추장 신영양요리법(1935)

재료: 찹쌀 네 되, 소금 두 되, 메줏가루 세 되, 물 세 되, 고춧가루 한 되가웃

물에 소금을 풀어서 찹쌀로 죽을 되게 쑤어 메줏가루에 잘 섞어서 하룻밤

지난 후에 고춧가루를 풀어서 항아리에 넣고 망사로 꼭 봉해서 덮어두고 매일 뜨거운 물을 뿌리고 덮개를 열어 볕을 쪼인다. 30일 정도 지나면 익는다.

고추장(1) 조선요리법(1939)

재료: 찹쌀 소두 한 말, 메줏가루(콩 한 말, 메주 닷 되나 엿 되 섞어 씀), 고춧가루 빛나는 대로, 소금 간 보아 가면서 간장 두 사발 정도(달인 간장)

메주를 빻아서 고운체로 쳐서 3~4일 정도 밤이슬을 맞혀 바래야 색도 좋고 메주 냄새가 안 난다. 그 다음 찹쌀을 씻어 담갔다가 빻아서 고운체로 쳐서 흰떡 반죽하듯 익반죽(뜨거운 물을 부어가며 하는 반죽)해서 둥글게 반대기(반죽)를 만들어서 펄펄 끓는 물에 삶아 건져서 방망이로 힘껏 쳐서 응어리 없이 모두 풀어서 꽈리가 일도록(빠르고 격하게 반죽하면 꽈리를 입으로 불 때 같이 기포가 반죽에 들어갔다가 불룩불룩 튀어 나오는 모습) 저어서 떡 삶은 물을 반죽이 알맞도록 쳐서 고춧가루와 메줏가루를 치고 하룻밤 두었다가 간을 맞추어 항아리에 담가 익힌다. 날물이 섞이면 못쓴다.

맥찹쌀고추장 조선요리제법(1939)

재료: 메줏가루 세 되, 물 세 되, 고춧가루 한 되가웃(한 되 반)

소금물로 찹쌀죽을 되게 쑤어서 메줏가루와 잘 섞어서 하루 반쯤 후 고춧가루를 섞어서 항아리에 넣고 망사로 꼭 봉해서 덮어 둔다. 매일 덮개를 열어 뜨거운 볕에 쪼이면 1달에 익는다. 엿기름가루를 약간 섞으면 좋다.

찹쌀고추장 3(정·이월) 조선음식 만드는 법(1946)

재료: 메줏가루 한 말, 찹쌀 두 되, 소금 네 되, 대추 다섯 홉, 고춧가루 칠 홉, 꿀 세 홉

메줏가루에 소금을 타고 물로 묽은 죽처럼 반죽을 하여 고춧가루를 잘 섞

어 넣고, 찰밥을 질게 지어서 메줏가루에 섞고, 대추를 씻어서 물기 없이 곱게 이겨서 함께 섞고 꿀을 붓고 다시 잘 섞어서 봉해 두었다가 익으면 먹는다.

비고: 밤이면 잘 덮어 두고 낮에는 덮개를 열어 놓고 볕을 잘 쪼인다. 2~3개월 후부터 먹기 시작한다.

담북고추장 경향신문(1966. 2. 23)

여주 이천의 명물로 담북고추장이 있다. 추울 때 메주무거리와 고춧가루를 버무려서 간장이나 소금만 넣어 간을 맞춘다. 7~8일에서 2주일쯤 두면 익어서 구수한 맛이 된장이나 순고추장과는 다르다. 이른 봄에 달래장아찌 김쌈에 먹는 것이 별미이다.

• 담그는 법과 영양

고추장은 영양분석표에서 보는 것처럼 상당히 고른 함량을 가지고 있다. 그러나 한 끼에 극소량을 먹는 것이므로 영양가와 고추장의 평가와는 별로 상관이 없다. 요즘은 고추장 담그는 법도 많이 변해가고 있다.

전통적인 방법은 요즘 흔한 방법과는 다르다. 밥을 지어서 항아리에 넣고 띄운다. 밥이 다 떠서 곯고 나면 고춧가루, 메줏가루 순으로 섞고 간을 고운 소금으로 맞춘다.

요즈음 밥보다는 떡으로 하는 것이 흔한 방법이다. 찹쌀고추장을 맛있게 담그는 요방(要方)을 이화여자중학교 조숙임 교사가 소개한다.

찹쌀을 떡가루로 빻아서 반죽하여 경단처럼 삶아낸다. 뜨거운 떡을 양푼에 으깨는 데 끓는 물을 쳐 가며 곱게 섞는다. 너무 되면 오히려 나쁘다. 흐르지 않을 정도로 묽게 하고 고춧가루를 넣어 둔다. 빛깔을 곱게 하기 위해서이다. 메줏가루를 넣지 않았기 때문에 삭지 않는다.

이튿날 메줏가루를 섞고 자주 살펴서 시어질 만큼 삭기 전 단맛이 날 때 간을 넣는다.

이렇게 하면 유난히 더디 익어서 걱정되는 일도 없고 빛도 매우 곱다. 처음에 해로운 존재로 들어왔던 고추를 찬 없는 서민의 상에 미각을 돋우는 귀염둥이로 올려놓은 우리 백성의 슬기가 여기에 또 드러난다.

밭고기라는 콩으로 된 메주와 설탕 못지않게 달고도 몸에 이롭다는 엿기름과 곡식을 섞어 빨갛게 색도 고운 고추장을 우리의 장독 위에 가질 수 있는 것도 또 하나의 자랑이겠다.

[표 33] 찹쌀고추장 요약

명칭	문헌	메주 띄우기	담기	숙성
고추장 [苦艸醬]	주찬(1800년대 초)	집장메주 1말	찹쌀 3~4되로 밥 지어 소금 4되, 고춧가루 5홉을 이겨 생강, 저민 무김치, 석이, 표고, 도라지, 더덕을 층층이 넣어 담기	당일에 먹을 수 있음
약고추장	음식책 (1838 또는 1898)	동짓달에 콩 4되를 삶아 흰무리떡 1말 쪄서 함께 찧어 납작하게 반죽하여 짚으로 격지 놓아 오쟁이에 넣어 띄워 새해 봄에 말려 가루내기	찹쌀 2~3말을 쪄서 1말 당 메줏가루 3되, 고춧가루, 소금 넣어 담기	매일 젓기 21일 숙성
고추장	조선요리제법(1917)	가루낸 메주	물 1동이에 소금 2되를 풀어 보릿가루 5되와 찹쌀가루 2되로 죽을 되게 쑤어 메줏가루 5되와 섞고 고춧가루를 메주의 5분의 1 넣어 섞기	매일 1번씩 저어 볕을 보여 익히기
찹쌀 고추장	신영양 요리법 (1935)		소금물로 찹쌀 죽을 쑤어 메줏가루에 섞어 하룻밤 둔 후 고춧가루 섞어 담기	매일 뜨거운 물로 덮개를 열어 볕 쪼여서 30일 숙성
고추장(1)	조선요리법 (1939)	메주 빻은 가루를 밤이슬 맞히기	찹쌀 소두 1말을 빻아 반죽하여 삶아 건지고 삶은 물, 메줏가루(콩 1말, 메주 5되나 6되 섞어 씀), 고춧가루 섞어 하룻밤 둔 후 간장 2사발 섞기	

(계속)

명칭	문헌	메주 띄우기	담기	숙성
맥찹쌀 고추장	조선요리제법(1939)		소금물로 찹쌀죽을 쑤어 메줏가루 3되와 섞고 하루 반 둔 후 고춧가루 1되가웃 섞기	매일 덮개 열어 볕에 쪼여서 1달 숙성하고 엿기름가루를 섞어도 좋음
찹쌀 고추장 3 (정·이월)	조선음식 만드는 법(1946)		메줏가루 1말에 소금을 타서 죽으로 만들어 고춧가루 7홉 섞고, 찹쌀 2되로 지은 밥, 대추 5홉 이긴 것, 꿀 3홉을 넣어 담기	낮에 덮개 열어 볕 쪼여서 2~3개월 숙성
담북 고추장	경향신문(1966. 2. 23)		① 담복고추장: 메주 무가루, 고춧가루로 담가 간장이나 소금으로 간하기	7~8일이나 14일 숙성
			② 전통 방법: 밥을 지어 항아리에 띄워 고춧가루, 메줏가루 섞고 소금 간하기	
			③ 찹쌀고추장: 찹쌀가루로 경단을 만들어 삶아 으깨 고춧가루 섞어 하룻밤 둔 후 메줏가루를 섞고 단맛나면 간하기	

멥쌀고추장

《임원십육지》의 고추장메주는 멥쌀 흰떡을 만들어 콩과 함께 쪄서 주먹 크기로 만들어 솔잎에 띄운다. 《조선요리법》과 《신영양요리법》은 멥쌀을 죽으로 쑤어 담는다(표 34 참조).

고추장 임원십육지(1827)

멥쌀을 곱게 가루로 빻아 흰떡을 만들어 놓는다. 멥쌀과 같은 양의 콩을 골라 씻어서 흰떡과 함께 시루에 쪄서 익혀 잘 찧어 아이 주먹만한 작은 메주덩이를 만들어 솔잎을 층층이 깔고 담아 21일간 누런 곰팡이가 피기를 기다려 바싹 말려 가루로 빻아 고춧가루와 향기로운 기름, 벌꿀, 여러 재료를 넣어 항아리에 담아 볕을 쪼여 잘 익으면 먹는다(부록 175).

멥쌀고추장 조선요리제법(1939)

재료: 메줏가루 세 되, 소금 두 되, 고춧가루 한 되가웃(한 되 반), 쌀 네 되, 물 네 되

메주를 깨서 절구에 찧고 체로 쳐서 가루를 내어 그릇에 담아 놓는다. 물에 소금을 풀고 소금물로 쌀죽을 되게 쑤어서 메줏가루에 넣고 주걱으로 잘 섞어서 하룻밤 두었다가 고춧가루를 잘 섞어서 항아리에 담아 꼭 봉한다.

매일 덮개를 열고 볕을 1달쯤 쏘이면 익는다. 질거나 된 것은 소금물을 가하던지 빼서 조절한다.

멥쌀고추장 신영양요리법(1935)

재료: 메줏가루 세 되, 소금 두 되 네 홉, 고춧가루 한 되 네 홉, 쌀 네 되

메주를 절구에 찧어 그릇에 담아 넣고 백미로 죽을 되게 쑨다. 소금물(물 한 동이에 소금을 두 되 풀어서)을 넣어서 죽을 쑤어 메줏가루에 부어 잘 섞어서 하룻밤 지난 후 고춧가루를 넣고 잘 섞어서 항아리에 담아 꼭 봉하여 매일 볕을 쏘인다. 주의할 점은 된장과 같다(되거나 묽은 것은 소금물로 조절한다).

[표 34] 멥쌀고추장 요약

명칭	문헌	메주 띄우기	담기	숙성
고추장 [南椒醬方]	임원십육지 (1827)	멥쌀가루로 흰떡을 만들어 같은 양의 콩과 같이 쪄서 찧어 아이 주먹 크기로 만들어 솔잎을 격지 넣어 21일간 띄워 말려 가루 내기	메줏가루, 고춧가루, 기름, 벌꿀, 기타 자료로 담기	볕 쪼이기

(계속)

명칭	문헌	메주 띄우기	담기	숙성
멥쌀 고추장	조선요리제법 (1939)		물 1동이에 소금 2되 4홉 풀은 물로 쌀 4되를 죽 쑤어 메줏가루 3되와 섞고 하룻밤 둔 후 고춧가루(1되가웃)를 섞어 담기	1달 숙성 볕 쪼이기
멥쌀 고추장	신영양요리법 (1935)		메주 3되를 가루내고 소금 2되 풀은 물 4되로 쌀 4되 넣고 죽을 되게 쑤어 넣고 하룻밤 둔 후 고춧가루 1되 4홉 섞어 담기	볕 쪼이기

멥·찹쌀고추장

《부인필지》, 《조선요리제법》은 콩을 익히는 방법으로 삶고 〈동아일보〉에 나온 방법은 찐다. 《부인필지》, 〈동아일보〉 ①, 〈동아일보〉 ⑤는 멥쌀떡을 하여 익힌 콩과 섞어서 메주를 만들어 띄우고 〈동아일보〉 ④는 솔잎에 띄운다. 《조선요리제법》은 둥글납작하게 만들어 섬이나 독에 짚을 깔고 띄운다.

고추장은 메줏가루, 소금, 고춧가루로 담그며 찹쌀도 넣는데 《부인필지》, 〈동아일보〉 ①, 《조선요리제법》은 찰밥, 〈동아일보〉 ④는 찹쌀가루를 쓰고, 《간편조선요리제법》은 백미, 찹쌀, 보릿가루죽을 쓴다. 숙성은 저어주며 7일, 15일, 1달간 한다(표 35 참조).

고추장법 부인필지(1915)

메주 한 말을 쑤고 멥쌀 두 되로 흰무리떡을 만들어 메주에 넣어 같이 찧어 띄운 후 곱게 가루내어 가루 한 말에 소금 세 되와 고춧가루 한 되를 섞고 찰밥 두 되를 질게 지어 밥알이 풀리게 저어 익힌다.

고추장 담그는 법 1 동아일보(1931. 4. 25)

고추장이 어느 때에 난 것인지 모르지만 필시 간장이 난 뒤에 났을 것이다. 여러 찬 중에 매우 요긴한 것이다. 달고 짜고 매우므로(조금 신 것은 싱겁게 하여 익은 것이다) 요만큼 찬 되고 비위에 맞고 여러 군데 쓰기는 간장 외에 고추장 이상 갈 것이 없다.

사람마다 거의 다 먹지만 혹 매운 것을 좋아하지 않는 사람은 먹지 않기 쉽지만 고추장은 원래 그렇게 몹시 맵게 담글 것이 아니다.

또 고추장이란 것은 돈을 주고 사도 그리 좋은 것이 없고 각각 자기 집에서 만들어 먹는 것이 보통이다.

첫째, 메주를 정성들여 속이 썩지 않게 잘 띄워야 하는 데 간장메주보다 정성을 들여야 하며 둘째, 고추를 가루로 만드는 것이니 산의 밭에 거름을 덜하고 심는 고추는 빛도 누렇고 단맛이 적고 맵기만 해서 못 쓴다. 들의 밭에 거름을 많이 하고 길러서 맏물(첫째)에 따는 고추는 굵고 살이 두껍고 빛이 붉고 단맛이 많다.

이 고추의 꼭지도 깨끗하게 따고 씨는 모두 떨어내고 바싹 말려 찧어서 깁(헝겊) 체에 처야 한다. 메주와 고추 두 가지를 정해진 방법대로 만드는 것이다. 이 두 가지 외에도 찹쌀이라든지 보리나 밀이라든지 흰떡을 넣으면 좋다.

되는 대로 담그려면 쉬울 것 같지만 정성을 들여 담그려면 어렵다. 집집마다 부인네는 있지만 집집마다 고추장 잘 담그는 솜씨는 귀하다. 고추장을 대강 설명하지만 민첩하고 영리한 부인이 여러 번 시험하지 않으면 안 된다.

메주 한 말을 쑤어서 흰쌀 두 되로 희무리떡을 만들어 메주에 넣고 함께 찧어 잘게 덩어리를 만들어 띄운 후 속이 검기 전에 볕에 바싹 말렸다가 담글 때 곰팡이를 솔로 털고 물로 씻어서 마르기 전에 찧으면 단단하지 않아서 잘 찧어진다.

이 가루 한 말에 소금 세 되(혹은 두 되 닷 홉)와 고춧가루 한 되를 섞고 찹쌀 두 되로 밥을 죽처럼 쑤어서 퍼내 하룻밤 식히면서 고양이나 파리가 먹지 못하게 하고 속까지 식으면(밥이 덜 식으면 쉰다) 위의 것과 모두 합하여 잘 섞어서 항아리에 넣고 면을 평평하게 다진 후 소금을 한 벌 뿌려 파리가 오지 못하도록 한다.

볕에 놓아 날마다 뚜껑을 잘 덮고 식전에 볕을 보이되 군물이 들어가면 실패는 물론 집안 꼬락서니는 말할 것도 없이 된다.

고추장 만드는 법은 두 가지가 있다. 묽게 만들어 날마다 방망이로 저어가며 속히 익히는 방법이 있고, 되게 국수 반죽하듯 반죽하여 밥 소라(소라기)나 바가지에 여러 번 찰떡처럼 쳐 가며 만들어 항아리에 넣고 익히는 방법도 있다. 이것은 맛도 좋고 오래가기도 하고 가시도 나지 않으므로 여러 번 칠수록 좋으므로 모쪼록 반죽을 되게 하는 것이 매우 좋다.

그렇게 하려면 힘이 들기는 하지만 두고두고 오래 먹는데 필요하다. 묽게 만들어 날마다 저어가면서 속히 익혀서 당년에만 먹는 것과는 다르다.

고추장 만드는 법 4 동아일보(1931. 4. 29)

일찍 담그는 고추장은 묽어도 관계 없으나 사오월에 담그는 것은 되게 담고 위에 고추장이 보이지 않을 정도로 소금을 뿌려서 파리가 쉬(알)를 슬지 못하게 하고 뚜껑을 열고 볕을 보일 때 철체나 헝겊으로 덮는다.

너무 고운 것이 아니라 파리가 들어가지 못할 정도로 성긴 것으로 덮어둔다. 너무 고운 것으로 덮으면 골마지가 나기 쉽다.

또는 멥쌀을 깨끗하게 쓸어 가루내어 흰떡을 만들고 콩을 깨끗하게 씻어서 떡과 같은 양을 시루에 흠뻑 찐 후 어린애 주먹만큼 메주덩이를 만들어서 솔잎과 격지 놓으면 삼칠일(21일) 후 옷(곰팡이)을 입을 것이다.

볕에 바싹 말려 가루낸 뒤 고춧가루와 참기름과 꿀을 같은 양 섞어서 항아리에 넣고 볕에 놓아 익힌 후 먹으면 맛이 좋다.

또는 콩을 잘 일어서 모래를 없애고 정해진 법대로 메주를 만들어 가루내서 한 근에 고춧가루 세 홉과 찹쌀가루 한 되를 섞어 좋은 장으로 되게 반죽하여 항아리에 넣고 볕에 놓는다. 깨소금 반 되를 넣기도 하지만 나중에 기름지고 말라서 오래 가지 못한다.

찹쌀가루를 많이 넣으면 시어서 좋지 않고 고춧가루를 너무 많이 넣으면 매워서 좋지 못하다. 주부가 잘 요량하여 재료는 같은 양 섞어야 한다.

고추장메주는 겉만 뜨고 속이 노란 것이 좋으나 속이 누르더라도 좀 뜬 것이 좋다. 속이 전혀 뜨지 않으면 나중에 고추장에 곰팡이가 나기 쉽다.

무슨 지지미든 고추장을 타고 끓이면 맛이 없다. 모쪼록 묵은 것이라야 맛이 좋다.

겨울에 푸른 김을 깨끗하게 골라 물에 넣었다가 한 덩어리 주먹만큼 꼭 짜서 고추장 속에 넣었다가 이듬해 꺼내 먹으면 빛이 까맣고 맛이 좋다.

고추장 만드는 법 5 동아일보(1931. 4. 30)

또 온갖 고추장은 강소금이나 소금물에 반죽하는 것이 대부분이지만 간장에 버무리는 것만 못하다. 경제적이지는 못하지만 소금으로 만든 것보다 맛이 배는 낫다. 소금물로 만드는 것은 질게 되기 쉬우므로 오래 두어야 하는 것은 강소금으로 만드는 것이 좋다.

감주를 끓였다가 고추장에 타서 담그면 달고 좋은데 엿기름 때문이다. 또 메주 쑤는 시기를 놓쳐서 늦게 쑤게 되면 메주 찧을 때에 소금을 넣어 찧어 반죽하여 띄우면 가시가 덜 생기는 것 같은데, 아무쪼록 때를 잃지 않는 것이 상책이다.

고추장에 보리밥을 넣고 담그면 잘 되지 않으므로 아무쪼록 위에서 말한 대로 띄워서 줄이 나면(곰팡이가 피면) 담근다.

고추장에 수입찹쌀로 밥을 지어 넣기보다 질이 낮은 것이라도 국산 찹쌀을 넣는 것이 좋다.

고추장에 하루살이 같은 파리(초파리)가 날아 나오면 장이 쉬거나, 부걱부걱 피어오르거나 골마지가 생기거나 가시가 나므로 매일 먹는 것은 막대로 하루에 여러 번 젓고 저녁에 막대를 빼고 덮었다가 이튿날 다시 저어가며 먹어야 한다.

그리고 바로 먹지 않는 것은 심심한 간장을 위에 치면하게(가장자리까지 차게) 부어 두고 며칠 후 다시 부어서 간장이 고추장보다 한두 푼 높게 하여 두면 아무 일이 없다. 아니면 위에 고추장이 보이지 않도록 된장을 한 벌 폈다가 더운 날씨가 지나면 된장을 걷고 먹는 것이 좋다.

햇고추장을 많이 먹으면 설사가 난다.

고추장을 손쉽게 만들려면 콩 한 되와 멥쌀 닷 되를 시루에 쪄서 메주덩이를 작게 만들어 띄운 후 곰팡이를 깨끗하게 씻고 가루내어 체로 친다. 찹쌀 세 되로 밥을 지어 고춧가루와 메줏가루를 장이나 소금에 버무려 그늘에 놓고 7일 풀젓개로 매일 일곱여덟 번씩 젓는다.

고추장 간편조선요리제법(1934)

메주를 절구에 찧어 고운체로 쳐서 그릇에 담아놓고 백미로 죽을 쑤든지 보릿가루와 찹쌀가루(메줏가루가 닷 되면 보릿가루 닷 되에 찹쌀가루 두 되가량)를 고운체에 쳐서 풀을 쑨다.

소금물(물 한 동이에 소금 두 되를 친다)로 물을 가하여 되게 죽을 쑤어서(보통 죽보다 되게 쑨다) 메줏가루에 부어 하룻밤 후, 고춧가루를 메주의 5분지 1을 넣고 잘 섞어 두고(되거나 질은 것은 소금의 양으로 조절한다) 매일 한 번씩 저어 볕을 보여 익힌다.

떡고추장 조선요리제법(1939)

재료: 콩 닷 되, 찹쌀 네 되, 백미 두 되, 고춧가루 세 되, 소금 한 되가웃, 물 두 되

멥쌀은 백설기를 만들어 쪄 놓는다. 콩은 물 한 동이 가웃을 붓고 메주를 쑤어서 절구에 찧는다. 찧을 때 백설기를 함께 넣고 곱게 찧어서 작은 주먹 크기로 둥글납작하게 만들어서 볕이나 온돌에 꾸둑꾸둑 말린다. 섬이나 독에 넣고 띄우는데 메주가 서로 닿지 않도록 짚을 가로세로로 번갈아 덮는다.

더운 곳에 7일 재워서 꺼내 볕에 널었다가 섬에 7일 재웠다가 꺼내 말린다. 고운 가루로 만들어서 질은 찹쌀밥을 메줏가루에 섞어 두어 시간 두었다가 고춧가루를 섞어 하룻밤 놓아둔다.

여기에 소금을 섞어 항아리에 담고 버무린 그릇을 부셔 붓고 고추장이 보이지 않도록 위에 소금을 깔고 망사로 꼭 봉해 덮어둔다. 매일 덮개를 열어서 뜨거운 볕을 쏘이면 1달 (지나) 먹게 된다.

햇고추장 우리음식(1948)

재료: 메줏가루 두 공기, 밥 네 공기, 소금 두 숟가락, 물 네 공기, 고춧가루 반 공기

메줏가루에 밥을 버무려 고춧가루, 소금과 물을 다 하여, 잘 담가 두었다가 15일쯤 지나면 먹게 된다. 이 고추장도 묽은 메줏가루[메주 무거리(체로 쳐서 남은 찌꺼기)]로도 담근다. 맵고 삼삼한 장이다.

[표 35] 멥·찹쌀고추장 요약

명칭	문헌	메주 띄우기	담기	숙성
고추장법	부인필지(1895)	메주 1말을 쑤고 멥쌀 2되로 떡을 만들어 같이 찧어 띄워 가루내기	가루 1말, 소금 2되, 고춧가루 1되, 찰밥 2되 섞어 담기	

(계속)

명칭	문헌	메주 띄우기	담기	숙성
고추장 담그는 법 1	동아일보 (1931. 4. 25)	콩 1말 쑨 것, 흰쌀 2되로 떡을 찧어 덩어리로 띄워 말려 가루내기	가루 1말, 소금 3되, 고춧가루 1되, 찹쌀 2되 밥을 섞어 하룻밤 삭히기	볕에 쪼이기
고추장 만드는 법 4	동아일보 (1931. 4. 29)	① 멥쌀가루로 흰떡을 만들고 같은 양의 콩을 쪄서 주먹 크기 메주로 만들어 솔잎과 격지 놓아 21일 띄워 말려 가루내기	메줏가루, 고춧가루, 참기름, 꿀을 같은 양 섞어 담기	볕에 쪼이기
		② 콩으로 메주 띄워 가루내기	메줏가루 1근, 고춧가루 3홉, 찹쌀가루 1되로 되게 담기	
고추장 만드는 법 5	동아일보 (1931. 4. 30)	콩 1되, 멥쌀 1되를 쪄서 작은 메주덩이로 뭉쳐 띄워 가루내기	찹쌀 3되로 지은 밥, 고춧가루, 메줏가루, 소금에 버무리기	그늘에서 하루 7~8번씩 7일 젓기
고추장	간편조선요리제법(1934)		백미가루죽, 찹쌀가루 3되, 보릿가루 5되로 물 1동이에 소금 2되를 푼 소금물로 죽을 쑤어 메줏가루 5되에 부어 하룻밤 둔 후 고춧가루 1되 섞기	매일 1번씩 젓고 볕에 쪼이기
떡고추장	조선요리제법(1939)	백미 2되로 백설기를 만들어 콩 5되를 삶아 함께 찧어 둥글납작하게 만들어 약간 말려 섬, 독에 짚과 함께 넣고 7일 띄워 말렸다가 7일 띄워 말려 가루내기	메줏가루에 찹쌀 4되로 만든 질은 밥을 섞어 2시간 후 고춧가루 3되를 섞어 하룻밤 둔 후 소금 3되를 섞어 담기	위에 소금 깔고 봉해 매일 열어 볕 쪼여서 1달 숙성
햇고추장	우리음식 (1948)		메줏가루 2공기에 밥 4공기를 버무려 소금 2수저, 물 4공기를 합하여 담기	15일 숙성

보리고추장

《신영양요리법》은 1개 문헌이 인용하였다. 《음식디미방》, 〈동아일보〉 ①은 보릿가루를 쪄서 띄우고 ④는 보리밥을 자바기에서 띄운다. 고춧가루, 메줏가루, 보릿가루, 소금으로 담그며, 보리는 대부분 가루를 쓴다. 〈동아일보〉 ②, 《신영양요리법》, 《조선음식 만드는 법》은 보릿가루로 죽을 쑤어 담그며 《우리음식》은 보리밥으로 담근다. 《신영양요리법》과 《조선음식 만드는 법》은 보릿가루와 쌀가루를 함께 쓴다. 숙성은 저어가며 3일에서 80일까지 한다(표 36 참조).

고추장 음식디미방(1670년경)

고추는 가루내고, 쌀가루는 빻아서 쪄놓고, 보리쌀은 희게 잘 쓸어 맷돌에 갈아서 체로 친 뒤, 시루에 흰무리 찌듯 쪄서 조금 둔다. 시루 속에서 잠깐 띄웠다가 도로 부수어 가루내어 쌀가루 쪄놓은 데다가 같이 반죽하는데, 고춧가루와 장과 함께 모두 다 섞어서 빚어 넣는다.

고추장 만드는 법 3 동아일보(1931. 4. 28)

보리는 가을보리나 쌀보리를 잘 닦아 물에 여러 번 비벼서 씻으며 돌을 일어서 없애고 건져서 볕에 펴 말려 맷돌에 타거나 절구에 찧어 굵은체로 친다. 이 가루에 축축해질 정도로 물을 붓고 버무려 쪄낸다. 한 번에 찌면 김이 잘 오르지 않으므로 시루에 보릿가루를 30%만 얹어서 찌다가 김이 오르는 대로 위에 점점 더 펴 얹어서 익힌다.

익으면 시루를 떼어 너스레를 걸친 큰 자바기에 놓고 시루 찐 끓는 물을 바가지로 퍼서 위에 넓게 다 붓는다. 물이 빠지면 더운 아랫목에 유지를 펴거나 막대기를 우물정자로 놓고 위에 시루를 얹어 장판에 물이 떨어지지 않게 하고 시루 마구리를 더운 기운이 나오지 못하게 꼭 봉한다.

파리가 들어가 쉬를 슬면(알을 까면) 탈이 나므로 유지나 헝겊으로 잘 봉하고 시루를 무엇으로든 싸서 덥고 방을 덥혀 열이 올라가게 가게 한다. 3~4일 후 위로 곰팡이도 약간 생기고 손가락으로 집어보아서 줄이 지면 꺼내서 보리떡 반 이하 양으로 메줏가루를 넣고 고춧가루 양을 넣고 잘 버무려서 뚜껑을 덮어둔다.

이튿날 소금물이나 소금을 치고 다시 버무려 항아리에 넣고 위에 소금을 하얗게 뿌려서 파리가 쉬를 슬지 못하게 한 후 뚜껑을 덮어 둔다. 3일 후에는 매일 열어가며 익혀 먹으면 달고 맛있다.

보리를 잘못 대끼면(씻으면) 고추장 맛이 떨음하다. 그러므로 쌀가게에서 파는 쌀보리를 잘 씻어서 하는 것이 좋다.

보릿가루 닷 되에 메줏가루 닷 되를 쓰고 찹쌀가루 두 되 정도를 고운체로 쳐서 풀을 쑨다. 물 한 동이에 소금 두 되 정도를 친 물을 넣어서 쑤는데 보통 죽보다 되게 쑨 후 퍼내어 식으면 메줏가루와 고춧가루 5분의 1을 넣고 함께 버무려서 되면 소금물을 다시 만들어 간을 보아 담그고 매일 한 번씩 저어가면 볕에 익힌다.

또는 보리를 삶아 잘 비벼서 바싹 말려 가루내어 메줏가루와 함께 담그되 메주보다 보리 양을 많이 한다.

가을보리로 밥을 되게 지어 더울 때 동이나 자바기에 퍼서 뚜껑을 덮어서 더운 방에 놓아 2~3일 만에 줄이 지고 곰팡이 나려고 하면 메주와 함께 담그는 데 맛이 제일이다.

밀을 잘 씻어 찌든지 삶든지 바싹 말려 찧든지 갈든지 하여 체로 쳐서 메줏가루에 넣고 담그면 맛이 달고 좋다. 또는 밀가루를 넣으면 맛도 있고 단단하기도 하다. 그러나 고추장을 볶아 쓰는 데는 눌어붙으므로 다른 고추장을 볶아 써야 한다.

보리고추장 신영양요리법(1935), 조선요리제법(1939)

재료: 보릿가루 닷 되, 메줏가루 닷 되, 고춧가루 네 되, 소금 세 되, 쌀가루 두 되, 물 반동이반

보릿가루와 쌀가루에 소금물을 붓고, 죽을 되게 쑤어서 메줏가루에 붓고 잘 섞어서 하룻밤 두었다가 고춧가루를 넣고 주걱으로 잘 섞어서 항아리에 담고

망사로 꼭 봉하여 둔다. 매일 덮개를 열어 볕을 쪼이면 1달쯤이면 익는다.

보리고추장(정·이월) 조선음식 만드는 법(1946)

재료: 보릿가루 두 되, 메줏가루 다섯 홉, 고춧가루 한 되, 소금(맛보아서 가감할 것) 한 되, 쌀가루 한 되, 물(죽이 될 만큼 되게) 두 되가량

쌀가루와 보릿가루로 죽을 되게 쑤는데 물 두 되에 소금 한 되를 타서 이 소금물로 죽을 쑤어 큰 그릇에 담고, 메줏가루를 넣고 잘 섞어서 하루 동안 덮어두었다가 다음날 고춧가루를 넣고 주걱으로 잘 섞어서, 항아리에 담아 꼭꼭 누르고 위에 소금을 약간 뿌려서 망사로 봉해서 덮어둔다.

비고: 볕 좋은 날은 덮개를 열어서 볕을 쬐고 밤에는 잘 덮어 비 맞지 않게 한다. 이렇게 담가 1달쯤 지나면 익는다.

보리고추장 우리음식(1948)

재료: 메줏가루 5L, 물 약 10L, 고춧가루 5.5L, 보리밥 6L, 소금 5L, 담그는 시기 3~4월, 익는 기간 80일, 고추장 전량 약 30L

푹 무르게 잘 지은 보리밥이 식기 전에 잘 두었던 메줏가루를 섞어 하루쯤 묵힌다. 고춧가루와 물을 잘 섞어서 항아리에 담고 가끔 뚜껑을 열고 햇볕을 쪼이는 등 찹쌀고추장과 같다.

보리밥을 하지 않고 보리를 맷돌에 타서 시루에 쪄서 2~3일을 덥게 잘 띄웠다가 쓰면 단맛[甘味]이 더 있다. 식혜가루가 있으면 아무 고추장에라도 넣으면 단맛이 더한다. 식혜가루를 물에 타서 가라앉혀 물만 끓여 넣어도 좋고, 물도 한 번 끓이면 곰팡이가 나지 않는다.

고추장에 쓰는 곡류는 찹쌀이나 보리뿐만 아니라 다른 것도 좋다. 달게 하기 위하여 식혜가루 대신 황설탕을 넣어도 좋다.

[표 36] 보리 고추장 요약

명칭	문헌	메주 띄우기	담기	숙성
고추장	음식디미방 (1670년경)	보릿가루 떡을 쪄서 시루에 잠깐 띄워 말려 가루내기	보릿가루, 쌀가루 찐 것, 고춧가루, 장을 섞어 담기	
고추장 만드는 법 3	동아일보 (1931. 4. 28)	보릿가루를 시루에 찌고 시루에 찐 물을 부어 빠지면 덮어서 3~4일 띄우기	① 메줏가루를 보릿가루의 반을 섞고 고춧가루를 섞어 이튿날 소금 가하기	3일 숙성
			② 물 1동이에 소금 2되를 풀어 보릿가루 5되와 찹쌀가루 2되로 풀을 쑤어 메줏가루 5되, 고춧가루 1/5 넣고 담기	매일 1번씩 저어가며 익히기
			③ 메주보다 보리 양을 많게 하여 보릿가루와 메줏가루 담기	
		가을보리밥을 동이나 자바기에 넣어 더운 방에서 2~3일 띄우기	④ 곰팡이가 나려고 할 때 메주와 함께 담기	
			⑤ 밀을 찌거나 삶아 말려 가루내어 메줏가루에 넣고 담기	
보리 고추장	신영양요리법 (1935) 조선요리제법 (1939)		보릿가루 5되, 쌀가루 2되에 소금 2되를 푼 소금물로 죽 쑤어 메줏가루 5되 섞어 하룻밤 둔 후 고춧가루 4되로 담가 봉하기	매일 덮개 열어 볕 쪼여 1달 숙성
보리 고추장 (정·이월)	조선음식 만드는 법 (1946)		보릿가루 2되, 쌀가루 1되에 소금 1되를 푼 소금물 2되로 죽 쑤어 메줏가루 5홉 섞어 하룻밤 둔 후 고춧가루 1되로 담가 소금 뿌리고 망사로 봉하기	좋은날 열어 볕 쪼여 1달 숙성
보리 고추장	우리음식 (1948)		보리밥 6L에 메줏가루 5L 섞어 하루 둔 후 고춧가루 5.5L, 물 10L 섞어 담기(전량 30L)	가끔 볕 쪼여 80일 숙성

수수고추장

메줏가루, 고춧가루, 소금, 수수가루죽, 엿기름가루로 담근다.

수수고추장 신영양요리법(1935), 조선요리제법(1939)

재료: 수수가루 네 되, 소금 두 되, 메줏가루 네 되, 물 세 되, 고춧가루 한 되가웃

소금물로 수수가루죽을 쑤어서 메줏가루와 잘 섞어 하룻밤 둔 후 고춧가루를 잘 섞고 엿기름가루를 약간 섞어서 항아리에 넣고 망사나 종이로 꼭 봉하고 덮개로 덮고 매일 볕을 쏘인다.

수수고추장(정·이월) 조선음식 만드는 법(1946)

재료: 수수가루 두 되, 소금 한 되, 메줏가루 한 되, 물 한 되 반, 고춧가루 한 되, 엿기름가루 다섯 홉

물 한 되반에 소금을 풀어서 체로 걸러서 수수가루로 죽을 되게 쑤어 큰 그릇에 담고, 메줏가루와 엿기름가루를 섞어서 하루쯤 두었다가 다음날 고춧가루를 섞고 간을 잘 맞추어 항아리에 담아 꼭꼭 누르고 소금을 뿌려서 잘 봉해둔다. 매일 볕을 쪼이고 밤에는 잘 덮어둔다.

[표 37] 수수고추장 요약

명칭	문헌	담기	숙성
수수고추장	신영양요리법(1935) 조선요리제법(1939)	물 3되에 소금 2되 푼 물로 수수가루 4되 죽을 쑤어 메줏가루 4되와 섞어 하룻밤 둔 후 고춧가루 1되가웃 섞고 엿기름가루 약간 섞어 담기	매일 덮개를 열고 볕 쏘이기
수수고추장 (정·이월)	조선음식 만드는 법 (1946)	물 1되반에 소금 1되 푼 물로 수수가루 2되 죽을 쑤어 메줏가루 1되와 엿기름가루 5홉 섞어 하루 후 고춧가루 1되 섞어 담가 소금 뿌리고 망사로 봉하기	매일 볕 쪼이고 밤에 덮어두기

마늘고추장

모두 고춧가루로 담그며 〈동아일보〉에 나온 방법은 2가지 모두 간장을 쓴다. 〈동

아일보〉 ①과 《조선음식 만드는 법》 ①은 메주를 가루로 넣고, 〈동아일보〉 ②와 《조선음식 만드는 법》 ②는 메줏가루를 넣지 않는다. 〈동아일보〉 ①은 마늘을 가루로 넣고, ②는 갈아서 넣고 《조선음식 만드는 법》 ①은 찧어서 넣는다. 《조선음식 만드는 법》 ①은 마늘, 고춧가루, 간장을 섞어 2달 두었다가 찹쌀반죽, 메줏가루, 엿기름가루를 넣어 담근다. ②는 계핏가루와 꿀도 섞는다(표 38 참조).

장마늘고초장(醬蒜苦草醬) 동아일보(1939. 1. 5)

마늘을 강판에 갈던지 혹은 마늘을 찧어서라도 가루가 되도록 만들어가지고, 마늘 한 말에 진간장 세 사발 가량 부어 두었다가 두어 달 지난 뒤에 고추장을 담그되 메줏가루와 밥 짓는 것을 보통 고추장 담글 때보다 절반씩을 덜어내고 그 대신 위에서 말한 마늘 으깬 것을 반씩 섞어서 고추장을 담갔다가 익은 뒤 먹으면 색감은 보통 고추장보다 연연하게 붉고 맛은 마늘장아찌 맛으로 술안주로 유명하던 것인데 이것을 속히 만들려면 마늘을 갈아서 마늘 열 사발에 간장 두 사발과 고춧가루 세 사발과 함께 버무려 두어 달 후에 먹게 되는 것이니 이 음식은 오래될수록 맛이 나아지는 까닭으로 몇 해 지난 것은 더 좋은 맛이 나는 것이다. 이것도 예전에는 있던 것이나 지금은 볼 수 없게 된 것이다.

장산(醬蒜)고추장(가을철) 조선음식 만드는 법(1946)

재료: 마늘(곱게 찧어서) 한 되, 메줏가루 한 홉, 간장(진한 간장) 두 홉, 찹쌀가루 세 홉, 고춧가루 세 홉, 엿기름가루 반홉

마늘을 곱게 짓찧어서 진한 간장을 붓고 고춧가루를 넣어 버무려서 두어 달쯤 두었다가 고추장을 담근다. 찹쌀가루로 익반죽(뜨거운 물을 부어가며 하는 반죽)하여 여러 조각으로 반대기(반죽)를 해서 펄펄 끓는 물에 삶아 건져 놓고 방망이로 저어서 잘 풀어놓고 메줏가루와 엿기름가루를 찹쌀 반죽

에 섞어서 하루 동안 두었다가 마늘에 함께 섞어서 항아리에 담고 꼭꼭 눌러서 두어 익힌다.

비고: 엿기름가루는 아주 곱게 체로 쳐서 넣고, 마늘, 간장, 고춧가루를 섞어서 4~5개월 동안 찬 곳에 두었다가 그대로도 먹을 수 있다. 이것은 오래 둘수록 삭아서 맛이 더 좋고 반찬이 되는데 해가 묵으면 더 좋다.

마늘고추장(여름철) 조선음식 만드는 법(1946)

재료: 마늘(재료와 같이 곱게 찧어서) 다섯 홉, 계핏가루 반홉, 꿀 다섯 홉, 고춧가루 세 홉, 메줏가루 다섯 홉, 보릿가루 한 되, 소금 세 홉

하지 전에 연한 마늘을 캐서 절구에 오래 찧어서 곱게 만들고 보릿가루를 떡 찌듯이 쪄서 더운 김에 잘 풀어가지고 고춧가루를 섞고 소금을 간맞추어 치고 마늘을 섞어서 된죽처럼 반죽해서 하룻밤 두었다가 계핏가루와 꿀을 섞어서 항아리에 담고 꼭 봉해 두었다가 먹는다. 해가 묵으면 마늘이 삭고 잘 익어서 빛도 곱고 맛이 훌륭하다.

비고: 담근 후 4~5개월 지나면 먹을 수 있으며 1년 후쯤에는 더욱 좋다.

[표 38] 마늘고추장 요약

명칭	문헌	담기	숙성
장마늘고초장 [醬蒜苦草醬]	동아일보 (1939. 1. 5)	① 마늘가루 1말에 진간장 3사발을 부어 2달 후 메줏가루와 고춧가루를 일반 고추장보다 반씩만 섞어 담기	
		② 속히 만드는 법: 간 마늘 10사발에 간장 2사발과 고춧가루 3사발을 섞어 담기	2달 숙성
장산(醬蒜) 고추장 (가을철)	조선음식 만드는 법 (1946)	① 찧은 마늘 1되에 간장 2홉, 고춧가루 3홉을 섞어 2달 두었다가 찹쌀가루 3홉 익반죽하여 삶아 풀고 메줏가루 1홉, 엿기름가루 반홉과 함께 모두 섞어 담기	
마늘고추장 (여름철)		② 보릿가루 1되 쪄서 고춧가루 3홉, 소금 3홉을 찧은 마늘 5홉을 섞어 하룻밤 후 계핏가루와 꿀을 섞어 담기	4~5달에서 1년 숙성

콩으로만 만드는 고추장

《증보산림경제》는 5개, 《신영양요리법》은 1개 문헌이 인용하였다. 《증보산림경제》와 《조선무쌍신식요리제법》은 청국장으로 띄워 만든다. 메주와 고춧가루, 소금으로 담그는데 《주식방문》 ①은 메주를 가루로 하여 담근다. 《신영양요리법》의 무거리 고추장은 메주를 빻아 거르고 남은 찌꺼기메주로 담근다. 《주식방문》 ①은 콩가루, 깨소금도 넣으며 ②는 후춧가루, 산초, 육포를 간장으로 반죽하여 담는다(표 39 참조).

거적에 콩알 메주를 띄우기

속성고추장 증보산림경제(1767), 임원십육지(1827), 농정회요(1830), 군학회등(1800년 중반), 오주연문장전산고(1850)

콩 한 말을 누렇게 볶아 손으로 비벼 껍질을 벗기고 물에 푹 삶아 익혀 즙은 걸러 버리고 거적에 촘촘하게 펴서 온돌에 3일 동안 두어 실이 나면 볶은 콩가루 세 되와 함께 절구로 함께 찧어 꺼낸다.

콩 한 말에 고춧가루 세 홉 비율로 소금물로 간하여 반죽하여 된 떡을 만들어 항아리에 넣고 볕에 쪼인다. 7일 정도면 먹을 수 있고, 보름 지나면 더 맛있다(부록 176).

고추장법 주식방문(1800년대)

메주 한 말을 찧어 굵은 체로 쳐서 고춧가루를 세 홉만 넣고 콩가루 세 되, 깨소금 세 되를 넣고 소금을 두 되 반만 넣는 데 질고 되기는 장사꾼이 파는 된 콩죽만큼 하면 좋다.

고추장법 주식방문(1800년대)

메주 한 말, 기름 두 되, 후춧가루 다섯 홉, 천초 한 홉, 포육가루, 고춧가루를 짐작하여 넣어 간장물로 반죽하여 담는다.

급히 고추장 만드는 법 조선무쌍신식요리제법(1924)

콩 한 말을 누렇게 볶아 맷돌에 갈아 껍질을 까불러 버리고 물을 붓고 삶아 건져서 짚은 버리고 짚자리에 꼭 싸서 더운 방에 3일 두어 줄이 나면 콩가루 세 말과 절구에 넣고 흠뻑 찧어 한 말에 고춧가루 세 홉을 넣는다. 소금물로 간을 맞추어 섞어 단단한 떡처럼 만들어 항아리에 넣고 볕을 쪼이면 7일 만에 먹게 되는데 보름이 지나면 더 좋다.

봄 사이에 메줏가루에 물과 고춧가루를 쳐서 막대로 저어 낮에는 볕에 놓고 저녁에는 방에 들여 놓으면서 밤낮 저으면 하루 이틀 사이에 먹는데, 쪄 먹는 것보다 생으로 먹는 것이 매우 좋다. 메주냄새가 더 좋다.

무거리고추장(벼락장) 신영양요리법(1935), 조선요리제법(1939)

메줏가루 만들고 남은 메주 무거리(체로 쳐서 남은 찌꺼기)에 굵은 고춧가루를 넣고 물을 적당히 부은 후 한참동안 저어서 더운 곳에 하루 두었다가 소금으로 간을 맞추어 만든다. 고추장찌개는 여기에 고기, 파, 두부, 기름을 넣고 끓여서 먹는다.

[표 39] 콩으로만 만드는 고추장

명칭	문헌	메주 띄우기	담기	숙성
속성고추장 [急造蠻椒醬法]	증보산림경제(1767) 임원십육지(1827) 농정회요(1830) 군학회등(1800년 중반) 오주연문장전산고(1850)	콩 1말을 볶아 삶아 거적에 촘촘하게 3일 띄워(청국장) 실이 나면 볶은 콩가루 3되와 찧기	콩 1말, 고춧가루 3홉을 소금물로 반죽하여 담기	볕 쪼여서 7~15일 숙성

(계속)

명칭	문헌	메주 띄우기	담기	숙성
고추장법	주식방문(1800년대)		① 메줏가루 1말, 고춧가루 3홉, 콩가루 3되, 깨소금 3되, 소금 2되 반으로 콩죽 정도로 질게 담기	
			② 메주 1말, 기름 2되, 후춧가루 5홉, 산초 1홉, 육포가루, 고춧가루를 간장으로 반죽하여 담기	
급히 고추장 만드는 법	조선무쌍신식요리제법(1924)	콩 1말을 볶아 삶아 자리에 촘촘하게 3일 띄워(청국장) 실이 나면 볶은 콩가루 3되와 찧기	콩 1말, 고춧가루 3홉을 소금물로 반죽하여 담기	볕 쪼이고 저어서 7일 숙성
무거리고추장(벼락장)	신영양요리법(1935) 조선요리제법(1939)		메주 친 찌꺼기, 고춧가루, 물을 섞어 하루 둔 후 소금 넣어 먹기	

팥고추장

《조선요리제법》, 《조선무쌍신식요리제법》, 《신영양요리법》은 각각 다른 문헌을 하나씩 인용하였다. 팥을 콩과 같이 삶으면 너무 무르므로 콩을 삶다가 중간에 팥을 넣으며, 《조선무쌍신식요리제법》은 쌀로 떡을 만들어 섞어서 띄운다. 《신영양요리법》과 《조선음식 만드는 법》은 섬이나 둥구미에 짚을 깔고 7일 동안 띄운다. 팥메주와 찹쌀, 소금을 섞어서 담그는데 《조선요리제법》, 《신영양요리법》, 《조선음식 만드는 법》은 찹쌀로 죽을 쑤어 담고 《조선무쌍신식요리제법》 ①은 고두밥, ②는 찹쌀가루로 담근다. 《조선무쌍신식요리제법》은 익히고 산포(육포)가루나 새우가루를 넣는다. 1달 정도 양지에서 숙성한다(표 40 참조).

팥고추장 조선요리제법(1917), 간편조선요리제법(1934)

콩 한 말을 삶다가 무르기 시작하면 팥 일곱 되를 넣고 삶아서 팥물이 콩에 흠씬 들게 하여 익힌 후 절구에 찧어(찧을 때 흰무리 떡을 닷 되쯤 만들어 함께 찧는다) 메주덩이를 만들어 잘 띄워서 가루를 곱게 내어 그릇에 담고 찰밥을 묽게 쑤어서 식은 후 소금과 고춧가루를 넣어 담그면 빛깔도 좋고 맛도 좋다.

팥고추장(小豆苦草醬) 조선무쌍신식요리제법(1924), 동아일보(1931. 5. 1)

콩 한 말을 쑤다가 무르기 시작하면 씻은 팥 일곱 되를 넣어 콩에 팥색이 물들도록 쑨다. 팥과 콩을 처음부터 함께 쑤면 팥이 너무 물러져서 못 쓰게 되므로 콩이 반쯤 물러졌을 째 팥을 넣는다.

흰무리 닷 되를 만들어 절구에 찧어 메주덩이를 만들어 띄운다. 뜨면 말려서 가루내어 고운체로 쳐 놓는다. 좋은 찹쌀 한 말 닷 되를 쪄서 식혀 메줏가루와 버무려서 여러 날 저으면 삭는다. 그 때 소금과 고춧가루를 버무려 담그면 며칠 안되어 먹을 수 있다. 검고 달고, 하란젓(새우알젓) 같은 모양이다. 양은 휘저을 수 있을 정도 넣어 버무린다.

다른 법은 동지(11월) 후에 붉은 팥을 떡팥처럼 무르게 삶아 으깨어 볕에 말려 가루내어 체로 치고 메주와 찹쌀가루 두 되에 팥가루 한 되를 섞고 물을 질게 붓는다. 되면 물을 더 붓는다.

고춧가루는 식성대로 넣고 방망이로 저으면 며칠 안되어 익는다. 날이 추우면 방에 들여 놓는다. 익으면 산포(쇠고기포)가루나 큰새우가루를 넣으면 맛이 매우 좋다.

팥고추장 신영양요리법(1935), 조선요리제법(1939)

재료: 팥 일곱 되, 찹쌀 닷 되, 콩 한 말, 소금 세 되가웃, 고춧가루 두 되가웃, 백미 닷 되

콩을 삶아 무르기 시작하면 팥을 넣어 팥물이 콩에 흠백 들도록 삶아 익

혀서 절구에 찧는다. 백미 닷 되를 흰무리(물에 불린 쌀을 물과 함께 맷돌에 갈아 체로 쳐서 가라앉힌 앙금)로 만들어서 콩의 알갱이 모습이 남지 않도록 콩과 섞어서 곱게 찧어서 종자 크기로 둥글납작하게 만들어서 볕이나 더운 방에 놓는다.

겉이 부득부득하게 마르면 섬, 독, 둥구미 등에 넣는다. 메주가 서로 닿지 않도록 짚을 깔고 메주를 놓은 다음 짚 깔기를 번갈아 하여 담아 7일 후 꺼낸다. 볕에 바싹 말려 찧고 고운체로 쳐서 가루를 만든다. 묽은 찹쌀죽을 쑤어 가루에 섞어 놓았다가 식으면 고춧가루와 소금을 섞는다. 망사로 꼭 봉하여 덮어 놓았다가 매일 덮개를 열고 뜨거운 볕을 쪼이면 1달 후 먹을 수 있다.

팥고추장(정·이월) 조선음식 만드는 법(1946)

재료: 팥 한 되, 고춧가루 한 되 반, 콩 닷 되, 소금 한 되 반, 찹쌀 두 되, 엿기름가루 다섯 홉, 멥쌀 두 되, 물 한 되

멥쌀을 가루내어 흰무리를 쪄 놓고 콩과 팥을 잘 씻어 일어서 물을 붓고 푹 삶아 잘 익어서 뜸이 들면 삶은 콩을 잘 구어 넣고 흰무리를 부수어 넣고 콩짜개가 하나도 없도록 곱게 찧어서 주먹 크기로 동글납작하고 가운데 구멍을 뚫어 똬리 모양으로 만들어서 볕에 말린다.

꾸덕꾸덕 하면 섬에 메주덩이가 서로 닿지 않도록 짚으로 사이사이 덮고 격지격지 넣어서 따뜻한 곳에 띄운다. 7일 후 꺼내서 볕에 바싹 말려 찧어서 고운체로 쳐서 가루를 만들어 놓는다.

찹쌀죽을 되게 쑤어서 더운 김에 메줏가루를 섞어서 하룻밤 두었다가 이튿날 고춧가루를 섞고 소금을 넣고 잘 섞어서 항아리에 담아 꼭꼭 누르고 위에 소금을 뿌리고 파리가 앉지 못하게 얇은 헝겊으로 봉하고 낮에는 볕을 쪼이고 밤마다 덮개로 덮어서 비를 맞지 않게 한다. 1달쯤 지나면 익기 시작한다.

[표 40] 팥고추장 요약

명칭	문헌	메주 띄우기	담기	숙성
팥고추장	조선요리제법(1917) 간편조선요리제법(1934)	콩 1말을 삶다가 팥 7되를 넣고 삶아 찧어 덩어리 만들어 띄워 가루내기	메줏가루에 찰밥죽, 소금, 고춧가루 넣어 담기	
팥고추장[小豆苦草醬]	조선무쌍신식요리제법(1924) 동아일보(1931. 5. 1)	콩 1말을 삶다가 팥 7되를 넣고 삶아 흰무리 5되와 찧어 덩어리 만들어 띄워 가루내기	찹쌀 1말 5되를 쪄서 메줏가루와 버무려 여러 날 삭혀 소금과 고춧가루 넣어 담기	며칠 숙성
			팥을 삶아 말린 가루 1되, 메주와 찹쌀가루 2되, 고춧가루, 물을 섞어 담고 익으면 산포가루나 큰 새우가루를 넣어 먹기	
팥고추장	신영양요리법(1935) 조선요리제법(1939)	콩 1말을 삶다가 팥 7되를 넣고 삶아 찧고 백미가루 5되로 반죽하여 찧어 둥글납작하게 만들어 섬이나 둥구미에 짚으로 격지 깔아 7일 띄워 말려 가루내기	메줏가루와 찹쌀죽, 고춧가루, 소금 섞어 담기	매일 열어 1달간 볕 쪼이기
팥고추장(정·이월)	조선음식 만드는 법(1946)	멥쌀 2되를 가루내어 떡 쪄서 삶은 콩 5되와 팥 1되 삶아 섞어 찧어 똬리 모양으로 만들어 섬에 짚으로 격지 넣어 1주일 띄워 말려 가루내기	메줏가루와 찹쌀 2되로 죽을 쑤어 섞어 하룻밤 후 고춧가루, 소금 넣어 담기	낮에 볕 쪼여서 1달 숙성

엿기름고추장

메주로 담그는 고추장은 메주에 발생한 곰팡이의 단백질가수분해효소와 아밀라아제를 이용하는데 반해 엿기름고추장은 보리가 싹트면서 생기는 베타-아밀라아제의 작용을 이용하여 전분을 맥아당(말토오스)으로 당화시킨다.

당화용 재료로는 찹쌀을 쓰며, 《조선요리법》과 《조선음식 만드는 법》 ②(정·이월)은 멥쌀과 찹쌀을 같이 사용하고 《조선음식 만드는 법》의 무거리고추장은 보릿가루를 사용한다. 〈조선중앙일보〉, 《조선음식 만드는 법》 ①·②는 찹쌀을 반죽하여 삶고, 《조선요리법》은 멥쌀은 찌고 찹쌀은 반죽하여 삶고, ⑤는 찹쌀 죽을 쑤고 ③과 《우리음식》은 찰밥을 지어 섞는다. 모두 엿기름가루와 메줏가루를 함께 쓰는데 《조선요리법》은 엿기름가루만 쓴다. 〈조선중앙일보〉, 《조선요리법》, 《조선음식 만드는 법》 ②는 소금 외에 간장을 넣고 《조선음식 만드는 법》 ②는 설탕물도 넣는다.

고추장 조선중앙일보(1936. 3. 27)

고추장에는 고춧가루가 중요한 역할을 한다. 즉 고춧가루가 고와야 하고 빨갛고 재워야 한다. 고추장 원료는 고춧가루, 찹쌀가루, 소금, 메줏가루, 참기름, 엿기름, 누룩, 진간장 등이 필요한데 처음에 찹쌀을 빻아서 물로 반죽하여 반대기(반죽)를 만든다. 솥에 물을 끓여서 반대기를 넣고 나무 주걱으로 마구 저으면 꽈리가 인다(불룩불룩 일어나기). 꽈리가 풀어질 때까지 잘 저어서 함지 같은 데 떡같이 된 것을 떠 담는다.

찹쌀 화인(관아에서 낙인을 찍어 공인한 되) 한 되에 메줏가루 되가웃을 넣고 섞는다. 이때 엿기름과 참기름을 한 사발 치는 데, 지금은 얻기 어렵지만 누룩을 반 덩이쯤 넣으면 장마 통에도 염고추장(소금고추장)에 가시가 나는 일이 없다. 이렇게 고루 잘 버무려서 하룻밤 지샌다.

다음날 보면 반죽 표면이 갈라져 있을 것이다. 이것을 다시 버무려서 하룻밤 다시 재운다. 3일째 맛을 보아 충분히 삭았으면 소금을 적당히 넣고 맛있는 간장을 조금 치고 고춧가루를 넣어서 색이 빨갛게 고울 때까지 버무려 잘 섞는다. 버무린 것을 **함지**에서 독에다 옮겨 담는다.

함지 큰 나무를 파내어 만든 넓은 그릇으로 갈라지지 않는 나무를 썼다.

고추장(2) 조선요리법(1939)

재료: 찹쌀 두 말, 엿기름가루 두 되, 멥쌀 일곱 되, 메줏

가루, 콩 한 말 쑨 것, 간장 세 사발, 소금 쓰는 대로, 고춧가루는 색을 보아가면서 넣기

먼저 메주를 빻아서 체로 쳐서 3~4일간만 밤이슬을 맞추어 바래게 하고, 찹쌀은 담갔다가 빻아서 고운체로 쳐 놓고 멥쌀도 깨끗하게 씻어 담갔다가 빻아서 고운체로 치고, 엿기름가루를 걸러 놓았다가 멥쌀가루를 떡 찌듯 흰무리를 만들어서 걸러놓은 엿기름 국을 부어 삭히는데 솥에서 삭힌다.

다 삭으면 불을 때서 끓이고 찹쌀가루도 반죽하여 반대기(반죽)를 만들어서 끓는 물에 삶아 건져서 덩어리가 없도록 방망이로 꽈리가 일도록(꽈리 형태로 부풀어 오름) 저어서 삭혀 놓은 식혜가 식지 않았을 때 모두 섞어서 되면 떡 삶은 물을 알맞게 붓는다. 식기 전에 간을 하는데, 달이지 않은 간장이면 끓여서 부어야 한다. 소금과 함께 간을 맞추어 치고 고춧가루도 색이 좋게 섞고 메줏가루도 한꺼번에 다 섞는다. 만일 식은 식혜를 사용하면 안 된다. 다른 고추장과 다른 점은 더울 때 간하는 것이다.

찹쌀고추장 1(정·이월) 조선음식 만드는 법(1946)

재료: 찹쌀가루 큰 닷 되, 소금 큰 한 되, 메줏가루 다섯 홉, 간장 다섯 홉, 고춧가루 두 되, 설탕 두 근, 물(떡 반대기 삶은 물) 한 되, 엿기름가루 세 홉

찹쌀가루 큰 닷 되를 경단 반죽같이 끓는 물로 익반죽(뜨거운 물을 부어가며 하는 반죽)을 해서 달걀 크기만큼 떼어내어 납작납작하게 반대기(반죽)를 만들어서 펄펄 끓는 물에 넣어 삶아서(반대기가 익으면 물에 떠오른다) 떠오르면 건져서 넓은 그릇에 담고 주걱이나 방망이로 힘껏 저어서 잘 풀어 놓고, 메줏가루와 엿기름가루와 고춧가루를 넣고 다시 방망이로 저어서 충분히 섞는다.

너무 되면 떡 삶은 물에 설탕을 넣고 한소끔(한 차례) 끓여서 고추장 반죽에 부으면서 잘 저어 충분히 섞어 덮어서 하루쯤 두었다가 다음날 소금과

맛있는 간장을 치고 다시 잘 섞은 후 항아리에 담아 꼭꼭 누른 후에 소금을 뿌려서 망사나 모기장 같은 것으로 잘 싸매어 볕에 놓아둔다.

찹쌀고추장 2(정·이월) 조선음식 만드는 법(1946)

재료: 찹쌀가루 한 되 반, 엿기름가루 다섯 홉, 멥쌀가루 한 되, 소금 한 되 반, 메줏가루 한 되, 간장 다섯 홉, 고춧가루 두 되, 물 두 되

메줏가루와 엿기름가루와 고춧가루를 함께 섞어서 물 한 되를 부어 잘 반죽하여 하루쯤 두고, 다음날 멥쌀가루는 흰무리를 쪄서 놓고 찹쌀가루는 말랑말랑하게 익반죽(뜨거운 물을 부어가며 하는 반죽)을 해서 자그마하고 동글납작하게 반대기(반죽)를 해서 펄펄 끓는 물에 넣어서 삶아가지고 냉수에 담가내어 으깨놓고 떡 삶은 뜨거운 물 다섯 홉에 흰무리 찐 것을 풀어서 찹쌀 반대기 으깨놓은 것과 흰무리 푼 것을 함께 섞고, 메줏가루 반죽해 놓은 것과 떡반죽한 것을 함께 잘 섞어서 소금과 간장(다섯 홉쯤)을 치고 방망이로 오래 저어서 잘 풀어 놓은 다음 항아리에 담아 꼭꼭 누르고 소금을 뿌려서 꼭 봉해둔다.

비고: 밤에는 잘 덮고 낮에는 열어서 볕을 쪼인다. 12일쯤부터는 익기 시작하며 일기가 더울수록 속히 익는다.

떡고추장(정·이월) 조선음식 만드는 법(1946)

재료: 메줏가루(고추장메주) 한 되, 엿기름가루 다섯 홉, 찹쌀 세 되, 소금 칠 홉, 고춧가루 한 되

고추장 메줏가루를 곱게 쳐서 놓고 찹쌀을 질게 지어서 메줏가루를 넣어 잘 섞고 또 엿기름가루를 넣어서 충분히 섞어 놓고, 하루를 지낸 후 고춧가루와 소금으로 색과 간을 잘 맞추어 섞어서 항아리에 담아 꼭꼭 누르고 소금을 넉넉히 뿌려서 봉해 둔다.

비고: 엿기름가루는 고운체로 쳐서 고운 가루를 만들어서 섞는다.

무거리고추장(정·이월) 조선음식 만드는 법(1946)

재료: 메주무거리 다섯 홉, 소금 한 홉 반, 막고춧가루 세 홉, 보릿가루 세 홉, 물 다섯 홉, 엿기름가루 한 홉

보릿가루로 묽게 죽을 쑤어서 메줏가루와 반죽을 한 후 엿기름가루를 섞어서 하루 두었다가 이튿날 고춧가루와 소금을 넣고 잘 섞어서 항아리에 담아 꼭꼭 눌러서 잘 봉해 두었다가 4~5일 후부터 먹기 시작한다.

비고: 이것은 찌개 고추장으로 쓰는 것이니 맛이 새금하고 달고 배를 한 맛이 있어서 훌륭하다. 메줏가루 만들고 남은 무거리(체로 쳐서 남은 찌꺼기)를 두어두고 가끔 이렇게 만들어서 먹으면 좋다.

멥쌀고추장(정·이월) 조선음식 만드는 법(1946)

재료: 메줏가루 다섯 홉, 소금 네 홉, 고춧가루 다섯 홉, 쌀가루 한 되 다섯 홉, 물 한 되, 엿기름가루 한 홉

메주를 잘게 부스러뜨려서 찧어 가루를 만들어서 고운체로 쳐서 넓은 그릇에 담아놓고 쌀가루를 물에 풀어 놓고 소금을 물 한 되에 풀어서 이 소금물로 죽을 되게 쑤어서 엿기름가루와 메줏가루를 넣고 주걱으로 잘 섞어서 하루 동안 덮어 놓았다가 고춧가루를 넣고 잘 섞어서 항아리에 꼭꼭 담아 누르고 잘 봉하여 두고 날마다 덮개를 열어서 볕을 쪼인다.

비고: 1달쯤 지나면 익기 시작한다. 너무 되면 소금물을 만들어서 알맞게 반죽해서 익힌다.

찹쌀고추장 우리음식(1948)

재료: 메줏가루 10L, 물 약 20L, 고춧가루 7L, 찰밥 12L, 소금 10L, 엿기름가

루 4L, 고추장 전체량 60L, 침장 3~4일, 발효기간 30일

찰밥을 지어 식지 않았을 때 잘 두고, 메줏가루를 섞어서 하룻밤 두었다가 고춧가루와 엿기름가루와 물과 소금을 함께 섞어서 항아리에 담고 뚜껑을 덮고 3~4일 후부터 햇볕에 쪼인다.

10여 일쯤 되면 부풀어 올라오므로 넘치지 않도록 주의하여 때때로 저으며, 1달쯤 되면 올라오지 않고 다 익어서 먹게 된다. 지은 밥 대신 찹쌀가루로 떡을 쪄서 쓰기도 하고 찹쌀가루를 풀대죽같이 쑤어서 하기도 한다.

[표 41] 엿기름 고추장 요약

명칭	문헌	담기	숙성
고추장	조선중앙일보 (1936. 3. 37)	찹쌀 1되를 가루내어 반죽하여 삶아 풀어 메줏가루 1되가웃, 엿기름, 참기름, 가능하면 누룩 반 덩이를 넣어 섞어 하룻밤 후 다시 섞기를 3일 후 소금, 간장, 고춧가루를 넣어 담기	
고추장(2)	조선요리법 (1939)	멥쌀 7되 가루내어 쪄서 엿기름가루 2되 걸러 넣어 삭혀서 끓이고 찹쌀 1되 가루를 반죽하여 삶아 간장 3사발, 소금, 고춧가루 넣어 섞어 담기	
찹쌀고추장 1 (정·이월) ①	조선음식 만드는 법 (1946)	찹쌀가루 5되를 반죽하여 삶아 풀고, 메줏가루 5홉, 엿기름가루 3홉, 고춧가루 2되를 넣고 섞어 하루 둔 후 설탕물 넣고 하루 둔 후 소금, 간장 섞어 담기	
찹쌀고추장 2 (정·이월) ②		메줏가루 1되, 엿기름가루 5홉, 고춧가루 2되에 물 1되로 반죽하여 하루 둔 후 멥쌀가루 1되를 떡으로 찐 것과 찹쌀가루 1되 반을 반죽하여 삶은 것을 먼저 섞어 풀은 다음 합하여 소금 1되 반, 간장 5홉을 쳐서 담기	낮에 볕 쏘이기
떡고추장 (정·이월) ③		메줏가루 1되에 찹쌀 3되로 지은 밥을 섞고 엿기름가루 5홉을 섞어 하루 둔 후 고춧가루 1되, 소금 7홉으로 담기	
무거리고추장 (정·이월) ④		보릿가루 3홉을 죽 쑤어 메줏가루 5홉과 반죽하여 엿기름가루 1홉을 섞어서 하루 둔 후 고춧가루 3홉, 소금 1홉 반을 넣어 담기	5~6일 숙성
멥쌀고추장 (정·이월) ⑤		쌀가루 1되 5홉에 소금 4홉을 1되 푼 물로 죽 쑤어 엿기름가루 1홉, 메줏가루 5홉을 섞어 하루 둔 후 고춧가루 5홉 섞어 담기	날마다 볕 쪼이기
찹쌀고추장	우리음식 (1948)	찰밥 12L와 메줏가루 10L를 섞고 하룻밤 후 고춧가루 7L, 엿기름가루 4L, 물 20L 소금 10L 섞어 담기	3~4일 후부터 볕 쏘이기

순창고추장

《소문사설》은 삶은 콩과 흰떡가루를 섞어서 띄우고 〈동아일보〉에 나온 방법은 멥쌀가루와 삶은 콩을 주먹이나 구멍 뚫린 형으로 만들어 매달아 띄운다. 《소문사설》은 찹쌀가루, 메줏가루, 고춧가루, 엿기름가루로 담그며 〈동아일보〉 방법은 메줏가루, 고춧가루, 엿기름가루를 넣어 담고 날고기를 넣기도 한다. 〈동아일보〉에 언급된 순창고추장은 찹쌀떡을 만들어 메주와 고춧가루로 담근다(표 42참조).

순창고추장 마을

순창고추장 소문사설(1740년대)

콩을 쑨 것 두 말과 백설기 떡 닷 되를 합하여 가루로 빻아서 빈 섬에 넣는다. 정월이나 2월은 7일간 띄워 볕에 말려 좋은 고춧가루 여섯 되를 섞고, 엿기름 한 되와 찹쌀 한 되를 가루내어 빽빽하게 쑤어서 급히 식힌 뒤에 감장을 같은 양(을) 넣고 또 좋은 전복 다섯 개를 비슷비슷 저미고 새우와 홍합 등을 분수대로 넣고 생강을 조각내어 보름동안 항아리에 넣어 삭힌 뒤에 시원한 곳에 두었다가 꺼내어 먹는다. 생각해보면 꿀을 넣지 않으면 달지 않은데, 이 방법이 실려 있지 않으니 그것이 빠지지 않았나 의심스럽다(부록 177).

고추 호박 변증설 오주연문장전산고(1850)

고추(蕃椒)는 우리나라에서는 왜개자, 왜초라고도 하며 어린잎은 채소로 김치를 담글 수 있고 매운 풋고추는 씨를 빼고 간장(淸醬)을 담그는데 매우 맛있고 고춧가루로 담근 장은 초장(椒醬)이라고 하며 순창과 천안의 것이 유명하다(부록 178).

고추장 담그는 법(苦草醬蠻戟醬辣醬) 조선무쌍신식요리제법(1924)

순창서 고추장 담그는 법은 넓은 자바기에 담가서 자주 저어 익힌 후에 고운체에 거르고 엿기름을 많이 넣는다.

고추장 해동죽지(1925)

순창군에서 만든 것이 명품이다. 빛깔은 연하고 붉으며 맛은 달고 향기롭다. 기운은 맑고 강렬하여 반찬 중의 으뜸이다. 순창 사람이 서울에 와서 직접 이 장을 담가 봐도 맛이나 빛깔이 순창에서 담근 것만 못하다(부록 179).

고추장 만드는 법 2 동아일보(1931. 4. 26)

엿기름가루를 넣으면 맛이 달고 밀가루를 넣어도 맛이 달고 하륵하륵하여 더 좋다. 그러므로 처음 메주 쑬 때 잘 씻은 보리나 밀을 함께 넣어 한데 쑨다.

엿기름은 물에 넣고 푹 끓여서 식혀 체로 걸러서 담되 고추장을 너무 묽게 하지 말아야 한다. 이 물을 넣고 담그면 밥을 지어 넣어도 바로 삭는다.

위에서 마른 찹쌀로 죽을 쑤어서 하라고 하였으나 죽을 쑤기 힘들면 가루내어 떡처럼 쪄서 해도 편리하고 땔감이 덜 든다. 그런데 소금물을 쳐가며 반죽해야 한다.

밥은 굵게 가루내서 죽을 쑤어 고춧가루를 치고 버무려 하룻밤 후 소금과 메줏가루를 넣고 떡치듯 쳐서 담가야 되게 담가진다.

순창 고추장 담그는 법은 별것이 아니라 넓은 자바기에 담가 자주 저어가며 익히는 것이다. 처음 담글 때 메주나 고추를 곱게 가루내어 엿기름을 많이 넣고 걸러서 담그는 것인데 날고기를 얇게 저며 넣기도 한다. 사람마다 순창 고추장이라 일컫는 것은 이것이다.

고추장을 순창 것과 같이 만들어 오래두고 먹으려면 해가 가도록 저어가며 먹어야 맛있고 곰팡이도 나지 않고 쉬지도 않고 가시도 나지 않는다. 본래 심심하게 담그는 것이라 쉬기가 쉬운데 자주 저으면서 먹으면 괜찮다.

또 항상 담가 먹는 고추장은 찹쌀이 아니라 멥쌀밥도 좋고 메좁쌀을 가루내어 죽을 쑤어 식힌 후 메줏가루와 소금물로 되게 반죽하여 담그면 맛이 달고 좋다. 그러나 좁쌀죽을 쓸 때 까딱하면 눋기 쉬우므로 자주 저어야 하며 차좁쌀을 메좁쌀처럼 가루내면 더 좋다.

조를 죽을 쑤어 하기보다 시루에 쪄서 하면 눋지도 않고 매우 편리하다.

순창고추장 동아일보(1967. 9. 23)

맵지 않고 기름기 자르르, 꿀같이 달아. 옛날에는 서울 대감댁 보내는 진상품

고추장은 매워야 고추장이 아니다. 맵지 않되 유난히 빨갛고, 기름을 치지 않았으되 기름기가 자르르 흐르고, 설탕을 넣었을 리 없으나 꿀같이 달아 혀끝에서 사르르 녹는 것이 예로부터 이르는 순창의 고추장이다. 그래서 예로부터 이곳에 부임한 원님은 서울 상관에게 무얼 진상할까를 서슴거릴 필요가 없었고 요즘도 도청이다 중앙관서다 해서 내려오는 높은 분들의 돌아가는 지프차 뒷자리에는 으레 고추장 단지가 오르곤 하였다.

순창고추장은 메주 만드는 법부터가 보통 고추장과 다르다. 보통 고추장의 메주는 11월경에 쑤어 겨울동안 뜨거운 온돌방에 띄웠다가 봄에 담그는 법인데 순창고추장은 메주를 늦더위가 성가신 처서에 쑨다.

멥쌀과 콩을 6 : 1 비율로 섞되 멥쌀은 가루로 빻고 콩은 물에 담가 하루동안 불렸다가 건져 물기를 빼고 쌀가루와 메주를 한 켜 한 켜씩 시루에 층층이 담아 찐다.

이렇게 만든 메주를 싸메주(곡자)라고 하는데 싸메주는 주먹 만하게 뭉치

순창 싸메주

거나 손바닥만한 넓이로 가운데 구멍을 뚫어 둥글게 만들어 처마 밑에 매달아 띄운다.

한창 더위에 한 10일 후면 노란 꽃(곰팡이)이 번지고 다시 10여 일 지나면 흑적색의 싸메주가 된다. 싸메주는 공기가 통하지 않는 가마니 속에 잠시 두었다가 5일 정도 낮의 뜨거운 햇볕에 말리고 밤에는 이슬을 맞힌 후 가루를 만든다.

싸메주만 제때 만들어 놓으면 고추장은 아무 때나 담가도 된다.

고추장 담글 때의 순창 아낙네들의 마음가짐은 백일기도를 하는 사람의 마음보다 더 경건하다. 고추장을 담그는 날은 밖에 손님이 찾아오는 일이 없도록 대문에 금줄을 친다. 그렇게 하지 않으면 고추장에 윗물이 져서 실패한다고 한다.

담글 때는 찹쌀과 싸메주와 고춧가루를 4 : 2 : 3의 비율로 섞는다. 찹쌀은 솥에 쪄서 메로 쳐서 떡을 만들고 고춧가루와 싸메줏가루를 합하는데 껍질 두꺼운 고추를 절구통에 빻아 체로 쳐서 굵은 껍질은 버리고 고운 것만 가려 쓴다.

그러나 순창고추장 제조 비법은 이상과 같은 요령에만 있는 것은 아닌 것 같다. 능란한 순창아가씨들이 타처에 시집가서 아무리 같은 방법으로 고추장을 담가 보아도 순창고추장의 맛은 나지 않는다고 한다. 노인들은 순창의 수질 때문이라고 전하고 있으나 확실치는 않다.

어찌 되었든 순창 고추장은 현재 약 100가구에서 이렇게 전문적으로 만들어 연간 약 50석이 서울 부산 등지로 팔려나가 약 150만원 벌이를 하며, 해방 직후 미군 장교가 이 지방에 들려 고추장 맛을 보고는 혀를 내두르며 달

러돈을 내 놓고 한 드럼만 살 수 없느냐고 졸랐다는 일화도 전해 온다(순창, 장윤덕 남원주재 기자).

한국의 풍미 고추장 경향신문(1966. 2. 23)

예로부터 서민이 즐겨. 남아 있는 기록 전혀 없어. 유래와 비방을 알아본다.

명문은 전북 순창.

처음에 조미료로 한국 고유 의 미각이 갖가지 있지만 장맛, 그중에서도 고추장의 독특함, 그 터분한 서민적인 맛과 냄새는 세계 어느 곳에서도 찾기 힘든 모양이다. 고국을 떠나 있으면서 생각나는 여러 일 중에 김치와 고추장은 빼 놓을 수 없는 것들이다. 그래서 까맣게 볶은 약고추장이 해외여행자의 가방 속에 으레껏 들어 있기 마련이다.

본사와 대한 어머니회가 머나 먼 남쪽 나라 월남에서 싸우고 있는 장병에게 사랑의 고추장을 보내자는 운동을 벌인지도 벌써 1달이 되어 간다. 그동안 모인 사랑의 고추장이 약 2,500통. 이 기회에 고추장의 유래와 맛 이야기를 더듬어 본다.

• 고추장의 전설

고추장을 담는 고추는 원래 우리 땅이 원산지는 아니다. 중국 남방으로부터 들어왔다고 하는데 시기는 문헌에 없다. 김화진(金和鎭) 씨의 말에 의하면 고추장의 얘기는 정사(正史)에는 없고 전설로 내려올 뿐이라고 한다.

애초에는 중국인이 한국인을 고추의 독한 맛에 중독시키려는 뜻으로 한국인에게 주었던 것인데 그것을 받아서 조미료의 제일방으로 썼다는 것. 그러므로 고급 음식상에는 고추장이 없고 손님이 청구하여 내놓는 법이었다고 한다. 생선회, 육회 등에는 겨자즙을 썼고, 궁중에서도 고추장을 중히 여기지 않아 고추장에 대한 기록이 전혀 없는 것이 아닌가 한다.

그렇다면 고추장은 예부터 서민이 즐기고 귀한 반찬으로 삼은 무척 서민적인 장인지도 모르겠다.

역시 전설이지만 고추가 처음 들어왔을 때는 생으로 먹었는데 양념으로 먹다가 발효시켜서 연중 어느 때나 먹을 수 있는 고추장을 만들기 시작한 것은 전북 순창이라고 전한다.

• 순창고추장

지금도 순창 고추장은 맛으로 유명하고 담그는 재료부터 다르다. 고추장 메주를 따로 만드는 데 콩뿐만 아니라 밀가루와 밀기울을 넣어서 메주를 빚는 것이다. 이렇게 만들어 띄운 메주로 담그는 데 엿기름을 많이 섞어 특히 달다. 고추장은 찹쌀고추장이 제일인데 빛이 곱고 맛이 좋다.

간장과 된장은 묵은장이라고 해서 묵히는 것이 자랑이고 묵은장일수록 맛이 있다. 그러나 고추장은 묵히지 않는다. 묵히면 단내가 나고 맛이 없어지기 때문인데 묵은 고추가 맛이 없는 것과 같다고 할 수 있다.

[표 42] 순창고추장 요약

명칭	문헌	메주 띄우기	담기
순창고추장 [淳昌苦艸醬造法]	소문사설 (1740년대)	콩 쑨 것 2말과 백설기떡 5되를 빻아서 빈 섬에 넣어 7일 띄워 말려 가루내기	찹쌀 1되를 가루내어 쑤어 메줏가루, 고춧가루 6되, 엿기름 1되, 감장 1되, 전복 5개, 새우, 홍합, 생강 넣어 담그고 꿀 넣기도 함
고추장 담그는 법 [苦草醬蠻蕺醬辣醬]	조선무쌍신식요리제법 (1924)		자주 저어 익혀 체로 거르고 엿기름 많이 넣기
고추장 만드는 법 2	동아일보 (1931. 4. 26)		자주 저어가며 익히고 담글 때 메주와 고추를 가늘게 가루내어 엿기름을 많이 넣고 걸러서 담기 날고기를 얇게 저며 넣기도 함

(계속)

명칭	문헌	메주 띄우기	담기
순창고추장	동아일보 (1967. 9. 23)	멥쌀 6 : 콩 1의 비율로 멥쌀가루, 물에 하루 불린 콩메주를 쪄서 주먹이나 구멍 뚫린 납작 메주로 만들어 10일 매달아 띄워 노란 곰팡이 피면 다시 10일 띄워 흑적색 싸메주를 만들어 가마니에 두었다가 5일 동안 볕에 말려 가루내기	찹쌀과 싸메주와 고춧가루를 4 : 2 : 3 비율로 섞고, 찹쌀은 쪄서 쳐서 떡을 만들어 합쳐 담기

초장·초고추장

《신영양요리법》은 《조선요리제법》이 인용하였다. 《조선무쌍신식요리제법》과 《신영양요리법》은 고추장에 식초와 설탕을 쳐서 만들고, 《조선무쌍신식요리제법》과 《신영양요리법》, 《조선요리제법》은 간장, 식초, 잣가루, 파뿌리를 넣어 만든다(표 43 참조).

초고초장 만드는 법(醋苦草醬) 조선무쌍신식요리제법(1924)

초고추장은 고추장이 가장 맵고 가늘고 빛 좋은 겨울 초와 설탕을 쳐서 개는데 고초장이 묽으면 맛은 둘째요, 보기에 모양이 없다.

초고추장 신영양요리법(1935)

얌전한 고추장에 초와 설탕 맛을 보아가면서 알맞게 넣어서 잘 섞어 쓴다.

초고추장 조선요리제법(1939)

얌전하고 맛있는 고추장에 식초와 설탕을 알맞게 섞어서 종자에 담고 잣가루를 뿌려 놓는다.

초장 만드는 법(醋醬) 조선무쌍신식요리제법(1924)

초장은 빈수 없이 달고 시고 맛이 바른 초에 묵지 않은 달고 좋은 장을 초의 3분의 1쯤 탄 후 냉수를 조금 쳐야 맛이 씩씩하며 잣가루를 치는 것이 원법이다. 파대가리 익힌 것이나 고춧가루를 치는 것은 부득이하여 치는 것이다. 깨소금을 치는 부인은 음식을 책망할 것 없다. 이것도 종자나 보시기에 담는 즉시 종이로 봉한다. 초에 먼저 잣가루를 넣었다가 나중에 장을 쳐야 잣이 뜨는데 초에는 무엇이든지 떠오른다.

초장 신영양요리법(1935)

재료: 당것(달인 초), 간장

간장을 필요량만큼 그릇에 담고 초는 간장의 3배를 함께 붓고 냉수는 적당한 양을 조금 붓고 섞어서 종자에 담고 잣가루를 약간 뿌려서 쓴다. 잣가루가 없을 때에는 파를 대강 익혀서 뿌리도 쓴다.

초장 조선요리제법(1939)

간장을 필요한 양 그릇에 담고 식초는 너무 시거나 싱겁지 않도록 냉수를 쳐서 조절하여 종자에 담고 잣가루를 뿌려 쓴다. 잣가루가 없으면 파를 대강 다져 넣는다.

초장 조선요리제법(1939)

간장을 소용될 만큼 그릇에 담아놓고 초는 맛보아 너무 시거나 너무 싱겁거나 하지 않도록 하고 냉수를 조금 치고 섞어서 종자에 담고 잣가루를 뿌려 쓴다. 잣가루가 없을 때에는 파를 대강 이겨서 넣는다.

[표 43] 초장·초고추장 요약

명칭	문헌	담기
초고초장 만드는 법 [醋苦草醬]	조선무쌍신식요리제법(1924)	매운 고추장과 겨울 초와 설탕을 쳐서 개기
초고추장	신영양요리법(1935) 조선요리제법(1939)	고추장에 초와 설탕 섞기
초장 만드는 법 [醋醬]	조선무쌍신식요리제법(1924)	장을 초의 1/3 타고 냉수, 잣가루 치기 익힌 파대가리나 고춧가루를 치기도 함
초장	신영양요리법(1935)	초 3/2, 간장 1/3, 냉수를 섞어 잣가루 뿌려 쓰기 잣가루가 없으면 익힌 파뿌리도 씀
초장	조선요리제법(1939)	초, 간장, 냉수를 섞어 잣가루를 뿌려 쓰기 잣가루가 없으면 익힌 파뿌리 다져 넣기

전·통·장·류

부록

한문원문

한문원문

1. 鹽品 增補山林經濟(1767) 農政會要(1830) 群學會騰(1800年 中盤) 林園十六志(1827)

- 鐵釜煮成者 味苦不用 須用土盆所煮者 而大海中所出 滷氣太旱不佳 唯海邊通長浦處深入煮出者 脚細不粗 其味醎而甘 可以造醬
- 凡造醬鹽深置密庫 要避南風 恐消費 須用數月積置 盡去滷汁者 方佳
- 鹽自鐵釜中及大海中所出煮者 以水漬令微濕 作木方機 踏塹如造麴樣 厚裹藁草以火燒過 則其堅如石 復碎臼中 和水造醬 則滷氣去而味少勝矣

2. 二曰 擇鹽 林園十六志(1827)

鐵釜煮者 不可用 大海産者 亦不佳 必用西南海邊長浦處深入 煮出者 置密室中 用木石庋 鹽篅一頭 令滷水滲淨

3. 擇水 增補山林經濟(1767) 農政會要(1830) 群學會騰(1800年 中盤)

取甘泉 百沸大釜中 如法和鹽候冷 漉去滓造醬 ○ 臘雪水造醬 不生蟲 味亦佳(臘月中 收雪納藁篅 限五六十石 積置陰處 春初有欲融之勢 安大瓮於房內 取其雪塡瓮中 隨消隨塡 而春多暴寒 恐破瓮 必以藁草裹護 且令房內常溫 可矣) ○ 鹽水沸過 沈醬則可以防生蟲

4. 三曰 揀水 增補山林經濟(1767) 林園十六志(1827)

醬味美惡 專系水品 必取甘泉 或江心水 就大釜中如法和鹽 候冷漉去滓 聽用 或用臘雪水造醬 不生蟲 味佳(案 臘雪收法 見劑待志)

5. 장 담그는 길일

- 四月 乙丑丁丑丁卯辛卯乙卯 不犯虛耗月厭 大吉(居家必用)
- 三伏內黃道日浸豆 黃道日拌蒸(衢仙神隱書, 增補山林經濟, 群學會騰, 農政會要)
- 三月 丙子己巳庚子乙巳 不犯月厭 大吉(居家必用)
- 俗云 用午日亥日吉(方書)
- 十月 己卯丁卯甲戌癸未甲午庚子己未吉(居家必用)
- 十二月 庚子丁卯壬申壬寅乙卯甲申戊申戊寅庚申乙卯吉(居家必用)
- 五月 丙寅甲申庚申 大吉(居家必用)
- 宜諸吉神日(攷事新書, 山林經濟, 海東農書)

- 二月 己巳丁巳吉(居家必用)
- 丁卯日(增補山林經濟, 群學會騰, 農政會要)
- 正月 丁卯甲辰丙辰丁未己未乙酉精油吉(居家必用)
- 正月雨水日及十月立冬日 造醬(四時纂要補, 山林經濟, 海東農書, 攷事十二集, 增補山林經濟, 群學會騰, 農政會要, 鶴陰雜錄)
- 諸吉神日(增補山林經濟, 群學會騰, 農政會要)
- 造麯吉日 辛未乙未庚子(居家必用)
- 造醬吉日 及丁卯日 通用(方書, 居家必用, 攷事新書, 山林經濟, 海東農書)
- 七月 庚午庚戌戊子戊戌吉 庚辰壬辰 犯月厭 不用(居家必用)
- 八月 丁亥癸巳己亥己巳吉 癸未己未係受死 不用(居家必用)
- 九月 辛巳戊子丙申戊申辛亥庚申 不犯月厭 凶殺(居家必用)
- 三伏內 黃道日 蒸飯浸豆 忌妨人見(鶴陰雜錄)
- 十一月 己丑戊寅己未壬寅戊申甲寅甲申吉 舊有丙戌戊戌 犯天耗 乙巳與戊戌 幷犯十惡 不用 (居家必用)
- 六月 壬申戊寅己酉丁酉己卯 不犯虛耗月厭 大吉 舊有丙午係 萬通受死 不用(居家必用)
- 造醬 吉日丁卯 又宜諸神吉日 忌辛(鶴陰雜錄)
- 端午日 取桃枝幷雄黃入內 不生蟲兼解毒(酒饌)
- 三伏內黃道日浸豆 黃道日蒸拌 忌婦人見 無蟲(衢仙神隱書, 山林經濟, 海東農書, 攷事十二集)

6. 장 담그는 데 피할 일

- 忌水寢(痕)日(大月 初一 初七 十一 十七 卄三 三十日 小月 初三 初七 十二 卄六日)(山林經濟, 海東農書, 增補山林經濟, 群學會騰, 農政會要, 農政纂要)
- 忌辛日(方書, 農政纂要)
- 所忌辛日(增補山林經濟, 群學會騰, 農政會要)
- 造豉時 極忌淹穢 尤忌尸氣(增補山林經濟, 群學會騰, 農政會要)
- 沈醬時 外人忌之 尤忌往來尸側人見之 故人家醬圈 皆設屋後僻處 圈設門封鎖之(增補山林經濟, 群學會騰, 農政會要)
- 造末醬時 極忌穢惡 尤忌尸氣 沈醬時 忌外人 尤忌往來尸側人見之 故人家團 皆於屋後 淨僻 圍墻 設門封鎖之(增補山林經濟, 林園十六志)
- 造醬忌辛日(攷事十二集, 山林經濟, 海東農書)
- 造醬忌日 辛日不合 醬(居家必用)
- 合醬收醬 又忌水日滿日(方書)

7. 벌레(가시) 나지 않게 하는 법

- 貫中煎湯合之 無蟲(治生要覽)
- 東坡云 三伏中合醬 不生蟲 又曰 日未出及日已沒下醬 則不引蠅子(四時纂要補, 林園十六 志, 衢仙神隱書, 山林經濟, 海東農書, 攷事十二集)
- 臘雪水造醬 不生蟲 味亦佳(增補山林經濟, 群學會騰, 農政會要)
- 面太歲造醬無蟲(增補山林經濟, 群學會騰, 農政會要, 齊民要術, 林園十六志, 衢仙神隱書)
- 三伏日造醬 無蟲(治生要覽)
- 三伏日合醬 不生蟲(增補山林經濟, 群學會騰, 農政會要)
- 三伏中合醬 不生虫 又日未出及已沒下醬 不引蠅子(鶴陰雜錄)
- 水日忌造 生蟲(增補山林經濟, 群學會騰, 農政會要)
- 水日生虫(鶴陰雜錄)
- 水日造醬生蟲(博物志, 山林經濟, 海東農書, 攷事十二集)
- 鹽水沸過 沈醬則可以防生蟲(增補山林經濟, 群學會騰, 農政會要)
- 又曰 日未出及已沒下醬 不引蠅子(山林經濟, 海東農書)
- 日未出及日已沒下醬 不引蠅子(增補山林經濟, 群學會騰, 農政會要, 攷事十二集)
- 造醬日 日未出時 或日沒後合之 無蠅(治生要覽)
- 治醬蛆 草烏根 切作四片 搽甕裏(芥末糝亦好)(治生要覽)
- 合醬 若晦日造墻下 面北御枚不語 合醬則蟲不生(四時纂要抄)
- 晦日 北面銜枚不語合之 無蟲(治生要覽)
- 晦日造墻時下面北御枚不語 合醬則蟲不生(四時纂要, 林園十六志, 衢仙神隱書, 山林經濟, 海東農書, 攷事十二集, 增補山林經濟, 群學會騰, 農政會要)
- 黃道日浸蒸時 忌見婦人 則無蟲(增補山林經濟, 群學會騰, 農政會要)

8. 術曰 齊民要術(530~550)

若爲姙娠婦人壞醬者 取白葉棘子 著甕中則還好(俗人用孝杖攪醬及炙甕 醬雖回而胎損) 乞人醬時 以新汲水一盞 和而與之 令醬不壞

9. 醬 – 西關人 五洲衍文長箋散稿(1850)

西關人傳 化臭醬爲香甛法 盡取臭稠醬 搾去濕氣曬乾 復取大豆作燻造 視臭醬滓爲五斗新燻造亦爲五斗 合臭燻造 同搗更作燻造 蒸出如常法曝乾 沈醬如法 無臭味甘云 已上二法 皆少許有驗則永爲法 俾廣其傳

10. 臭腐醬復出本味不臭法 五洲衍文長箋散稿(1850)

關西人所傳 凡腐臭醬不可棄 更取大豆 視腐醬幾何 蒸作燻造成團時 撈出臭腐稠醬壓去淸醬 拌入所蒸燻造 罨出極乾 更沈 復取臭腐淸醬 濃煎數沸 待沈向熟 挦灌于稠醬甕

爛熟則還成甘醬 少无腐臭氣 乃是人家不可不知之神方也 夫醬者 一家之大政也 其淹藏之法 豈可少忽 留心家務者 宜取而爲式

11. 장맛 고치기

- 救醬失味 取雹一二升 納瓮中 卽如本味 (東醬貿鑑, 林園十六志)
- 救醬失味 取雹一二升入甕中 卽如本(增補山林經濟)
- 臘水三七升 臘日缸合注甕 立春後開用 味自好(山家要錄)
- 滿甕注水 三日後去水 如此三度 辛味盡去 後和鹽水注之 味變爲好(山家要錄)
- 辛醬出 布板上 厚數寸 用小麥麵 篩其上 還入瓮則甘(東醫寶鑑, 林園十六志)
- 夜開甕盖 入霜雪則好(山林經濟, 增補山林經濟, 海東農書, 攷事十二集, 鶴陰雜錄, 酒饌, 群學會騰, 農政會要)
- 夜去瓮蓋 受霜雪則好(山林經濟補, 林園十六志)
- 夜去瓮盖入霜雪則好(攷事十二集, 鶴陰雜錄)
- 用海帶一立 裹飴餹一片 插瓮中則好(山林經濟補, 林園十六志)
- 醫辛醬法 滿瓮注水 三日酌去之 如是三度 則辛味盡去 然後滾湯和鹽 放冷注之(山林經濟補)
- 以水數洗瓮外則甘(山林經濟補, 林園十六志)
- 晝出曬乾 更沈則味好(山家要錄)
- 取雹(무리)一二升入瓮中 卽如本味(攷事十二集, 鶴陰雜錄, 山林經濟, 增補山林經濟, 海東農書, 治生要覽, 酒饌, 群學會騰, 農政會要)
- 治辛醬 (久陳醬亦用此法)(山家要錄)
- 七月雨時 置甕於屋溜 令水注甕以洗妙 艮醬盡取出後 末醬熏造水注之 味好(山家要錄)
- 辛醬以水類先甕外 則甘 又土醬出布 眞末篩下 又收雹入(治生要覽)
- 救變味 取雹一二升 入甕中 卽如本味(鶴陰雜錄)
- 救醬失味取雹(무리)一二升 入瓮中 卽如本味(寶鑑) 夜去瓮盖 入霜雪則好(俗方)(山林經濟, 海東農書, 攷事十二集)

12. 備瓮 增補山林經濟(1767) 農政會要(1830) 群學會騰(1800年 中盤)

凡瓮七月坯爲上 八月次 餘月下 要厚不宜簿 凡磁瓮不好 無問大小市買者 先覆地上用藁草包火待烟起 則納瓮口 仍以覆之 細視瓮外一周 如有沙穴則烟輒透出矣 須於無風處試之可也 若灌水瓮中試尋 沙穴難驗 瓮果無隙穴者 先則塗治 勿使盛水 未塗遇雨亦惡

13. 備甕 林園十六志(1827)

取七月坯完厚濶口瓮 細審有沙穴與否(將瓮覆地 用藁薪燃火 揭起納火 還覆瓮 細視瓮

外一周 如有沙穴 則烟輒透出 不可用 須於無風處試之) 塗治如法(案 塗治法 見贍用志) 安家後向陽潔淨處 (安瓮近處 斫去果木 恐小兒擲瓦破瓮 又不可近墻安瓮 恐墻倒破瓮 亦須剪去雜木 令勿厚陰 又鋤去瓮下草茂 防蛇蟲之藏伏瓮底 處以方磚)

14. **塗法 增補山林經濟(1767) 農政會要(1830) 群學會騰(1800年 中盤)**

- 掘地爲小圓坑 傍開兩道 以引風火生 熾炭火於坑中 合瓮口於坑上 而熏之 火盛喜破 火微難熱 務令調適乃可 數以手摸之 熱灼人手 便下寫熱脂於瓮中 回轉濁流 極令周匝 脂不復滲 乃止 牛羊脂爲第一 猪脂亦得 黃蠟甚佳價貴 用松脂亦可 以熱湯數斗 着瓮中滌洗之 瀉却滿盛冷水數日便中用 用時更洗淨 日曝令乾 ○取用曾經多年醬瓮 亦好

15. **安瓮 增補山林經濟(1767) 農政會要(1830) 群學會騰(1800年 中盤)**

圈內近處 須斫去果木 恐小兒擲瓦破瓮 又不可近墻安瓮 恐墻倒乖瓮 亦須剪去雜木 令勿厚蔭 瓮下每鋤亂草 防蛇蟲之伏藏 必以向南取陽爲主

16. **黃衣 齊民要術(530~550)**

六月中取小麥 淨淘訖 於瓮中以水浸之令醋 漉出熟蒸之 槌箔上敷席 置麥於上 攤令厚二寸許 預前一日刈薍葉薄覆 無薍葉者 刈胡枲 擇去雜草 無令有水露氣 候麥冷以胡枲覆之 七日看黃衣色足便出曝之令乾 去胡枲而已慎勿颺簸 齊人喜當風颺去黃衣此大謬 凡有所造作用麥䴬者 皆仰其衣為勢今反颺去之 作物必不善矣

17. **黃蒸 齊民要術(530~550)**

六 七月中䏑(田䏑)生小麥細磨之 以水溲而蒸之氣餾好熟 便下之攤令冷 布置覆 蓋成就一如麥䴬法 亦勿颺之慮其所損

18. **糵 齊民要術(530~550)**

八月中作 盆中浸小麥即傾去水日曝之 一日一度著水即去之 腳生布麥於席上厚二寸許 一日一度以水澆之牙生便止 即散收令乾勿使餅 餅成則不復任用 此煮白餳糵 若煮黑餳即待芽 生靑成餅 然後以刀劚取乾之 欲令餳如琥珀色者 以大麥為其糵孟子曰 雖有天下易生之物 一日曝之十日寒之 未有能生者也

19. **末醬薰造 山家要錄(1459)**

正二月內 太洗淨淘沙 烹時沸出水 勿使滋點 水退火在上 太以手指捺之 皮滑脫 則未熟更軟熟 舂作塊堅造 一日陽乾 午前一面 午後一面 則皮乾 盛石置蓋口草結 石布 谷草半尺許 排石一件 勿累積又以谷草厚覆 過七日或十五日 薰蒸色白 過久則生臭 斟酌出之半破之 處向日曝一日 還盛石如前 又待色白 不至於堅 又剖破三四片 向日晒一日 還盛石 埋置 日久則暫浮蒸而自乾 出之晒乾

20. **造末醬(造豉法) 增補山林經濟(1767) 林園十六志(1827) 農政會要(1830) 群學會騰(1800年 中盤)**

(俗稱末醬 又曰熏造 卽令之며조) 先就高燥地 掘長渠如馬槽狀 深可尺許(案 此以布帛尺言) 渠之四面 分開水道 以空簾編茅之屬 鋪渠中 將大豆淘去沙石 水浸一宿 漉出入大釜中 下水爛煮 至十分熟 經宿取出 臼中爛搗如泥 手摩作團 大如西瓜 以大刀劈分兩片 每片又以刀橫切 則形如半月 厚爲一寸餘 卽鱗次布安於渠中 空簾上 另以空簾茅草之屬 厚蓋之 令勿透風漏兩 待鬱蒸上衣 去蓋翻轉一次 而還蓋之 如此者八九次 則自然延 至數十日幾盡乾 正始取起晒乾 聽用 凡造末醬 必依此法 然後造醬可以經年 味美 今見鄕村造末醬 必團作塊 蒸乾於房中 塊蒸 終不善乾 造醬多失味 且不能耐久矣 (案 此卽京都造末醬法 每歲三月始造 五月重五 貢御 故都下 造醬每在五月晦前)

21. 齊民要術(530~550)

崔寔曰 正月可作諸醬 上旬豆 中庚煮之 以碎豆作末都 至六七月之交 分以藏瓜 可以作魚醬肉醬淸醬 四月立夏後 鮦魚作醬 五月可爲醬

22. 作醬法(中國醬方) 齊民要術(530~550) 林園十六志(1827)

十二月正月爲上時 二月爲中時 三月爲下時 用不津甕 (甕津則壞 嘗菹酢者 亦不中用之) 置日中高處石上 (夏雨無令水浸甕底 以一鉎鍬 一本作生縮鐵釘子 背歲殺 釘著甕底石下 後雖有姙娠婦人食之 醬不壞爛也)

用春種烏豆 (春豆粒小而均 晩豆粒大而雜) 於大甑中燥蒸之 氣餾半日許 復貯出更裝之 廻在上居下 (不爾則生熟不多調均也) 氣餾周徧 以灰覆之 經宿無令火絶 (取乾牛屎圓累令中央空 燃之不烟 勢類好炭 若能多收 常用作食 旣無灰塵 又不失火 勝於草遠矣)

齧看豆黃色黑極熟 乃下日曝取乾 (夜則聚覆 無令潤濕) 臨欲舂去皮 更裝入甑中蒸 令氣餾則下 一日曝之 明旦起淨簸擇 滿臼舂之而不碎 (若不重餾 碎而難淨) 簸揀去碎者 作熱湯 於大盆中浸豆黃良久 淘汰挼去黑皮 (湯少則添 愼勿易湯 易湯則走失豆味 令醬不美) 漉而蒸之 (淘豆湯汁 卽煮細豆 作醬以供旋食 大醬則不用汁) 一炊傾 下置淨席上 攤令極冷

預前日曝白鹽 黃蒸 草蓄蒿 麥麴 令極乾燥 (鹽色黃者發醬苦 鹽若潤濕 令醬壞 黃蒸令醬赤美 蓄令醬芬芳 蓄挼簸去草土 麴及黃蒸 各別搗細末 簁馬尾羅 彌好) 大率豆黃三斗 麴末一斗 黃蒸末一斗 白鹽五升 蓄子三指一撮 (鹽少令醬酢 後雖加鹽 無復美味 其用神麴者 一升當笨麴三升 殺多故也) 豆黃堆量不槩 鹽麴輕量平槩 三種量訖 於盆中央向太歲 和之 (向太歲則無蛆虫也)

攪令均調 以手痛挼 皆令潤徹 亦面太歲內甕中 手挼令堅 以滿爲限 半則難熟 盆蓋密泥 無令漏氣 熟便開之 (臘月五七日 正月二月四七日 三月三七日) 當縱橫裂 周廻離甕 徹底生衣 悉貯出搦破塊 兩甕分爲三甕 日未出前 汲井花水於盆中 以燥鹽和之 率一石水 用鹽三斗 澄取淸汁 又取黃蒸 於小盆內減 鹽汁浸之 接取黃瀋 漉去滓 合鹽汁 瀉着甕中 (率十石醬 黃蒸三斗 鹽水多少 亦無定方 醬如薄粥 便是豆乾水故也)

仰甕口曝之 (諺曰 萎莚葵日乾醬 言其美矣) 十日內 每日數度 以杷徹底攪之 十日後每日輒一攪三十日止 雨卽蓋甕 無令水入 (水入則生虫) 每經兩後 輒須一攪 解後二十日堪食 然要百日始熟耳

林園十六志: 案 徐玄扈云 齊民要術所著 食物烹治 古今習尙不同 有難施用 況今後玄扈百餘年乎 又況我東習 尙與中州懸殊也乎 特載此方者 誠以擇瓮不津 置瓮石上 面太歲和料仰甕口曝之 雨卽盖甕無令水入 及百日始熟等法 皆爲造醬三昧 不以古今東西異也

23. 造醬法(造醬治鹽法) 居家必用(1200年末) 衢仙神隱書(1400年傾) 攷事新書(1771) 攷事十二集(1787) 海東農書(1799) 林園十六志(1827) 五洲衍文長箋散稿(1850)

凡造醬 先以鹽淘淨 去泥滓垃圾 醬自佳 先以缸盛水 次以稍箕盛鹽 於水中攪漉 好鹽自隔箕中下 垃圾石土糞草之類 皆留箕中 須臾缸面 又有一層黑泥末 以塔羅掠去之盡 缸中皆淨鹹水 鹽如雪白澄於缸底 別以器盛 然後下醬 先用水 逐旋入白鹽 多留些盖面上和訖 以蒔蘿撒醬面上 復以翎蘸好香油 持抹醬面及缸

24. 下醬法 衢仙神隱書(1400年傾)

凡下醬 先用水逐旋 入白鹽多留 此盖面上和訖 以蒔蘿 茴香 耳草 葱 椒 物料撒面上 其味 鹽少許同入 缾內者 欲沸泥封 收貯切忌生水濕 置盛頓

25. 合醬法 山家要錄(1450)

(合醬時眞油滓 熟擣厚布甕口則無虫 吉日丁卯及諸吉神日 忌辛日)

熏造三斗鹽一斗爲準 熏造先納甕 不盈斗許 後鹽和水滿甕注之 毋令鹽與水別入 若鹽水未足入 則每日添注 熏造起出 以手平之 甕過布鹽 夜則蓋之 晝則勿蓋 艮水溢則挹以盛器 夕還注之 若艮水少 井花水注之 大抵水二盆鹽一盆 待水盡須布鹽 又熏造一石 則甕底置眞油一碗白炭火三四斤 水之多少 以木直插甕中 其木易入還浮出 乃可

26. 造醬法 需雲雜方(1500年初)

黃豆三斗淨洗 水三分同煮至一盆 太量宜除 出好艮醬三沙鉢 注釜更煮 至三四沸 味淡則鹽一升 以適爲度 和水注納不津瓮用之 太則和油鹽水煮之 飯時喫之 又 黃豆五升淨洗 水三盆同煎至一盆 添艮醬一沙鉢 如常法 其味甚甘 又末醬二斗 水一盆半 鹽二升 和納瓮 三日以均潤 爲限堅封瓮口又泥塗之厚圍稻皮煎熬三日若色味淡則加熬一日 且潤過則艮醬濁 此法則夏月易生蟲蛆 須堅裹用之 上法亦同

27. 沈醬法 增補山林經濟(1767) 農政會要(1830) 群學會騰(1800年 中盤)

以水洗淨末醬 先下瓮中 次下鹽水 而每末醬一斗 鹽六七升 水一桶爲率 盖秋冬鹽少無妨 春夏鹽多方好 鹽水令稍高於末醬 而晒之 觀其水縮 更加鹽水 以極乾末醬 限瓮口沈之 則及其潤脹之時 恐有瓮拆之慮 故先用竹箍瓮腹上下 沈醬亦不可滿於瓮口

28. 沈醬 林園十六志(1827)

以水淨洗末醬 先下瓮中 次下鹽水 而每末醬一斗 鹽六七升 水一桶爲率 秋冬鹽少無妨

春夏鹽多方好 令鹽水稍高於末醬 不蓋瓮晒之 (陰雨則急蓋 勿令雨水點滴滲入) 觀其水縮 更加鹽水(預以小瓮貯鹽水 置醬瓮傍 聽用) 以極乾末醬 限瓮口沈之 則及其潤脹之時 恐有瓮坼之慮 先用竹箍瓮腹上下 沈醬亦不可滿於瓮口

29. **造醬 方書(1867)**

入鹽爋造메주 曝乾後擇淸明日 以水洗盛於甕中 若爋造一斗則入水五斗 其餘ㅇ山 入鹽則候其起泡 入小許 又過三四日 或四五日 起泡時又入小許 而或ㅇ鹽或乾鹽入之 有鹽水者不佳 白而軟者佳云 或云 爋造一斗則鹽一斗 同時造入甕中 以黃土塗於甕 掘地埋之 過一歲後出而食之 最甘云

30. **東人(東國)造醬法 山林經濟(1715) 林經濟補(1700年 中盤) 攷事新書(1771) 攷事十二集(1787) 海東農書(1799) 林園十六志(1827)**

大豆揀淨水浸 一宿漉出 入釜煮 令爛熟 取出手摩 作團如拳(案煮熟控起 入臼搖爛 然後始可手捏作團子) 盛於藁篅 而每層以藁草爲隔 置溫處 待上黃衣 烈日出晒 還置溫處 使之自乾 此所謂末醬也 (案 此卽鄕野造醬法也 京都造法異此 見下 又案 末醬 俗稱燻造中州人所謂 醬黃 是也) 末醬一斗 以鹽五升 和於沸湯 篩其滓放冷 先以末醬入瓮 仍下鹽湯 與末醬平 晒之數日 觀其水縮 更下鹽湯 待熟用之 (괄호는 임원십육지)

31. **熟黃醬方(黃熟醬) 居家必用(1200年末) 衢仙神隱書(1400年傾) 本草綱目(1552~1578) 山林經濟(1715) 增補山林經濟(1767) 攷事新書(1771) 攷事十二集(1787) 海東農書(1799) 民天集說(1751~1823) 林園十六志(1827) 五洲衍文長箋散稿(1850)**

不拘黃黑豆 亦不拘多少 揀淨炒熟 取出磨成細末 每豆細末一斗 麪一二斗 (案 本草綱目云 豆粉一斗 入麪三斗) 入湯和勻 切片子蒸熟 攤在蘆席上 用麥稭蒼耳葉盦 待有黃衣 烈日曬令極乾 一片黃子 入鹽四兩 (案 本草綱目云 每十斤 入鹽五斤) 井花水投下 去黃子一拳高 烈日曬之

32. **生黃醬 居家必用(1200年末) 衢仙神隱書(1400年傾) 山林經濟(1715) 增補山林經濟(1767) 攷事新書(1771) 攷事十二集(1787) 海東農書(1799) 民天集說(1751~1823) 林園十六志(1827) 農政會要(1830) 五洲衍文長箋散稿(1850) 群學會騰(1800年 中盤) 鶴陰雜錄(1800年末)**

三伏中 不拘黃黑豆 揀淨水浸 一宿漉出 入鍋煮令熟爛 取出攤令極冷 多用白麪拌勻 攤在蘆席上 用麥稭倉耳葉罨 一日發熱 二日作黃衣 一日後翻轉 烈日晒愈好 黃子一斤用鹽四一爲率 汲井花水下 水高黃子一拳 晒之不犯生水 麪多好醬黃 晒多好醬味

33. **小豆醬方(造豆醬) 居家必用(1200年末) 衢仙神隱書(1400年傾) 林園十六志(1827) 五洲衍文長箋散稿(1850)**

不拘多少 揀淨磨碎 簸去皮 再磨細 浸半日 控乾擦去皮 至來早 水淘淨控乾 和麪捻作團子 盦蓋候一月 方發過 用大眼籃 懸掛透風處 至來年二月中旬 用布擦去白醭 搗碎再磨每細麪二十斤 用鹽六斤四兩 (案 本草綱目云 每十斤 入鹽五斤) 以臘水化開 遇火日侵

晨下 兩月可食

34. 小豆醬法 增補山林經濟(1767) 農政會要(1830) 群學會騰(1800年 中盤)

正月 取小豆蒸爛 冷定團成餅合醬 出黃衣穿掛 當風至三四日內 用大豆炒過磨 去皮簛淨 煮熟攤出每小豆黃子一斗 熟豆十斗 用鹽四十餘斤 拌勻搗爛入瓮 每日攪動晒 過七日後便可食 合醬時多少斟酌 此法行之

35. 造麪醬法(小麪醬法) 居家必用(1200年末) 衢仙神隱書(1400年傾) 增補山林經濟(1767) 攷事十二集(1787) 民天集說(1751~1823) 海東農書(1799) 林園十六志(1827) 五洲衍文長箋散稿(1850)

白麪不拘多少 冷水和作硬劑 切作一指厚片子 籠內蒸熟 攤晒 三時許 待片子皮乾 以楮桒蒼耳麥稭龕蓋 至黃衣上勻爲度 去蓋物 翻轉至次 日曬乾刷 去黃衣碎 每斤鹽四兩 煎湯泡鹽 作水下之

36. 麪醬法 麵醬 居家必用(1200年末) 衢仙神隱書(1400年傾) 四時纂要(1483) 山林經濟(1715) 攷事新書(1771) 攷事十二集(1787) 增補山林經濟(1767) 海東農書(1799) 農政會要(1830) 群學會騰(1800年 中盤)

白麪冷水和作硬劑 切作一指厚片子 籠內爛蒸 熟攤晒半日候乾 以楮葉蒼耳麥稭罨盖 至黃白衣上勻爲度 去盖物飜轉 至此日晒乾 刷去黃搗碎 每斤用鹽四兩 煎湯泡鹽作水下之 一法 用貫衆煎湯泡鹽作水下之

37. 小麥麪醬方 林園十六志(1827)

用白麪不拘多少 冷水和作硬劑 切作一指厚片子 籠內蒸熟 攤晒 三時許 待片子皮乾 以楮桒蒼耳麥稭龕蓋 至黃衣上勻爲度 去蓋物 翻轉至次 日曬乾刷 去黃衣碎 每斤鹽四兩 煎湯泡鹽 作水下之(居家必用) (案 本草綱目所言 卽生麪醬法 居家必用所言 卽熟麪醬法 一名甜麪醬)生麪水 和布包踏餠 罨黃晒鬆 每十斤 入鹽五斤 水二十斤 晒成收之 (本草綱目)

38. 作榆子醬法 齊民要術(530~550)

治榆子仁一升 擣末篩之 淸酒一升 醬五升合和 一月可食之

39. 楡仁醬 居家必用(1200年末) 衢仙神隱書(1400年傾) 四時纂要(1483) 山林經濟(1715) 增補山林經濟(1767) 攷事新書(1771) 攷事十二集(1787) 海東農書(1799) 林園十六志(1827) 農政會要(1830) 五洲衍文長箋散稿(1850) 群學會騰(1800年 中盤)

楡仁淘淨 浸一伏 時搓洗去浮皮 再以布袋盛 於寬水中 揉洗去涎 控乾 以蓼汁濕 同晒乾 如此七次 同發過麪麴 依造麪醬法 用鹽下之 每用楡仁一升 發過麪麴四斤 鹽一升 和法製之(上同)楡仁實作醬 食甚香美(本草 能助肺 殺諸蟲 下氣)

40. 蕪荑醬方 本草綱目(1552~1578) 林園十六志(1827) 甘藷耕藏說(1813)

與楡仁醬同 (本草綱目) 殺三蟲 功力强於楡仁醬 多食落髮 (食療本草)

41. 楡實醬 增補山林經濟(1767) 酒饌(1800年初)

又 楡實亦可作醬

42. 食經作麥醬法 齊民要術(530~550)

小麥一石 漬一宿 炊臥之 令生黃衣 以水一石六斗 鹽三升 煮作鹵 澄取八斗 著甕中 炊小麥投之 攪令調均 覆著日中 十日可食

43. 大麥醬(天麥醬法 麩麥醬) 居家必用(1200年末) 衢仙神隱書(1400年傾) 四時纂要(1483) 山林經濟(1715) 增補山林經濟(1767) 攷事新書(1771) 攷事十二集(1787) 海東農書(1799) 民天集說(1751~1823) 林園十六志(1827) 農政會要(1830) 群學會騰(1800年 中盤) 五洲衍文長箋散稿(1850)

黑豆板淨者 五斗炒熟 水浸半日 再入鍋用浸豆水煮令爛 傾出 同冷以大麥麪百斤拌令勻以篩篩下 麪用煮豆汁和搜作劑 切作大片 上甑蒸熟 傾出攤冷 以楮葉盦蓋 候黃衣上汗乾 再晒搗碎 揀丁日或火日下之 每斗黃子用鹽二斤 井華水八升 化鹽水入缸晒之

44. 沈魚肉醬法 增補山林經濟(1767) 農政會要(1830) 群學會騰(1800年中)

大豆十分淨淘 如法造末醬 且鹽備佳品 水亦沸候冷皆如法 用好完瓮 先埋地中 另用肥牛肉去脂膜十餘斤(獐肉或羊兎肉 亦可) 雉十首 去毛及腸肚 鷄十首治亦如雉(鷄鴨屬皆可用) 用完不必割分 牛肚(卽膁也) 牛心 及秀魚 道味魚 廣魚 民魚(石魚) 眞魚之屬皆去腸鱗頭 略晒令無水氣 鰱魴魚 大口魚 亦無不可大小 八梢魚投沸湯 令半熟取出 生鰒 生紅蛤 略加鹽待透入洗乾 然後 先以肉品 安於瓮底 次以魚品安之 又雉鷄安之 而必與末醬 間層排下 乃下鹽水如前方 而每末醬一斗 以鹽七升爲率 安頓旣訖 用藁草厚擁瓮身 以油紙封瓮口 盖以瓦盆亦覆以藁 卽掩土埋之 切勿令雨水滲入 周年然後開用則味美無比 凡所(八魚)品 無物不可 至於蝦蟹及鷄鴨卵之屬 皆可入之 川椒生薑豆腐亦可入

45. 肉醬法 齊民要術(530~550)

牛羊麞鹿兔肉 皆得作取 良殺新肉 去脂細剉(陳肉乾者不任用 合脂令醬膩) 曬麴令燥 熟擣絹篵 大率肉一斗 麴末五升 白鹽二升半 黃蒸一升(曝乾熟擣絹膩篵) 盤上和令均調 內甕子中(有骨者和訖 先擣然後盛之 骨多髓 旣肥膩 醬亦然也) 泥封日曝 寒月作之 於黍穰積中 二七日開 看醬出無麴氣便熟矣 買新殺雉煮之 令極爛 肉銷盡 去骨取汁 待冷解醬(鷄汁亦得 無用陳肉 令醬膩 無鷄雉 好酒解之 還着日中)

46. 作卒成肉醬法 齊民要術(530~550)

牛羊麞鹿兔肉生魚皆得作 細剉肉一斗 好酒一斗 麴末五升 黃蒸末一升 白鹽一斗(麴及黃蒸 並曝乾絹篵 惟一月三十日停 是以不須鹹 鹹則不美) 盤上調和令均 擣使熟 還擘碎如棗大 作浪(烺)中坑 火燒令赤 去灰水澆 以草厚蔽之 令坩中纔容醬瓶 大釜中湯煮空瓶令極熱 出乾 掬肉內瓶中令去瓶口三寸(滿則近口者焦) 碗蓋瓶口 熟泥密封 內草中 下土

厚七八寸(土薄火熾 則令醬焦 熟遲氣味好 是以寧冷不焦 食雖便 不復中食也) 於上燃乾牛糞火 通夜勿絶 明日用時 醬出便熟(若未熟者還覆置 更燃如初) 臨食細切葱白 著麻油炒葱令熟 以和肉醬 甜美異常也

47. 作燥脡法 齊民要術(530~550)

羊肉二斤 猪肉一斤 合煮令熱細切之 薑五片 橘皮兩葉 鷄子十五枚 生羊肉一斤 豆醬淸五合 先取熟肉 甑上蒸令熱 和生肉醬淸薑橘皮和之

48. 生脡法 齊民要術(530~550)

羊肉一斤 猪肉白四兩 豆醬淸漬之 縷切生薑鷄子 春秋用蘇蓼著之

49. 肉醬 居家必用(1200年末) 衢仙神隱書(1400年傾) 山林經濟(1715) 攷事十二集(1787) 海東農書(1799) 農政會要(1830) 五洲衍文長箋散稿(1850)

獐肉或羊肉兎肉 去筋膜四斤 醬麵一斤拌搗 細鹽一斤(神隱曰四兩) 蔥白細切一椀 良薑川椒蕪荑陳皮各二兩(神隱曰各三兩) 右件用酒拌匀 如稠粥 小瓮盛封 十餘日 覰稠時再入酒 味淡時加鹽 用泥封固 日中曝之

50. 雉醬 山家要錄(1450)

雉六細細切之 酢鹽少許 生薑胡椒生葱等物 和作丸 ○○ 火煎於油

51. 生雉醬(駱洞趙相國 來傳) 謏聞事說(1740年代)

雌雉三四首 洗淨烹 去皮骨只取肉 搗作泥 篩爲末 極細脆 入川椒末生薑汁醬汁 的其味炒成泥 不垛不濡

52. 沈魚肉醬法又法 增補山林經濟(1767) 農政會要(1830) 群學會騰(1800年 中盤)

獐肉或羊兎肉 去筋膜四斤 醬麴一斤半搗細 鹽一斤(一曰四兩) 葱白細切一椀 良薑川椒右件用酒拌匀如稠粥 小瓮盛封十餘日 覰稠時再入酒 味淡時加鹽 用泥封固 日中晒之

53. 牛臀醬 增補山林經濟(1767) 農政會要(1830) 群學會騰(1800年 中盤)

取牛臀肉一塊 納醬瓮下 則醬味甚美 肉味亦甚美

54. 別醬法 增補山林經濟(1767)

家造末醬 乾正作末 內入生牛肉 以利刀 爛搗如泥 又加香油 生薑 葱 蠻椒 胡椒 胡桃 又以淸美醬和水 交合如稠粥 都入砂缸 封以油紙 蓋以砂大楪 埋糠火中而燒之 今日卯時埋之 翌日卯時 出用之 味極美

55. 千里醬法 增補山林經濟(1767) 群學會騰(1800年 中盤) 農政會要(1830)

味甘淸醬 慢火煉之 一斗縮至五升 另取熟牛肉作薄片(去脂膜)晒作末 投煉醬中 又以慢火煎 至如稠粥則成矣 若火急醬焦失味

56. 卵醬 四時纂要補(1655) 山林經濟(1715) 攷事十二集(1787) 海東農書(1799)

鷄鴨卵 微碎外皮 入醬瓮 味極佳(纂要補)

57. 鷄卵醬法 增補山林經濟(1767) 農政會要(1830) 群學會騰(1800年 中盤)

取鷄鵝鴨卵 盛大瓢內 以手搖之 則其卵皮碎 皆成細紋 卽投淸醬缸中 晒之

一方取卵八九箇 置瓢中 取百沸湯 乘熱急灌 少時如上法搖碎之 取出投極鹹冷鹽湯中 十餘日後 取出剝去皮 復投淸醬中 月餘食之 若經年 其味尤佳

58. **醬醃卵法 五洲衍文長箋散稿(1850)**

取鷄鴨卵 煮熟盛于器 微微搖觸 則卵殼破碎 淨去其殼 幷包麤布裫子 沈於醬甕內 待洽醃 取一箇 片切爲餐 甚佳

59. **鷄卵淸醬法 五洲衍文長箋散稿(1850)**

取鷄卵百箇 沈於極沸湯中 卽出 則卵之內微熟一分矣 以小杖 輕輕扣碎 其殼一邊 但有破痕而 卽小熟矣 卵汁不漏矣 每箇俱扣出碎痕 沈於醬甕中 經四五朔 試取一箇破見 則盡化淸醬 用此醬治膳 則旨美無比

60. **大蝦醬 四時纂要(1483) 林園十六志(1827)**

乾大蝦搗入醬瓮 其味絶美 牛肉亦好(案 俗用魚肉物料 入醬瓮謂能助醬味 然醬未熟而魚肉先敗 則反令醬變味矣 夏月造者 尤不可雜用魚肉等 易敗之物也 同上)

61. **大鰕醬 山林經濟(1715) 海東農書(1799) 四時纂要보(1483) 攷事十二集(1787)**

乾大鰕 搗入醬瓮 其味絶美 牛肉亦好(小蝦亦可)

62. **大小蝦醬 增補山林經濟(1767) 農政會要(1830) 群學會騰(1800年 中盤)**

乾大小蝦 搗末袋盛 入醬內 味絶美

63. **作魚醬法 齊民要術(530~550)**

(鯉魚鯖魚第一好 鱧魚亦中 鱭魚鮐魚 卽全作不用切)去鱗淨洗 拭令乾 如膾法披破縷切之去骨 大率成魚一斗 用黃衣三升(一升全用 二升作末) 白鹽二斤(黃鹽則苦) 乾薑一升(末之) 橘皮一合(縷切之) 和令調均 內甕子中 泥密封日曝(勿令漏氣) 熟以好酒解之 作魚醬肉醬 皆以十二月作之 則經夏無蟲(餘月亦得作 但喜生蟲 不得度夏耳)

64. **又魚醬法 齊民要術(530~550)**

成膾魚一斗 以麴五升 淸酒二升 鹽三升 橘皮二葉 合和於瓶內封 一月可食 甚美

65. **乾鱭魚醬法 齊民要術(530~550)**

一名刀魚 六月七月 取乾鱭魚 盆中水浸 置屋裏 一日三度易水 三日好淨 漉洗去鱗 全作勿切 率魚一斗 麴末四升 黃蒸末一升 無蒸用 麥蘖末亦得 白鹽二升半 於盤中和令調均 布置甕子 泥封勿令漏氣 二七日便熟 味香矣 與生者無殊異

66. **生鮮醬 鶴陰雜錄(1800年末)**

生鮮細打後 取醬內壓凝蒸熟 或卵入佮浸于醬甕 味好

67. **藏蟹法 齊民要術(530~550)**

九月內取母蟹(母蟹臍大圓竟腹下 公蟹狹而長) 得則水中 勿令傷損及死者 一宿腹中淨(久則吐黃 吐黃則不好) 先煮薄糖(糖薄餳) 著活蟹於冷糖 甕中一宿 著蓼湯和白鹽 特須

極鹹 待冷 甕盛半汁 取糖中蟹 內著鹽蓼汁中便死(蓼宜少著多則爛) 泥封 二十日出之 擧蟹臍 著薑末 還復臍如初 內著坩甕中百箇 各一器以前鹽蓼汁澆之 令沒 密封 勿令漏氣 便成矣 特忌風裏 風則壞而不美也

68. 藏蟹法 又法 齊民要術(530~550)

直煮鹽蓼湯 甕盛 詣河所 得蟹則內鹽汁裏 滿便泥封 雖不及前味 亦好 愼風如前法 食時下薑末調黃 盞盛薑酢

69. 醬醋蟹 居家必用(1200年末) 衢仙神隱書(1400年傾) 山林經濟(1715)

揀蟹大者 麻皮扎定於溫煖鍋內 令吐出涎沫取出 每斤用鹽七錢半 醋酒各半升 香油二兩 蔥白五握炒作熟 蔥油醬半兩 茴香椒末薑絲橘絲 各一錢同拌匀 將蟹排在淨器內 傾入酒醋浸之 半月可食 底下安皁角一寸許上同

70. 醬蟹 居家必用(1200年末) 衢仙神隱書(1400年傾) 山林經濟(1715)

揀百箇洗淨控乾 逐箇臍內滿塡鹽 用線縛定 仰疊入磁器中 以法醬二斤 椒末二兩 好酒一斗 拌匀澆浸 令過蟹一指 酒少再添 密封泥固 冬二十日可食上同

71. 生蟹醬 四時纂要抄(1483) 山林經濟(1715) 海東農書(1799) 攷事十二集(1787) 林園十六志(1827)

生蟹細打 絞取腸肉 壓凝蒸 入帒 沈于醬瓮 味極好(上同)

72. 生蝌醬 增補山林經濟(1767) 農政會要(1830) 群學會謄(1800年 中盤)

生蝌揭背 取黃另置 以其全體 臼中上爛搗 篩下取髓汁 並另置黃合 蒸過入袋 沈醬內 味甚美

73. 生蟹醬 五洲衍文長箋散稿(1850)

生蟹揭背 取黃另置 以全體就 臼中爛搗 篩下取髓汁 并前置甲中 黃蒸過 入帒沈瓮醬內 味甚珍美

74. 戶曹判書李堅基啓 朝鮮王朝實錄 世宗29年(1447. 2. 25)

桔梗沈水曬乾麤末三匙, 糙米末一匙, 菜一握, 鹽醬半匙, 水一沙鉢, 和均作粥, 一人食之, 可療一時之飢, 亦不浮腫

75. 沙蔘吉梗醬 四時纂要(1483) 山林經濟(1715) 攷事十二集(1787) 海東農書(1799) 林園十六志(1827) 鶴陰雜錄(1800年末)

俗方 沈醬時 沙蔘吉梗去皮 晒乾搗末 篩下盛袋 沈水去苦味 絞去水入袋 沈醬瓮 味勝泡醬

76. 沙蔘吉更醬 救荒撮要(1554)

一法沙蔘吉更熟過去蘆頭擣爛 和鹽盛瓮間間 入末醬沉漬 爲醬亦好

77. 沙蔘吉更醬 攷事撮要(1554) 救荒撮要(1554) 山林經濟(1715) 海東農書(1799) 甘藷耕藏說(1813) 農政會要(1830) 五洲衍文長箋散稿(1850)

又方 沙參桔梗去蘆頭 洗乾擣末篩過 入帒浸水 去苦味 緊握去水 入瓮 約末十斗入末醬一二斗 於其上 鹽水量宜沈之 皆熟爲醬(救荒撮要) 本方 雖如此嘗驗之 多採沙參桔梗打去皮洗土 沈流水 若泉井中 待苦味盡出 去水氣 爛擣略灑鹽 緊握作團 若末醬狀 暫乾後納瓮中 次積末醬 入鹽一依常例 兩物與末醬等分亦可 就熟後用之 以醬汁用之 以盤餐無不宜 攷事 檢實 亦可作醬 救荒

78. 沙蔘苦更醬 治生要覽(1691)

合醬時 沙蔘苦更 沈水去苦 盛袋納甕 味好 蒔蘿茴香甘草葱椒 撒醬面則香味

79. 沙蔘吉梗醬又法 增補山林經濟(1767) 農政會要(1830) 群學會騰(1800年 中盤)

二味生搗浸水 去苦味 絞之作團 微晒同沈

80. 沙蔘吉更醬 酒饌(1800年初)

沙蔘吉更 去芦頭 洗乾作末 入袋沈水去苦味 緊握去水 沈醬時入甕底則味好 而方文雖如此 嘗驗之

多採沙蔘吉更 去皮搗碎 沈水待苦味盡出 去水氣 亂搗於臼 略洒鹽 緊握作團若末醬形 暫乾後入甕中 次入末醬及鹽 一依常例 而物亦分入之 就熟後用之 其汁於盤饌 無所不宜

預備置鹽 盡出苦水 久乃沈之 可爲好也 醬沈尤亦然

81. 沙蔘吉梗醬 五洲衍文長箋散稿(1850)

沙蔘吉更 去皮曝乾 搗末篩下 盛帒沈水去苦味 絞去水納布橐 同沈醬內 味勝泡醬 又法二物生搗 沈水去苦味 絞水作團 微晒同沈

82. 汁葅 山家要錄(1450)

七月初生太一斗 浸水兩三日 其火三升 合用作塊 初七日熟蒸 空石上布蓬艾千金木葉楮葉後 蒸太布厚一寸許 又蓋前葉 七日黃毛生爲上 不足則必待生毛後 出陽乾 麤末經篩此末三斗則鹽一升 和水如厚豆粥 先布甕底 次布茄瓜 如是滿甕 以板適甕口造蓋 以眞末泥水塗之 勿令入糞氣 油紙堅封 蓋瓦盆塗泥 埋新馬糞 裹蓬艾 七日或二七日開用

又法 太與其火合 極熟搗作塊 薰如全豉法 浸造如常法 大率薰造末一斗 鹽一升 茄子一東海 水多則酸 茄瓜多則亦酸

又法 醬末一斗鹽三合其火一升 和水如粥 茄子一件和鹽 醬末覆之 如是滿甕埋馬糞

又法 七月太二斗 淨洗浸水 漉出令乾水 麥其火五升 合搗作塊 薰如全豉 七日出曬乾 搗篩如合醬 麴四升鹽一升眞末二升好全酒二鉢 不論茄瓜 和入甕 埋馬糞 七日後用之

83. 沈汁葅 四時纂要抄(1483)

茄瓜一分 醬一斗 麩三升和沈 埋盛熱馬糞 經三七用

84. 汁菹 需雲雜方(1500年初)

茄子摘取洗之甘醬只火 鹽小許幷交合缸內先鋪醬次 鋪茄子以滿爲限 堅封蓋以沙鉢泥塗 埋馬糞待五日熟則用之未熟則還埋待熱用之

85. 汁葅又法 需雲雜方(1500)

甘醬一斗 末醬一斗 其火八升 鹽一升 一合交合 缸底先鋪汁 次鋪茄瓜 又鋪汁醬茄瓜身爲限 埋馬糞五日 出息不熟 則更埋二日 待熟用之

86. 養汁葅法 穡經(1676)

七月望後 大豆一斗 爛煮取出 將篩淨無麪 麩子三斗 和合再入甑內蒸熟 細搗過如法 摶作小團 但微長不圓 入藁篅盦養 入時切藁作隔 勿令相粘破爛也 待徧着白衣 曬乾搗杵作末 細竹篩 篩過篩末 一斗入鹽三合拌勻 試以手摶作塊 不散則中度 茄子斷蒂 淨洗後水乾 量多少相停 缸亦淨洗去水 先布麩豆末一重 次茄子相間密排 上用所斷蒂塡滿缸內 令得後覆 用手安實 勿致空疎有罅缺 用油紙封裹 缸口用蓋 蓋定蓋外四圍 泥固於積馬糞中安置 生草覆其上 外以馬糞厚埋 亦須塡密 毋令疎缺 缸小者二七日出 如大甕須三七日方出 糞少則不善鬱 必須水澆 然後乃得鬱也

87. 汁醬法 謏聞事說(1740) 民天集說(1751~1823)

七月望後 或八月初 取小麥麩 二斗五升 黃豆一斗二升五合 先煮黃豆如燻造樣 極爛 取麩和水 手搓成塊 蒸出 或於黃豆上鋪置 蒸出極熟 幷麩豆爛搗作塊 如燕覆子大 入空石以藁草隔之 如盦燻造樣 三日後更盦 七日後晒之又盦 過二七日後 取出晒乾 作細末 以鹽七合和水拌勻 如薏苡粥樣拌勻 又取冬瓜茄子作片 以本豆與麩 相間鋪置於缸內 油紙緊封缸口 以鼎冠蓋之 以泥土固濟後 入草稈中 或馬糞中 盦出或十日 或十餘日 取出 大抵草稈以多爲主 以牛馬爛踏積置 令○氣極熱 多多尤好

88. 造汁醬麴法又方 1 增補山林經濟(1767) 農政會要(1830) 群學會騰(1800年 中盤) 五洲衍文長箋散稿(1850)

凡造汁醬麴法

每大豆一斗 入小麥麩三斗 兩俗方 則每大豆一斗 入麩五六升 盖太多則味甘美 麩多則味酸不佳 故宜用 俗方 汁醬曲搗時 用竹篩篩之 每一斗 以不大不小之鍾子量塩 一鍾子入之 又加炒芝麻末五合和合 捋沈 醬水加入 色紺好淸醬一鍾餘 勻調汁醬諸物汁 太稠則醬色不深 茄瓜必以手握之 汁以指間出 然后方合度矣 和汁時 頻嘗醎淡適中 另用茄子不用水茄 黃瓜不用甚老 太少完不破者 去蒂拭淨 與汁間布缸內 訖油紙封缸口 盖以瓦盒泥封三日后 埋於馬通中 馬通多而善蒸 則必以冷水時時洒灌 方善蒸矣 无馬通 埋積草中且厚覆蒸罨

89. 造汁醬麴法又方 2 增補山林經濟(1767) 農政會要(1830) 群學會騰(1800年 中盤) 五洲衍文長箋散稿(1850)

七月望后 大豆一斗濃煮 捋小麥麩篩去 麪三斗五六升爲可 和合再入甑內 蒸熟細搗 如法團作刀柄樣 內藁篅中 必以剉藁作隔 勿令相粘破爛 待上白衣 晒乾搗臼細篩 每末一斗 入塩三合 拌勻如泥 茄子及中胡瓜 去蒂淨洗 候水乾 缸亦乾淨 无水氣后 先布汁一重

次下茄瓜 青蠻椒一重 南瓜如拳者一重 相間蜜排 至缸口九分滿 月所斷蒂塡滿 缸內以手按實 勿致空疎 油紙厚封 以盖盖定 其外四圍 以黃泥固濟 多積馬新通 排其中安缸 以生草厚庇其上 又以馬通厚埋甚密 勿透缸 小者二七出 大瓮三七方出 如馬通與靑草小則不善 蒸盍必須水澆然后 乃得熱罨易熟也

90. 造汁醬麴法又方 3 增補山林經濟(1767) 農政會要(1830) 群學會騰(1800年 中盤)

太麩如法作團 以桑葉爲隔 納於瓮內 或空篇中俺之 而篇中則置於溫處 瓮中則覆於地 勿泄氣 過七日 取出微晒 復納又待六七日 表裏俱發 始出晒乾搗之 以竹篩篩之 每一斗用鹽五合和水 打作泥 如搜麴 納缸中(茄苽同入如上) 多積馬糞 待氣方蒸熟 排開糞中 以乾草厚繞於排開之中 以火燒其草 火方熾 澆水滅之 乘熱埋缸於其中 缸若太蒸欝則一七日出 若自然蒸欝則二七日出之

91. 夏日醬菹 山家要錄(1450)

煮醬濃淡適中盛缸 新摘瓜淨 熱水暫熟浸之 四五日後用 不過十餘日之用 連浸爲妙

92. 夏節假汁葅 山家要錄(1450)

靑瓜半日陽乾 以刀三切 其內入生蒜香薷粉知葉浸醬 經宿用之

93. 夏日汁葅 山家要錄(1450)

甘醬一鉢 其火四升 如厚豆粥 盛不津甕 靑瓜淨洗合 無水氣合入甕 堅封以泥塗之 埋新馬糞 經七日開用 待冷則色赤 曬置陽地 三日後用之則妙

94. 夏節汁醬法 增補山林經濟(1767) 農政會要(1830) 群學會騰(1800年 中盤) 五洲衍文長箋散稿(1850)

甘醬味好者一砂鉢(必麤篩下取汁去砂石) 小麥麩四合和合 另用靑苽淨洗 以巾拭乾 與醬麩相離 入缸 馬新糞中埋之 二七日用之(或埋靑草亦可)

95. 夏節汁醬法又方 增補山林經濟(1767) 農政會要(1830) 群學會騰(1800年 中盤) 五洲衍文長箋散稿(1850)

好品末醬 作末篩下 味甘淸醬一椀 麥芽末半合餘(多則味甛而不佳) 三味合打頗稠 用靑苽茄子(必用不多水者) 冬苽(作片如掌削去內外皮瓤) 淨洗以巾拭乾 裝入缸中 及封盖如前法 多刈靑草 積於地上 排開草中 安缸於草中 仍以草厚盖之則自然蒸熟 若太過恐味損 故日午時則以冷水澆於草上 加覆以藁席之屬 二七日出用 而夏熱易致味變 須安缸於冷水中 旋旋取用(以上二方 似有漏落而誤 知者宜更爲釐正以俟更攷)

96. 湖南全州府汁醬方 增補山林經濟(1767) 農政會要(1830) 群學會騰(1800年 中盤) 五洲衍文長箋散稿(1850)

取秋牟米(秋麰米)精鑿 一斗炒黃 大豆五升炒去皮 共作末 米泔水和作團 如胡桃大 甑內蒸過 以楮葉或桑葉裹之 生黃白衣 待其自乾 又作末 作末時 必晒乾 甘淸醬打調 得中茄瓜拭乾 令无水氣 層層下缸 如前法 馬矢中埋之 每三日以溫水澆安缸處 如此九日 方出

用 每臨食加蜜少許 以助其味 此法甚佳

97. 常汁醬法 酒饌(1800年初)

太一斗爛烹之 如麰米 篩拯作末一斗 合蒸作卵 以楮葉相安 如安蒸餠形 楮葉一遍鋪 而糙鋪 又楮葉與糙 如此鋪裹置之 六七日後 出乾又作末 每斗鹽四升式 調合入甕 而苦草茄子 陳菁葅 瓜等 層層入沈 堅以鼎盖覆之埋於新草多積 浮腐中 二七日後出用 若甚熱腐草 則雖未滿二七日 可也 若草浮氣不熱浮 則朝以熱湯洒注草上 可也

98. 集醬 海東竹枝(1925)

此是湖西諸郡之名產 合瓜茄蒜ㅇ 醃爲醬豉 蒸熟于草堆中

99. 造汁醬麴法 增補山林經濟(1767) 農政會要(1830) 群學會騰(1800年 中盤)

小麥麩(卽밀기울)二斗 揀太一斗 水浸極潤 與麩同搗爛細蒸 以手握緊作團 以楮葉俺 過待上衣 取出晒乾 欲沈汁醬時 取麴末一斗 水三升 鹽三合 和勻入缸 封口埋馬糞中 七日用 若埋糠火則二七日用

100. 菁根醬 山家要錄(1450)

眞菁根五盆爛烹 末醬一盆 如常例和鹽合醬

又法 眞菁根沸湯待熟 去初水後 以爛爲度烹之 出後冷水中經一宿 出鋪箔上 候外乾 合醬如法

101. 菁根醬 需雲雜方(1500年初)

菁根去麤皮淨洗 一盆爛烹 末醬一斗 細末鹽一斗 和合熟搗 納瓮 以如指柳木 穿至瓮底十數穴鹽一升 水一鉢 和煎待冷 注水待熟 用之 其甘如餌(菁根爛烹 全體與末醬 交雜沈造如常法 待熟磨作豉亦好 此法勝) 須於月初八日二十三 則無蟲蛆(宜用滿平定成收開日)

102. 其火淸醬 山家要錄(1450)

七月望時 太一斗 洗淨浸水三日 其火二斗合搗 蒸之待冷 作塊如小兒拳 平席上 先鋪空石 次鋪艾葉楮葉 厚半寸許 其上列置 又以前葉覆之如初 經十日或二七日 卷看黃色出陽乾搗末 一斗鹽四升水五鉢 和入甕 以油紙堅封 以瓦器覆之 以泥厚塗 新馬糞中深埋經二七日出 汁用甚好 每一斗鹽五鉢亦可

103. 其火醬 需雲雜方(1500年初)

七月晦時 太一斗淨洗熟蒸 其火二斗 合搗如彈丸 太二七日經過 十日曝陽去風 待九月水一盆 鹽七升 和納瓮 埋馬糞 如汁醬法

104. 麩醬方林園十六志(1827)

用小麥麩蒸熟 罨黃 晒乾磨碎 每十斤 入鹽三斤 熟湯二十斤 晒成收之 (本草綱目)

105. 小麥麩醬法 農政會要(1830)

麥麩泡滓(卽豆腐法) 等分相穫 打爛 作片如手掌大 入缸封固 待白蒸 取出曬乾 作末 以

鹽○之和常醬法 每用三斗計沈之

106. 作豉法 齊民要術(530~550)

先作煖蔭屋 坎地深三二尺 屋必以草苙 瓦則不佳 密泥塞屋牖 勿令風及蟲鼠入也 開小戶 僅得容人出入 厚作藁籬以閉戶 四月五月爲上時 七月二七日後八月爲中時 餘月亦皆得作 然冬夏太寒太熱 極難調適 大都在四時交會之際 節氣未定 亦難得所常 以四孟月十日後作者 易成而好 大率 常令溫如人腋下爲佳 若等不調 寧傷冷不傷熱 冷則穰覆還煖 熱則臭敗矣

三間屋得作百石豆 二十石爲一聚 常作者番次相續 常有熱氣 春秋冬夏皆不須穰覆 作少者唯至冬月乃穰覆豆耳 極少者猶須十石爲一聚 若三五石不須煖 難得所 故須以十石爲率

用陳豆彌好 新豆尙濕生熱難均故也 淨揚簸 大釜煮之 申舒如飼牛豆 掐軟便止 傷熱則豉爛 漉著淨地撣之 冬宜小煖 夏須極冷 方內蔭屋中聚置 一日再入 以手刺豆堆中候看如人腋下煖 便須翻之 法以杷杴略取堆裏 冷豆爲新堆之心 以次更略 乃至於盡 冷者自然在內 煖者居外 還作尖堆 勿令婆陀 一日再候 中煖更翻 還如前法作尖堆 若熱湯人手者 卽爲失節傷熱矣

凡四五度翻 內外均煖 微著白衣 於新翻訖時 便小撥峯頭令平 團圓如車輪 豆輪厚二尺許乃止 復以手候 煖則還翻 翻訖 以杷平豆 令漸薄 厚一尺五寸許 第三翻一尺 第四翻六寸厚

豆便內外均煖 悉著白衣 豉爲粗定 從此以後 乃生黃衣 復撣豆 令厚三寸 便閉戶三日 自此以前 一日再入 三日開戶 復以杴東西作壟耩豆 如穀壟形 用槪均調 杴剗法 必令至地豆若著地 卽便爛矣

耩遍 以杷耩豆 常令厚三寸 間日耩之 後豆著黃衣 色均足 出豆於屋外 淨揚簸去衣 布豆尺寸之數 蓋是大率中平之言矣 冷卽微厚 熱卽須微薄 尤須以意斟量之 簸訖以大甕盛之半甕水內 豆著甕中 以杷急抨之使淨

若初煮豆傷熱者 急手抨淨則漉出 若初煮豆微生 則抨淨宜小停之 使豆小軟則難熟 大軟則豉爛 水多則難淨 是以正須半甕爾 漉出著筐中 令半筐許 一人捉筐 一人汲水於甕上就筐中淋之 急斗擻筐 令極淨 水淸乃止 淘不潔淨 令豉苦 漉水盡 委著席上 先多收穀於此時 內穀藏於蔭屋窖中 掊穀作窖底 厚三二尺許 以蘧蒢蔽窖 內豆於窖中

使一人在窖中 以脚躡豆 令堅實 內豆盡 掩席覆之 以穀蔭埋席上 厚二三尺許 復躡令堅實 夏停十日 春秋十二三日 冬十五日便熟 過此往則傷苦 日數少者 豉白而用費 唯合熟此自然香美矣

若自食欲久留 不能數作者 豆熟取出 曝之令乾 亦得周年 豉法難好易壞 必須細意人 常一日再看之 失節傷熱 臭爛如泥 猪狗亦不食 其傷冷者 雖還復煖 豉味亦惡 是以又須留意

冷暖宜適 難於調酒 如冬月初作者 先須以穀燒地 令熱勿焦 及淨掃 內豆於蔭屋中 則令湯澆黍穄裏 令煖潤 以覆豆堆 每翻竟 還以初用黍穰 周匝覆蓋 若冬作豉少屋冷 穰覆亦不得煖者 乃須於蔭屋之中 內微然烟火 令早煖 不爾則寒矣 春秋量其寒煖熱冷 亦宜覆之 每人出 皆還謹密閉戶 勿令泄其煖熱氣也

107. 食經作豉法 齊民要術(530~550)

常夏五月至八月 是時月也 率一石豆熟澡之 漬一宿 明日出蒸之 手捻豆破則可 使敷冷地 地惡者亦可席上敷之 厚二寸許 豆須通冷 以青茅覆之 亦厚二寸許 三日視之 要須通得黃爲可 出茅又薄撣之 以手指晝之作耕壟 一日再三如此 三日作此可止 更著煮豆 取濃汁 並秫米女麵五升 鹽五升 合此豉中 以豆汁灑溲之 令調以手摶 令汁出指間 以此爲度 畢內缾中 若不滿 以矯桑葉滿之 勿抑乃密泥之 中庭二十七日 出排曝令燥 更蒸之時煮矯桑葉汁溲澆之 及蒸如炊熟久 可復排之 此三蒸曝則成

108. 作家理食豉法 齊民要術(530~550)

隨作多少精擇豆 浸一宿 旦炊之 與炊米同 若作一石豉 炊一石豆 熟取生茅臥之 如作女麴形 二七日豆生黃衣 簸去之 更曝令燥 後以水漯令漯 手摶之 使汁出從指岐間出爲佳 以著甕器中 掘地作埳 令足容甕器 燒埳中令熱 內甕著埳中 以桑葉蓋豉上 厚三寸許 以物蓋瓮頭 令密塗之 十許日成 出曝之 令浥浥然 又蒸熟又曝 如此三徧成

109. 金山寺豆豉法 居家必用(1200年末) 林園十六志(1827) 五洲衍文長箋散稿(1850)

黃豆不拘多少 水浸一宿 蒸爛候冷 以少麵糝 豆上拌勻 用麩再拌 掃淨室 鋪席勻攤 約厚二寸許 將穰草麥稈 或青蒿蒼耳葉 蓋覆其上 待五七日 候黃衣上 搓揉令淨 篩去麩皮 走水淘洗 曝乾 每用豆黃一斗 物料一斗預刷 洗淨甕候下 其物料 用鮮菜瓜 (切作二寸大塊) 鮮茄子(刀劃作四塊) 橘皮(刮淨) 蓮肉(水浸軟切作兩片) 生薑(切作厚大片) 川椒(去目) 茴香(微炒) 甘草(剉) 紫蘇葉 蒜辨(帶皮) 右件物料拌勻 先鋪下豆黃一層 下物料一層 糝鹽一層 每下豆黃物料 置各一層 加此 層層相間 以滿爲度 納實箬 密口泥封固 烈日晒之 候半月 取出倒一遍拌令勻 再入甕 密口封泥曬七七日爲度 却不可入水 茄瓜中自然鹽水出也 用鹽相度 鹽量多少用之 (居家)

110. 造成都豆豉法 居家必用(1200年末) 林園十六志(1827) 五洲衍文長箋散稿(1850)

九月後二月前可造 好豉三斗 用清麻油三升 熬令烟斷 香熟爲度 又取一升熟油拌豉 上甑熟蒸 攤冷晒乾 再用一升熟油拌豉 再蒸攤冷曬乾 更依前 一升熟油拌豉 透蒸曝乾 方取一斗 白鹽勻和搗令碎 以釜湯淋 取三四斗汁 淨釜中煎之 川椒末 胡椒末 乾薑末 橘皮各一兩 蔥白五斤 並搗細和煎之 三分減一 取不津 磁器中貯之 順用清香油 不得濕物近之 香美絕勝

111. 全豉 山家要錄(1459)

七月盛熱時 黑太若干 洗淨熟蒸氣未盡(歌)歇 以艾葉楮葉鋪蒿上鋪蒸 太厚一寸許 又以

艾葉楮葉 覆之 二七日取出陽乾 錬正太三斗則匊一升鹽三升納甕 浸太爲限和水 丸鐵勿論 蓋口塗泥令不洩氣 埋新馬糞 二七日開封 漉出陽乾用之 其汁添鹽烹之 可爲淸醬

112. 全豉 需雲雜方(1500年初)

黃黑豆勿論卯時沈水辰時拯出熟蒸黑豆則色紅出乍曝出氣 作架 架上鋪蓬 又鋪空石草席 席上鋪豆 豆上鋪蓬甚厚 經二七日 生黃毛爲上 曝乾簸揚 正豆一升 鹽一升 麴三合 水一鉢 和納瓮 盖磁器以泥塗之 埋馬糞 經二七日 出曝藏之

113. 奉利君全豉方 需雲雜方(1500年初)

七月晦時 黃豆十豆淨洗 沈一宿熟蒸 待入時出蒸 作架 生艾厚鋪 次鋪空石 千金木葉 楮葉 熟豆 列鋪 又以前件木葉生艾厚盖 熟二七日後 出曝露去風 每一夕簸限十日 待九月初生擇熟瓮 太二斗 鹽一升 麴四合 水一盆 和納瓮 油紙封口 摘新菜厚置 瓮盖泥塗其上 置瓮馬糞中 生草厚圍 而埋之 過二七日 出曝陽 納淨瓮 而置溫房 風入則味辛

114. 豆黃方 本草綱目(1552~1578) 林園十六志(1827)

(案華人用此釀醬醢 亦豉之類也 故附于此) 用黑豆一斗 蒸熟鋪席上 以蒿覆之 如盦醬法 待上黃 取出 晒乾搗末 收用 (本草綱目)

115. 造豉 東醫寶鑑(1610) 山林經濟(1715) 民天集說(1751~1823) 五洲衍文長箋散稿(1850)

(造豉法) 以大豆爲黃蒸 (卽末醬)每一斗 加鹽四升 川椒四兩同淹 春秋三日 夏二日 冬五日卽成 半熟加生薑細切五兩 拌勻入器內 封口埋蓬艾積草中 厚覆之 或馬糞中 過七日或二七日 乃取用(旣潔且精)

116. 鹹豉 居家必用(1200年末) 林園十六志(1827) 五洲衍文長箋散稿(1850)

黑豆一斗 蒸略熟 取出曬一日 用瓜二十條 茄四十箇 先切小乾下用 紫蘇 陳皮各切細 拌和 用茴香四錢 重炒鹽四兩 拌和 得所罨之三日 然後用好酒 遍洒令勻 再略蒸過 再用鹽四兩 拌之 又用好酒 微洒之 日中攤曬一日 却入磁小缸內 緊築 數重紙封之 或用泥封置三伏日置好

117. 鹹豉方 本草綱目(1552~1578) 林園十六志(1827)

用大豆一斗 水浸三日 淘蒸 攤罯候上黃 取出簸 淨水淘漉乾 每四斤 入鹽一斤 薑絲半斤 椒 橘 蘇 茴 杏仁拌勻 入甕 上面水浸過一寸 以葉蓋封口 晒一月 乃成 (本草綱目)

118. 鹹豉 東醫寶鑑(1610) 林園十六志(1827)

以大豆爲黃蒸 每一斗鹽四升 川椒四兩同醃 春秋三日 夏二日 冬五日卽成 半熟加生薑細切五兩 拌勻入器 封口埋蓬艾積草中 厚覆之 或馬糞中 過七日 或二七日 乃取用之 (東醫寶鑑)

119. 淡豆豉法 居家必用(1200年末) 林園十六志(1827) 五洲衍文長箋散稿(1850)

大黑豆不拘多少 甑蒸香熟爲度 取出攤置笇籣內 乘溫熱 以茄子每一層盛 笇籣頓在不見風處 四圍上下 用靑草穰緊護之 如是數日 取開見豆子上生黃衣已遍 然後取出 曬一日

次日溫湯漉洗 以紫蘇葉 切碎拌和之 烈日中曝 至十分乾 然後用磁罐收貯 密封固

120. 淡豉方 本草綱目(1552~1578) 林園十六志(1827)

用黑大豆二三斗 六月內淘淨 水浸一宿 瀝乾 蒸熟 取出攤席上 候微溫蒿覆 每三日一看 候黃衣上遍 不可太過 取晒簸淨 以水拌 乾濕得所 以汁出指間爲準 安甕中築實桑葉蓋 厚三寸 密封泥 於日中晒 七日取出 曝一時 又以水拌入甕 如此七次 再蒸過 攤去火氣 甕收築封 卽成矣 (本綱草目)

121. 青太煎豉醬法 增補山林經濟(1767) 農政會要(1830) 群學會騰(1800年 中盤)

上同而但新剝嫩青太用二斗 煎太時 量宜加新蠻椒 太已煑熟 去椒不用矣 味殊勝

122. 水豆豉方 中饋錄宋代 林園十六志(1827)

好黃子十斤 好鹽四十兩 金華甜酒十碗 先日用滾湯二十碗 充調鹽作滷 留冷淀清 聽用 將黃子下缸 入酒入鹽水 晒四十九日完 方下大小茴香 (各一兩) 草果 (五錢) 官桂(五錢) 木香(三錢) 陳皮絲(一兩) 花椒(一兩) 乾薑絲半斤 杏仁一斤 各料和入缸內 又晒又打二日 將罎裝起 隔年吃方好蘸肉吃更妙

123. 作麥豉法 齊民要術(530~550)

七月八月中作之 餘月則不佳 治小麥細磨爲麵 以水拌之而蒸之 氣餾好熟 乃下擝之令冷 手挼令細 布置蓋 一如麥黃蒸法 七日衣足 亦勿簸揚 以鹽湯周徧灑潤之 更蒸 氣餾極熟 乃下擝去熱氣及煖內甕中 盆蓋於蘘糞中燠之 二七日色黑氣香味美 便熱 摶作小餅 如神麴形 繩穿爲貫 屋裏懸之 紙袋盛籠 以防青蠅塵垢之汙 用時全餠著湯中煮之 色足漉出 削去皮粕 還擧 一餠得數遍煮用 熱香美 乃勝豆豉 打破 湯浸研用亦得 然汁濁不如前全煮汁淸也

124. 造麩豉法 居家必用(1200年末) 林園十六志(1827) 五洲衍文長箋散稿(1850)

七八月中造之 餘月則不佳 成都府春治小麥 細磨爲麵 以水拌浥浥 入甑蒸之 候氣焰好熟 乃下攤之 令極冷 手挼令碎 布覆蓋 待七日黃衣上 乃攤去熱氣 却裝入磁甕中 盆蓋於穰糞中燠之 二七日黑色氣香味美 便乘熱摶作餠子 如神麴樣 繩穿貫心 屋內懸之 兼以 紙袋盛之 又可防青蠅塵垢之污 用時全餠 着湯中煮之 色足漉出削去皮 一餠可數用 香美全勝豆豉 只打破湯浸 研用亦得 然汁濁 不如全煮汁淸也

125. 瓜豉方 居家必用(1200年末) 林園十六志(1827) 五洲衍文長箋散稿(1850)

菜瓜大者二十條 去瓤不可經水 切作厚二寸濶 長條闊一寸許 用鹽八兩 淹二宿 漉出晒乾 次用頭醋五升 鹽豆豉一升 同煎 四五沸 去豆豉 只用所煎之醋 放冷 入糖四兩 蒔蘿 茴香 川椒 紫蘇 橘皮絲 同瓜兒 並入於醋內 浸一宿 漉出曬待乾 又浸又曬 以浥盡糖醋 曬乾爲度 加蒔蘿 茴香 川椒 紫蘇 橘皮絲 先用鹽少許 浸一宿 揉乾 然後入瓜兒內 先去其水氣 防蒸白醭 造時三伏中並秋前 可也

126. 酒豆豉方 中饋錄宋代 林園十六志(1827)

黃子一斗五升 篩去麪令淨 茄五斤 瓜十二斤 薑觔十四兩 橘絲隨放 小茴香一升 鹽四斤六兩 靑椒一斤 一處拌 入瓮中捺實 傾金花酒 或酒娘醃過各物 兩寸許 紙箬札縛泥封 露四十九日 罎上寫東西字記號 輪晒日 滿傾大盆內 晒乾爲度 以黃草布罩蓋

127. 十香豆豉方 林園十六志(1827)

生瓜倂茄子相半 每十斤爲率 用鹽十二兩 先將內四兩 醃一宿 瀝乾 生薑絲半斤 活紫蘇連梗切斷半斤 甘草末半兩 花椒二兩 揀擧梗核 茴香一兩 蒔蘿一兩 砂仁二兩 藿葉半兩 如無亦罷 先五日 將大黃豆一升 煮爛 用炒麩皮一升 拌罨做黃子 待熟過 卽去麩皮 止用豆豉 用酒一瓶 醋糟大半碗 與前物共和打拌 泡乾淨甕 入之捺實 用箬四五重盖之 竹片二十字扦定 再將箬札瓮口泥封 晒日中 至四十日 取出署晾乾 入瓮收之 如晒 可二十日轉過 瓮使日色週遍 (增補陶朱公書)

128. 戰國醬 治生要覽(1691)

大豆炒黃 磨令半破烹 出入甑 置熱處 待腐和鹽 煎湯謂戰國醬

129. 水豉醬法(각지전국장) 增補山林經濟(1767) 農政會要(1830) 群學會騰(1800年 中盤)

大豆不拘多少炒 令微赤揀去焦黑者 按箕上去皮 只令中拆 不令破碎 釜中多下水 爛煮漉出其汁貯淨缸 取爛豆以藁席包之 或盛大瓠中 以巾十襲厚裹 置於溫堗中 待二三日生絲 取出復下釜 以留貯豆汁灌下 又烹之 量宜下鹽(要淡不宜醎) 烹至水汁黃渾 取出貯磁缸 候冷用之 而欲加蠻椒 須於烹豆時入之

一方取蒸欝生絲太 攤乾於熱堗或日中 貯紙囊 時時取出 冷水烹之 加鹽食之 亦好

一方取蒸欝 生絲太略 加鹽臼中爛搗 貯磁缸中 每朝夕以匙挑出 與甘醬等 分作菜羹 味甚熏甘 眞老農所餐也

130. 造煎鼓醬法(俗稱戰國醬) 增補山林經濟(1767) 農政會要(1830) 群學會騰(1800年 中盤) 五洲衍文長箋散稿(1850)

(俗稱戰國醬 說文一名配塩幽菽 於秋天) 霜氣初嚴 取新大豆一斗 揀淨煮爛 取出 以藁席包之 置煖堗 三日 待絲生取出 另用大豆五升炒香 去皮作末取藁席中 蒸過熱豆 納臼中搗之 以作末 炒豆加塩若干 就臼中豆 且洒且搗 頻嘗之寧可少淡 不可太醎 搗爛取出與茄瓜冬瓜片 蘿葍北魚海帶眞耳之屬 相間納于陶缸中 封其口泥塗 外糠火燒埋之 過一晝夜 出用 茄瓜先以小塩 飛過 待皮皺然后 水洗淨乾裝 入缸中 醬成加蠻椒 食之

131. 旋用醬 山家要錄(1450)

掘地薪焚之 土極熱 卽出醬甕堅封 空石布之 以土覆之 六七日味如熟醬

132. 急造醬又法 攷事撮要(1554) 救荒撮要(1554) 山林經濟(1715) 海東農書(1799) 林園十六志(1827)

大豆一斗爛蒸 小麥五升篩去沙石 炒黃搗碎交合 溫堗鋪乾 色黃爲度 曝晒再三 令極燥以鹽六升 湯水和合沈之 置向陽處 頻頻攪之 七日成醬 (同上) 大豆一斗爛烹 鞠子三升

鹽四合 搗爛入缸密封 烈日晒之

133. 急造醬法又法 救荒補遺方(1660) 酒饌(1800年初) 農政會要(1830) 群學會騰(1800年 中盤)

大豆一斗爛蒸 眞麥五升去砂石 炒搗晒交合 溫堗鋪乾 色黃爲度 晒乾再三 極燥後 以鹽六升 湯水和合沈之 置受陽處 頻頻攪之 七日成醬矣ㅇ又法 大豆一斗爛烹 曲子三升 鹽四合 搗入缸 堅封晒之 味好

134. 急造醬法 增補山林經濟(1767) 海東農書(1799) 林園十六志(1827) 群學會騰(1800年 中盤)

取末醬 沈溫水數日 待盡透融 以瓮四五坐 掘地埋之 令瓮口與地平 就瓮之四面 塡實糠粃麥芒之屬 依常法沈醬 瓮內卽以火燒 糠火已徧着 旋以水時時澆之 則火不便滅 自從糠內連燒不已 十日醬已成矣

135. 七日醬法 五洲衍文長箋散稿(1850)

取大豆爛烹 眞麥五升 精炒擣碎 交合烹豆 鋪乾溫堗 色黃入薦限 曝乾再三 極燥后 塩六升湯水和合沈之 置向陽處 頻頻攪之 七日成醬

136. 淸醬 山家要錄(1450)

甘醬二斗晒 乾蒿一重醬一重 間布蒸之 水一盆注下 爲好淸醬 再乾如前 三乾又如前 加鹽用之 三乾者味劣 又法 太五升熟烹搗時 其火若干合搗 以楮葉布覆 薰出晒乾 更搗竹篩篩之 水五盆鹽三斗相和 先於甕中 直揷容篩 次入三物 堅蓋塗泥 埋馬糞三七日出用 淸醬用盡 其滓如搗 水三盆半 鹽一斗五升相和 如初埋薰用之

137. 艮醬 山家要錄(1450)

合醬時 烹太一斗鹽五升 新淨水一盆納甕底 以木作橋 編茅布蓋後其上 合醬如常法 用時汁一沸湯去泡盛器堅封 用若豆泡炙時 以新泡滓一二匙合烹 蔥薑荊芥點用之甚妙 太則乾佐飯 又其太盛筐去汁 蒸取汁爲淸豉 用亦可 其太此後不可作佐飯

138. 造淸醬法(急造淸醬法) 攷事撮要(1554) 救荒補遺方(1660) 治生要覽(1691) 山林經濟(1715) 民天集說(1751~1823) 海東農書(1799) 林園十六志(1827) 農政會要(1830) 群學會騰(1800年 中盤)

鹽七合炒極燥 眞末八合 又和鹽炒之 俟眞末色黃後(另以)陳甘醬三合 和水六鉢 煎至四鉢 淸醬味好ㅇ取經年醎石花鹽汁 煎一升至半 成好醬與眞莫辨

139. 淸醬 攷事撮要(1554) 救荒補遺方(1660) 海東農書(1799) 山林經濟(1715) 農政會要(1830)

一法 取可容十斗之瓮 當腰中橫置木五六枝 以草索結網 或編藁爲小簾 鋪於其上 以隔其上下 而入置末醬五斗於其上 注鹽水滿瓮 則熟爲淸醬 滿一瓮 上同

140. 水醬法 需雲雜方(1500年初)

二十斗容入瓮 末醬一斗許 先入瓮底 瓮半入許 作橋鋪簾 又末醬七斗 納橋上 水八盆 沸湯水一盆 鹽八升式 和合 注下待熟 捲出上醬 水醬移入不津缸用之 泡煮汁爲好 常用醬瓮 多汲艮醬 乾燥則水醬添注及用 尤好

141. **清醬法 要錄(1689)**

眞末一升 鹽七合 煮色黃紅 豉水二鉢 淸醬一升合入 四日用之

142. **急醬 要錄(1689)**

末醬精密二斗 鹽七升 水一東 瀰拌入甕日晒 第三日 以稻糠圍燒 二日而止 成好艮醬

又方 水用湯熱 入稻糠所盛空石內 又用熱湯淋洒稻糠 又以空石厚蓋 晒烈日中乃成

143. **淡水醬方 增補山林經濟(1767) 群學會騰(1800年 中盤) 農政會要(1830) 林園十六志(1850)**

秋冬間造末醬 手捏作團子 (藁艸包裹 置房堗內 上衣 春初 破塊見之) 帶濕氣片破晒乾

每三四升 用溫水和鹽 沈小缸 置溫房內 或烈日中晒之 則六七日熟 同時新菜薮 食之 味

佳(或先以溫水沈末醬三四日 臨食下淡鹽

144. **造淸醬法(急造淸醬) 增補山林經濟(1767) 酒饌(1800年初)**

鹽七合炒極燥 眞末八合 又和鹽炒之 俟色黃後 另以陳甘醬三合 和水六升合煎 至四升

味甚好

又 大豆一升爛烹 眞末五升取精炒 搗碎交合 溫突鋪乾 色黃爲限 曝乾再三 極燥後 鹽六

升 湯水和合沈之 置受陽處 頻頻攪揮 作醬

大豆一斗爛烹 曲子三升 鹽四合 搗入缸 堅封晒之 味好

又 取可容十斗之甕 當腰中橫置竹片 或十片從其容入 或編如簾形鋪之 以分其上下 置

末醬五升於其上 注鹽水滿甕 則淸醬最多

145. **炙醬法 增補山林經濟(1767) 農政會要(1830) 群學會騰(1800年 中盤)**

凡醬瓮中 屢灌鹽水 多取淸醬 但餘味淡醬滓者取出 挼篩得汁 和薑蔥川椒(胡椒)蠻椒之

屬 與醬打匀 以油蜜炙於火上 加炒芝麻 亦好

146. **取淸醬法(取醬) 增補山林經濟(1767) 林園十六志(1827) 農政會要(1830) 群學會騰(1800年 中盤)**

用中缸 安於醬瓮邊 待醬十分熟 以手掘醬瓮之中作井 以鍮曲匙 日日酌出淸醬 分貯於

中缸之內 而晒之 另用沸湯 量宜和鹽 灌下大瓮中 則非久再成淸醬(味亦可食 若大瓮內

沈袋盛物料 則恐味變 勿用灌鹽水之法)

147. **艮醬 酒饌(1800年初)**

太爛烹亂搗 一升許式 作塊成糙 以藁裹之 久乃皮白後出 令內外俱乾 而潔刷 三月間沈

甕 凡八合許 糙一斗鹽一斗水一東 海篩漉入沈後 又以乾鹽多覆其上 置陽處 又以沈時

餘鹽水 隨縮頻頻添注 而熟醬多也

148. **多取淸醬法 農政會要(1830) 五洲衍文長箋散稿(1850)**

取可容十斗大瓮 當腰中橫架五六枝 以細索結網 或編稿繩如山簾 或如結甑箄 布於橫架

上 以隔其上下 而入置米醬五斗 於上注塩水滿瓮 則旣熟爲滿瓮淸醬矣

149. **北人醬 五洲衍文長箋散稿(1850)**

鄙諺有曰 百載之讎 惡妻是已 一年之仇 壞醬是已 妻不得下堂 醬可以升屋 【言醬味壞不忍委土 則宜可散于屋上 自然消盡 】此言雖卑 足以諭大 今人家淹醬 不得如法 則味苦臭惡 不敢近口觸鼻 適得美方於北人 北路之醬 味甘無臭 爲國中最 復得化臭醬爲甛法 竝錄之 以附辨證之列

北人沈醬 有數法 造末醬 俗名燻造 蒸熏取出 曝曬極乾 碓搗爲末 拌원001鹽水 調其鹹淡適中 沈淹甕中 經四五日後 勺出淸漿 濃煮鍋中 以至色紺 凡煎數次 其色如漆 其味如醴 其醬滓仍留甕中 待熟至數朔 則勝於常沈稠醬 不至變味生臭

北關明川府人 則以爲取燻造 曬乾搗末 盛于瓦甑 下承大罈 上以鹽水鹹淡得中者 連灌甑中燻造上 滴滴注下 若承灰水狀 以至四五日後 勺出其水 納鍋濃煎數次 色黑味甘 成好淸醬 每一斗末 鹽水一盆爲準 其燻造末 則更添甘鹽 盛甕待熟 三四朔後食之 則甘美愈於常用淹醬云矣

150. **靑太醬法 增補山林經濟(1767) 農政會要(1830) 群學會騰(1800年 中盤)**

新靑太剥取粒 甑內蒸過搗爛 作團小如刀柄 以太葉烇盖 上黃衣晒乾 如常法沈醬 味殊佳(一云靑太作熏造 以檟葉箇箇裹之 以藁捍纏縛之 入空篇中 待上衣 取出溫突 飜轉乾之 三日成 晒乾尤好 卽沈醬而少入鹽 待熟卽食 若不然蟲易生 末醬極乾 卽久留無妨 凡靑太熏造時 少加水蒸之而已勿如常法)

151. **靑豆醬 方增補山林經濟(1767) 林園十六志(1827)**

新嫩帶靑大豆 剝取粒 甑內蒸過搗爛 手捻作小條子 形如刀柄 以豆葉罨蓋 上黃衣晒乾 如常法 造醬 味佳(一云 靑豆作末醬 以檟葉箇箇裹之 以藁草纏縛之 入空篇中 待上衣出置溫堗 翻轉乾之 或晒乾 亦好 待極燥 卽沈醬而少入鹽 待熟卽食 蓋久留則恐生蛆也 增補山林經濟)

152. **大豆葉(太葉)醬 攷事撮要(1554) 救荒撮要(1554) 山林經濟(1715) 甘藷耕藏說(1813)**

大豆葉淨洗煮熟 待汁濃 入瓮平滿酌量 和鹽則成 淸醬勝於 豆醬

153. **大豆葉淸醬 攷事撮要(1554) 救荒補遺方(1660) 山林經濟(1715) 增補山林經濟(1767) 酒饌(1800年初)**

大豆葉爛烹 取其烹水及葉 入缸和鹽 以末醬量宜入添 熟則便成淸醬

154. **大豆葉醬(太葉醬) 農政會要(1830年頃) 五洲衍文長箋散稿(1850)**

大豆葉洗淨煮熟 候汁濃 入瓮平滿量 加白鹽待熟 自成淸醬

155. **太殼醬 山家要錄(1450)**

又法0000斗濃煎至半則 水性凝膩薰000 太殼若干納釜以水三 盆煎至一盆 去滓末醬五拳 甘醬一000數升和入翁埋馬糞二七日後出用春秋則 水一分末醬半斗鹽六升和入翁口晒之 味甘甚好 太殼若干

156. **大豆殼醬 攷事撮要(1554) 救荒撮要(1554) 山林經濟(1715) 甘藷耕藏說(1813) 農政會要**

(1830)

又方 大豆殼烹爛和鹽 間入末醬 沈之爲醬 甚好 雖無末醬 (亦可 未烹前沈水去毒 煮用爲宜 不然必傷人)上同

157. **大豆殼醬 增補山林經濟(1767) 酒饌(1800年初)**

大豆葉殼 相雜沈水 去毒亂[1]烹 和鹽間入末醬 沈之甚好

158. **大豆角醬 五洲衍文長箋散稿(1850)**

取大豆角(角卽売也) 濃煮和塩淹之 拌少末醬沈之 甚妙 雖无末醬亦可 豆角末烹前 必浸熱水經日去毒可用 不然傷人

159. **豆腐醬 增補山林經濟(1767) 群學會騰(1800年 中盤) 農政會要(1830)**

豆腐堅壓去水 盛囊並沈

160. **菀豆醬方(豌豆醬方) 居家必用(1200年末) 林園十六志(1827) 五洲衍文長箋散稿(1850)**

不拘多少 水浸蒸軟 曬乾去皮 每一斗 入小麥一斗 同磨作麪 水和硬劑切作片 蒸熟 覆蓋盦 黃衣上晒乾 依造麩醬法 (案 麩醬法見下) 鹽水下 (案 本草綱木云 每十斤 入鹽五斤 水二十斤 居家必用)

161. **芝麻醬方 林園十六志(1827)**

熟芝麻一斗搗爛 用六月六日 水煎滾眼冷 用罎調勻水淹 一手指封口 晒五七日後 開罎將黑皮去後 加好酒ㅇ糖 (案 ㅇ疑醅或醋之誤) 三碗 好醬油三碗 好酒二碗 紅麴末一升 炒綠豆一升 炒米一升 小茴香末一兩和勻 過二七後 食之甚佳 (增補陶朱公書)

162. **麻滓醬方 本草綱目(1552~1578) 林園十六志(1827)**

用麻枯餅 搗蒸以麥和勻 罨黃如常法 用鹽水晒 成色味甘美

163. **甘藷醬方 林園十六志(1827)**

藷根三斗蒸熟 同蒸黃豆一斗 合擣作團 陰乾如今造醬麴法 作醬則味甚甘香 但藷與黃豆同入一甑蒸之 則堅脆不同 生熟異候 宜各蒸熟 熟後合擣 (金氏甘藷譜)

164. **橡實醬 山家要錄(1450)**

先布末醬 次布橡實末 又布末醬 末醬二盆 橡實一盆 如常法合醬妙

165. **橡實醬 五洲衍文長箋散稿(1850)**

取橡宲去売 爛煮沈水 令苦味退盡 取出拌大豆視橡三分之一 同煮爛熟 舂擣如泥 手團作塊如拳 盛於藁苫 每層隔以松葉或稿草 置溫處 候上黃衣 出晒烈日極乾 更置溫處 待透乾 沈醬如常法 與大豆燻造所沈无異 醬味甚佳 江界醬有名於世 亦橡醬云

166. **蔴油醬 五洲衍文長箋散稿(1850)**

酒釀一作 計米一斗 熟後用蔴油二斤 醬油四斤 飛鹽十兩 拌勻上瓮 半月後 須可用 葷素

---

1) 문맥으로 보아 爛으로 써야 할 것임.

皆矣 晒 火肉 以荳油抹之 不引蠅子

167. 醬餠法 增補山林經濟(1767) 群學會騰(1800年 中盤) 農政會要(1830)

篩下味好甘醬 和粘米末及物料 油水打作餠 鼎盖煮 出方寸許切而食之

168. 麯子醬 治生要覽(1691)

大豆一斗爛烹 麯子三升 鹽四升 調和入缸 堅封置收陽處 味好

169. 造蠻椒醬法 增補山林經濟(1767) 農政會要(1830) 群學會騰(1800年 中盤)

大豆精揀 淘去砂石 如法作末醬 令極乾作末篩過 每一斗 用蠻椒末三合 糯米(卽粘米)末一升 右三味 用好淸醬 搜打極稠 入小瓮晒之 (俗方則其內加) 芝麻炒末五合 則膩乾不好 右糯米末多入則味酸不佳 蠻椒末過多則辣甚不好矣 一方 大豆一斗作豆腐 絞去水氣並諸料同打成熟極美 凡打合時 鹽水亦可 而終不如味好淸醬矣一方 乾魚去頭鱗切作 又昆布多絲麻(卽海帶也)之屬同入 待熟食之極美(乾靑魚尤佳) ○(不用蠻椒或代川椒)

170. 南椒醬又方 增補山林經濟(1767) 林園十六志(1827)

大豆淘去沙石 如法作末醬 晒令極乾 搗作屑篩過 每一斗用蠻椒末三合 糯米末一升 右三味用好淸醬 搜打極稠 入小瓮晒之(或入芝麻炒末五合則膩乾不耐久 糯米末多入則味酸 不佳 蠻椒末過多則辣 甚不佳)

一方大豆一斗 作豆腐 絞去水氣 同蠻椒末及諸物料 同打勻 貯缸晒之

一方乾魚去頭鱗 切作片 幷昆布海帶之屬 同沈 待熟食之 極美

右諸方 或用鹽水 打搜亦可 而終不如淸醬之美矣

171. 急造椒醬法 五洲衍文長箋散稿(1850)

凡椒醬用好淸醬 搜打乃好 末醬末一斗 糯米末一升 蠻椒末一升 昆布 多士麻 豆腐 乾靑魚 北魚 當歸 蒜薹竹筍 糯米飯餠 麥芽 至於大蝦 紅蛤等屬 蟹全體碎瀝髓及蟹匡黃醬 幷作塊蒸出者 太侈隨力拌沈 爲妙

172. 造苦椒醬法 方書(1867)

苦椒作末 粘米末 幷入於淸醬滓 調和入於瓿中

又云 眞荏去皮 入於醬則味好 又胡椒作末入於醬 又全鰒入於

173. 炒醬法 增補山林經濟(1767) 農政會要(1830) 群學會騰(1800年 中盤)

先取牛肉 去筋膜作脯 塗油醬炙乾 細切作末 用麤篩篩下 又取味好甘醬 經篩去砂石 另用薑蔥胡椒川椒及炒芝麻(不必作末)同入 醬二分肉一分 中加油密(少和冷水無妨) 勻打作泥而炒之 要濕不須極乾 可也

174. 苦艸醬 酒饌(1800年初)

作糙如汁醬糙 而作末糙一斗 粘米三四升作飯 鹽四升式 細末苦艸五合許式 合調成泥後以生薑點割者 及菁葅点割者 及石耳 蕙古 吉更 沙蔘等物 層層入沈 當其日食之亦好熟後雖久 味不變好也

175. 南椒醬方 林園十六志(1827)

粳米精舂作末 造白餠 大豆揀淨(大豆與粳米等分) 同白餠 上甑蒸熟 爛搗作末醬(揑作小團 如小兒拳) 以松葉隔層 布置三七日 待生黃衣 晒令極燥 搗作屑 入南椒末及香油蜂蜜諸物料 貯缸瓮晒之 待爛熟 取用(寄齊方)

176. 急造蠻椒醬法 增補山林經濟(1767) 林園十六志(1827) 農政會要(1830) 群學會騰(1800年中盤) 五洲衍文長箋散稿(1850)

大豆一斗 炒黃按去皮 水煎令爛熟 漉出其汁 不用密布於藁席中置溫突三日 待絲出 與炒豆末三升 同入臼中 爛搗取出 每一斗 以蠻椒末三合爲率 用鹽水適醎淡 打匀作稠餠納缸晒 七日可食 過一望尤佳

177. 淳昌苦艸醬造法 謏聞事說(1740年代)

콩쑤어 二斗白屑餠五升 合細末 亂搗入於空石中 正二月限七日 띄어 晒乾後 好苦草末六升調和又麥芽一升 粘米一升 幷作末・되게쑤어 快冷後 甘醬分數同入 又全鰒五箇好品을 비슷비슷점이고 大蝦紅蛤 分數同入 生薑作片限一望 入缸 삭힌後 置之冷處 出而食之余謂不和以蜜 則味應不甘 而此方不載 疑其闕也

178. 番椒南瓜辨證說 五洲衍文長箋散稿(1850)

番椒 我東或稱倭芥子 或呼倭草 其嫩莖葉作蔬入菹可口 椒之青嫩實去子瓤 餡肉充之煉淸醬 爲佳饌 作屑淹醬 名椒醬 出淳昌郡及天安郡者.

179. 苦椒醬 海東竹枝(1925)

爲淳昌郡名産 其色軟紅 其味甘香 其氣淸冽 爲饌需之絶品 淳昌人 來到京城 手造此醬醬味色俱不及本土之産

참고문헌

1900년대 이전 조리서

甘藷耕藏設. 저자미상(1813). 구황보유방(救荒補遺方)에 장 담그는 법 4가지가 있다.

攷事新書. 徐命膺(1716~1787). 1771년 어숙권의 고사촬요를 개정·증보한 책으로 장 담그기 7가지가 있다.

攷事十二集. 徐命膺(1716~1787). 1787년 서명응이 지은 것을 서유구가 편집하였다. 장 담그기 13가지가 있다.

攷事撮要. 魚叔權(생몰미상). 1554년부터 12차례 개찬하였다. 조선시대의 사대교린(事大交隣) 등 일상생활에 필요한 사항을 뽑아 엮어 놓은 책으로 장 담그기 6가지가 있다.

救荒補遺方. 申洬(1600~1661). 1660년에 서원 현감으로 재직 시에 엮었다. 장 담그기 3가지가 있다.

救荒撮要. 申洬(1600~1661). 1660~1661년에 쓴 기아에 대처하는 방법으로 1554년(명종 9년)에 세종이 지은 구황벽곡방(救荒辟穀方) 중에서 중요 부분만 한글로 풀이하였다. 장 담그기 4가지가 있다.

群學會謄. 저자미상(1800년대 중반). 박해통고(博海通攷)라고도 하며 각종 음식의 조리법과 먹을 때 주의할 점 등이 있다. 장 담그기 38가지가 있다.

閨閤叢書. 憑虛閣李氏(1759~1824). 1815년경에 서유구의 형수 빙허각 이씨가 엮은 한글 생활지침서이다. 주사의에 요리와 음식이 있고 장 담그기 9가지가 있다.

金承旨宅酒方文. 저자미상(1860). 한글 조리서이며 장 담그기 1가지가 있다.

農政會要. 崔漢綺(1803~1877). 1830년경에 쓴 농업 전반에 관한 것으로 장 담그기 46가지가 있다.

東醫寶鑑. 許浚(1546~1615). 1596년 임금의 명을 받아 1610년에 완성한 의학 서적으로 장 담그기 6가지가 있다.

民天集說. 斗庵老人(1752). 술 빚는 법이 많고 장 담그기 6가지가 있다.

方書. 辛碩根(1867). 조장법, 고초장법이 있다.

夫人必知. 憑虛閣李氏(1915). 규합총서를 요약한 한글 조리서로 음식을 12장으로 분류하여 115가지를 실었는데 장 담그기 7가지가 있다.

四時纂要. 姜希孟(1469~1494). 장 담그기 5가지가 있다.

四時纂要補. 姜希孟(1469~1494). 장 담그기 3가지가 있다.

四時纂要抄. 姜希孟(1469~1494). 사시의 순서별 종합농서로 월별, 24절별로 벼의 경종법, 채소류와 약용 식물의 재배법이 있다. 장 담그기 1가지가 있다.

山家要錄. 全循義(1450년경). 1권은 농서인데 유실되었고 2권은 중국 문헌을 베끼지 않은 순수한 우리나라 식품서로 수운잡방보다 앞선다. 장 담그기 15가지가 있다.

山林經濟. 洪萬選(1643~1715). 1715년에 쓴 농서로 치선에 식품저장법 · 조리법 · 가공법이 있다. 장 담그기 21가지가 있다.

山林經濟補. 저자미상. 홍만선(1643~1715)의 산림경제의 필사증보판으로 장 담그기 1가지가 있다.

穡經. 朴世堂(1629~1703). 농사에 관한 경서라는 뜻으로 중국의 고농서를 우리 농업의 환경에 맞도록 편찬하였다. 장 담그기로 즙저가 있다.

謏聞事說. 李杓(1680~). 1740년대에 쓴 책으로 장 담그기 3가지가 있다.

需雲雜方. 金綏(1481~1552). 1500년대 초에 쓴 국내에서 가장 오래된 조리서로 안동지방을 대상으로 한 것이 많다. 장 담그기 9가지가 있다.

是議全書. 저자미상(1800년대 말). 한글 조리서로 상권에 226가지, 하권에 422가지의 음식 만드는 법이 있고 장 담그기 6가지가 있다.

五洲衍文長箋散稿. 李圭景(1788~?). 1850년대에 쓴 백과사전류로 60권 60책이다. 방대한 문물 · 제도를 1,400여 항목 이상 기록하였다. 장 담그기 36가지가 있다.

醞酒法. 저자미상(1800년대). 한글 조리서로 술 만드는 법이 많고 장 담그기 2가지가 있다.

要錄. 저자미상(1680년대). 76종의 음식 만드는 법이 있는데 장 담그기 4가지가 있다.

음식디미방(閨壼是議方). 安東張氏(1598~1680). 1670년대에 석계부인(石溪夫人) 안동 장씨가 한글로 쓴 조리서로 고추장 담기가 있다.

飮食方文. 저자미상(1800년 말). 한글 조리서로 조림장이 있다.

飮食冊. 丹陽宅(1838 또는 1898). 한글 조리서로 조리법 49가지, 장 담그기 5가지가 있다.

林園十六志. 徐有榘(1764~1845). 1827년에 낸 책으로 임원경제십육지(林園經濟十六志), 임원경제지(林園經濟志)라고도 한다. 정조지 6권 미료지류에 장 44가지가 있다.

朝鮮王朝實錄. 世宗 29年(1447. 2. 25). 도라지장이 있다.

酒方文. 河生員(1600년대 말). 한글 조리서로 조리 · 양조가 있으며 장 담그기 5가지가 있다.

酒食方文. 저자미상(1600년대 말). 한글 조리서로 조림장이 있다.

飮食方文. 저자미상(1800년대 중반). 한글 조리서로 67가지 조리법 중 즙장이 있다.

飮食方文. 저자미상(1890년대). 한글 조리서로 조림장이 있다.

酒方文. 河生員宅(1890년대). 한글 조리서로 76가지 조리법 중 장 담그는 법 5가지가 있다.

酒食方文. 저자미상(연대미상). 한글 조리서로 46가지 조리법 중 장 담그기 2가지가 있다.

酒食方文. 저자미상(1800년대). 한글 조리서로 90가지의 음식 만드는 법 중 장 담그기 9가지가 있다.

酒食方文. 저자미상(1800년대 말). 한글 조리서로 즙장이 있다.

酒饌. 저자미상(1800년대 초). 술 80가지와 음식 항이 있는데 장 담그기 9가지가 있다.

增補山林經濟. 柳重臨(생몰미상). 1766년 산림경제를 증보하여 엮은 책으로 장 담그기 48가지가 있다.

治生要覽. 强窩(생몰미상). 1691년에 낸 조선시대 생활지침서로 조리법, 농업기술, 가축 기르기, 구황식 등이 있다. 상권에 장 담그기 4가지가 있다.

鶴陰雜錄. 張繼弛. 1800년대에 쓴 책으로 장 담그기 4가지가 있다.

海東農書. 徐浩修(1736~1799). 1799년에 낸 책으로 우리나라 및 다른 나라의 문헌을 인용해서 만들었다. 오사카본(大板本), 성균관대본이 있다. 장 담그기 18가지가 있다.

중국의 고조리서

居家必用. 저자미상. 원대(元代, 13세기 말). 몽고풍의 가정백과사전으로 거가필용사류전집(居家必用事類全集)이라고 한다. 장 담그기 18가지가 있다. 임원십육지가 장류를 인용하였다.

臞仙神隱書. 명나라 태조 17번째 아들 주권(朱權, 1378~1448)이 1400년대 초에 쓴 농서(農書)이다. 상권은 양생과 가정, 하권은 농업을 중심으로 한 월령(月令)이 있고 장 담그기 10가지가 있다. 우리나라 산림경제의 요리 부분은 1/2을 여기서 인용하였다.

本草綱目. 李時珍(1368~1644). 1578년에 낸 책으로 52권으로 신농본초경(神農本草經) 등의 중국 역대 약학서를 취하여 썼다. 16부(部) 60종류로, 약물(藥物)은 1,892종이 있고 장 담그기 7가지가 있다.

四時纂要. 韓鄂(당나라시대 말 AD 800~900년 사이). 농서로 제민요술 등을 인용하여 썼다.

齊民要術. 賈思勰(530~550). 가사협은 산동(山東) 임치(臨淄) 태수를 지냈는데 6세기 이전의 북위 농업이론과 농업기술 92편으로 장 담그기 20가지가 있다.

中饋錄. 송대(宋代) 포강(浦江)의 오씨(吳氏)가 지은 것과 청대(靑代) 증의(曾懿)가 지은 것이 있다. 장 담그기 2가지가 있다.

1900년도 이전 조리서 풀이 문헌

고사십이집 I, II. 윤태순. 홍기용 풀이(2011). 농촌진흥청.

고사촬요, 증보산림경제, 고사신서. 서울대학교 천연물과학연구소 편저(1988). 오롬시스템.

구황촬요. 서종학 풀이(2011). 채륜.

규곤요람, 음식방문, 주방문, 술 빚는 법, 감저경장설, 월여농가. 윤태순, 홍기용 풀이(2004). 농촌진흥청.

규합총서. 정양완 풀이(1975). 보진제.

농가설, 위빈명농기, 농가월령, 농가집성. 노재준, 염정섭, 윤태순, 홍기용 풀이(2004). 농촌진흥청.

농정서. 노재준, 윤태순, 홍기용 풀이(2003). 농촌진흥청.

농정회요 I, II, III. 노재준, 윤태순, 홍기용 풀이(2007). 농촌진흥청.

부인필지. 이효지, 한복려, 정길자, 조신호, 정낙원, 김현숙, 최영진, 김은미, 원선임, 차경희 풀이(2010). 교문사.

산가요록. 윤태순, 홍기용 풀이(2004). 농촌진흥청.

산가요록. 한복려 풀이(2011). 궁중음식연구원.

산림경제 I, II. 민족문화추진회(1983). 한국문화문고간행회.

색경. 노재준, 윤태순, 홍기용 풀이(2002). 농촌진흥청.

수운잡방 · 주찬. 윤숙경 지음(1998). 신광출판사.

시의전서. 이효지, 조신호, 정낙원, 김현숙, 유애령, 최영진, 김은미, 백숙은, 원선님, 김상연, 차경희, 백현남 엮음(2004). 신광출판사.

요록. 윤숙자 풀이(2008). 질시루.

음식디미방. 한복려, 한복선, 한복진 엮음(2000). 궁중음식연구원.

음식방문니라. 송철의 풀이(2013). 선우.

임원십육지 정조지. 이효지, 조신호, 정각원, 차경희 편저(2007). 교문사.

제민요술. 윤서석, 윤숙경, 조후종, 이효지, 안명수, 안숙자, 서혜경, 윤덕인, 임희수 옮김(1993). 민음사.

제민요술. 구자옥, 홍기용, 김영진 풀이(2006). 농촌진흥청.

齊民要術(日本語). 田中静一, 小島麗逸, 太田泰弘(1997). 雄山閣.

조선왕조실록. 태조(太祖)에서 철종(哲宗)에 이르는 25대 472년간의 역사적 사실을 왕별로 편찬 · 기록한 책으로 1893권 888책이다.

증보산림경제. 이강자, 김을상, 김성미, 이영남, 한복려, 이영근, 박혜원, 이춘자, 한복진, 허

채옥, 김귀영, 이미숙, 김복남, 안빈 풀이(2003). 신광출판사.
해동농서 I, II. 노재준, 윤태순, 홍기용 풀이(2008). 농촌진흥청.

1900~1950년 조리서

家庭雜誌. 유일선 발행(1906. 6. 26~1908. 8. 25). 廣學書鋪. 간장에 대한 일반 사항 2가지가 있다.
簡便朝鮮料理製法. 李奭萬(1917, 1934). 三文社. 간장 담그기 1가지가 있다.
京鄕新聞(1948. 4. 18, 1966. 2. 23). 장 담그기 3가지가 있다.
東亞日報(1929~1932). 장 담그기 10가지가 있다.
寶鑑錄. 저자미상(1900년대). 한글 조리서로 장 담기와 장독 준비가 있다.
新榮養料理法. 李奭萬(1935). 장 담그기 15가지가 있다.
우리飮食. 孫貞圭(1948). 三中堂. 장 담그기 10가지가 있다.
朝鮮飮食 만드는 방법. 方信榮(1946). 대양공사출판사. 메주 쑤는 법 1가지, 장 담그기 23가지가 있다.
朝鮮無雙新式料理製法. 李用基(1924). 永昌書館. 韓興書林. 장 담그기 31가지가 있다.
朝鮮料理法. 趙慈鎬(1939). 廣韓書林. 장 담그기 11가지가 있다.
朝鮮料理製法. 方信榮. 新文館(1917). 한성도서(1942). 장 담그기 21가지가 있다.
朝鮮中央日報(1934. 11. 9~10, 1935. 6. 4). 고추장 담그기와 곰팡이 예방법이 있다.

인터넷 자료

고전번역원 한국고전 종합DB http://db.itkc.or.kr/itkcdb/mainIndexIframe.jsp
규장각한국학연구원 http://e-kyujanggak.snu.ac.kr/main.jsp
한국연구재단 토대연구DB http://ffr.krm.or.kr/base/td003/browse_bible.html?
한국학중앙연구원 한국학 자료포털 http://www.kostma.net/

문헌별 장류 찾아보기

임원십육지(1827)

제민요술(530~550)

조선무쌍신식요리제법(1924)

찾아보기

ㄱ

ㅂ

ㅅ

ㅇ

ㅈ

大

ㅋ

ㅌ

ㅍ

ㅎ

영문

저자소개

안용근 安龍根
충남대학교 식품공학과 졸업
중앙대학교 대학원 식품가공학과 석사
일본 오사카시립대학 대학원 생물학과 이학박사
일본 오사카시립대학 이학부 객원연구원 · 객원교수 역임
한국식품영양학회 회장 역임
현재 충청대학교 식품영양학부 교수

전통장류

2015년 1월 5일 초판 인쇄 | 2015년 1월 12일 초판 발행

지은이 안용근 | **펴낸이** 류제동 | **펴낸곳** 교 문 사

전무이사 양계성 | **편집부장** 모은영 | **책임진행** 손선일
표지디자인 신나리 | **본문디자인** 황옥성 | **본문편집** 김재은
제작 김선형 | **홍보** 김미선 | **영업** 이진석·정용섭·송기윤
출력·인쇄 동화인쇄 | **제본** 과성제책사

주소 경기도 파주시 문발로 116 | **전화** 031-955-6111(代) | **팩스** 031-955-0955
등록 1960. 10. 28. 제406-2006-000035호
홈페이지 www.kyomunsa.co.kr | **E-mail** webmaster@kyomunsa.co.kr

ISBN ISBN 978-89-363-1434-7(93590) | **값** 25,000원

* 저자와의 협의하에 인지는 생략합니다.